中文社会科学引文索引（CSSCI）来源集刊
中国人文社会科学综合评价（AMI）核心集刊

制度经济学研究

总第八十八辑（2025年第2期）

黄少安　主编

中国财经出版传媒集团
经济科学出版社
·北京·

图书在版编目（CIP）数据

制度经济学研究.2025年.第2期：总第八十八辑／黄少安主编． -- 北京：经济科学出版社，2025.6.
ISBN 978-7-5218-7140-1

Ⅰ.F091.349-53

中国国家版本馆CIP数据核字第2025X08S58号

责任编辑：宋　涛
责任校对：郑淑艳
责任印制：范　艳

制度经济学研究
总第八十八辑（2025年第2期）
黄少安　主编

经济科学出版社出版、发行　新华书店经销
社址：北京市海淀区阜成路甲28号　邮编：100142
总编部电话：010-88191217　发行部电话：010-88191522
网址：www.esp.com.cn
电子邮箱：esp@esp.com.cn
天猫网店：经济科学出版社旗舰店
网址：http://jjkxcbs.tmall.com
北京季蜂印刷有限公司印装
787×1092　16开　19.25印张　365000字
2025年6月第1版　2025年6月第1次印刷
ISBN 978-7-5218-7140-1　定价：98.00元
（图书出现印装问题，本社负责调换。电话：010-88191545）
（版权所有　侵权必究　打击盗版　举报热线：010-88191661
QQ：2242791300　营销中心电话：010-88191537
电子邮箱：dbts@esp.com.cn）

制度经济学研究

Research of Institutional Economics

主　　编	黄少安
学术委员会	（以汉语拼音为序）
黄少安	山东大学经济研究院
林毅夫	北京大学国家发展研究院
刘守英	中国人民大学经济学院
龙小宁	厦门大学知识产权研究院
茅于轼	中国社会科学院
盛　洪	独立学者
史晋川	浙江大学经济学院
杨瑞龙	中国人民大学经济学院
姚　洋	北京大学国家发展研究院
张曙光	中国社会科学院
张维迎	北京大学国家发展研究院
张宇燕	中国社会科学院
张　军	复旦大学经济学院
邹恒甫	中央财经大学
编辑部主任	李增刚
主办单位	山东大学经济研究院

目 录

"社村"合作、优势互补与新型农村集体经济发展
——基于广东省阳西县的典型案例研究 ………… 罗明忠 阮若卉（1）

制度创新、农业价值链升级与乡村全面振兴 ………… 张海丰 黄 晨（23）

电商进村政策对中国经济内循环发展影响的实证研究
——基于"电子商务进农村综合示范"政策的准自然
实验 ………… 鲁钊阳 杨岚钦 邬子悦 徐 铭 苟 雕（50）

气候政策不确定性与涉农企业绿色转型 …… 费 威 刘翰云 唐 浩（80）

政府政策对人工智能开源扩散行为的调控机制研究 ………… 张恒国（109）

不完全契约下的企业重整程序设计 ………… 黄晓光 黄志成（132）

巡回法庭制度对企业风险承担的影响研究 ………………………………
………………………………… 曾 鹏 曾婉君 李洪涛（191）

环境司法强化能否遏制上市公司漂绿行为？
——基于环境资源审判庭设立的准自然
实验 ………………… 毛 杰 陈 慧 颜千卉（216）

城市群空间功能分工与企业创新活力：理论分析
　　与实证检验 ………………………………… 王　特　张荣杰（245）

消费者需求视角下食品安全监管效率研究 …………………… 张　帅（273）

以本土问题为导向构建有中国特色法经济学理论体系
　　——第二十二届法经济学论坛（2024）会议综述 ………… 李增刚（287）

后记 ………………………………………………………………………（299）

CONTENTS

Cooperation Between Supply and Marketing Cooperatives and New Rural
 Collective Economic Organizations, Complementary Advantages and
 New Rural Collective Economy Development
  —Based on a typical case study of Yangxi County,
   Guangdong Province .... **LUO Mingzhong　RUAN Ruohui**（21）

Institutional Innovation, Agricultural Value Chain Upgrading and
 Rural Revitalization .... **ZHANG Haifeng　HUANG Chen**（49）

An Empirical Study on the Impact of E-commerce Policy on
 China's Economic Inner Cycle Development
  —a Quasi–Natural Experiment Based on the Policy of
   "Comprehensive Demonstration of E–commerce Entering
   Rural Areas" .... **LU Zhaoyang　YANG Lanqin　WU Ziyue**
                                           XU Ming　GOU Diao（78）

Climate Policy Uncertainty and Green Transformation of Agricultural
 Enterprises .... **FEI Wei　LIU Hanyun　TANG Hao**（108）

The Regulatory Mechanism of Government Policies and the Diffusion
 Behavior of Open Source Artificial Intelligence ...... **ZHANG Hengguo**（131）

Designing Corporate Reorganization Plan Under Incomplete
 Contracts .... **HUANG Xiaoguang　HUANG Zhicheng**（189）

Research on the Impact of the Circuit Court System on Enterprise
 Risk-taking .... **ZENG Peng　ZENG Wanjun　LI Hongtao**（215）

Judicial Interventions and Corporate Greenwashing
—A Quasi-Natural Experiment based on the Establishment of the Environmental Courts in China ············ **MAO Jie　CHEN Hui　YAN Qianhui**（243）

Spatial Division in Urban Agglomerations and Corporate Innovation: Theoretical Analysis and Empirical Evidence ······ **WANG Te　ZHANG Rongjie**（272）

Research on the Efficiency of Food Safety Regulation from the Perspective of Consumer Demand ························ **ZHANG Shuai**（286）

"社村"合作、优势互补与新型农村集体经济发展

——基于广东省阳西县的典型案例研究

▶ 罗明忠 阮若卉 **◀

【摘　要】 探索供销合作社促进新型农村集体经济可持续发展路径，对更好地服务全面推进乡村振兴、助力解决城乡区域发展不平衡问题，具有重要意义。以广东省阳江市阳西县为例，基于"集体行动—要素流动—激励相容"的分析框架，从集体行动视角探究新型农村集体经济的发展路径选择及其生成逻辑。研究发现，供销合作社与农村集体经济组织在网络与组织、经营与产业、服务与市场方面优势互补。在此基础上，阳西县围绕特色农业产业，构建嵌套式"社村"合作组织体系，促进集体经济多元参与主体达成集体行动，形成发展合力，推动各类生产要素向乡村流动，实现了新型农村集体经济发展。同时，阳西县通过激励约束、合作约束和监督约束进一步推动"社村"合作的良性循环。

【关键词】 "社村"合作　优势互补　新型农村集体经济　集体行动理论

中图分类号：F321.32　　文献标识码：A

一、引　　言

2024年"中央一号文件"强调：要支持新型农村集体经济多途径发展，

---

* 国家社会科学基金重大项目"新型农村集体经济的发展路径、运行机制与政策支持研究"（编号：23&ZD112）。

** 罗明忠，华南农业大学经济管理学院、乡村振兴重点实验室教授、博士生导师；地址：（510642）广东省广州市天河区五山街道华南农业大学经济管理学院；E-mail：649636194@qq.com。阮若卉，华南农业大学经济管理学院博士生；地址：（510642）广东省广州市天河区五山街道华南农业大学经济管理学院；E-mail：17779144580@163.com。

促进新型农村集体经济健康发展。党的二十届三中全会指出巩固和完善农村基本经营制度，促进农民合作经营，发展新型农村集体经济。自 2015 年国家启动农村集体产权制度改革以来，我国农村集体经济得到了快速发展。然而，新型农村集体经济在蓬勃发展的同时，仍面临着各主体集体行动困境（谭海波和王中正，2023）和要素流通不畅等问题（邹宝玲，2023）。一方面，农民的个体化进程加速推进，其经济行为、社会互动与村社共同体日益疏离（吴重庆和张慧鹏，2018），这使得传统的集体行动机制呈现结构性弱化态势，具体表现为公共事务参与度显著降低与社区治理效能递减。另一方面，在城乡二元结构的制度框架下，制度安排具有城市偏向性，加之农村场域本身所具有的内生性制度约束影响，当前城乡要素双向流动仍面临不少现实梗阻，导致相当一部分农村集体经济长期处在低位徘徊，陷入缺资源、缺产业、缺人才的"三缺"困境（张新文和杜永康，2023）。截至 2022 年，全国 54.6 万个村庄中，经营收益低于 5 万元的村庄有 21.6 万个，占总村庄数的 39.6%，仍有 12.1 万个村庄没有任何经营收入①。因此，建立农村集体经济组织与市场连接的桥梁，破除要素流动壁垒，对于新型农村集体经济的可持续发展至关重要。

目前学界关于农村集体经济组织衔接市场、引进新的现代生产要素的组织路径主要有两种方案：一种方案是"企业 + 集体经济组织 + 农户"的组织模式。基本共识是，下乡资本领办的企业在一定程度上确实能为分散的集体经济组织解决对接市场的供需不均衡难题。但这种发展模式建立在土地规模流转基础上，一方面，过度追求农地流转规模，挤压了普通小农户的发展权益（赵晓峰，2023），难以兼顾"效率与公平"。另一方面，集体经济组织在这种模式下充当着土地流转中介角色，其收益也更像是"中介服务费"，存在着业务单一、关系不稳定、经济收益微薄等问题，并不利于集体经济的可持续发展。此外，根据嵌入理论，乡村产业的社会基础是构建在地方性的伦理秩序与亲缘共同体上的（卡尔·波兰尼，2013），而农业产业的经营运作依赖乡村社会特定的关系网络与交往形态。龙头企业作为一种外来力量，难以与乡村差序格局网络形成强连带关系，往往不能依靠农村独特的非正式制度安排解决可持续经营问题。（周飞舟和何奇峰，2021），无法形成规模经济。另一种方案是"集体经济组织 + 专业合作社 + 农户"的组织模式。专业合作社曾被认为是降低组织和交易成本、有效对接市场的农民组织形式。这一路径虽有其合理性，但在长期的实践中也暴露出一些问题，一方面，专业合作社内部的纵向组织结构与利益剩余的分配机制相互挂钩，容易出现"大农吃小农""精英俘获"等不良现象（仝志辉和温铁军，2009），陷入"分利

---

① 资料来源：农业农村部政策与改革司：《中国农村政策与改革统计年报（2022 年）》，中国农业出版社 2023 年版。

秩序"。另一方面，集体行动理论认为，市场力量会打击只在市场局部进行运作的组织（奥尔森，2014），而"集体经济组织+专业合作社+农户"模式具有较强的地域性及成员封闭性的特征（赵黎，2022），过于注重"专业合作"，如生产型专业合作社仅注重生产领域的联合，无法兼顾产品加工、流通等问题，具有较强的局限性，难以满足农村集体经济成长的开放性要求。

上述两种方案呈现了农村集体经济的组织机制与制度安排在不断更新，但无论是市场机制下的"企业+集体经济组织+农户"模式，还是政策主导的"集体经济组织+专业合作社+农户"模式，都无法在有效解决农村集体经济与市场衔接"最后一公里"问题的同时，实现新型农村集体经济的可持续发展。因此，实现新型农村集体经济与市场的有机衔接，不能仅依靠单边主导，其组织机制仍然需要进行深入的实践探索。区别于上述两种主流模式，广东省阳江市阳西县则选择了新型农村集体经济可持续发展的第三条道路——"社村"合作模式。所谓"社村"合作，是指以农村集体经济组织、基层供销合作社、社有企业为主体，广泛吸收各类新型经营主体，成立县域"社村"联合会及运营公司，发挥供销网络优势，推行市场化运作、专业化服务的合作模式。已有学者关注到"社村"合作的组织模式对实现乡村产业振兴的重要作用，认为在业务合作的基础上，新型农村集体经济亦可实现外部规模经济（何慧丽和许函诚，2023）。延续这一思路，本研究基于阳西县的实地调研，从集体行动视角出发，构建"集体行动—要素流动—激励相容"分析框架，进一步阐释"社村"组织统筹功能的微观实现机制和具体实践基础，剖析"社村"合作在有效促进要素流动的同时，探索新型农村集体经济的有效实现形式，及其对新型农村集体经济组织发展能力的提升机制，以期丰富"社村"合作组织模式下的新型农村集体经济长效发展机制探讨。

二、理论基础与分析框架

（一）理论基础：集体行动理论

农村集体经济发展涉及农民、集体经济组织、政府和企业等多个治理主体，因此集体内的个体在面对"搭便车"、规避责任或其他机会主义行为诱惑时，可能会面临"集体行动困境"。这种困境的本质是个人理性与集体理性的冲突。对于如何破解集体行动困境，促成集体行动达成，奥尔森

(Olson, 2014)认为"选择性激励"手段能将集团激励转变为个人激励,进而有效弱化个人"搭便车"的动机,驱使集团中的理性个体实施有利于增进集团利益的行动。

若仅采用"选择性激励"手段对集体成员作出的贡献进行差异化激励,就必须准确度量集体成员的贡献份额。当农村集体经济在提供自身资源过程中存在信息不对称时,实施"选择性激励"可能会产生高昂的成本,进而陷入二阶集体行动困境(方国柱等,2022)。针对这种情况,奥斯特罗姆(Ostrom,2012)在超越利维坦和私有化的基础上,提出了自主治理和多中心治理的第三条道路。这条道路借助多个而非单一权力中心和组织体制,可以有效解决公共池塘资源集体行动问题。

供销合作社作为一种中国语境下的"独特"制度供给,既能充分发挥政府在公共性和集中性方面的优势,同时又具有市场化的高效率特征,具有解决市场失灵和政府失灵的双重效果。各类参与主体在供销合作社与农村集体经济组织领导下,组成"社村"联合会及运营公司,通过自主性治理,克服"搭便车"、回避责任或机会主义等诱惑,取得持久性共同利益。"社村"合作拓展了农村集体经济组织资源配置及其效率改进的自主性空间,同时为消解城乡要素流动障碍提供可能。

(二)分析框架:集体行动—要素流动—激励相容

多元参与主体的集体行动是实现生产要素在城乡之间双向互动、激活新型农村集体经济内生动力的关键。而构建激励相容的制度安排则是农村集体经济多元参与主体达成集体行动、实现可持续发展的重要保障。本文将集体行动理论引入"社村"合作的运行实践中,构建"集体行动—要素流动—激励相容"的分析框架,以总结"社村"合作促进新型农村集体经济可持续发展的现实路径。

1. 集体行动与要素流动

农村集体经济是村组为实现共同发展而配置集体资金、资产、资源等生产要素的经济形式,其发展离不开各类生产要素的不断互动、重组。然而,稀缺的资本、人才、技术等高级生产要素难以从农村内部获取,需要从外部引入。正如舒尔茨(Schults,2006)所说,借助外力引进新的现代生产要素,是改造传统农业的唯一途径。在中国城乡发展的现实情境下,无论是城市化的"极化—扩散"效应,还是"涓滴效应",都无法有效促进各类生产要素主动"向下"流动(赫希曼,1992;缪尔达尔,2015),进入乡村。中国城乡要素流动不畅存在着多重历史和制度诱因(罗必良和耿鹏鹏,2023),农村人地关系权利结构被锁定,现代农业生产要素难以进入农业和农村。其中,缺乏统一多元主体行动、形成协同动力（段锴丰等，2024），促进城乡要素双向流动平台和机制缺失是导致当前城乡要素流动面临现实梗阻的重要原因（张阳丽，2024）。

根据古典经济学"市场范围决定分工"的基本论点，市场范围的扩大对于生产要素的流动集聚与分工利益的实现具有重要意义（杨格，1996）。城乡多元经营主体集体行动的达成能在一定程度上弥补城乡制度限制的不足，有利于扩大市场范围，加速城乡之间生产要素流通集聚，提升生产分工规模和生产效率（陈奕山等，2021）。一方面，城乡多元主体间的合作可以降低要素流动的成本。通过合作，企业、集体经济组织等经营主体可以共享物流、仓储等设施，从而降低运输和储存成本。同时，合作还可以降低信息获取和沟通的成本，提高要素整合的效率，进而提升经营主体的盈利能力，达成价值共创（阮若卉和罗明忠，2025）。另一方面，雅各布斯（Jacobs，2018）指出，要素的流动聚集有利于催生原有条件下无法出现的新工作种类，这些工作可能是要求创造性的工作，且能够提升社会整体生产效率，即要素流动具有创造效应。多元主体的合作加速了生产要素在市场上的循环，促进人力资本和资本要素在发达地区与欠发达地区间"顺梯度"流动、劳动力要素"逆梯度"流动，带动乡村地方化经济发展和制造业结构优化升级，增强城乡间产业结构互补性（张可云等，2023），实现新型农村集体经济的创造性发展，而不是转移性发展。

2. 激励相容

激励相容的核心是通过有效的制度安排使参与者在获得私人利益的同时实现集体行动的目标。新型农村集体经济各参与主体达成集体行动共识加速了城乡要素流动，为做大农村集体经济这块"蛋糕"提供了坚实的基础。但以往经验表明，农业合作组织中的激励不足是公社运动失败的重要原因，即组织内一旦遇到激励不相容的问题，合作就会低效率甚至无效率。在集体行动逻辑框架下，集团的成功离不开可自我执行的协议，尤其依赖于对长期合作收益的稳定预期。因此，需要通过适当的制度安排与制度结构，促进集团内部激励相容，以维持集体内部成员行动的一致性，实现农村集体经济的良性循环。

对于激励相容关系的建立，行动主体之间的利益共同体并辅以规则约束是达成激励相容局面的有效途径。对此，奥斯特罗姆（2012）认为，新制度供给、可信承诺与相互监督是解决问题的关键所在。新制度供给是对共同利益获得普遍同意的一般化法则，具备公共理性的群体依靠这种法则约束便能形成合作共识。可信承诺是指参与主体能够按照自身承诺遵守相关制度安排，这是制度得以有效运行的必要条件。可信承诺的实现需要依靠具有约束力的合作协议为参与主体提供行动参与的具体框架。而相互监督则能从行为规制上促进参与主体认真履约，积极开展合作行动，是可信承诺得以实行的必要条件，是保障制度得以有效运转的核心要素。此外，"社村"合作涉及供销合作社、农村集体经济组织、政府及其他经营主体，无疑属于大集团行动。对于较大规模集团的集体行动困境问题，奥斯特罗姆提出应使用嵌套式企业制度，即在已有的、规模较小的组织单位上来建立更大规模的组织单位、更复杂的制度安排来实现自主治理。

基于上述分析，"社村"合作分析框架如图1所示。

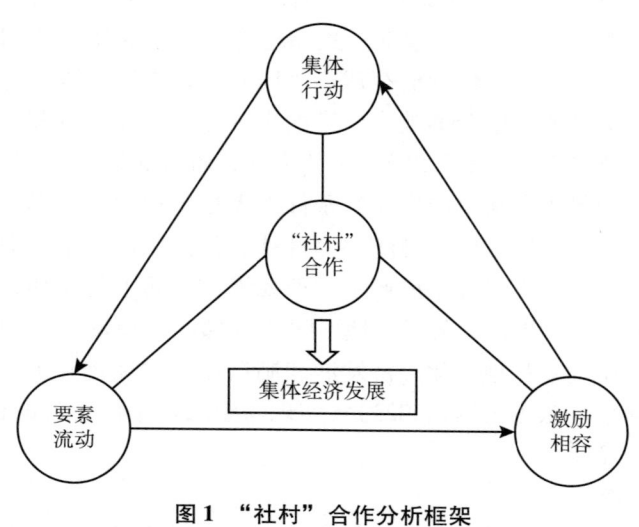

图1 "社村"合作分析框架

三、"社村"合作的现实逻辑：优势互补

农村集体经济组织与供销合作社虽然在治理机制、组织结构、成员边界等方面有所不同，但两者的组织性质一致、发展目标相似、功能作用相近，能在网络与组织、产业与经营、服务与市场三个维度实现优势互补，协同并进，共同发展。

（一）网络与组织互补

供销合作社与农村集体经济组织的性质相同，都是为农服务的组织、都具有合作经济属性，为"社村"合作奠定了基础。而供销合作社与农村集体经济组织的成员边界差异则为"社村"合作提供了契机。供销合作社经过多年的发展变迁，其组织成员具有多元化的特点，呈现鲜明的"半官半商"组织特征（徐旭初和金建东，2024），而农村集体经济组织成员的身份认定，往往是由农民集体土地所有权赋予的,其组织成员具有地域性、唯一性与排他性。而"社村"合作模式,能将供销合作社的跨区域流通网络与农村集体经济组织深入乡村地区各个基层单元有机结合,帮助二者拓宽组织边界,畅通城乡之间要素流动,进而实现农村集体经济可持续发展。

从供销合作社方面看,新中国成立初期,供销合作社既承担着国营经济体系的生产资料统筹职能,又履行着激活农村集体资产运营效率的市场中介功能:一是负责组织大部分农副产品的收购;二是为国家工业化进程加速产生的"大工业品"寻找市场和交易对象,即作为城乡流通和工农两大部类交换的平台,做好城乡间、地区间的物资交流工作(温铁军和逯浩,2023)。经过长期发展,供销合作社逐渐构建起"行政主导—市场补充"的复合型组织系统。但随着改革开放,乡镇企业和私营经济蓬勃发展,供销合作社体系越来越难以负担基层供销合作社运行所需的组织成本,多地基层供销合作社被取消,县级供销合作社的经营管理也逐渐远离普通农户的生产生活。显然,在当前时代背景下,仅依靠县级供销合作社自身的人力、财力和物力,无法承担基层供销合作社重建任务,更无法重塑上下贯通的全覆盖网络体系。而新型农村集体经济组织具有最广泛的乡村基层网络,二者的有机结合能在一定程度上减轻供销合作社体系恢复基层供销合作社运行的成本压力,且能有效解决供销合作社与农户对接的"最后一百米"问题。

从新型农村集体经济组织方面看,改革开放进程中,城市优先导向的市场化制度设计使得农村场域的市场化进程滞后。农村市场体系发育的断层不仅导致城乡要素交换陷入"制度性势差"困境,更加剧了区域市场分割的"马赛克效应",阻碍全国统一大市场的建设。新型农村集体经济发展的关键在于破除妨碍城乡要素平等交换、双向流动的壁垒,建立城乡要素自主流动的稳定渠道,提高资源要素配置效率(高强和崔文超,2023)。而供销合作社近年来虽有所衰弱,但在科层密度与空间覆盖度上依然具有显著的比较优势。截至 2020 年底,供销合作社全系统有县及县以上供销合作社机关 2 789 个,其中,县供销合作社 2 412 个,基层社 37 652 个。[①] 此外,供销合作社长期以来扎根农村、贴近农民,组织体系相对完整,经营网络相对健全,具有较完备的服务功能。它们在农业社会化服务、农产品流通等方面具有双重优势,能够有效解决资源落地乡村"最后一步"的困境。"社村"合作模式,能为农村集体经济搭建进入现代化大市场的综合发展平台,将村供销合作社的服务网络优势转化为农村集体经济组织的经济发展优势。

[①] 资料来源:中国供销合作网:《全国供销合作社系统 2020 年基本情况统计公报》,https://www.chinacoop.gov.cn/news.html? aid = 1708771。

（二）经营与产业互补

供销合作社的改革目标与新型农村集体经济的发展目标具有部分重合，为"社村"合作提供了操作空间。现阶段，供销合作社的改革目标是服务乡村振兴战略、推动农业农村现代化，其重点任务是推动农村产业融合，而农村集体经济组织的发展目标中也包括推进农村一二三产业融合发展，实现农业现代化。然而，供销合作社作为服务"三农"的主要载体，更多的是充当了流通平台的角色，缺乏扎根乡村的产业基础。缺乏产业基础的短板使得供销合作社无法有效调动乡村资源，推动农业产业的发展，也不利于深化供销合作社综合改革与长远发展。新型农村集体经济组织凭借其特有的"集体所有"制度优势与"统分结合"经营体制，具备综合利用集体资源的基础条件，在调动村庄资源、组织农民、发展农业产业上潜力巨大。

在"社村"合作模式下，供销合作社可以与农村集体经济组织为代表的农业生产端各类微观主体建立多层次的合作关系，提升向农业生产端的延伸能力。同时，供销合作社可以因时因地探索开展新的合作业务，优化供销合作社业务结构，重塑供销合作社体系，推动全国统一大市场建设。而农村集体经济组织则可以通过"社村"合作，实现集体经济经营"由外生促内生"的转型：一是通过合作实现传统组织边界的扩张，将市场交易转为组织内部交易，降低获取资金、技术、管理等各类生产要素的交易成本，进而降低生产成本；二是利用组织化优势，构建各参与主体相互作用、激励相容的良性循环机制，促进农业生产的产前、产中、产后联合协作，进而把农业供应链各个环节所形成的经济剩余保留在农业内部，形成组织化的内生利益，推动农业产业的转型和升级，实现农业现代化。

（三）服务与市场互补

供销合作社和农村集体经济组织在功能作用上相近，为"社村"合作提供了业务抓手。供销合作社的主责主业是为农服务，即为农村提供农资供应、农产品流通，将分散经营的小农户与大市场连接起来（王军，2022）。而农村集体经济组织的功能集中体现于"统分结合"中的集体行动供给角色，通过集体资源开发、集体资产管理，发展壮大集体经济，更好地服务农民。因此，供销合作社与农村集体经济组织是双层经营体制中"统一经营"的一体两面，供销合作社提供的服务与农民的需求耦合，"社村"合作能借助农村集体经济组织帮助供销合作社更好地对接农户，帮助农户更好地接入市场。

随着我国的快速发展，农业生产经营方式发生了深刻变化，农民迫切需要梯度化、多样化的社会化服务。供销合作社作为扎根农村、贴近农民的综合性组织，其首要任务就是为农服务，在农资供应、社会化服务提供及农产品流通等重点领域具有比较优势，完全有能力为现代农业的发展提供覆盖全程、综合配套、便捷高效的农业社会化服务。而农村集体经济组织在整合土地、组织农民等方面具有明显优势，其支持能够帮助供销合作社降低协调成本（安永军，2020），促成社会化服务供需对接规模化、标准化、体系化（管珊，2020）。

在"社村"合作模式下，供销合作社与各类新型农业经营主体通过大田托管的资产专用性投资模式、代耕代种的准一体化契约设计、股份合作的剩余索取权分配机制、以销定产的订单农业风险分担框架等一系列合作，破解"谁来种地""地怎么种""如何分配"等难题，壮大村级集体经济。供销合作社发达的产品流通网络、具有规模效应的品牌优势，能够帮助农村集体经济组织缓解发展过程中遇到的市场难题，为推动农产品融入市场，增加产品附加值提供便利。农村集体经济组织为供销合作社提供了整合服务对象的机会，从而提高了服务效率。同时，供销合作社也可以为集体经济组织提供市场网络，实现新时代的"统购统销"，实现优势互补。

四、研究设计

（一）研究方法与案例选择

本文采用案例研究方法，以广东省阳江市阳西县"社村"合作试点为研究对象，进行单案例研究。2024年7月至2025年3月，本文作者所在团队在广东省阳西县进行了深入调查，采用参与式观察和半结构式访谈等方法，对阳西县供销合作社及其社有企业、集体经济组织成员、村组干部、村庄精英、普通村民以及所在乡镇相关部门进行了访谈，积累了丰富的一手资料，这些材料构成了本文作者集中思考"社村"合作如何影响农村新型集体经济的起点。之所以选择广东阳西县的原因在于：第一，阳西县作为广东省"百千万工程"首批典型县，以"农"为基础，积极探索新型农村集体经济发展方式，其集体经济发展已有一定水平，有助于探寻集体经济发展的实践过程和路径；第二，阳西县作为广东省首批"社村"合作试点县、2023年"生产、供销、信用"综合合作试点县，是推动农村新型集体经济发展的先行者，其联农、带农、助农增收的真实经验具有一定代表性和问题分析的前瞻性。

（二）数据收集

阳西县位于广东西南沿海，境内山海兼优，土地面积 1 435 平方公里，其中耕地面积 37.86 万亩，海域面积 5 688 平方公里，-10 米等深线以上的滩涂面积 43 万亩，自然环境优越。阳西县总人口 56 万人，其中农业人口 43 万人，是传统的农业大县。阳西县农业基础扎实，在农业产业上兼具规模与特色，是全国农业现代化示范区。程村镇、沙扒镇入选国家农业产业强镇，成功创建荔枝、程村蚝 2 个省级现代农业产业园和丝苗米、南药、海水种苗 3 个市级现代农业产业园。阳西县作为广东省"百千万工程"首批典型县，积极发挥供销合作社在农产品全产业链的服务优势，探索供销合作社助力新型农村集体经济发展新路径，着力破解"农村产业基础薄弱、村集体经济底子薄弱、农民收入增长乏力和人才缺乏"等现实难题，探索出一条通过"社村"合作推动新型农村集体经济发展的有效路径，以特色农业产业兴旺推动乡村全面振兴。2024 年，阳西实现县域"社村"运营公司年营业收入达 1 亿元以上，镇级综合服务站年营业收入达 2 000 万元以上；参与"社村"合作的新型农村集体经济组织数量已达 21 个，其经营性收入年均增长达 10% 以上。阳西县"社村"合作模式以农业产业兴旺推动新型农村集体经济发展的做法，取得明显成效，得到社会各界的认同。

五、"社村"合作的实践：基于广东省阳西县的经验分析

在对基层实践进行探索研究的基础上，进一步分析"社村"合作的机制构建，可以为有效推进新型农村集体经济发展提供更有价值的参考。广东省阳西县在推进"社村"合作助力新型农村集体经济发展的过程中，围绕特色农业产业，以"集体行动—要素流动—激励相容"为路径，实现新型农村集体经济的可持续发展（见图 2）。

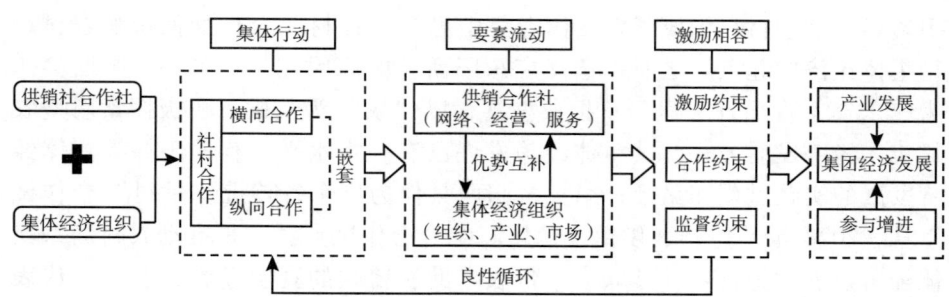

图 2　阳西县"社村"合作助力新型农村集体经济发展路径

(一) 初始阶段:"搭平台",多元主体集体行动

奥斯特罗姆(2012)的自主治理理论认为,在较大规模的公共池塘资源中,应采用嵌套式企业来解决集体行动问题,即从建立较小规模的最基本组织起步,在此基础上进一步构建更大、更复杂的组织架构来解决集体行动问题。据此,阳西县通过设立县域"社村"联合会作为发展新型农村集体经济的合作平台,打造县域运营公司、乡镇农产品综合服务站和村级"供销农场"作为发展新型农村集体经济的产业平台,构建起一套上下贯通的"社村"合作组织网络体系,促进各类参与主体在生产、供销、信用综合等领域达成集体行动。

达成"社村"合作的第一步是搭建合作平台,加强供销合作社、农村集体经济组织与其他各类经营主体之间的联系。一方面,由县供销合作社牵头,以农村集体经济组织和基层供销合作社为主体,设立县域"社村"联合会,积极动员各类农业经营主体加入。县域"社村"联合会基于自愿、互利、民主、平等的合作原则,通过政策宣传、定点走访等方式不断提高与各类经营主体的互动程度,广泛吸纳农业龙头企业、农业社会化服务组织、农业服务机构和家庭农场等多元化农业经济主体的加入。截至2024年12月,已加入联合会的各类农村集体经济组织、基层供销社、农业公司等各类经营主体共27个,涉及农业产前、产中和产后等各个领域,初步搭建起"内城"与"外乡"沟通与交流的平台。另一方面,联合会按照合作制原则,定期开展交流会与需求调查,积极引导有合作需求和意愿的各类经营主体开展股份、项目、土地、农服等领域的合作。县域"社村"联合会的成立,推动了各类农业经营主体形成横向联盟,有序扩张了组织边界和市场范围,为多元主体之间的对话和协商创造了条件,更为各类参与主体达成集体行动提供了平台,实现了要素流动成本的降低。

促进"社村"合作的第二步是搭建产业平台,增加供销合作社与农村集体经济组织间的产业联系。首先,由县供销社社有企业优禾农业科技服务有限公司牵头,与基层供销社、农村集体经济组织共同组建"社村"合作运营公司,即新优禾公司,构建"社有龙头企业+村集体+社集体(基层供销合作社)"的合作框架;其次,新优禾公司遵循市场化原则,以农业社会化服务为切入点,为农村集体经济组织及"社村"联合会中其他有需要的成员提供社会化服务、农资供应、仓储物流、收购加工、品牌销售、农业政策性保险等服务。

实现"社村"合作的第三步是强化合作平台与产业间的联合,深化供销合作社与农村集体经济组织间的合作。首先,新优禾公司利用其与县供销合作社、农村集体经济组织之间的密切联系优势,在全县8个乡镇设立或完善

以当地主导特色农产品为主要服务对象的农产品综合服务站,直接面向农村集体经济组织和其他各类农业经营主体提供各类农业社会化服务;其次,新优禾公司以农产品综合服务站为依托,联合农村集体经济组织创办了以五彩薯等特色化、专业化为主的"供销农场";最后,新优禾公司作为承上启下的关键一环,通过农业产业发展深化了县域"社村"联合会、乡镇农产品综合服务站与农村集体经济组织的合作。一方面,新优禾公司指导农产品综合服务站为农村集体经济组织提供"供销农场"农业生产前、农业生产中所需的农资,以及农业生产后所需的物流服务和品牌销售;另一方面,新优禾公司将生产计划和生产情况及时汇报给县域"社村"联合会,并根据联合会的规划,及时调整生产计划。在具体实践中,阳西县形成了县域主导、联镇带村的"县—镇—村"纵向运行机制,在原有较小单位的基础上进一步完善"社村"合作平台,降低了构建组织的成本。以县域"社村"联合会为基础的横向联盟和县运营公司主导的纵向运行机制共同搭建起协同联动、高效运行的"社村"合作组织网络体系,为各类参与主体产生一致性行动的达成与各类现代生产要素的流动提供了坚实的基础。

基于上述分析,"社村"合作基于县域供销合作社与农村集体经济组织在县政府支持下,利用自身优势,通过搭建合作平台和产业平台,增进互动关系,塑造"社村"合作网络,促使农业经营多元主体在良性互动中形成稳定高效的合作关系。图3展示了阳西县"社村"合作平台的搭建框架。

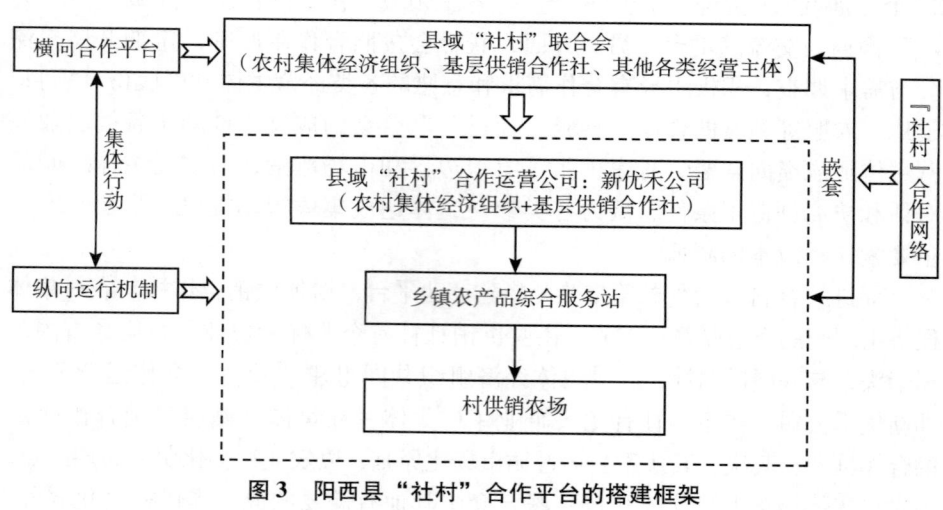

图3 阳西县"社村"合作平台的搭建框架

(二)发展阶段:"构网络",城乡要素流动畅通

阳西县搭建"社村"合作平台和产业平台,促使多元主体达成集体行

动，实际上就是为各类要素在城乡间畅通流动提供有效载体。在此基础上，阳西县新型农村集体经济组织围绕农业特色产业，重点发挥集体的治理能力，提高村民组织化程度、整治集体所有土地资源。同时，积极引导资金、技术、人才等高级要素进入村庄，推动要素的重组和高效利用，实现新型农村集体经济以外促内、内外共生的发展。

实现城乡要素高效流动的前提是整合组织网络、打通要素流动渠道。对此，新优禾公司与程村镇新光村丰盛种植专业合作社、溪头镇永安村经济联合社以五彩薯特色产业为切入点。在县域"社村"联合会的指导下，新优禾公司与程村镇新光村丰盛种植专业合作社、溪头镇永安村经济联合社分别签订合同，发展五彩薯粮食产业。根据合同规定，新优化公司一方面通过乡镇农产品综合服务站为丰盛种植专业合作社和永安村经济联合社提供所需的农资、社会化服务及农产品流通；另一方面帮助两个合作社创建3个连片薯类绿色高质高效示范区。而丰盛种植专业合作社和永安村经济联合社则负责动员村民流转土地以供示范区建设，组织村民参与五彩薯产业的种植、加工及销售等工作。新优禾公司与村集体经济组织的合作将供销合作社的流通网络优势与农村集体经济组织的组织动员优势有机结合起来，构建起从城市到乡村、从公司到农户的网络。

实现城乡要素高效流动的关键是村集体资源统筹整合。在确定以五彩薯特色产业为发展方向后，程村镇新光村丰盛种植专业合作社、溪头镇永安村经济联合社首要解决的就是土地资源整合问题。在过去，新光村和永安村的土地问题主要表现在两个方面。一是传统的农地分配方式遵循"均质化"的分配逻辑，导致村内耕地细碎化严重、土地经营权的权属集中与空间分布的不集中。二是由于农户分化引致的农地需求异质性推高了土地流转成本，从而无法实现土地要素灵活配置的帕累托最优。针对这种情况，村集体经济组织在村委会的帮助下通过"两步走"的方式实现了村集体土地的资源统筹。第一步是"小田变大田"，在逐一入户摸清农户的土地承包经营情况后，村集体与村民通过协商达成"同升同降"的原则，即在整地后，村民所承包的地块面积可能会有所增减，村民再次确认签字。如果在"小田变大田"的过程中去除多余的田埂、标记，那么小组所有地面积将会增加；如果修建基础设施占地较多，那么小组所有地面积将会相应减少。通过村集体与村民的不懈努力，新光村和永安村成功将村内细碎的农地集中起来，实现了"小田变大田"的目标，为农地的连片流转提供了可能。第二步是"有序流转"，在农地调整连片后，既要满足大户规模种植的连片流转，又要满足小农户"返租倒包"的需要。对此，新光村丰盛种植专业合作社和永安村经济联合社根据农户的不同需求，对于当前有"返租倒包"需要的小农户，优先分配质量较好、距离较近的地块，由供销合作社安排村集体经济组织为其提供低于市场价格的五彩薯种苗、农资、社会化服务，在让农民受益的同时，增加了集体经济组织的居间收入。对于外出务工的农户，则按照市场价格将农地流转至集体经济组织，统一由集体经济组织自主经营，这种方式能够实现作物、耕种技术和劳动力安排的统一，促进农业生产的标准化。五彩薯成熟后，新优禾公司直接与合作社对接，完成五彩薯的采购，利用供销合作社的流通网络优势，将五彩薯销售出去。五彩薯亩产 4 000 ~ 5 000 斤，每斤收购价 2.5 元，种植五彩薯的收入是种植水稻的 3 倍，为集体经济组织开拓了收入来源。

实现城乡要素流动的目的是推动要素集聚，促进特色农业产业的发展。在五彩薯的种植过程中，依托"社村"合作，丰盛种植专业合作社、永安村经济联合社的五彩薯种植获得了资本要素和技术要素的保障。在资本要素方面，为保障连片薯类绿色高质高效示范区的建设，在阳西县政府和县域"社村"联合会的支持与协调下，农行阳西支行及农商银行等金融机构与新优禾公司共建了"银行 + 县域运营公司 + 农户"绿色融资通道，为丰盛种植专业合作社、永安村经济联合社提供了授信贷款，有效解决了农村集体经济组织面临的融资难、融资贵、融资慢等问题。在技术要素方面，新优禾公司以全程化农业社会化服务为抓手，积极为丰盛种植专业合作社、永安村经济联合社直接提供五彩薯的营养解决方案和植保技术，最大限度地降低了农资、信息、技术的获取成本。例如，依托"社村"合作平台，永安村经济联合社引入广东后羿作物生态链技术有限公司、华南农业大学的技术专家，提高了五彩薯的抗逆性，在延长储存时间的同时，使五彩薯皮色更加光滑，口感更加香甜。资本要素和技术要素的"向下"流动，使得新光村和永安村的五彩薯种植产业如火如荼，为五彩薯特色产业的进一步发展奠定了基础。新优禾公司与丰盛种植专业合作社、永安村经济联合社合作，进一步延伸了五彩薯产业链。一方面，新优禾公司帮助集体经济组织引入农村电商运营人才，通过直播带货、平台入驻等方式积极拓宽线上销售渠道，扩大"溪头五彩薯"品牌影响力。另一方面，新优禾公司积极探索五彩薯的深加工，不断提高产品附加值，目前已开发出"五彩薯条""五彩薯粉""五彩薯果脯"等产品。在五彩薯特色产业的发展过程中，一方面改变了以往松散脆弱的小农经营模式，深化了农业分工，提升了农业产业的区域合作黏度，形成了稳定高效的农业生产秩序；另一方面提升了五彩薯产业的生产技术水平，延长了产业链条，更有利于农业特色产业的转型升级。

（三）成熟阶段："扬优势"，制度安排激励相容

"社村"合作为城乡要素流动提供了有效载体和平台，推动了要素在乡村聚集，促进了农村集体经济的发展。然而，农村集体经济参与主体的多样性决定了其偏好的差异性，每个主体都会在合作内努力寻求自身利益的最大化，不同主体之间可能存在利益冲突，导致合作低效率甚至无效率。因此，需要通过新制度供给、可行承诺与相互监督实现激励相容，保持集体内部的一致性行动。在阳西县的具体实践中，主要依靠激励约束、参与约束和监督约束三者形成完整的制度体系，促成"社村"合作中各参与主体达成激励相容，促进农村集体经济的可持续发展。

一是激励约束，即与贡献率相符的合作利益分配方式。参与方共享的价值与利益是建立紧密合作的基础（梁平汉和赵玉兰，2023），激励约束能通过科学合理的分配制度使集团中各参与主体的预期收益同时实现最大化。在阳西县"社村"合作的具体情境中，"社村"合作的可持续性依赖于复合型利益联结机制的建构：在外部资源整合维度，需构建农村集体经济组织与供销合作社等市场主体的契约型合作范式；在内部治理维度，也要平衡集体经济组织内部各个成员间的利益关系，只有在多个行动主体之间建立起合理的风险共担、利益共享机制，才能为集体经济发展注入持久的动力。对于农村集体经济组织与其他多元主体间的利益协调，一方面，在新优禾公司的股权结构中，供销合作社和村集体经济组织所占的股权比例有明确的划分，基层供销合作社占股21%，村集体经济组织占股30%，省供销社社有企业占股49%。另一方面，针对村集体经济组织的入股，第一年优先加入的村集体享有100%股权，后期加入的村集体依次稀释股权，同时也按贡献度获得相应股权，并在公司章程中明确了对后期新加入股东的股权分配、公司收益分配机制等事宜。农村集体经济组织内部成员间的利益协调，则主要发生在村"供销农场"和农产品加工产业中。以丰盛种植专业合作社和永安村经济联合社为例，其组织成员的收益由三部分构成：村集体经济组织按照4 000斤的收购价作为保底租金，附加当年村集体的盈利分红以及村民日常参与"供销农场"日常管理和加工产业的工资收入，采用了"保底租金＋盈利分红＋工资收入"的分配方式。这种分配方式比单纯的土地流转所获收益更加长效科学，有效激励村民"多劳多得"，在一定程度上避免了部分集体成员的"搭便车"行为。截至2025年3月，阳西县"社村"合作试点工作已为首批6个试点村集体下发预分红40万元。

二是参与约束，即有约束力的合作协议，使得参与者状况不比合作前的状况差。在阳西县的"社村"合作模式中，供销合作社的纵向组织系统结构与企业化的运作方式较为成熟，能及时调动各层级的供销社主动投入"社村"合作当中，而供销合作社与农村集体经济组织之间、集体经济组织内部的参与约束还不够完善，需要进一步补充。在集体经济组织内部，可细分为对村干部的参与约束和对村民的参与约束两个方面。由于农村集体经济的集体所有权的特殊性，剩余所有权的制度性受限，集体经济的实际管理者村干部难以获得进一步分红。因此，一方面，阳西县通过设立村级集体经济发展增量奖、保持奖等奖项，对村集体经济组织经营年收入达到 5 万元以上的村"两委"干部按一定比例进行绩效奖励，激励村干部参与农村集体经济建设；另一方面，积极给予非经济激励补偿，如根据年终考核结果，给排名靠前的村"两委"干部颁发各类荣誉，并给予其所在村庄竞争上级政府各类扶持项目时优先获取资格的机会。对于村民的参与约束，一方面，与贡献率相符的合作得益分配方式能促使村民积极参与合作行动中；另一方面，借助乡土社会中的舆论、情感连带等非正式制度，对村民的个体行为进行协调或约束，以便农村集体经济组织各项工作的开展。对于供销合作社与农村集体经济组织之间的参与约束，则通过任务划分的方式清晰界定供销合作社与农村集体经济组织的任务分工与责任归属，进而为制度体系的有效运行提供保障。在阳西县"社村"合作模式中，县域"社村"联合会负责制定"社村"合作发展规划及产业推动计划，指导县供销合作社和农村集体经济组织开展合作；新优禾公司作为"社村"合作的产业平台，负责具体产业项目的开展实施；农村集体经济组织则负责与农民统筹对接。清晰的分工与责任归属为供销合作社与农村集体经济组织的合作行动提供了具体的行动框架，有助于"社村"合作模式的高效运转。

  三是监督约束，即覆盖全过程的监督。监督约束是合作约束形成的关键因素。在公共池塘资源治理问题中，小范围群体的监督相对容易达成。但是，当涉及跨区域、跨时空的大范围群体时，如何达成不同区域、不同参与主体间的监督共识则成为较大的难题。对此，阳西县分别对县域运营公司和农村集体经济组织采取不同监督方式，形成完整的监督体系，以保障"社村"合作的长效健康运转。在农村集体经济组织方面，第一，由政府聘请第三方评估团队每年对行政村展开集体资产清查工作，同时实行财务公开制度，开展农村集体经济组织主要负责人经济责任审计，以确保农村集体经济组织的财务收支、经济活动等的依法性、真实性、规范性和效益性。第二，将发展集体经济工作作为县镇党委书记抓基层党建述职评议考核、评优评先的重要参考，对本辖区当年度存在集体经济收入 5 万元以下村的县镇，书记当年不能评优评先，不得提拔重用，工作不尽责、不到位，造成不良影响的作出相应组织处理。在县域运营公司方面，由"社村"联合会依规监督县域运营公司，县域运营公司定期向"社村"联合会报告工作情况。由此，阳西县构建起一套共担共享、激励相容的助农增收机制。

  制度安排的完整性和互动性是制度体系运行成效的关键，若要达成激励相容的目标，既需要激励约束、参与约束和监督约束三者的同时存在，又需要不同约束之间的交互调适，即满足"一同在位、相互嵌套、内在统一"的要求，又能做到"各司其职、各尽其责"。阳西县"社村"合作模式促进农村集体经济发展的过程，促成了农村集体经济多元参与主体统一集体行动，推动了"社村"合作模式的运行。

六、结论与启示

（一）主要结论

本文立足集体行动视角，基于"集体行动—要素流动—激励相容"的分析框架，剖析广东省阳江市阳西县"社村"合作模式下的新型农村集体经济发展路径。研究发现，新型农村集体经济可持续发展的关键是多元参与主体达成集体行动，进而推动城乡要素的畅通流动。阳西县立足合作经济属性，以多元合作为纽带，构建起县域主导、连镇带村的"社村"合作机制，促进新型农村集体经济的可持续发展。在"社村"合作模式下，阳西县供销合作社和农村集体经济组织立足资源禀赋，围绕特色农业产业，建立起一套上下贯通的"县—镇—村"经营服务体系，有效破解了农村集体经济发展集体行动困境、破除要素流动障碍，实现了农民得收益、村集体得壮大、供销合作社得发展的共赢结果。基于广东省阳江市阳西县"社村"合作助力新型农村集体经济发展的案例，得到以下结论：

1. 供销合作社与农村集体经济组织在网络与组织、经营与产业、服务与市场方面具有优势互补的特点

供销合作社和社有龙头企业将资源、资本下沉到镇村，为集体经济组织提供渠道网络与社会化服务，村级集体经济组织则帮助供销合作社和社有龙头企业打通对接农户的"最后一公里"。阳西县立足特色农业资源禀赋，利用供销合作社组织网络优势，通过县域运营公司向农村集体经济输送启动资金、科技人才、社会化服务等生产要素。集体经济组织通过统筹当地农户，一方面，组织化承接外部输入的生产要素，提高要素配置效率；另一方面，向县域运营公司输送产品，实现优势互补、合作共赢。

2. "社村"合作是助力新型农村集体经济发展的有效路径之一

"社村"合作模式是供销合作社进一步扎根农村、促进新型农村集体经济组织可持续发展的组织制度创新，为各类集体经济参与主体搭建了合作平台。平台有效促成了多元主体达成集体行动，在扩大生产经营规模、提升市场竞争地位、增强经济实力等方面促进新型集体经济组织可持续发展壮大，助力乡村共同富裕。阳西县通过县域"社村"联合会、"社村"运营公司与

农村集体经济组织持股平台等体系化的"社村"合作模式，激励各类新型经营主体加入集体经济发展，壮大集体经济实力。

3. "社村"合作需要依靠激励约束、合作约束和监督约束促进新型农村集体可持续发展

以供销合作社和新型农村集体经济组织为主体的农业产业化联合体，通过形成风险共担、利益共享的分配机制，保证了多元合作中的激励相容，实现了农民收益增加、集体经济壮大、供销事业发展的多方共赢。阳西县"社村"合作科学制定资产合作收益分享机制，不断健全完善"社村"合作助村扶农机制，按合作制原则给参与成员收益分红，实现组织内部激励相容，持续稳定发展。

（二）主要启示

1. 处理好新型农村集体经济多元参与主体关系，建立紧密型的合作机制

"社村"合作的实践，既不是纯粹的顶层设计的产物，也不是简单的科层制架构体系，其本质上是基于当地经济社会发展需求的组织化行动。在合作过程中涉及多种主体，成员之间的异质性较高，不同利益主体之间可能会出现利益分化的问题。必须加强行动者之间的沟通交流，建立紧密型的合作机制，实现发展集体经济的多元化目标。一是要坚持以农村集体经济组织、基层供销合作社为核心主体，加强开放合作，广泛吸纳各类经营主体，不断拓展"社村"合作中集体经济发展的市场空间。二是要鼓励各类经营主体积极参与"社村"合作，同时制定严格的准入与退出标准和制度。三是要构建多方参与的"社村"合作常态化协商平台，在注重信息共享与资源整合效率的同时，又强调过程监督与动态调适功能，进而形成差异化主体间的价值共创网络，通过战略协同与流程再造实现整体协作效能的跃升。

2. 建立持续的合作组织内部优化机制，实现长效化的自我发展

"社村"合作的初衷是探索促进新型农村集体经济发展壮大的新路径，助力解决城乡区域发展不平衡问题。然而，新型农村集体经济发展模式的演进无法依赖理想化的顶层规划一劳永逸，必须基于实践中多元主体的认知耦合与利益博弈，通过渐进式制度演进形成的动态调适机制，在不断试错与反馈改进中构建可持续发展的治理共同体。一是要进一步完善上下贯通、运转协调、服务高效的"社村"合作组织体系，为集体经济的发展构建一个渠道多样、持续投入、高效合作的资源要素流动网络。二是要在合作过程中，找准合作内容和业务抓手，如在农业社会化服务、冷链物流、数字平台等方面上做大做精做强，实现乡村产业转型升级。

3. 建立健全供销合作社和农村集体经济组织之间的风险共担、利益共享机制

合作的延续离不开利益分配，只有形成充分调动各种参与主体积极性的合理分配机制，新型农村集体经济才能实现可持续发展。一是要不断完善"社村"合作模式下的利益联结机制和风险共担机制，建立层级分明的责任清单、服务清单、效益分配清单等管理机制，通过制度管人管事，防止权责不清、效益不明、联系不紧等情况的发生。二是要建立基于产权契约矩阵的参与式赋权框架，在合作过程中保障农民股东们的知情权、参与权、决策权和监督权，构建起防治基层治理异化的制度防火墙。三是要建立多元参与主体的民主协商机制，凝聚各方力量，激发集体经济发展的内生动力。

参考文献

1. 阿林·杨格：《报酬递增与经济进步》，载于《经济社会体制比较》1996年第2期。

2. 埃莉诺·奥斯特罗姆：《公共事物的治理之道：集体行动制度的演进》，上海译文出版社2012年版。

3. 艾伯特·赫希曼：《经济发展战略》，经济科学出版社1992年版。

4. 安永军：《农村公共品供给中的"市场包干制"：运作模式与实践逻辑》，载于《中国农村经济》2020年第1期。

5. 陈奕山、吴重庆、张慧鹏：《以县域为中心的乡村振兴：城乡关系演变与县域经济发展》，载于《南方经济》2021年第8期。

6. 段锴丰、施建刚、吴光东等：《城乡融合发展的动力因素及其驱动路径》，载于《中国人口·资源与环境》2024年第1期。

7. 方国柱、祁春节、贺钰：《保障粮食和重要农产品有效供给的理论逻辑与治理机制——基于集体行动理论视角》，载于《农业经济问题》2022年第12期。

8. 冈纳·缪尔达尔：《亚洲的戏剧：南亚国家贫困问题研究》，商务印书馆2015年版。

9. 高强、崔文超：《从封闭到开放：城乡融合发展进程中的新型农村集体经济》，载于《南京农业大学学报（社会科学版）》2023年第5期。

10. 管珊：《社会化服务的双重组织化：小农户与现代农业的衔接机制——基于土地托管模式的分析》，载于《当代经济管理》2020年第11期。

11. 何慧丽、许函诚：《从"业务合作""双社共建"到"双社融合"——供销合作社助推村级集体经济发展的三种模式探讨》，载于《学术论坛》2023年第1期。

12. 简·雅各布斯：《城市经济》，中信出版集团2018年版。

13. 卡尔·波兰尼：《巨变：当代政治与经济的起源》，社会科学文献出版社 2013 年版。

14. 梁平汉、赵玉兰：《激励相容视角下亲清政商关系的全面构建：一个集体行动分析框架》，载于《广东财经大学学报》2023 年第 2 期。

15. 罗必良、耿鹏鹏：《理解县域内的城乡融合发展》，载于《南京农业大学学报（社会科学版）》2023 年第 1 期。

16. 曼瑟尔·奥尔森：《集体行动的逻辑》，上海人民出版社 2014 年版。

17. 阮若卉、罗明忠：《基于价值共创意识的新型农村集体经济发展影响机制》，载于《华南农业大学学报（社会科学版）》2025 年第 1 期。

18. 谭海波、王中正：《积分制何以重塑农村集体经济——基于湖南省油溪桥村的案例研究》，载于《中国农村经济》2023 年第 8 期。

19. 仝志辉、温铁军：《资本和部门下乡与小农户经济的组织化道路——兼对专业合作社道路提出质疑》，载于《开放时代》2009 年第 4 期。

20. 王军：《供销合作社推动农村集体经济发展的机制和路径》，载于《重庆工商大学学报（社会科学版）》2022 年第 5 期。

21. 温铁军、逯浩：《供销合作社与集体经济的起源、融合发展及改革方向》，载于《学术论坛》2023 年第 1 期。

22. 西奥多·W. 舒尔茨：《改造传统农业》，商务印书馆 2006 年版。

23. 徐旭初、金建东：《供销社改革发展再审视：组织特征、发展机制与若干思考》，载于《新疆师范大学学报（哲学社会科学版）》2024 年第 2 期。

24. 张可云、冯晟、席强敏：《东西部协作政策效应评估——基于要素流动的视角》，载于《中国工业经济》2023 年第 12 期。

25. 张新文、杜永康：《共同富裕目标下新型农村集体经济发展：现状、困境及进路》，载于《华中农业大学学报（社会科学版）》2023 年第 2 期。

26. 张阳丽：《我国城乡要素流动的演变逻辑、现实梗阻与突破方向》，载于《西安财经大学学报》2024 年第 9 期。

27. 赵黎：《集体回归何以可能？村社合一型合作社发展集体经济的逻辑》，载于《中国农村经济》2022 年第 12 期。

28. 赵晓峰：《基层供销合作社建设：何以可能，何以可为》，载于《学术论坛》2023 年第 1 期。

29. 周飞舟、何奇峰：《行动伦理：论农业生产组织的社会基础》，载于《北京大学学报（哲学社会科学版）》2021 年第 4 期。

30. 邹宝玲：《供销合作社助力乡村产业振兴的机制与路径》，载于《贵州师范大学学报（社会科学版）》2023 年第 5 期。

Cooperation Between Supply and Marketing Cooperatives and New Rural Collective Economic Organizations, Complementary Advantages and New Rural Collective Economy Development
—Based on a typical case study of Yangxi County, Guangdong Province

LUO Mingzhong

(Rural Revitalization Laboratory, Key Laboratory of Philosophy and Social Sciences of Guangdong Province, 510642)

RUAN Ruohui

(School of Economics and Management, South China Agricultural University, 510642)

[**Abstract**] Exploring ways for supply and marketing cooperatives to promote the sustainable development of the new rural collective economy is of great significance to better serve the overall promotion of rural revitalization and help solve the problem of unbalanced development between urban and rural areas and between regions. Taking Yangxi County, Yangjiang City, Guangdong Province as an example, based on the analytical framework of "collective action-factor flow-incentive compatibility", this paper explores the development path selection and generation logic of the new rural collective economy from the perspective of collective action. It is found that supply and marketing cooperatives and rural collective economic organizations have complementary advantages in network and organization, management and industry, service and market. On this basis, Yangxi County built a nested "cooperation between supply and marketing cooperatives and new rural collective economic organizations" cooperation organization system around the characteristic agricultural industry, promoted the collective action of multiple participants in the collective economy, formed a joint force for development, promoted the flow of various production factors to the countryside, and realized the development of a new rural collective economy. At the same time, Yangxi County further promotes the virtuous circle of "cooperation between supply and marketing cooperatives and new rural collective economic organizations" cooperation through incentive constraint, cooperation constraint and supervision constraint.

[**Key Words**] Cooperation between supply and marketing cooperatives and new rural collective Economic organizations   Complementary advantages   New rural collective economy   Collective action theory

JEL Classifications: Q13

制度创新、农业价值链升级与乡村全面振兴[*]

张海丰　黄　晨[**]

【摘　要】 产业振兴是乡村全面振兴的物质基础，农业产业振兴的关键是占据农业全球价值链高端位置，而这一目标的实现必须以制度创新促进农业新质生产力发展。农业价值链升级为乡村振兴提供经济、技术和社会等多个维度支撑，乡村全面振兴为农业价值链的进一步升级创造有利的外部环境和条件。在全球价值链的视域下，我国农业长期处于价值链低端环节，在某些价值链环节已经出现低端锁定困境。要想实现乡村全面振兴，我国必须以制度创新为牵引，为农业新质生产力发展提供有力制度支撑，以技术创新为核心驱动力，通过构建农业创新系统促进产品创新，沿着农业价值链的演化轨迹稳步攀升，最终占据全球农业价值链的高端环节。聚集高端生产要素，持续积累我国农业的自主创新能力，是实现农业全球价值链升级和乡村全面振兴的基础。

【关键词】 制度创新　新质生产力　乡村振兴　农业全球价值链　自主创新

中图分类号：F323　　文献标识码：A

一、引　言

2023 年 9 月 7 日，习近平总书记在黑龙江考察时提出"加快形成新质生

---

[*] 本文受国家社科基金重大项目"新发展理念体系化学理化研究阐释"（编号：24&ZD006）的资助。

[**] 张海丰，广西师范大学经济管理学院教授、博士生导师，广西师范大学东盟区域与国别研究院、西部乡村振兴研究院研究员；地址：（541004）广西桂林市七星区育才路 15 号；E-mail：75514316@qq.com。黄晨（通讯作者），广西师范大学东盟区域与国别研究院研究助理；地址：（541004）广西桂林市七星区育才路 15 号；E-mail：1343643096@qq.com。

产力，增强发展新动能"的要求①。2024 年 1 月 31 日，习近平总书记在中共中央政治局第十一次集体学习时指出，新质生产力是创新起主导作用，摆脱传统经济增长方式、生产力发展路径，具有高科技、高效能、高质量特征，符合新发展理念的先进生产力质态②。党的十九届四中全会提出"数据作为一种新的生产要素"。经济高质量发展的时代背景下，更强调运用数字技术来改造我国传统农业，助力我国农业占据全球价值链的高端位置，进而为我国乡村全面振兴奠定经济和技术基础。新质生产力的发展必须以新型生产关系调整为前提，这就需要依靠持续推进制度创新。

一般认为，农业经济活动是报酬递减的低质量经济活动。但自工业革命以来，随着工业技术不断渗透到农业中，农业活动的价值链分工日益深化，逐渐分化为高技术含量和高进入壁垒的农业价值链高端环节，以及低技术含量和低进入壁垒的农业价值链低端环节。像巴西和阿根廷等拉丁美洲国家，在农业全球价值链中长期从事低端农业和农业低端价值链环节，最终沦为美国全球农业体系的"生产车间"（丁涛，2015）。巴西和阿根廷在全球大豆市场中看似占据重要的生产和出口地位，但一方面需要从美国高价进口种子、农药和化肥，另一方面又将大豆廉价卖给美国的跨国农业企业，本国自身利润微薄。这些国家被锁定在价值链低端环节的根本原因在于，不重视农业技术的研发投入和自主创新，忽视对农业领域价值链高端企业的培育和扶持，使得农业领域无法发展新的生产力。进一步而言，农业价值链高端环节通常涉及农产品优质品种培育、有机标准化生产、精深加工和品牌价值提升，这些活动能够提升农产品的附加值，促进农业产业结构的优化和升级，增强农业产业的竞争力。发展高附加值的农业产业，可以带动农业经济增长，增加农民收入，从而为我国乡村全面振兴提供坚实基础。因此，占据农业全球价值链高端环节是我国实现乡村全面振兴的根本保障。

党的十九大报告首次提出实施乡村振兴战略，党的二十大报告明确强调全面推进乡村振兴。随着世界百年未有之大变局加速演进，全球正处于一个新的动荡和变革时期，不确定性因素日益增多。与此同时，我国的发展也进入了战略机遇和风险挑战并存的新阶段。基于这个基础，全面推进乡村振兴不仅需要提高农村资源配置效率，加速推动农业产业升级和农民增收，为经济高质量发展注入动力，还需要致力于缩小城乡在收入、消费及公共产品服务上的差距，促进城乡共同富裕；更进一步地，要强化农村在农产品供应、生态资源供给以及创造就业机会方面的能力（高帆，2023）。目前，我国所

---

① 《习近平在黑龙江考察时强调　牢牢把握在国家发展大局中的战略定位　奋力开创黑龙江高质量发展新局面》，载于《人民日报》2023 年 9 月 9 日第 1 版。

② 《习近平在中共中央政治局第十一次集体学习时强调　加快发展新质生产力　扎实推进高质量发展》，载于《人民日报》2024 年 2 月 2 日第 1 版。

从事的大部分农业活动仍然属于低端农业以及处于农业价值链的低端环节，这主要表现在两个方面：一是农业生产过程中，大量进口高价种子、农药和化肥等关键生产资料，导致生产成本居高不下；二是农产品收获后，往往以较低的价格直接进入市场销售，未能充分实现其附加值的增值。近年来，我国种子进口数量均高于出口数量，虽然进出口差额有缩小趋势，但仍然维持在高位，2023年进口数量达到47 137吨，是出口数量的2.3倍（见图1）。我国的农业生产领域每年均需承担高昂的进口成本。

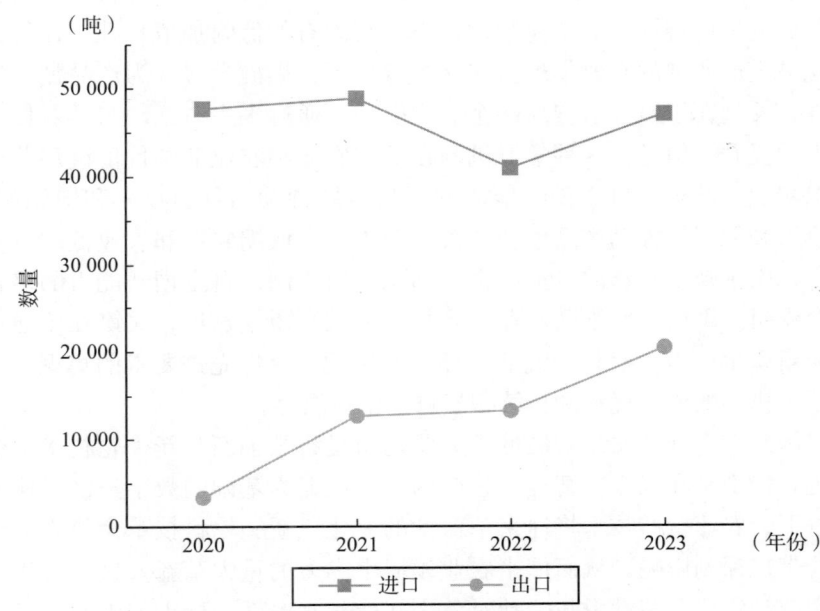

图1 2020~2023年中国种子进出口数量对比

资料来源：中华人民共和国海关总署，http：//www.customs.gov.cn/。

  近年来，我国种业企业呈现快速发展的态势，根据利马格兰旗下的法国威马种子公司（Vilmorin & Cie）公布的财报数据显示，我国虽有两家企业跻身全球农作物种业前十强之列，但大多数农业企业仍面临规模小、竞争力不足等挑战。从产业结构层面分析，我国种业产业链在研发、生产、推广及销售环节的市场主体较为分散，这种条块分割的格局不利于产业链内各个环节间的协同创新，从而在一定程度上制约了我国农业价值链的整体发展与升级。长期从事这种低附加值和低利润率的农业活动，会使我国陷入农民收入水平低、地方政府财政收入低、基础设施建设落后、农业产业效能低下、生态环境恶化、人才资源匮乏的深渊。因此，我们必须清醒认识到，停留在低端农业和农业低端价值链环节是不足以支撑乡村全面振兴的，根据演化发展经济学的基本原理：只有从事高创新率、高附加值的高端农业和农业高端价值链活动才能支撑农民收入水平的持续提升。推动农业高质量发展、迈向农业强国目标的关键突破口和主要着力点在于培育新质生产力。农业新质生产力发展的目标在于显著提升生产能力、大幅扩展生产领域、显著提高生产效率、大幅增强生产韧性以及显著增加生产收益（罗必良，2024）。因此，通过制度创新发展农业新质生产力，促使我国占据全球农业价值链的高端环节，对于乡村全面振兴具有基础性作用。

通过制度创新使得人才、知识、资本、技术等先进要素的有效集聚是发展农业新质生产力的前提条件（李增刚，2024）。然而，长期从事低端农业和农业低端价值链环节的产业活动，由于其固有的低附加值特性，往往无法实现先进生产要素的有效集聚。在这个背景下，集群学习成为产品创新的必要条件，关键在于以价值链高端企业为引领，通过多主体互动与学习促进创新能力的提升。但是，这种学习机制在低端农业和农业低端价值链环节中往往难以实现。此外，自主创新能力的积累需要持续的创新投入和知识积累，这些投入和积累是推动产品创新的关键动力。在低端农业和农业低端价值链环节中，由于缺乏足够的投资回报和知识更新机制，自主创新能力的培育和积累会受阻。因此，要推动农业及乡村产业的高质量发展，关键在于通过发展农业新质生产力，摆脱传统低端环节的制约，促进先进要素的集聚、发挥集群学习机制的创新优势和持续积累自主创新能力。

我国经济实现高质量发展的首要驱动力是科技创新。新一轮技术革命不断演进，特别是在以人工智能、物联网、大数据为基础的数字经济快速发展的背景下，农业生产技术将迎来革命性的变化。新一轮科技革命势必会给传统农业带来深刻影响，从而催生农业领域生产力的重大革新。这一过程将深刻改变劳动资料、劳动力与劳动对象之间的相互关系，标志着农业生产方式和生产关系的根本变革（张海鹏和王智晨，2024）。农业新质生产力的广泛应用不仅构成了我国乡村全面振兴的基础性支撑，而且对缩小城乡之间的经济发展差异、促进城市与农村产业融合具有重要的战略意义（马晓河和杨祥雪，2024）。农业价值链的升级，从根本上讲，依赖于农业产业链终端物质产品的功能效用提升与生产成本的优化降低。实现农业价值链升级，不仅涉及技术进步和生产效率提升，也与农业企业市场定位、消费者需求认知以及产品品质的精细化管理紧密相关。因此，数字技术与农业新质生产力的结合将为我国在农业技术上追赶发达国家，实现自身农业价值链升级提供机会窗口。

基于以上分析，本文认为农业价值链升级与乡村全面振兴之间存在相互促进作用：农业价值链的升级为乡村振兴提供了经济、技术和社会的多维度支撑；而乡村的全面振兴则为农业价值链升级创造良好的外部环境和条件。在新一轮科技革命的背景下，以制度创新为先导，发展农业新质生产力是加速农业价值链升级与乡村全面振兴形成良性互动的"催化剂"。我国实现乡村全面振兴，需要牢牢抓住农业新质生产力发展的机会窗口期，促进农业技术领域自主创新能力的积累，发挥数字技术对提升农业价值链的关键支撑作用，助力我国占据全球农业价值链的高端位置。余下部分安排如下：第二部分对相关研究进行梳理；第三部分对农业价值链低端锁定的成因进行剖析；第四部分阐释新质生产力助推农业价值链升级的内在机理并探究我国农业价值链升级引领乡村全面振兴的实现路径；第五部分为总结与进一步讨论。

二、文献回顾

当前，学术界已就新质生产力的理论意蕴、逻辑框架及其历史演进展开了广泛的讨论。就理论意蕴而言，新质生产力所阐述的核心概念，是指通过劳动者、劳动资料与劳动对象等传统生产力要素的优化配置与深度融合，从而实现质变性跃升的新型生产力形态（黄群慧和盛方富，2024）。新质生产力标志着与传统技术体系的分离，摆脱了传统的增长路径，且与高质量发展的要求相契合。在数字时代，它展现出更强大的融合性，对应的是新的生产方式、新的科学技术和新的产业形态（徐政等，2023）。新质生产力是在传统生产力所奠定的发展基础上，对生产力发展质量和效益进行的一次革命性突破，其形成的效率和水平，成为衡量中国高质量发展状况的重要依据（谢鹏俊等，2024）。从逻辑架构的视角审视，创新被认为是新质生产力的关键推动因素，它涵盖科学创新、制度创新、技术创新、产业创新、市场创新以及管理创新等多个相互交织且不可或缺的维度。唯有秉持创新驱动的战略导向，方能摆脱传统经济增长模式与生产力发展轨迹的束缚（罗必良，2024）。

新质生产力着重指出，自然物质生产力发展的核心枢纽在于"质"的转变。具体而言，这一转变深刻体现在生产力要素的天赋特性及其组合模式的根本性变革之中，进而促使全要素生产率实现显著跃升。从深层次逻辑剖析，基于要素天赋与组合模式的革新，以及由此带来的全要素生产率的大幅提升，创新驱动成为核心动力，这构成了生产力"质"变的核心标志与显著特征（刘伟，2024）。从历史演进来看，在马克思的政治经济学理论架构内，生产力被定义为个体或集体在运用生产要素进行物质财富创造过程中所展现出的能力，它深刻地映射了人与物质世界（或人与自然界）之间的内在联系与相互作用。相应地，生产关系则是指在经济活动开展过程中，人们之间所形成的相互关联与联系方式，它凸显了人与人（或个体与社会结构）之间的动态互动与社会性联结。在我国长期的经济建设实践中，结合现阶段发展格局的变动，"新质生产力"这一概念应运而生，它不仅是对传统生产力理论的继承和发扬，更是我国在特定历史时期对经济发展规律的深刻把握和创新（高帆，2023）。传统生产力是建立在第一次和第二次科技革命以及产业革命的基础之上的，而新质生产力则是以第三次和第四次科技革命及产业革命为支撑，实现了生产力从传统向现代的转化，并形成了一种先进的生产力质态（任保平，2024；李增刚，2025）。

农业领域的新质生产力是实现中国式农业农村现代化，构建农业强国的关键支撑。深入理解并掌握农业领域新质生产力的内涵、积极推动农业领域新质生产力发展，对于促进农业经济高质量发展、激发农业发展活力具有重要意义（张寒和张晓宁，2024）。农业新质生产力不仅展现了新质生产力理论在农业领域的实践应用，而且标志着一种在农业范畴内孕育并演进的先进农业生产力的新型质态。具体而言，它以科技创新作为核心驱动力，以生产要素的深刻变革为关键支撑架构，以产业升级为构筑竞争优势的主要途径，致力于促进农业向现代化、智能化及绿色化转型。作为一种旨在实现农业高质量发展与推进农业强国建设目标的先进农业生产力形态，农业新质生产力对于增强我国农业在全球市场的竞争力具有举足轻重的战略意义（高强和程长明，2024）。从劳动力资源的维度审视，拥有高素质的新农科人才构成了农业新质生产力的首要要素。这些人才是推动农业现代化、智能化、绿色化发展的关键力量。而从生产资料的角度出发进行考察，涉农领域科技创新所催生的高技术含量生产资料，构成了农业新质生产力的关键物质基石（孔祥智和谢东东，2024）。

价值链详细描述了产品或服务从概念构想到实际生产阶段（涵盖物理形态的转变与各类生产者服务的集成输入）直至最终交付消费者并完成使用后的最终处理所需经历的全部活动流程（Kaplinsky，2000）。农业领域的价值链由一些参与主体进行的一系列有序的价值增值活动组成，这种价值增值活动包括将产品从未加工的原材料到最后销售给消费者的过程（米勒和琼斯，2017）。相较于发达国家，我国农业产业的发展在整体上仍显得较为落后。从深度剖析价值链的视角出发，涵盖农业、工业及服务业三大产业的农业产业链，其整体价值水平呈现显著偏低的现象（戴孝悌，2016）。在农业产业链的终端输出环节，物质产品主要以主产品、副产品以及废弃物产品的形态呈现。鉴于市场消费者对于这三种终端物质产品存在差异化的使用模式与消费倾向，它们可进一步被细分为多个具体类别，并依据品质与价值划分为高端、中端、低端三个层级。针对这些物质产品，提升其功能效用与降低生产成本，构成了推动农业产业链价值增值的核心策略与关键路径（程华等，2020）。

我国农产品在全球价值链中的有效参与受到多个方面因素的制约。首先，农产品需求的价格弹性较低，这意味着价格变动对需求量的影响有限，从而限制了市场策略的灵活性。其次，部分特色农产品的生产技术具有默会性特征，即这些技术的传递和复制较为困难，这影响了其规模化和标准化生产。最后，贸易壁垒和质量安全标准等问题也阻碍了我国农产品的国际竞争力。从另一方面来看，与发达国家或地区相比，我国在农业生产规模、技术水平和专业化程度等方面存在明显差距。这些差距导致我国农业主要依靠低成本劳动力，仅参与全球农业分工体系中的初级生产环节，从而在附加值创造与利益分配方面仍处于相对较低的层次（周贝和李婷，2023）。在国际比较中，我国农业全球价值链分工地位落后于瑞士、挪威和法国等国家。从总体视角审视，目前，我国农业在全球价值链中的参与程度处于中等水平。尽管这一参与程度呈现持续上升的趋势，但其增长幅度相对有限，仍存在进一步拓展和提升的空间（周南南和于文洁，2021）。有研究指出，我国农业在亚太生产网络中的地位略有上升，但增幅并不显著，且参与全球价值链的程度相对较低，尤其是在生产加工层次的参与度不高。我国农业价值链当前正遭遇多重严峻挑战，涵盖劳动力资源配置不均衡、农业科技含量不足、规模化经营缺失，以及现代农业与现代服务业融合程度偏低等诸多方面。这些问题共同作用，导致我国农业价值链呈现结构短促、实力薄弱、覆盖狭窄的特征，亟须通过系统性改革和创新来加以解决（汤碧和常月，2019）。农业全球价值链嵌入通过产业融合中的农业工业化和农业服务业化两条途径促进产业结构的优化，为实现产业结构的转型升级奠定坚实基础。农业全球价值链参与度越高的国家，农业工业化与农业服务业化程度越高，产业结构转型升级也更快（文春晖和郭骞谦，2024）。

综上所述，当前学术界已从生成逻辑、内涵阐释以及时代价值等核心议题上对新质生产力进行了深入研究，初步构建了新质生产力的分析框架，为后续研究奠定了基础。与此同时，现有研究指出我国农业价值链仍处于低端锁定的困境中，在深入探讨农业价值链升级路径的过程中，主要聚焦于两个核心维度：一是价值链加工环节的逐步攀升；二是生产环节的专业化水平的显著提升。然而，这些研究都未从制度创新和新质生产力的视角审视我国农业价值链的升级问题。尽管农业价值链升级的驱动机制与制造业相类似，但由于农业所独有的产业特性，其价值链各个环节的分解程度及其组合架构仍然具有特殊性。关于农业价值链升级与乡村全面振兴之间的因果机制有待进一步厘清，我国农业价值链低端锁定的深层原因需要通过制度创新和发展农业新质生产力来破解。

三、农业价值链低端锁定的成因分析

农业价值链的核心内涵在于其必须有效地提升农产品的价值，并确保价值链中的所有参与主体能从中获益（何得桂和公晓昱，2021）。农业价值链的低端锁定问题，即农业生产活动及其价值增加过程在低附加值环节的停滞现象，是许多发展中国家及地区面临的共同挑战。现有研究指出，我国在一定程度上仍处于农业价值链的低端环节。从我国实际情况出发，我国在生物技术、现代农业管理等农业领域的专业人才和科研力量相对薄弱，限制了农业技术创新和应用，使得农业生产难以向高价值环节转型。相较于其他产业，农业往往缺乏足够的资本投入，这不仅限制了先进技术和管理经验等高端生产要素的引入，也影响了农业基础设施和设备的现代化升级。此外，我国乡村地区信息传播渠道的不畅和技术推广体系的不完善使得农业生产过程中往往难以有效引入和应用先进技术，导致生产效率低下和产品质量提升受限，成为制约农业现代化发展的重要瓶颈。同时，农业产业链条的分散性导致资源配置效率低下，小规模农户之间的协同效应弱，难以形成规模经济和集聚效应。由于不同地区之间农业发展水平差异显著，我国一些地区由于自然条件恶劣或政策支持力度不足，难以形成有效的产业集群，影响了我国农业的整体竞争力。此外，我国农业科技创新体系尚不完善，存在研发与生产脱节、科研机构与企业之间合作不够紧密等问题，影响了科技成果的转化效率。综合来看，我国农业价值链低端锁定的原因涉及人才、资本、技术、产业组织以及创新体系等多个层面。

（一）高端生产要素匮乏与农业价值链低端锁定

在价值链分析框架中，各环节所处位置的划分是依据其产业活动附加价值的高低来界定的。具体而言，一些技术门槛较低、利润空间有限、劳动密集型的生产环节往往只涉及简单的加工或组装活动，缺乏创新和差异化的空间，因此容易被生产成本更低的其他地区或企业所替代，通常被归类于价值链的低端部分。反之，涉及研究与开发、设计创新与品牌营销等领域的活动，因其具有较高的附加价值，一般被视为高端价值链环节。类似地，我们判断农业价值链的位置，化肥、农药、育种等农业生产资料的研发和生产环节，以及农产品深加工和品牌营销等属于农业高端价值链环节；而农业种植养殖和粗加工等生产环节属于农业低端价值链环节。从上述分析中可以看出，相较于农业低端价值链环节，高端价值链环节具有知识密集、人才密集、技术密集以及资本密集等特征。这种特征的形成，本质上是先进生产要素与高端产业活动之间的循环累积效应。正是这种相互作用和正反馈，推动了高端农业价值链环节进入一个以报酬递增为特征的良性发展轨道，并在这一过程中保持较高的附加值水平。这不仅说明了高端农业价值链环节在价值创造方面的效率，也凸显了其在现代农业发展中的关键作用。

从表 1 可以看出，我国的农产品如小麦等，在产量上超过了美国，但生产成本仍然较高，特别是我国大豆的成本劣势尤为明显，主要农产品的价格与发达国家相比没有任何优势。我国在农业生产上与美国的差距，主要在于美国采用大规模专业化农业生产模式，其市场化程度高、农业现代化管理水平高，使其农产品具备了价低质高的竞争优势。有研究指出，我国农业在国际分工的过程中，虽然展现出较高的参与度，但整体地位却相对较低，存在"低端锁定"风险（赵凌云和夏雪娟，2021）。2020 年，美国农业对国内生产总值的贡献仅为 0.6%，但与农业紧密相关的行业，包括食品生产和相关服务业，对 GDP 的总贡献达到了 5%。这一数据表明，强大的农业产业链供应链体系是世界农业强国在全球市场上拥有比较优势的关键因素。再来看澳大利亚的畜牧业，特别是在牛肉、羊毛制品及奶制品领域，展现出极强的国际竞争力，在全球农产品市场中占据优势地位，其农产品贸易竞争力指数高达 0.46，显著超越其他农业发达国家。相比之下，我国农产品贸易竞争力指数为 -0.53，远低于全球农业现代化国家的平均水准，且我国农产品在国际市场的占有率仅为 0.33%，凸显出我国在农产品国际贸易中的竞争劣势（贾晋等，2024）。由此可见，我国通过抓住农业新质生产力发展的机会窗口期，促进数字技术与农业生产的融合，加速提升我国在农业全球价值链中的位置已刻不容缓。

表 1　2022 年中国、美国部分农产品成本收益情况对比

农产品种类	稻谷		小麦		玉米		大豆	
国家	中国	美国	中国	美国	中国	美国	中国	美国
每亩								
主产品产量（公斤）	474.83	642.66	511.00	192.83	515.73	744.90	145.04	236.62
总成本（元）	1 361.91	1 377.10	1 140.79	477.43	1 256.84	1 008.95	885.12	688.00
现金成本（元）	801.56	1 104.09	617.95	383.39	570.39	775.27	404.44	481.50
现金收益（元）	537.68	634.10	948.76	47.58	849.70	507.55	440.99	304.54
每 50 公斤主产品								
平均出售价格（元）	139.39	135.23	150.35	109.96	134.75	85.92	287.48	167.41
生产成本（元）	114.68		86.31		87.11		159.74	
净利润（元）	-2.36		40.87		15.49		-13.49	

注：美国农产品成本收益数据源自美国农业部（USDA）最新公布数据，各年美元与人民币汇率按当年全年平均汇率计算。

资料来源：《全国农产品成本收益资料汇编 2023》。

在乡村发展初期，由于知识、人才、技术、资本等先进生产要素的匮乏，农民普遍选择劳动密集程度高、资本要求少的低附加值农业活动，即主要从事种植养殖和简单的农产品加工环节。但事实证明，乡村地区长期从事这种符合自身静态比较优势的农业活动，不仅没有实现人均收入水平的持续提升，很多地区反而陷入了长期贫困之中。以农业种植环节为例，除劳动力投入之外，种子、农用机械、生物化学肥料的投入占到生产成本的相当大部分，因此农民所获得的净收益被严重挤压。参照工业发展的一般规律，一个地区随着产业不断升级，要素禀赋会沿着劳动密集型向资本密集型的方向发展。然而，如果乡村地区长期局限于低端农业活动及处于农业价值链的低端环节，则难以促进该地区要素禀赋结构的转型与升级。这种长期锁定在低附加值经济活动中的状态，限制了乡村地区对资本密集型产业发展的接触与利用，进而抑制了农业经济结构优化和产业升级的可能。

相较于那些劳动密集型且增值能力较弱的农业价值链低端环节——例如运输与包装，农业价值链的高端环节指的是那些具有较强增值能力的技术密集型生产环节，如产品设计与研发。区别于传统的种植、养殖等初级生产活动，高端环节强调通过技术创新、产品创新来提升产品附加值，实现农业产业的升级转型。然而，生产力发展所体现的量的扩张主要源于劳动者、劳动资料及劳动对象在数量、类型和范围等方面的变动。具体而言，劳动者的数量增加和技能提升、劳动资料的持续改进与多样化，以及劳动对象种类的增多和范围的拓展，都是导致生产力量变的关键因素。这些变化直接体现为经济增长的特定规模和速度（方敏和杨虎涛，2024）。乡村地区要想真正实现产业兴旺和乡村全面振兴，必须依靠乡村产业价值链的不断攀升。从以上分析可以发现，从事低端农业和处于农业低端价值链环节不仅难以积累资本和实现规模效应，更重要的是难以吸引知识、人才和技术等高端生产要素，从而无法实现由报酬递减经济活动向报酬递增经济活动的转变。由于长期处于价值链低端环节，资本积累缓慢，用于知识生产和技术研发的资金较少，更难吸引人才向乡村地区转移。长此以往，乡村地区只会被锁定在农业价值链的低端环节上。

（二）农业产业集聚度低与农业价值链低端锁定

经典的产业集群理论认为，资源禀赋是推动产业集群形成的关键动因（马歇尔，2012）。依据产业集群理论，产业集群的形成通过增强知识溢出效应、实现劳动力资源与中间投入品的共享机制，进而对经济增长产生积极的推动作用。当相关联的价值链环节在某一特定地理区域内形成集聚时，不仅能有效分散并减轻企业经营所面临的风险，而且能大幅度降低生产要素的搜寻成本与交易成本。此外，这种集聚效应还具有强大的吸引力，能够促使与该环节息息相关的人才、技术和基础设施等关键资源向此处汇聚，进一步促进区域经济的繁荣和发展。随着专业化程度的进一步提升，竞争活力得以增强，生产效率相应提高，最终推动经济实现增长。农业产业集群是指以农产品生产和加工为核心活动的企业（包括企业化经营的农户和家庭农场）以及与之相关的支撑服务企业和机构（例如农业流通企业、销售服务企业、原材料和设备供应商、研发中心、检测中心、大学、培训机构、中介机构等）在特定地理区域内的集中分布和紧密协作。这代表了我国当前推进农业区域专业化和规模化生产发展的高级阶段，体现了农业生产与创新体系的地域集聚趋势（李二玲，2020）。有研究表明，我国农产品加工业的空间集聚程度呈现不均衡的分布特性，但这种不均衡性正趋于减弱；同时，农产品加工业在地理上的集中现象较为显著，呈现一种"先上升后下降"的阶段性发展特征（何伟纯和李二玲，2019）。尽管我国已经成功打造出诸如山东金乡大蒜产业集聚区等较为成功的农业集聚典范，但受各省区域特性、经济发展水平及农业资源禀赋差异的影响，东部六省的特色农业产业聚集度呈现显著的区域差异。相较于其他地区，这些特色农业产业集聚区之间存在相对明显的差距，从而反映出我国农业产业集聚在空间分布上的不均衡（任玉霜和王禹杰，2021）。

从促进农业价值链升级的视角看，在农业产业集群的构成中，企业群体尤其是核心企业构成了产业集群在攀登全球价值链过程中的微观基础。这些核心企业是产业集群内部增长动力的主要源泉，对于推动农业产业在全球价值链中的提升扮演了至关重要的角色（张高亮和陈劲，2011）。现代农业产业链供应链日益呈现围绕核心企业或产业组织的网状结构（姜长云，2024），也即农业产业的核心企业的聚合作用在我国攀登全球农业价值链过程中居于核心地位。但要扮演好这一角色，农业核心企业首先需要通过整合国内农业价值链，促进农业生产要素、中间投入和最终产品的集聚。有研究表明，处于农业产业集群中的农业生产经营者，其农业生产经营收益比农业产业集群外的高74.8%（刘学华等，2018）。农业产业链集群能够将政府、企业、农户三方紧密联系，促进信息的加速流动。通过资源共享、技术交流和市场协作，集群内企业的竞争力和绩效得到增强，进而进一步促进农业价值链升级。同时，嵌入国内价值链对农业经济增长有显著促进作用，并且它还通过影响农业产业集群来间接推动农业经济增长（任健华和雷宏振，2023）。这也预示着，农业全球价值链的升级需要核心企业在国内价值链上发挥引领作用，推动我国农业核心企业占据全球价值链高端。

集群学习能够促进知识和技术的溢出，但只有价值链高端环节的经济活动才能够提供高强度的学习，从而产生高效的知识和技术流。集群学习主要通过区域内各企业间的协同互动,产生知识溢出和技术溢出,进一步强化区域内各企业的知识吸收能力和技术创新能力,从而促进区域内产业转型升级。集群学习的焦点在于,通过产业链中核心企业和配套企业的协同互动,使得集群内部各企业研发活动所产生的知识和技术在集群内顺畅流动,从而促进集群企业的知识生产和技术创新。除此之外,集群学习能够形成集群内部独有的默会性知识,从而使集群内企业获得持续竞争优势(马述忠和潘伟康,2015)。因此,我国只有通过培育一批具有国际竞争力、占据农业全球价值链高端位置的企业,促进产业集群效应的形成、国内农业价值链的整合,才是促进我国乡村产业振兴的必由之路。但是,目前以低端农业和农业价值链低端环节为主的农业经济活动并不能有效促进集群学习机制的形成和运用,从而无法支撑高强度的学习过程并形成良性正反馈循环。

在国内农业产业集群中,如果外资企业掌控农业价值链高端环节,本土企业锁定在农业价值链低端环节,那么本土企业将难以吸收处于价值链高端的外资企业的默会性知识。由于默会性知识主要来自非正式交往,比如人际交往等方式,只有通过频繁的互动才能实现知识转移。更重要的是,如果我国不能培育出掌握核心技术和前沿技术的农业价值链高端企业,那么高端价值链环节将会长期被外国企业所控制。本土的价值链低端企业由于缺乏高强度的学习,技术升级受阻,从而长期锁定在低技术含量和低附加值的价值链低端环节,最终沦为国外价值链高端企业的附庸。如此,本土企业在农业国际分工中将处于不利地位,只能获得微薄的利润,无法支撑我国广大农民的收入增长,农业全球价值链升级更无从谈起。

(三) 自主创新能力不足与农业价值链低端锁定

高端农业价值链的构建往往伴随新技术的应用和推广,如智能农业、数字农业等。这些技术创新有助于提高农业生产效率、增加农产品的附加值,推动农业向价值链高端发展。这在一定程度上说明,农业价值链的升级需要涉农企业这一主体的积极参与。自主创新是指本土企业通过增加学习强度、积累技术能力以攻克技术难关的过程,这一过程主要通过自主研发、产品开发、知识积累、技术学习等方式实现,并受到人才资源、技术水平、资本投入、制度环境等多重因素的深刻影响(胡大立和刘丹平,2014)。处于价值链低端环节,主要依赖组装加工获取微薄利润的本土企业由于不具备吸引人才、技术和资本等高端生产要素的能力,从而影响了自身提高自主研发、产品开发和知识积累的能力,当然也就无法形成自主创新能力。如果我国涉农企业长期从事低端农业和农业低端价值链环节,那么我国农业的全球竞争力将很难提升（见图2）。

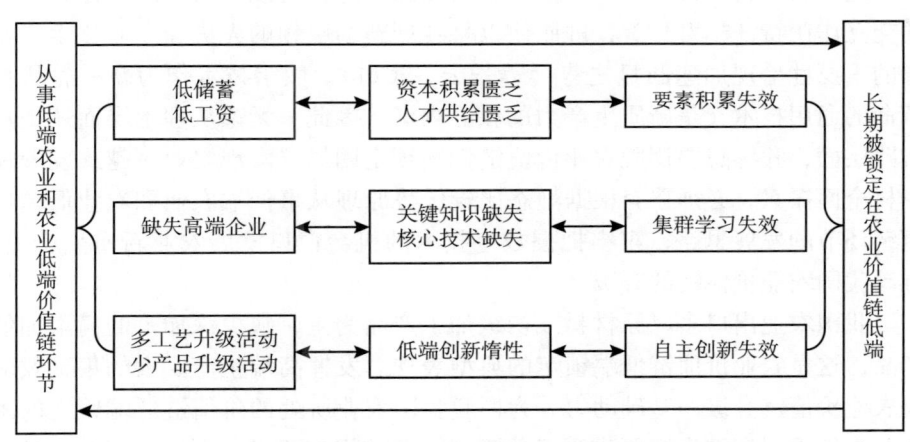

图2　从事低端农业和农业低端价值链环节的恶性循环

中国信息通信研究院发布的《中国数字经济发展研究报告（2023年）》显示，2022年我国第二、第三产业的数字经济渗透率分别为24.0%、44.7%，同比分别提升1.2个和1.6个百分点，而农业数字经济渗透率为10.5%，同比提升仅0.4%①。相较于其他产业领域，农业在数字化水平及数字化发展速度方面均存在一定程度的滞后。在数字技术与实体经济深度融合发展的趋势下，唯有当我国涉农企业具备了产品开发、自主研发、知识积累与技术学习等综合能力时，这些企业方能真正拥有自主创新能力。这意味着，涉农企业必须通过构建一个涵盖从产品创新到技术研发再到知识整合的全面能力体系，来提升其在数字化时代的自主创新能力，进而提升在全球市场中的竞争力。自主创新能力是推动企业和行业持续成长与价值链攀升的关键动力。唯有在本土企业获得自主创新能力的基础上，我国的农业才能打破目前低端价值链的锁定，实现向更高端的价值链攀升的目标。这种攀升不仅能够促进知识、人才、资本、技术等关键生产要素的有效积累，还能进一步促进农业产业升级，形成正向的产业反馈机制，从而持续推动我国农业向高质量发展转变。这里存在这样一种机制：只有涉农企业从事价值链高端环节活动，知识、人才、资本和技术等高端生产要素才会逐渐在我国集聚，高端生产要素的集聚帮助涉农企业逐渐从农产品生产、初级产品加工转向新产品开发和工艺创新，因而企业会加大自主研发的强度，从而提升自主创新能力。这种自主创新能力的提升与各种要素集聚形成的协同演化和自增强机制，进一步

---

① 资料来源：《中国数字经济发展研究报告（2023年）》，中国信息通信研究院，2023年4月27日，http://www.caict.ac.cn/kxyj/qwfb/bps/202304/P020240326636461423455.pdf。

推动我国实现产业协同和乡村全面振兴。

随着新一轮科技革命与产业变革的纵深演进，科技创新与产业创新之间的交互作用特征越发显著，进而使以科技创新为引领的先进、专业化生产要素的重要性呈现加速凸显之势（姜长云，2024）。数字技术作为新一轮科技革命的通用技术，是新质生产力的核心内涵。因此，无论从理论层面还是从实践层面，我国想要摆脱农业价值链低端锁定困局，实现农业跨越式发展和乡村全面振兴，必须摒弃根据静态比较优势原理从事低端农业和农业低端价值链环节的发展思路，牢牢把握数字技术的机会窗口发展农业新质生产力，推动我国农业价值链的升级。

我国农业出口多以原材料或初级加工产品为主，缺少深加工的高附加值产品，这是农业价值链低端锁定的典型表现。发挥高端生产要素的集聚效应是农业价值链升级的基础动力。为摆脱我国农业所处的价值链低端锁定的困境，必须重视高端生产要素匮乏的现状，并重视如研发、设计、营销、品牌建设等价值链高端环节所需的人才、知识、技术、资本等高级要素的培育。首先，我们要努力提升高端价值链环节所需的人才的引进和培养水平，为高端人才的工作、生活、成长提供全方位的保障。其次，政府为企业创新所需的技术、资本提供政策优惠，优化产学研合作机制，加强知识生产和技术供给，为产业升级提供基础动力。

涉农企业是农业价值链升级的关键主体，提升企业的技术创新能力是培育竞争力的必由之路。2019~2021年，我国采用智慧农业管理方式进行生产活动的农产品加工龙头企业所占比例分别为6.39%、9.11%和9.07%（张延龙等，2024），上升态势并不显著，且这些企业主要分布在发达地区。这反映了当前智能技术在农产品加工业中应用所面临的资金和技术支持不足的问题，我国涉农企业提高自身技术创新水平的道路任重道远。由此看来，技术创新能力的提升与价值链低端锁定的程度息息相关，如果本土企业价值链低端锁定的程度较深，那么必须通过产品开发和工艺创新积累技术能力、知识和资本，同时积极加强与价值链上游企业的合作互动，寻求机会学习到先进的技术和知识。对于低端锁定程度较深的农业企业来说，这种渐进的价值链攀升过程，是逐渐积累其技术创新能力的有效途径，与此同时也要加强与政府、高校、科研院所和其他企业的交流互动，在频繁互动中强化学习强度和效率。

从我国政府层面来看，政府必须积极有为，摒弃依靠比较优势发展低端农业和农业低端价值链环节的发展思路，着力培育一批具有竞争力的本土价值链高端企业，只有越来越多的本土企业占据价值链高端，才会增强高端生产要素在乡村和农业领域的集聚，才能提升我国农业企业的自主创新能力，乡村全面振兴的物质基础才会稳固。

四、培育新质生产力助推农业价值链升级：制度创新视角

东亚经济奇迹始于20世纪60年代的日本，此后的韩国、新加坡、中国台湾和中国香港先后进入经济快速增长的轨道，再到20世纪80年代中国经济的腾飞成为20世纪世界经济发展版图上最为绚丽的一抹亮色。东亚奇迹的背后其实是高度相似的发展逻辑，东亚几个快速发展的经济体无一例外都成功实现了产业结构的转型升级和向价值链高端的攀升。日本的主导产业群经历了纺织业—钢铁—化工、造船、电子—汽车—消费电子类产业的更替演进，韩国的发展轨迹和产业演进几乎和日本如出一辙，新加坡、中国台湾和中国香港则在产业结构转型方面走得更远。中国台湾实现了从纺织业、制造业等主导产业向电子主导产业转变；中国香港由纺织业、制造业等产业跨越到金融产业；新加坡的发展路径也呈现类似的特征（邹晓涓和汪睿，2007）。

总的来说，东亚经济体的经济结构变迁表现为，由劳动密集型到资本密集型再到技术密集型的转变，产业在全球价值链上的位置随着时间推移而攀升是其典型特征。在价值链分工的时代，选择产业的逻辑不应是笼统的高技术产业，而应聚焦于具体生产环节（贾根良和秦升，2009），因为笼统地选择产业可能会导致"高端产业的低端化""高端失守、低端锁定和大量产能过剩"等问题（贾根良，2013；2014）。因此，东亚经济体的成功追赶正是遵循了向全球价值链高端进军的原则，这对我国农业产业攀登全球价值链高端极具启发意义。

正如上文已经论及的，农业价值链高端环节是我国农业企业集聚高端生产要素，积累自主创新能力的关键，唯有自主创新能力才是真正的自主创新能力。目前，新一轮的科技革命与产业变革正处于加速发展的进程中，通用人工智能、生命科学、新能源等领域的前沿技术正呈现深度交织与融合的趋势，共同构成了推动技术进步的核心动力源泉。在数字经济时代，技术的聚合效应以及颠覆性技术的出现会形成协同效应。科技领域的多技术交叉融合及并行式、链式创新，对生产力的影响会越来越深刻和广泛（薛钦源等，2024）。农业价值链的升级必须紧紧抓住新一代信息技术和生物技术，促使这些技术与农业深度融合。

因此，农业价值链高端环节和农业产业发展之间的内在逻辑不言而喻。也即，只有农业价值链高端环节才能促进本土农业企业走向自主创新，而农业企业要想积累自主创新能力，就必须聚焦农业新质生产力的发展。此外，农业产业发展也应特别关注技术研发和产品开发等特定的价值链高端环节。

从农业价值链高端入手促进乡村全面振兴的逻辑就落在"农业企业自主创新"这一中心环节上。要实现农业价值链的升级，必须牢牢牵住农业生产要素创新性配置这个牛鼻子，以农业技术创新、农产品创新和农业创新系统转型为关键载体，构筑孕育农业新质生产力的良好环境，从而破解我国农业高端生产要素匮乏、农业产业聚集度低、农业企业自主创新能力不足的困境。新质生产力的核心是创新，但载体仍然在产业（罗必良，2024）。接下来，将阐释通过培育农业新质生产力促进农业企业自主创新能力提升从而推动农业价值链升级，实现乡村全面振兴的内在机制。

（一）以数字技术为突破口，培育农业新质生产力，提升农业企业自主创新能力

随着第六次技术革命浪潮的快速演进，以大数据、人工智能等为代表的技术集群正在兴起，这意味着生产力和经济活动方式将发生深刻变革（杨虎涛，2023）。在农业企业自主创新能力提升过程中，数字技术将发挥越来越重要的作用。实现乡村全面振兴，离不开发挥数字技术的基础作用。数字技术可以改造传统农业，助力农业攀升全球价值链，为我国乡村全面振兴夯实物质基础。它不仅会深刻改变农业生产方式，也将调整农业生产关系，为农业经济带来新的增长机遇。如果传统农业产业不能实现技术的迭代升级，我们将面临在农业全球价值链中被边缘化的风险。作为新质生产力的重要产业载体，农业只有在其产业基础上进行数字化、智能化、绿色化升级，才能推动新质生产力的发展（周文和何雨晴，2025）。借助数字技术和生物技术在农业中的广泛应用，我国农业必将实现结构优化、产业高级化和绿色化的转型，这正是我国乡村全面振兴的核心内容。

通过前文的分析，我们可以清晰地认识到，我国农业长期以来被束缚在低附加值的经济活动中，这一现象严重制约了乡村地区对资本密集型产业的接触与利用。进而，这种局限性抑制了农业经济结构的优化和产业升级的可能性。作为赋能农业产业活力，引导塑造新模式、新业态的中坚力量，技术创新成为破解我国农业高端生产要素匮乏问题的关键所在。在农业技术创新的过程中，农业产业在对外部技术知识的"引进、消化、吸收"基础上一定要重视"再创新"，实现农业先进技术的本土化。具有高附加值和高利润率的农业价值链高端环节的本质特征是：知识和技术密集以及高进入壁垒。因此，实现农业价值链升级不可能一蹴而就。我国农业在全球价值链攀升过程中必须经历一个获取外部技术知识和积累技术能力的过程。农业新质生产力包括生物技术、数字技术和智能技术等前沿技术。这些技术的集成应用能够极大地提高农业生产的精准性和效率。新技术的应用会开辟农业产业的新市

场，吸引企业投资于农业科技创新和新产品开发，从而驱动整个产业升级。技术知识的引进、消化、吸收和再创新，可以帮助我国农业积累资本，带动就业，但更重要的是能够为农业企业提供学习技术知识的机会。一个地区引入农业价值链高端企业之后，可以通过技术的外溢效应促进本土相关技术人才的学习和农业价值链高端企业的培育。农业新质生产力的发展依赖于高水平的知识积累和资本投入，与此同时，政府的相关产业政策也需要起到新产品的"助产士"和创造市场的作用。

政府产业政策的目标在于推动我国农业价值链向高端攀升，而农业全球价值链的升级离不开农业产业集群的建立与发展。上文已经论及，企业集群学习有赖于发挥本土核心企业的引领作用，所以政府的产业政策在技术驱动阶段就显得尤为重要。产业政策重在扶持本土"农业核心企业"这一产业集群发展的关键一环，然后通过提供技术研发补贴和税收优惠等政策，逐渐促进本土企业向农业高端价值链方向升级。当越来越多本土企业能够在农业价值链高端环节具备竞争优势时，我国农业才具备全球竞争力。

除了发挥好政府有形之手的作用之外，更要发挥市场这只无形之手在资源配置中的基础作用。市场竞争是促进农业产业摆脱低端产品供给，提升农业产业竞争力的重要动力。因为有了市场竞争机制的存在，农业产业主体便拥有了产业升级的外在压力。如果不进行产业升级，农业产业主体将会陷入大量低端同质化产品供过于求的局面，就无法获得高额利润。有研究表明，全球生产网络与本地生产网络的"双重嵌入"对农业企业竞争力提升具有促进作用。在网络嵌入环境中，农业企业通过提升自身的网络嵌入能力，不仅能够直接增强其竞争力，还有助于提高其在全球价值链中的地位（李飞星和胡振华，2016）。数字技术的创新和应用是新质生产力的"灵魂"（胡继晔和付炜炜，2024），由此看来，农业企业有必要主动融入全球农业竞争体系，并通过数字技术的引进、消化与吸收，提升产品的技术含量，实现向农业产业价值链高端环节的攀升。唯有如此，才能在激烈的市场竞争中赢得先机并确立领先地位。

目前，我国的农业企业在自主创新能力与全球价值链升级目标之间仍存在一定的差距。原因在于，尽管农业技术创新有所推进，但农业产业尚未形成核心竞争力，在自主研究与开发以及产品创新方面仍然存在短板。农业技术创新的核心价值在于其能够促进我国农业企业能够参与全球农业价值链的高端环节生产活动中，从而获取学习与实践的机会，进而使得我国农业企业在攀登全球农业价值链的高端环节中集聚更多的高级要素并逐步积累自主创新能力。以生物技术、信息追溯等为代表的农业新质生产力的发展，进一步提高了我国农业产业技术水平，有效破解了我国农业高端生产要素匮乏的困境，为我国农产品提升附加值提供了可能。

（二）以技术融合为抓手，培育新质生产力，构筑农产品开发平台

农业价值链的高端环节往往伴随着技术创新和产品研发。无论从模仿还是引进开始，只有包含了自主产品开发活动的技术学习过程，一个产业组织才可能具备把握技术变化的能力，并走上自主创新的道路（路风，2018）。农业新质生产力的显著特点是科技创新（沈坤荣和金童谣，2024）。农业技术引进的最终目的在于构建一个本土化的农业价值链高端产品开发平台，以利于在产品开发阶段促进技术吸收、转化与升级。通过自主开发平台，可有效吸收外部的技术知识并转化为本地知识，继而实现自主品牌产品的开发，唯有如此，我国农业方能走上真正的自主创新之路。否则，我们将不可避免地陷入对外国先进农产品的依赖状态，无法摆脱被低端锁定的困境。在此过程中，市场需求、发展目标与创新意识共同成为推动我国农业自主创新、促进农业价值链升级的主要动力。

党的十九大报告中指出，我国社会主要矛盾已经转化为人民日益增长的美好生活需要和不平衡不充分的发展之间的矛盾。乡村振兴的立足点和出发点在于破除城乡发展不平衡、农村发展不充分与农民对美好生活的需要之间的矛盾，新质生产力以新的要素、技术和业态融入乡村振兴，为全面推进乡村振兴注入强劲动能，有力推动产业链供应链优化升级（连宏萍和熊学振，2024）。因此，在市场需求呈现越来越多元化、差异化、高端化的当下，与之相对应的供给侧必须进行结构性的调整。在这样的大背景下，我国要利用好农业价值链高端环节进行技术、资本、人才和知识等高端生产要素的积累，努力寻求农业新质生产力上的突破，着力开发出具有自主品牌和高附加值的创新型农产品。新质生产力带来的技术创新使得农产品不再停留于传统的生产模式，而是向功能性、定制化、绿色化方向发展。随着消费者需求多样化，农业新质生产力可以有效促进农产品更加贴近市场需求。利用大数据分析等手段，农业企业可以准确捕捉到消费者的偏好，并据此调整产品策略，精准对接市场需求。我们只有具备了生产自主品牌的创新型农产品的能力，才能真正满足人们日益多元化、差异化和高端化的需求，本土企业才能在与国外企业竞争中处于有利地位。因此，技术融合能够有效提升农业价值链整体水平的关键在于：技术创新提高了农产品的品质，进一步满足了消费者对高品质农产品的需求。同时，品牌建设和市场营销的创新提升了农产品的知名度和美誉度，增强农业企业的市场竞争力。农业企业市场竞争力的提高不仅增加了农民的收入，还吸引了更多企业和投资者关注农业领域，进一步推动农业产业的集聚发展，有效助力农业价值链的升级优化。

我国农业缺失产生开发平台已经成为我国农业攀登全球价值链的最大阻碍，通过鼓励有条件的本土农业企业构建独立自主的产品开发平台，创造出具有全球影响力的品牌，进而实现农业产业的战略领先地位。我国农业企业应树立自己的全球价值链攀登目标，通过自主产品开发，建立本土具有高附加值的农产品品牌，在品牌产品的带动下，确立我国农业在全球的竞争优势并以此推动乡村产业的持续发展。除此之外，技术融合还促进了不同区域之间的协同发展。通过建立农业信息共享平台和跨区域合作机制，各地区可以共享农业资源、技术和市场信息，实现优势互补和互利共赢。这种区域协同发展模式有助于打破地域限制，推动农业产业在全国范围内的集聚和优化配置。

创新已经成为我国转变经济发展方式，实现高质量发展的主要驱动力。同样的，农业产业发展，特别是农业要向价值链高端攀升唯有依靠创新。我国的农业企业必须意识到，农业自主品牌产品的开发对于产品附加值以及产品竞争力的提升具有极端重要性，我国政府应该提供一系列激励举措，努力促进知识、人才、技术和资本等自主农产品开发所需的先进生产要素的集聚。技术融合使得农业生产过程更加智能化和自动化。精准农业技术的广泛应用，如GPS定位、遥感监测和无人机喷洒等，能够精确控制种植密度、施肥量和灌溉量，提高土地产出率和资源利用效率。这种精细化管理有助于降低生产成本，提高农产品质量，从而吸引更多相关企业入驻，形成产业集聚效应。只有农业领域普遍具备了创新意识，致力于开展自主产品开发和品牌战略，那么我国农业必将迸发出更加强劲的活力。

总的来说，我国农产品创新的主要意义在于帮助农业企业持续攀登全球价值链高峰，如果说农业技术创新帮助农业企业实现了技术能力的初始积累，那么农产品创新便是帮助本土农业企业实现技术能力的进一步升级，进而促进我国农业产业的聚集，破解我国农业产业聚集度低的困境。我国本土的农业企业具备了核心技术和自主品牌，那么农业产业的竞争力就自然能够提升。此外，要想进一步夯实我国农业企业的自主创新能力，还需要促进农业创新系统的转型，使更多市场主体参与到我国农业价值链攀登计划中来。

（三）以创新主体互动为依托，培育农业新质生产力，助推农业创新系统转型

要从根本上实现乡村全面振兴，必须在产业升级、人才培养与吸引，以及治理体系优化等多个维度进行深入探索与实践（辛远，2025）。这不仅涉及传统农业向现代化、高效化方向的转型，还涵盖了产业链上下游相关领域的协同发展与优化。因此，构建一个产业兴旺、收入增长、人才汇聚、治理有效的乡村发展新格局，迫切需要农业创新系统内各方力量的共同作用与协

同推进。农业创新系统是一个涉及多方面的复杂系统，其核心在于通过引入和整合新技术、新知识以及新的管理方式，实现农业生产的高效化、现代化和可持续发展。农业创新系统要通过促进各创新主体（政府、企业、高校、科研院所等）和创新要素（人才、资本、技术等）的频繁交互形成协同效应，进一步巩固我国农业企业的自主创新能力，让农业迸发出强劲的创新活力。农业新质生产力可以促进农业科技创新能力和推广应用能力（陈桂生和吴合庆，2024）。新质生产力不仅是科技创新、制度创新的结果，更是推动农业创新系统高速发展的强大动力。发展农业新质生产力不仅可以提升农业生产的效率和产品质量，还能促进整个农业系统的创新性和可持续性发展。在产品创新方面，涉农企业通过高强度的学习，逐渐掌握了核心技术和自主品牌，具备了自主创新能力，为向价值链高端攀升奠定了坚实的基础。然而，这种创新驱动机制还需要通过农业创新系统进一步优化和巩固。也即，农业创新系统的构建和不断演进，是实现本土农业企业自主创新能力提升、促进农业价值链升级的根本保障。通过创新主体间的有效互动，引入新技术、新方法、新模式，提升农业生产的技术水平和效率，促进农业生产的转型升级。此外，加强创新主体之间的协同合作，可以打破传统农业创新体系中的壁垒和障碍，促进创新资源的优化配置和高效利用，进而推动农业创新系统向更加开放、协同、高效的方向转型。创新主体通过促进知识共享、技术交流与合作研发的互动机制，为农业新质生产力的培育提供了有力支撑，进一步有助于推动农业创新系统的全面转型，为农业现代化发展注入新的活力和动力。农业创新系统构建和转型关键在于多主体互动和制度创新这两个方面。

多主体互动的重要性体现在从创新投入创新产出的农业新质生产力发展的全过程。在一些基础知识与共性技术领域，高校及科研院所相比农业企业，具有更强的创新能力，需要政府给予相应的创新资源投入。在基础研究、应用研究、试验开发到商业化应用的各个阶段，高校、科研院所和农业企业三者需要建立利益联结机制，共同推动知识与技术的成果转化。在新产品成功推向市场的过程中，政府也需要提供相应的市场支持，包括通过政府采购、品牌推广等举措来帮助本土农业企业将新产品成功推向市场。同时，农业企业也需要将市场结果反馈给高校及科研院所，以帮助其进行知识和技术的进一步创新与改进。

政府、农业企业、科研院所等创新主体内部组织与制度创新同样重要。政府层面的制度创新主要是建立更加协调有效的产学研协同创新机制，以及为相关的创新活动提供宽松的环境和激励机制；企业层面的制度创新主要是优化激励机制，特别是有关人才和创新活动的激励机制；高校及科研院所层面的制度创新主要在于建立相应的成果转化平台，比如斯坦福大学的专利和技术转让办公室促进了很多校办产业的兴起与发展。

从多主体协同和制度创新两个方面看,"农业创新系统"涵盖了技术研发、技术成果转化、产品开发、产权制度、组织与管理制度、创新治理等农业价值链攀登的各个环节。要想充分发挥农业创新系统的作用,仅仅依靠农业企业是远远不够的,只有我国实现城乡高度融合,农业创新系统才能构建起来并不断地演进。比如,地处城市的高校及科研院所与农业企业要想实现协同创新效应的有效发挥,必须实现创新要素在城市与乡村之间的双向流动。事实上,当越来越多高端生产要素在农业领域集聚,城市与乡村也就实现了有机融合,乡村全面振兴才能真正得以实现。

五、总结与进一步讨论

综观农业价值链升级与乡村全面振兴的内在逻辑,可以发现,农业价值链升级通过提高农产品的附加值,增强农业产业的市场竞争力,从而推动农业经济增长与农民增收。这种增长不仅限于产量的增加,更体现在产值的提升上,进而带动农民收入的增加,为乡村全面振兴提供经济基础。从产业融合与结构优化角度出发,农业价值链升级能够促进农业与其他产业的深度融合,特别是与现代服务业、旅游业等领域的结合,催生休闲农业、观光农业等新业态,不仅丰富了乡村的产业结构,还优化了资源配置,提高了经济运行效率,为乡村全面振兴夯实产业基础。新一代信息通信技术在农业价值链升级过程中的应用将推动我国农业生产方式的变革和数字化改造,如智能农业、精准农业的发展。技术进步提高了农业生产的效率和质量,降低了生产成本,为实现乡村全面振兴提供了技术支撑。

进一步而言,我国农业通过技术创新、产品创新以及系统创新的协同推进,助力我国农业攀升全球价值链。这一过程不仅可以促进先进技术的吸收与应用,为农业生产生活带来显著的进步和提升,还将催生新的农业生产方式、新业态与新模式。这些变革要求我国农业在人才支撑、科技支撑及制度支撑等方面进行更深层次的优化与完善。农业价值链的升级对农业生产要素、生产效率、产业形态、治理体系以及农民增收渠道等产生深远影响。技术创新可以推动土地、资本、劳动力等生产要素的高效配置和利用;新技术的应用可以使农业生产更加精准、高效,降低成本并提高产出和生产效率;价值链的延伸和拓展可以促进农业产业结构的优化和升级;系统创新则可以推动农业管理方式的创新和变革,提高农业治理效能;产品创新与品牌建设为农民提供更多增收途径与机会。这些变革共同作用,进一步推动形成产业振兴、文化振兴、生态振兴、组织振兴以及人才振兴的乡村全面振兴良好局面。因此,农业价值链升级对乡村全面振兴的基础性作用不言而喻。而新质生产力作为一种由新兴生产要素的涌现、新型科技创新的变革以及产业结构的转型升级所共同催生的当代先进生产力形态，为我国农业价值链的全面优化与升级提供了坚实支撑。

简而言之，我国要想实现乡村全面振兴，必须通过技术创新、产品创新、系统创新等集聚高端生产要素，充分发挥农业新质生产力的引领作用，持续积累技术能力，实现农业价值链升级（见图3）。通过技术与产品创新获得的农业企业自主创新能力形成逻辑与我国改革开放之后的工业化实践经验是一致的，同样遵循技术与知识的"引进、消化、吸收和再创新"的演进之路。其中，农业技术创新阶段主要解决的是技术与知识的"引进、消化、吸收"环节，而产品创新阶段主要完成技术与知识的"再创新"环节，这是我国农业自主创新从无到有的演进历程。农业技术创新是农业产品创新的前提，而农业产品创新是农业技术创新的实现形式，二者相互依存。

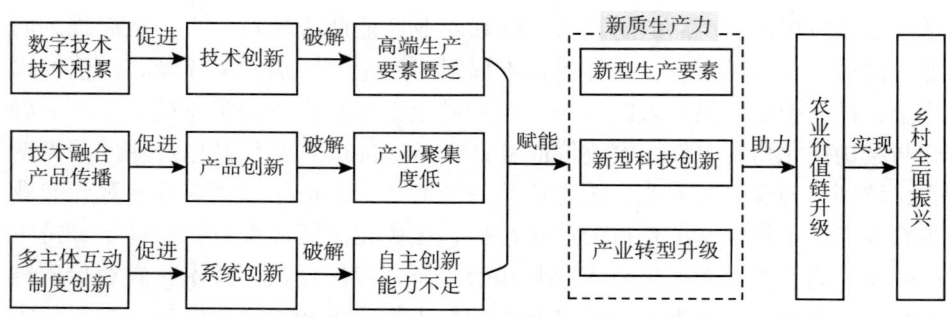

图3　培育新质生产力助推农业价值链升级的内在机制

系统创新主要通过构建农业创新系统，为持续增强我国农业自主创新能力和攀登全球农业价值链高端提供全面保障。在这一过程中，多主体协同合作与制度创新是推动农业创新系统构建与转型的核心动力，在从创新投入创新产出的各个环节中都扮演着关键角色。此外，农业创新系统的良性运转也离不开城乡融合发展和要素的双向流动。为了支持农业创新主体之间的深入互动和学习，城市与乡村间的要素必须实现顺畅自由流动，这是提升农业自主创新能力的重要条件。农业创新系统的构建与转型依赖城乡融合发展，创新系统的持续升级也会助推城乡之间实现进一步的有机融合。当城市与乡村实现融合共生之后，未来农业产业发展将进入一个新的阶段，即农业产业与工业、服务业协同发展阶段。只有到那个时候，乡村与城市才真正实现均衡发展，乡村的概念不再与城市对立，城乡二元结构也不复存在，真正实现乡村全面振兴。综上所述，我国农业产业可以通过引入农业新质生产力，促进农业技术创新、产品创新、系统创新，积累自主创新能力，从而实现农业价值链的升级。

本文对我国如何攀登全球农业价值链高端环节进行了理论阐释，提出我国应彻底改变依据静态比较优势原理选择农业发展道路的惯性思维，遵循动态比较优势原理，牢牢把握农业新质生产力的内涵，从农业价值链高端环节入手，不断集聚高端生产要素，形成农产品开发和自主品牌，只有这样，才能真正实现乡村的全面振兴。进一步地，在这一农业发展思路中，核心要义是"以新质生产力促进农业自主创新能力的提升"，唯有具备了自主创新能力，我国农业才能真正获得自生能力。我国需要不断巩固提升本土农业企业自主创新能力，有条不紊地补足农业主体的创新短板。一方面是补足技术和知识的短板，主要通过技术和知识的"引进、消化、吸收、再创新"实现；另一方面是补足创新系统动力学的短板，主要通过多主体协同和制度创新实现。沿着这样一条农业发展的逻辑主线稳步推进，我国乡村全面振兴是可期的。

参考文献

1. 陈桂生、吴合庆：《农业新质生产力赋能农业强国建设的逻辑理路及其推进机制》，载于《广西师范大学学报（哲学社会科学版）》2025年第1期。

2. 程华、谢莉娇、卢凤君等：《农业产业链的增值体系、演化机理及升级对策》，载于《中国科技论坛》2020年第3期。

3. 戴孝悌：《中国农业产业价值链现状、问题与对策分析》，载于《农业经济》2016年第1期。

4. 丁涛：《新李斯特经济学国家致富新原则与农业全球价值链——美国农业发展战略的启示》，载于《当代经济研究》2015年第12期。

5. 方敏、杨虎涛：《政治经济学视域下的新质生产力及其形成发展》，载于《经济研究》2024年第3期。

6. 高帆：《"新质生产力"的提出逻辑、多维内涵及时代意义》，载于《政治经济学评论》2023年第6期。

7. 高帆：《全面推进乡村振兴与全面建设社会主义现代化国家》，载于《理论导报》2023年第4期。

8. 高强、程长明：《农业新质生产力与新型生产关系：逻辑思路与改革路径》，载于《中国农业大学学报（社会科学版）》2024年第4期。

9. 何得桂、公晓昱：《农业价值链视角下小农户融入社会化服务体系的有效实现路径》，载于《农村经济》2021年第11期。

10. 何伟纯、李二玲：《中国农产品加工业的产业集聚演化实证》，载于《经济地理》2019年第11期。

11. 胡大立、刘丹平：《中国代工企业全球价值链"低端锁定"成因及其突破策略》，载于《科技进步与对策》2014 年第 23 期。

12. 胡继晔、付炜炜：《数据要素价值化助力培育新质生产力》，载于《财经问题研究》2024 年第 9 期。

13. 黄群慧、盛方富：《新质生产力系统：要素特质、结构承载与功能取向》，载于《改革》2024 年第 2 期。

14. 加尔文·米勒、琳达·琼斯：《农业价值链融资：工具与经验》，中国农业出版社 2017 年版。

15. 贾根良、秦升：《中国"高技术不高"悖论的成因与政策建议》，载于《当代经济研究》2009 年第 5 期。

16. 贾根良：《只有价值链高端才有技术追赶的机会窗口》，载于《中国经济导报》2014 年 3 月。

17. 贾根良：《从价值链高端入手实现技术追超》，载于《科技日报》2013 年 5 月。

18. 贾晋、彭浩瀚、王欧：《农业强国建设：理论内涵、规律趋势和实践路径》，载于《世界农业》2024 年第 8 期。

19. 姜长云：《农业新质生产力：内涵特征、发展重点、面临制约和政策建议》，载于《南京农业大学学报（社会科学版）》2024 年第 3 期。

20. 孔祥智、谢东东：《农业新质生产力的理论内涵、主要特征与培育路径》，载于《中国农业大学学报（社会科学版）》2024 年第 4 期。

21. 李二玲：《中国农业产业集群演化过程及创新发展机制——以"寿光模式"蔬菜产业集群为例》，载于《地理科学》2020 年第 4 期。

22. 李飞星、胡振华：《国际化农业企业全球网络嵌入、本地网络嵌入及竞争力之间的影响》，载于《经济地理》2016 年第 7 期。

23. 李增刚：《构建推动新质生产力加快发展的制度框架》，载于《山东师范大学（社会科学版）》2024 年第 2 期。

24. 李增刚：《新质生产力、农业现代化与农业经营制度变革》，载于《理论学刊》2025 年第 2 期。

25. 连宏萍、熊学振：《新质生产力赋能乡村振兴的现实困境与破解之道》，载于《改革》2024 年第 8 期。

26. 刘伟：《科学认识与切实发展新质生产力》，载于《经济研究》2024 年第 3 期。

27. 刘学华、杜建军、杨玲丽：《农业产业集群、信息获取与农业收益》，载于《经济经纬》2018 年第 4 期。

28. 路风：《论产品开发平台》，载于《管理世界》2018 年第 8 期。

29. 罗必良：《论农业新质生产力》，载于《改革》2024 年第 4 期。

30. 罗必良：《新质生产力：颠覆性创新与基要性变革——兼论农业高质

量发展的本质规定和努力方向》，载于《中国农村经济》2024年第8期。

31. 马述忠、潘伟康：《全球农业价值链治理：组织学习与战略性嵌入——基于默会知识观的理论综述》，载于《国际经贸探索》2015年第9期。

32. 马晓河、杨祥雪：《以加快形成新质生产力推动农业高质量发展》，载于《农业经济问题》2024年第4期。

33. 马歇尔：《经济学原理》，北京出版社2012年版。

34. 任保平：《生产力现代化转型形成新质生产力的逻辑》，载于《经济研究》2024年第3期。

35. 任健华、雷宏振：《国内价值链嵌入对农业经济增长的影响研究——基于产业集群的中介效应和市场化程度的调节效应》，载于《湖北社会科学》2023年第1期。

36. 任玉霜、王禹杰：《东部6省特色农业产业集聚度分析》，载于《中国农业资源与区划》2021年第7期。

37. 沈坤荣、金童谣：《以农村全面深化改革发展农业新质生产力》，载于《河北学刊》2024年第6期。

38. 汤碧、常月：《中国农业价值链地位测度与发展研究——基于亚太区域的分析》，载于《农业经济问题》2019年第10期。

39. 文春晖、郭骞谦：《农业全球价值链嵌入、产业融合与产业结构转型升级——基于全球60个国家2007—2019年的经验证据》，载于《南方经济》2024年第4期。

40. 谢鹏俊、曾立、刘书雷等：《加快形成新质生产力的唯物史观阐释》，载于《当代经济研究》2024年第4期。

41. 辛远：《新质生产力助推农村产业高质量发展的现实阻碍与实现路径》，载于《当代经济管理》2025年第1期。

42. 徐政、郑霖豪、程梦瑶：《新质生产力赋能高质量发展的内在逻辑与实践构想》，载于《当代经济研究》2023年第11期。

43. 薛钦源、史丹、史可寒：《新质生产力的形成逻辑、新质特征和理论要素》，载于《当代财经》2024年第7期。

44. 杨虎涛：《数字经济：底层逻辑和现实变革》，社会文献出版社2023年版。

45. 张高亮、陈劲：《我国农业产业集群核心企业竞争力影响机制的实证研究》，载于《农业经济问题》2011年第6期。

46. 张海鹏、王智晨：《农业新质生产力：理论内涵、现实基础及提升路径》，载于《南京农业大学学报（社会科学版）》2024年第3期。

47. 张寒、张晓宁：《农业领域新质生产力：创新与可持续发展的未来——农业领域新质生产力学术论坛综述》，载于《农业经济问题》2024年第8期。

48. 张延龙、汤佳、王海峰、刘大玮、陈慧：《农产品加工业高质量发展：理论框架、现状特征与路径选择》，载于《中国农村经济》2024 年第 7 期。

49. 赵凌云、夏雪娟：《中美农业全球价值链嵌入位置与演进路径的对比研究——基于全球价值链生产长度的比较》，载于《世界农业》2021 年第 1 期。

50. 周贝、李婷：《中国农业全球价值链地位影响因素考察》，载于《统计与决策》2023 年第 2 期。

51. 周南南、于文洁：《新发展格局下中国农业全球价值链位置测度与提升研究》，载于《世界农业》2021 年第 12 期。

52. 周文、何雨晴：《新质生产力的理论框架、体制机制与未来图景》，载于《新疆师范大学学报（哲学社会科学版）》2025 年第 1 期。

53. 邹晓涓、汪睿：《对"东亚奇迹"的再思考——主导产业演进视角的历史剖析》，载于《广东商学院学报》2007 年第 1 期。

54. Kaplinsky, R., 2000, "Globalisation and unequalisation: what can be learned from value chain analysis?", *Journal of development studies*, Vol. 37, No. 2, pp. 117–146.

Institutional Innovation, Agricultural Value Chain Upgrading and Rural Revitalization

ZHANG Haifeng

(School of Economics and Management, Guangxi Normal University, 541004;
Institute of ASEAN Area Studies, Guangxi Normal University, 541004)

HUANG Chen

(Institute of ASEAN Area Studies, Guangxi Normal University, 541004)

[**Abstract**] Industrial revitalization is the material basis of rural comprehensive revitalization, and the key to agricultural industry revitalization is to occupy the high end of the agricultural global value chain. The upgrading of agricultural value chain provides multi-dimensional support of economy, technology and society for rural revitalization, and the comprehensive rural revitalization creates favorable external environment and conditions for further upgrading of agricultural value chain. From the perspective of global value chain, our country's agriculture has been at the low-end of value chain for a long time and has appeared low-end lock-in dilemma in different degrees. In order to realize the comprehensive rural revitalization, China must take the development of agricultural new quality productivity as the important starting point, take technological innovation as the core driving force, promote product innovation through the construction of agricultural innovation system, climb steadily along the evolution trajectory of the agricultural value chain, and finally occupy the high-end link of the global agricultural value chain. It is the foundation of realizing the upgrading of agricultural global value chain and consolidating industrial revitalization to continuously accumulate the independent innovation ability of Chinese agriculture by gathering high-end production factors.

[**Key Words**] Institutional Innovation　New quality productivity forces　Rural revitalization　Agriculture global value chains　Independent innovation

JEL Classifications: P25　Q1　Q16

电商进村政策对中国经济内循环发展影响的实证研究*

——基于"电子商务进农村综合示范"政策的准自然实验

鲁钊阳　杨岚钦　邹子悦　徐　铭　苟　雕**

【摘　要】 "电商进村"政策释放的数字技术和数据资源的赋能效应旨在畅通城乡经济循环，在扩大内需和增强消费以推动经济内循环方面具有重要的发展意义。本文基于 2011～2021 年中国 1 484 个县（市、区）的面板数据，以及"电子商务进农村综合示范"政策这一准自然实验，运用多期双重差分模型实证分析了电商进村对经济内循环的影响。研究表明，电商进村可以显著促进经济内循环的发展水平，这一结论在经过一系列稳健性检验后依然成立。此外，该政策对中西部地区、低融资水平地区和贫困县地区的经济内循环具有更强的推动作用。机制分析表明，电商进村能通过提高农业生产效率和居民创业水平，进而畅通经济内循环。进一步分析表明，试点政策对内循环发展存在显著的正向空间溢出效应和门槛效应，邻近地区经济内循环水平的提高将显著促进本地区的发展，而政策作用在跨越门槛后有所减缓。本文研究为"电商进村"畅通经济内循环发展提供了重要的经验，以期为构建新发展格局、实现高质量发展提供政策制定的参考。

【关键词】 电商进村　经济内循环　农村电商　城乡经济循环　多期双重差分模型

中图分类号：F724.6　文献标识码：A

---

*　本文系国家社会科学基金一般项目"乡村产业数字化转型赋能农民共同富裕的机制与路径研究"（23BGL203）、重庆市教委科学技术研究重点项目"成渝地区双城经济圈建设中数字经济的区域协同治理路径研究"（KJZD‑K202400302）、重庆市高等教育学会高等教育科学研究课题重点项目"成渝地区双城经济圈高校协同创新体系构建研究"（cqgj23006B）以及重庆市教委人文社会科学研究项目"乡村产业振兴促进农民农村共同富裕的实现路径研究"（23SKGH011）的阶段性研究成果。

**　鲁钊阳（通讯作者），西南政法大学经济学院教授、博士生导师；地址：（401120）重庆市渝北区回兴街道宝圣大道 301 号西南政法大学经济学院；Email：hament2009@163.com。杨岚钦，西南政法大学经济学院硕士研究生。邹子悦，西南政法大学经济学院硕士研究生。徐铭，西南政法大学经济学院博士研究生。苟雕，西南政法大学商学院硕士研究生。

一、引 言

随着"互联网+"和"乡村振兴"战略的持续推进和深入实施,农村电商已然成为推动乡村经济蓬勃发展的新引擎,这一新兴业态的发展不仅发展了农产品的网络零售业务,还拓宽了农村地区的发展渠道,使之能够跨越地域限制并触达更广阔的消费者市场,成为农村经济多元化发展的重要途径。《中国电子商务报告》显示,2022 年我国电子商务市场持续稳健发展,全国电子商务平台交易额攀升至 43.83 万亿元,同比增长 3.5%。网络零售作为电子商务的重要组成部分,其持续增长成为扩大内需、拓展消费的重要力量。截至 2022 年 12 月,我国网络购物用户规模达 8.45 亿人,较 2021 年 12 月增长 319 万人,占网民整体的 79.2%。国家统计局数据显示,2022 年全国网上零售额高达 13.79 亿元,其中农村地区的网络零售额达 2.17 亿元,同比增长 3.6%,有效提升了农村经济活力和农民生活水平,通过电商平台的桥梁作用,促进城乡之间的商品流通和信息交流加速城乡融合发展步伐,这为推动乡村振兴战略的深入实施奠定了坚实的基础。2014 年,中国商务部联合财政部等相关部门推出了"电子商务进农村综合示范"项目,致力于完善农村地区的电子商务服务体系,旨在通过电商力量推动农村经济的转型升级并扩大国内需求,进而促进农村经济的循环和可持续发展。

当前世界正面临百年未有之大变局,面临保护主义抬头及地缘政治冲突加剧等国际形势,党的二十大报告强调要"加快构建以国内大循环为主体、国内国际双循环相互促进的新发展格局",新发展格局的建设强调以"内需"为主要动力来源并最终落脚于国内市场的满足(黄群慧和倪红福,2021)。《"十四五"规划和远景目标纲要》指出,要依托强大的国内市场,形成需求牵引供给、供给创造需求的更高水平动态平衡,全国统一大市场是构建高水平社会主义市场经济体制的内在要求,是构建新发展格局的基础支撑,因此经济内循环需要加快形成国内统一大市场,消除阻碍要素合理流动的壁垒,从根本上确保国民经济循环顺畅。面对外部环境的压力和挑战,扩大国内经济循环不仅是应对策略,也是改善民生的内在需求,随着经济建设的显著成就,党和政府更加注重民生问题,将人民的获得感、幸福感、安全感作为工作的核心目标(詹花秀,2021)。在商品经济快速发展的背景下,国内市场出现了饱和和产能过剩的现象,2022 年中共中央、国务院印发《扩大内需战略规划纲要(2022—2035 年)》,政府将扩大消费和实现供需平衡作为经济工作的着力点,逐渐认识到扩大内需的重要性。

然而,循环畅通的国内统一大市场建设存在一定堵点,我国长期存在的城乡市场分割现象成为供给与需求体系有效对接的障碍。随着数字技术的发展以及一系列数字乡村建设政策的出台，电子商务在县域经济领域的渗透与整合日益加剧，已成为乡村振兴和现代化建设的重要利器。2014年推出的《关于开展电子商务进农村综合示范的通知》（以下简称"电商进村"政策），为我国纠正资源要素配置失衡问题提供了明确的政策支持，不仅有助于促进农村经济的多元化和可持续发展，还进一步推动了国内市场的整合与供需匹配。商务部等9部门联合发布的《关于推动农村电商高质量发展的实施意见》强调，加强电子商务进农村综合示范与县域商业体系建设的统筹衔接，充分利用现有资源，推动农村电商从建设阶段向运营阶段转变，确保农村电商项目能够长期有效地服务于农村经济循环发展。在此背景下，厘清农村电商发展对我国经济循环的影响，以及如何利用"电商进村"的重要机遇有效赋能经济内循环具有显著意义。

从既有文献看，直接研究"电商进村"政策与经济内循环关系的文献相对较少，但相关研究则较为丰富。首先，双循环的新发展格局是我国的重要发展战略，国内学者对"双循环"的研究已较为成熟。在"国内经济循环"的理解方面，陆岷峰（2021）从全球经济一体化的视角指出，中国经济内循环是隶属于国际经济大循环的共同发展关系；而汪建新和杨晨（2021）则从国内供需的角度指出，国内经济循环的关键是实现国内市场的供给与需求相匹配。在双循环的水平测度方面，已有学者基于世界投入产出表（黄仁全和李村璞，2022；陈全润等，2022）和中国区域间投入产出表（万科和欧阳志刚，2023）、耦合协调度模型（潘雅茹和龙理敏，2024）、全球价值链的GDP分解法和供需循环的角度（李晓和刘宝琦，2024）以及构建评价指标体系法（刘程军等，2022）对国内国际双循环水平及其联动关系进行了测度，为双循环发展的定量分析提供了思路。在如何促进新格局构建方面，朱灏等（2023）提出要以知识和资本等积累性资源为经济发展主驱动力，减少对自然资源和劳动力的依赖，以自主创新畅通经济循环（黄群慧，2021），以庞大的国内市场和强劲的内需潜力作为中国新时代的战略资源和比较优势，扩大内需是双循环格局构建的关键所在（周曙东等，2021），畅通国内市场需求引领生产、分配、流通、消费的全链条，助力国内统一大市场的形成，将加速构建以内循环为主体的高质量的国际循环（孙杰，2021）。此外，通过解决产能相对过剩、加速推进"卡脖子"环节科技攻关等问题能更好地提升双循环动力（陆江源等，2022），激发中国内需潜力可缓解产能压力、促进企业创新与优化资源配置，助力我国经济转型升级和高质量发展。其次，在"电商进村"政策的扶持下，我国示范县的电商产业展现强劲的发展势头，日益成为激发县域经济活力、加速县域产业升级及推进数字乡村建设的关键驱动力，农村电子商务作为数字技术与农村产业的结合，其对城乡差距的影响也成为多数学者研究的焦点（潘嗣同等，2024）。从收入差距上看，存在"缩小"、"扩大"、倒"U"形三种不同的观点：一些学者认为，电商作为新时代数字技术应用下的高效交易平台（涂勤和曹增栋，2022），打破了传统农产品销售的地域限制，电商平台提供的市场需求信息使得数字赋能下的农户更有效地参与市场活动（唐跃桓等，2020；鲁钊阳等，2021），显著缩小了城乡居民间的"数字鸿沟"，促进农户增收的同时缩小城乡收入差距；而另一些学者认为正是城乡间普遍存在的"数字鸿沟"致使城乡间数字红利分配的不均衡（郑国楠和李长治，2022），农村地区由于网络设施、技术水平以及人才匮乏的因素限制难以充分享受电商红利，数字技术在不同地区的经济社会差异性成为收入差距扩大的根本诱因（余小燕，2022；李怡和柯杰升，2021）；还有一些学者认为，随着数字技术的不断扩散和应用，农村居民也逐渐享受到信息技术带来的广泛益处且受益程度逐渐提升，收入差距呈现倒"U"形（李晓钟和李俊雨，2022）。从消费上看，农村电商的发展推动城乡间商品和服务的流通，有助于满足长尾群体多样化的消费需求（鲁钊阳等，2022；马彪等，2023），而网络购物的便捷性在改变居民消费结构的同时推动了农村消费升级，降低了消费在空间上的不平等（鲁钊阳，2021；王奇等，2021；张君慧等，2024），城乡消费融合为经济内循环注入源源不断的动力。从要素流动上看，农村电商政策通过增强农村地区在数字技术领域的接入能力、应用程度以及收益获取，显著提升了农村地区对于资本和劳动力要素的吸引力，同时也在一定程度上缓解了农村生产要素向外流失的趋势（陈享光等，2023；贾铖等，2023；付伟等，2024），推动了农村地区的产业升级和经济发展，城乡发展差异的缩小成为拉近城乡经济差距的新引擎。最后，基于数字要素对经济循环动力的影响，已有研究证明数字要素能够通过影响就业结构、促进高质量创业、提高全要素生产率（徐雪娇和马力，2023）、促进居民消费、提升数字技术水平（邹璇等，2024）等方面实现经济高质量发展。

与既有研究相比，本文可能的创新之处主要从以下方面体现：第一，随着"电商进村"政策的深入实施和数字乡村建设的积极推进，电商新动能为加快培育完善的内需体系注入动力。因此，本文将"电商进村"政策与经济内循环发展纳入整体框架中进行分析，不仅可以拓展以国内循环为主体的格局构建的研究视野，还能为政府以电商推动经济内循环提供理论支撑。第二，当前国内的既有研究鲜少探讨"电商进村"与经济内循环发展之间的关系，事实上两者存在着相互促进、相互制约的耦合关系，"电商进村"战略的落实有助于推进经济内循环水平的提高。因此，本文将"电商进村"政策与经济内循环紧密联系起来，深入探索农村电商在经济内循环发展中的影响机制和实现路径，关注农村电商在农业生产效率和居民创业等方面的具体影响，力求为构建新发展格局的实践性和政策制定提供新的思路和方向。

二、电商进村政策赋能经济内循环的理论分析

要实现国内经济循环的顺畅流通,实现供给与需求的动态平衡至关重要,这不仅要求经济体系中生产消费等环节的紧密相连、高效协同,而且需要充分发挥市场机制的作用,灵活调节供给与需求的匹配程度。在供给侧,农村电子商务活动建立起的农村电商服务体系实现了信息流、资金流和物流的相互融通,利用大数据的信息收集和分解优势有效突破原有农产品生产和交易的时空限制,数据要素的融入使生产线得以灵活调整,以市场供需匹配实现按需生产(刘平峰和张旺,2021),通过化解过剩产能并创造先进动能促进农产品与市场的相互协调;农村电商利用这种优势在刺激和引导消费的同时,也驱动和指导供给侧的优化,这种供需间的良性互动,不断吸引新资源的加入并优化原有的资源配置,催生出新兴技术产业等新业态与新模式,推动经济的数字化转型;同时,在"电商进村"政策的助力下,农村电商市场顺利接入的广阔互联网资源和平台无疑是一个潜力无限、亟待挖掘的巨大利润空间,这一转变不仅拓宽了农村经济的发展路径,也使农村市场自身成为极具吸引力的投资市场(孙哲远和刘艳,2022),农村得以引进更多的工业产品和服务业资源,产业链上下游的紧密协作加速了农村"三产"融合,从而形成多元化的产业结构和完善的市场体系,助力产业技术含量和附加值的提升,进而激发国内市场潜在活力,畅通国内经济循环。在需求侧,数字经济加持下的虚拟数字消费模式极大地激发了居民的消费潜能与活力,得益于数字技术的深度赋能,精细化的数字分析能够满足消费者的个性化需求并带动消费升级,并且电子商务等平台的兴起通过集成化的信息系统大大简化了消费流程,随着电商平台的不断完善和普及,越来越多的消费者开始享受到这种便捷、高效的购物方式,进一步加速了消费需求的增长和消费升级的步伐,加之数字金融产品创新不断为消费者提供更多的财务选择,居民消费能力大大增强,这种内需的扩大为经济持续健康发展注入强劲动力(杨扬和邓飞,2024);同时,创新型电商模式带动了相关产业的发展,如物流包装、电商培训、电商客服等产业丰富了农村居民的就业选择,还吸引了更多外部资源和人才的流入,乡村企业发展显著促进居民非农就业并缓解了当地农户相对贫困(魏下海等,2023),缩小了城乡之间的信息鸿沟和收入差距,城乡之间的协调发展有助于形成更均衡的经济结构并为经济内循环提供更稳定的基础。基于此,本文提出 H1:

H1:"电商进村"政策能够促进经济内循环的畅通。

农村电商作为强劲驱动力正在深度挖掘并融合互联网资源与传统农村要

素，引领农村产业及技术设备不断向新兴技术领域迈进。同时，基础设施的数字化提升也必然伴随农村机械化水平和农业生产效率的提高（黄雨婷和潘建伟，2022），如大数据分析可以帮助农民更好地了解市场需求进而实现农产品的差异化竞争和最优化布局、智慧农业灌溉系统和病虫害虫智能检测系统等智能工具优化了农业生产流程，实现以低成本保证优产量、电商平台的智能化推荐系统可以助力城乡间的需求供给有效对接以确保农产品能够迅速响应市场需求。这种融合不仅提高了农业生产的科技含量，也为农业现代化铺平道路，农业生产的智能化、精准化和效率化转型有助于稳定农产品供给和提升农产品附加值，促进与其他产业融合延伸价值链和产业链进而推动城乡统一大市场的形成。农业生产效率的提高通常直接带动居民收入和消费水平的提高，这将有效缩小城乡居民差距并进一步激发市场需求。同时，机械化生产中释放的劳动力资源也将为城市经济提供更多的人力供给，农村电商的蓬勃发展吸引了大量人才返乡，为农村地区的经济发展增添了新的活力和动能。同时，农村电商的数字化赋能使得农村产品、要素与城市产品、要素通过现代物流流通体系在城乡之间高效、快速、便捷流动，实现更精准的资源配置，从而畅通城乡经济循环（张世贵等，2023），这一过程促进了农业生产方式的深刻变革，也为实现乡村振兴和城乡融合发展提供了强有力的支持。基于此，本文提出 H2：

H2："电商进村"政策能够通过提升农业生产效率来畅通经济内循环。

农村电商的低门槛性和农村熟人社会效应为电商活动在农村地区的推广与发展奠定了坚实的基础（田野和夏杰长，2024），低门槛的启动资金极大地激发了创业热情和参与意愿，打破低收入人群向上流动壁垒（方师乐等，2024），农户的创业与就业成为连接农村经济内循环的关键纽带，成为农村经济多元化与可持续发展的新鲜活力。首先，在试点政策的积极引导下，各级金融机构显著加大对"三农"领域的信贷投入力度（卜洁文等，2023），通过创新金融产品和服务模式为小微企业提供了强有力的资金支持，农户充分利用资金和信贷来源积极探索并创新多元化的经营方式，带动了新兴领域的投资与开发，进而促进村民就业和增收，形成了良好的示范效应和产业集群效应。其次，电商进村能够弥补农村地区地理位置偏远的天然劣势，电商平台凭借其便捷性显著减少了农产品销售的中间环节和营业成本，加速了商品从生产到消费者的流转，大幅提升农户的销售收入和居民可支配收入，而收入的提高又进一步激发农户的投资创业动力，有效推进农村与城市产业的融合和上下游企业的紧密衔接。最后，创业活动的不断涌现将创造更多的供给与需求，技术的创新、设计的优化或是生产方式的改进等供给端的创新与扩张为需求端提供了更多的选择，创新型创业带来的消费者需求端多样化与升级又进一步推进供给端的创新与改进，形成了供需双方的良性互动，都为经

济内循环提供了源源不断的动力,创业活动的不断增加无疑是畅通经济内循环的重要力量。基于此,本文提出 H3:

H3:"电商进村"政策可以通过促进居民创业来畅通经济内循环。

三、电商进村政策赋能经济内循环的实证检验

(一) 变量与模型

被解释变量——经济内循环(cir)。基于已有的丰富研究基础并考虑到数据的合理性和可得性,本文参考以往文献资料(赵文举和张曾莲,2022)从生产和消费2个维度选取5个指标衡量国内经济循环水平(见表1),各项指标属性均已明确并以熵值法计算得到经济内循环的综合水平得分作为核心被解释变量。

表1　　　　　　　　经济内循环水平综合评价体系

变量	指标维度	基础指标	指标属性	权重
经济内循环	生产结构	第三产业增加值/第二产业增加值	正向	0.2246
	生产规模	ln(人均固定资产投资额)	正向	0.0284
		ln(地区生产总值)	正向	0.2139
	消费基础	ln(城镇居民人均可支配收入)	正向	0.0342
	消费规模	ln(人均社会零售商品总额)	正向	0.4989

解释变量——电商进村(DID)。为探究该政策冲击对地区经济内循环的影响,将 DID 定义为 treat 和 time 的交互项(treat × time),虚拟变量 treat = 1 意味着该县(市、区)为电商示范县,treat = 0 则不是;time 表示该年是否受到电商进村政策的影响,在电商示范县设立之前赋值为 0,设立之后则赋值为 1。

中介变量包括农业生产效率(rml)和居民创业(set)。为探究电商下乡与国内经济循环的机制路径,基于前文理论设定农业生产效率和居民创业率作为中介变量,分别选取 ln(农业机械化动力)和 ln(1 + 当年新注册企业数/年末总人口)来衡量。

控制变量。为揭示"电商进村"政策对经济内循环的影响,在模型中加入以下控制变量:政府干预(gov),使用一般地方财政预算支出取对数衡量;教育发展水平(edu),采取每万人普通中学在校生数的对数表示;城镇化

水平（urb），选用城镇居民与总人口的比值衡量；职工平均工资（wag），选用城镇居民在岗职工平均工资的对数表示；金融发展水平（fin），以金融机构存贷款余额的对数表示。适度的政府干预和调控能够弥补市场机制的不足；教育能够提升人力资本素质和创新能力；城镇化进程的推进有助于形成产业聚集效应，促进产业结构高级化与合理化；居民平均工资直接作用于居民消费；金融是现代数字经济的核心，有助于资本的自由流动和配置优化。

基于上述分析，本文将电商示范县的设立视为一项准自然实验，根据双重差分模型原理，将已确立为电商示范县的样本定义为处理组，将其余样本作为控制组，以检验电商示范县设立前后及处理组与控制组间的经济内循环差异，考虑到试点政策的渐进性构建如下多期双重差分模型，同时基于F检验和Hausman检验结果选择固定效应模型：

$$cir_{it} = \alpha_0 + \alpha_1 DID_{it} + \alpha_c control_{it} + \mu_i + \lambda_t + \varepsilon_{it} \quad (1)$$

式（1）中，cir_{it}表示i地区t时期的经济内循环水平，DID_{it}表示i地区t时期的政策影响，α为待估参数，μ为个体固定效应，λ为时间固定效应，ε为随机误差项，control代表本文研究所选的控制变量。

据此可知，式（1）反映"电商进村"与内循环发展的直接关系，为进一步探究"电商进村"对经济内循环发展的间接机制，借鉴参考以往文献资料（江艇，2022）的思路，引入中介变量（Med_{it}）建立中介效应模型式（2）：

$$Med_{it} = \beta_0 + \beta_1 DID_{it} + \beta_c control_{it} + \mu_i + \lambda_t + \varepsilon_{it} \quad (2)$$

式（2）中，Med为中介变量，其他符号与式（1）中相同，以检验政策实行与中介变量间的关系。

上述模型主要围绕"电商进村"政策与整体内循环发展之间的关系展开，为进一步检验其对区域间经济内循环发展的影响，拟将式（1）拓展为空间面板杜宾模型（SDM）：

$$cir_{it} = \alpha_0 + \rho W cir_{it} + \varphi_1 W DID_{it} + \alpha_1 DID_{it} + \varphi_c W control_{it} + \alpha_c control_{it} + \mu_i + \lambda_t + \varepsilon_{it} \quad (3)$$

式（3）中，ρ为空间自回归系数，W为空间权重矩阵；φ_1和φ_c分别为核心解释变量和控制变量空间交互项的弹性系数，其他符号的含义与式（1）相同。

对于经济内循环发展的检验除了空间面板杜宾模型以外，还应考虑政策实施效果对不同地区可能展现出来的边际影响趋势。由此，本文以互联网发展水平（Int）作为门槛变量构建如下面板门槛模型：

$$cir_{it} = \sigma_1 DID_{it} \times I(Int \leq \omega_1) + \sigma_2 DID_{it} \times I(\omega_1 < Int_{it} \leq \omega_2) + \cdots + \sigma_n DID_{it} \\ \times I(\omega_{n-1} < Int \leq \omega_n) + \sigma_{n+1} DID_{it} \times I(Int > \omega_n) + \sigma control_{it} + \mu_i + \gamma_t + \varepsilon_{it} \quad (4)$$

式（4）中，Int 为门槛变量，ω 为待估门槛值，I(·) 为示性函数，若括号中表达式成立，I 等于 1，否则为 0。其他符号的含义与式（1）相同。

（二）数据来源与处理说明

参考历年《电子商务进农村综合示范县名单》，鉴于"电商进村"政策的试点重心明确聚焦于农村地区，本文剔除直辖市样本及缺失数据较多的县市区进行研究，实证过程使用到我国 1 484 个县域 2011～2021 年①的面板数据共 16 324 个研究样本，其中，1 034 个县（区、市）为电子商务综合示范县（处理组），450 个非电商示范县（控制组）。基础数据均来自历年《中国县域统计年鉴》（县市卷）、各省市统计年鉴以及各县域人民政府，部分缺失数据通过插值法得到，为剔除异常值对结果的影响，对样本主要指标进行缩尾处理。各变量的具体符号和描述性统计如表 2 所示。

表 2　　　　　　　　　　　描述性统计

变量名称	变量符号	样本量	平均值	标准差	最小值	最大值
经济内循环	cir	16 324	0.5591	0.0577	0.4366	0.6529
电商进村	DID	16 324	0.2710	0.4445	0.0000	1.0000
政府干预	gov	16 324	12.4293	0.5699	11.3877	13.4592
教育水平	edu	16 324	9.6148	0.9399	7.5459	11.0268
城镇化水平	urb	16 324	0.2687	0.1656	0.0670	0.6296
平均工资	wag	16 324	10.8704	0.4398	10.1852	11.7672
金融发展水平	fin	16 324	13.2952	1.0710	11.1126	15.1765

（三）平行趋势检验

在运用双重差分法考察"电商进村"政策与经济内循环发展之间的因果关系前需要满足平行趋势假设，利用事件分析法进行多时点平行趋势检验，从图 1 可以看出，政策实施之前，电商政策的估计系数在 0 附近且不显著，表明在政策实施以前处理组和对照组在经济内循环发展上不存在明显的趋势差异，平行趋势假设成立。在后续的动态效应分析中，在政策实施下一年开始显示正向的显著效应，说明政策试点对该地的经济内循环发展水平的影响具有一定的时滞性，在政策实施后对经济内循环的影响存在上升趋势，并且

---

① 鉴于《电子商务进农村综合示范县名单》只公布到 2021 年，本文以 2021 年作为样本期末期。

随着时间推移，政策的作用效果逐渐凸显。一方面，从国家层面发布电商进村的试点政策，到地方政府开始制定具体的实施方案，再到实际实施该政策，这一过程中存在明显的时间延迟，在政策实施后农村地区的市场也需要一定的适应期以适应新的销售模式，在适应期内电商对经济内循环的推动作用可能会受到限制。另一方面，随着"电商进村"政策的不断深化，农村地区的市场环境得以优化、产业链得以延伸、人才流动和技术创新等方面都得到了显著改善和提升，电商进村对经济内循环的影响日益增强。

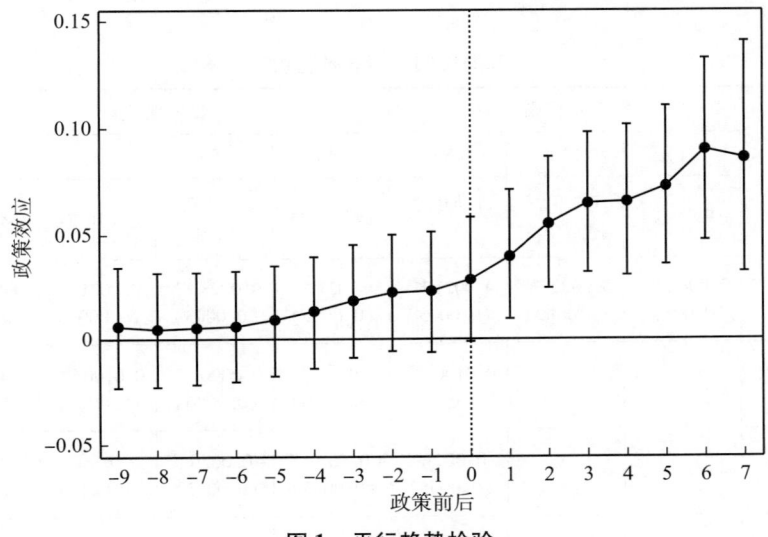

图1 平行趋势检验

（四）基准回归

采用前文式（1）实证检验"电商进村"政策对经济内循环发展的影响效应，为保证回归结果的稳健性，本文先进行 OLS 回归，然后分别在不考虑控制变量和考虑控制变量的情况下进行固定效应回归，结果均使用稳健标准误进行修正并对时间效应和个体效应进行固定，回归结果如表3第（1）、第（2）和第（3）列所示。据此可知，无论是否考虑控制变量，经济内循环发展系数均显著为正，加入控制变量后虽然估计系数有所减小，但模型拟合优势度有所上升且在1%水平上显著，意味着"电商进村"政策的实施对经济内循环发展存在显著的促进作用。据此，H1 初步得出结论。在全球化数字革命和积极政策环境的双重推动下，中国的数字经济迅猛发展，已经成为促进经济扩张的关键动力，"电商进村"政策试点通过推进农村商贸流通促进电商与农村产业的融合，培育新业态农村电商生态圈，推动农村消费升级与内需的扩大，进而实现农村经济的多元化发展和城乡经济的均衡发展，对经济内循环产生积极影响。从控制变量看,政府干预、城镇化水平、平均工资和金融发展水平均对经济内循环水平起正向显著的促进作用,政府通过政策引导和资源配置可以优化经济结构进而畅通经济循环,"乡村振兴"等战略实施也优化了农村的基础设施建设等硬件环境,为农村电商发展提供支持;城镇化进程和平均工资水平的提高直接带动农村消费升级,有助于扩大内需和释放农村市场的消费潜力,成为经济内循环的关键动力;金融发展可以为经济活动提供更多的资金支持,投资和消费的激增将增强经济的内生动力和韧性;教育水平的负向作用可能是不同地区较大的教育水平差异造成的。

表3　基准回归+稳健性检验

变量	基准回归			稳健性检验			
	(1)	(2)	(3)	(4)	(5)	(6)	(7)
	OLS回归	FE不加控制变量	FE加控制变量	政策控制	剔除新疆、西藏	聚类到市级	聚类到省级
电商进村(DID)	0.0068*** (0.0010)	0.0033*** (0.0003)	0.0021*** (0.0003)	0.0021*** (0.0003)	0.0023*** (0.0003)	0.0021** (0.0009)	0.0021** (0.0008)
政府干预(gov)			0.0100*** (0.0006)	0.0100*** (0.0006)	0.0090*** (0.0006)	0.0100*** (0.0025)	0.0100** (0.0036)
教育水平(edu)			-0.0021*** (0.0005)	-0.0022*** (0.0005)	-0.0020*** (0.0005)	-0.0021 (0.0014)	-0.0021 (0.0023)
城镇化水平(urb)			0.0099*** (0.0011)	0.0101*** (0.0011)	0.0103*** (0.0012)	0.0099** (0.0037)	0.0099 (0.0066)
平均工资(wag)			0.0048*** (0.0006)	0.0048*** (0.0006)	0.0053*** (0.0007)	0.0048** (0.0021)	0.0048 (0.0045)
金融发展水平(fin)			0.0116*** (0.0005)	0.0116*** (0.0005)	0.0112*** (0.0005)	0.0116*** (0.0014)	0.0116*** (0.0025)
电子商务示范城(eco)				0.0010* (0.0005)			
宽带中国(bro)				-0.0009*** (0.0003)			
Constant	0.5573*** (0.0005)	0.5582*** (0.0001)	0.2453*** (0.0117)	0.2459*** (0.0118)	0.2617*** (0.0123)	0.2453*** (0.0441)	0.2453** (0.0812)
个体固定	否	是	是	是	是	是	是
时间固定	否	是	是	是	是	是	是

续表

变量	基准回归			稳健性检验			
	(1)	(2)	(3)	(4)	(5)	(6)	(7)
	OLS 回归	FE 不加控制变量	FE 加控制变量	政策控制	剔除新疆、西藏	聚类到市级	聚类到省级
样本量	16 324	16 324	16 324	16 324	15 037	16 324	16 324
R^2	0.0028	0.9707	0.9742	0.9742	0.9700	0.9742	0.9742

注：*、**和***分别表示在10%、5%和1%水平上显著；括号内为稳健标准误；模型均已控制个体效应、时间效应。

（五）稳健性检验

1. 排除政策因素干扰

参考以往文献资料（尹志超和吴子硕，2024）的研究，将样本期内可能对经济内循环产生影响的其他并行政策纳入控制变量，以避免产生遗漏变量对回归结果造成误差。自2011年起，国家发展改革委推行了"国家电子商务示范城市"政策，旨在通过电子商务基础设施的建设有效驱动经济增长并释放其潜力，这一政策不仅进一步优化了产业结构，还显著促进了新兴产业的培育与居民就业水平的提升，对我国经济内循环的发展起到强力的推动作用。此外，"宽带中国"政策与"电商进村"政策同为2014年开始试点，是中国政府在促进国家信息化建设和推动数字经济发展中的重要战略计划，通过推进宽带网络建设加快信息化进程促进农村居民创业就业，从而提升国家竞争力和人民生活水平，赋能经济内循环发展。基于此，本文同时控制"国家电子商务示范城市"和"宽带中国"政策并重新进行回归，回归结果如表3第（4）列所示，回归结果与基准回归高度一致，"电商进村"政策实施赋能经济内循环的结论稳健。

2. 样本稳健性检验

第一，剔除新疆、西藏地区的样本。由于地理位置的差异导致其经济发展水平、电商普及率和市场开放程度等方面与其他地区存在较大差距，独特的民族和习俗文化使得政策的实施效果可能不够具有代表性，且新疆和西藏的数据缺失较多、质量不高，因此本文剔除新疆和西藏的样本重新进行回归。第二，控制稳健标准误的聚类层面。为更准确地评估政策效果的影响因素，本文通过分别将聚类层面控制为市级—年份和省级—年份进行稳健性检验。回归结果分别由表3第（5）、第（6）和第（7）列所示，至少在5%水平上显著为正，证明前述基准回归"电商进村"政策促进经济循环的结论稳健，H1进一步得到验证。

3. 安慰剂检验

为证明电商进村促进经济内循环的结论稳健性，借鉴史丹等（2023）做法进行安慰剂检验。在电商示范县中随机抽取 1 000 个样本构建新实验组并按照模型（1）进行回归，将上述过程重复 1 000 次，图 2 为这 1 000 个估计系数的分布图。回归系数分布在 0 附近且满足正态分布，大部分 p 值均大于 0.1，且回归系数明显远离基准回归系数（0.0021），说明本文的基准结果并非偶然因素，通过安慰剂检验，基准回归结果保持稳健。

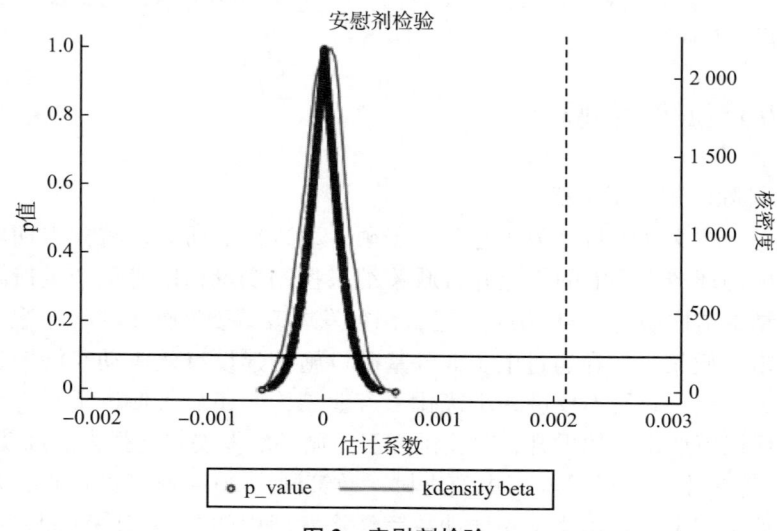

图 2　安慰剂检验

4. 内生性问题（PSM – DID）

为了减轻准自然实验中由于不可观测因素所导致的样本选择性偏差，本文使用 PSM – DID 方法解决内生性问题。参考以往文献资料（白俊红等，2022）的检验方法依次使用面板数据转化法和逐年匹配法进行倾向得分匹配。截面 PSM 将面板数据视为截面数据，将政府干预、教育水平、城镇化水平、平均工资和金融发展水平设定为匹配变量，运用卡尺最近邻匹配（1∶2）为所有试点县域寻找满足共同支撑条件的最优对照组，将非共同支撑部分剔除后对新生成的数据集进行平衡性检验，而后运用多时点 DID 方法重新估计"电商进村"政策对经济内循环的影响效应。由图 3 可知，匹配后样本间的控制变量标准差有所减小，表明匹配质量较高；倾向得分匹配后的回归结果如表 4 所示，PSM – DID 方法下经济内循环（cir）的回归系数（0.0020）与基准回归系数（0.0021）几近相等，与基准回归结果无实质性差异。逐期匹配法对样本进行逐年匹配后，将各年份匹配后的数据纵向合并至一个数据集，生成新的面板数据，并分析匹配效果，而后运用多时点 DID 法重新估计，平衡性检验结果如表 5 和表 6 所示，匹配后各年份绝大多数匹配变量的系数值减小，且回归系数变得不显著，而且所有回归的伪 R^2 明显减小，一定程度上表明在不同年份两组的匹配变量不存在系统性偏差，满足平衡性检验要求。逐年匹配下的 DID 回归结果如表 4 第（2）列所示，匹配后 cir 的回归系数为 0.0020，与基准回归系数相差不大。这表明电商进村政策对经济内循环水平的提升效果是稳健的。

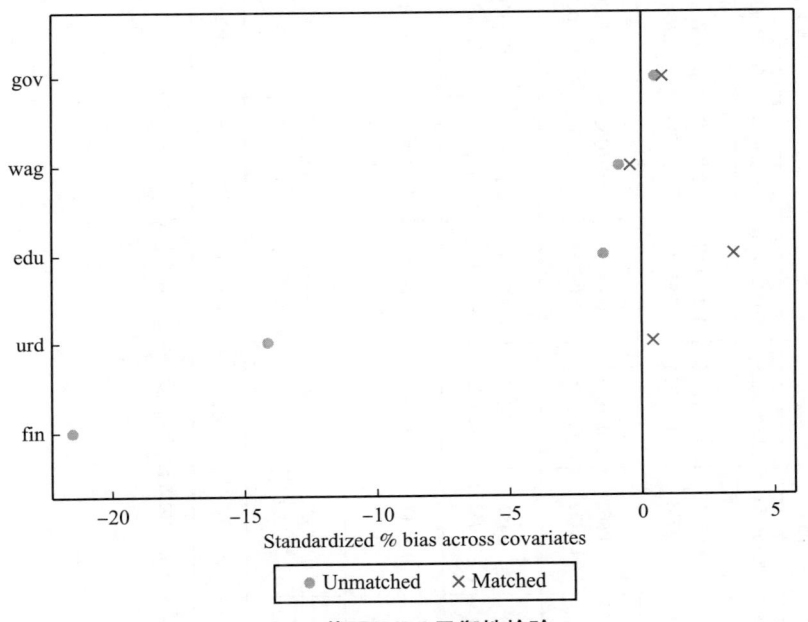

图 3 截面 PSM 平衡性检验

表 4　PSM – DID

变量	（1）截面 psmdid	（2）逐年匹配 psmdid
	经济内循环（cir）	经济内循环（cir）
电商进村（DID）	0.0021 *** (0.0003)	0.0020 *** (0.0003)
控制变量	是	是
个体固定	是	是
年份固定	是	是
样本量	16 303	16 128
A – R^2	0.9715	0.9715

注：*、** 和 *** 分别表示在 10%、5% 和 1% 水平上显著；括号内为稳健标准误；模型均已控制个体效应、时间效应。

表 5　逐年平衡性检验_匹配前

变量	(1) 2011before	(2) 2012before	(3) 2013before	(4) 2014before	(5) 2015before	(6) 2016before	(7) 2017before	(8) 2018before	(9) 2019before	(10) 2020before	(11) 2021before
gov	0.6495*** (2.9544)	0.7699*** (3.4627)	0.5954*** (2.6283)	0.7607*** (3.3582)	0.9821*** (4.2703)	0.7547*** (3.1402)	1.1271*** (4.9534)	1.2353*** (5.5169)	0.9667*** (4.2632)	0.9793*** (4.1224)	0.8565*** (3.6640)
edu	0.3133*** (2.8339)	0.1923 (1.5751)	0.2731** (2.3028)	0.1829 (1.5179)	0.0662 (0.5452)	0.1073 (0.8665)	0.0110 (0.0926)	-0.0352 (-0.2930)	-0.0130 (-0.1047)	0.0744 (0.5921)	0.1142 (0.9428)
urb	-0.5071 (-1.0828)	-0.7809 (-1.6223)	-0.6467 (-1.4858)	-0.8344** (-1.9606)	-0.8447** (-2.0326)	-0.8255** (-2.0496)	-0.7304* (-1.9335)	-0.6577* (-1.8271)	-0.5366 (-1.6198)	-0.3949 (-1.3043)	-0.3793 (-1.2704)
wag	0.2220 (0.7549)	0.1110 (0.4192)	0.1894 (0.7932)	0.0938 (0.4225)	0.0917 (0.4554)	0.0648 (0.3535)	0.0070 (0.0413)	0.0196 (0.1239)	0.0128 (0.0872)	0.0245 (0.1795)	-0.0044 (-0.0332)
fin	-0.7440*** (-7.4139)	-0.7054*** (-7.2785)	-0.7017*** (-7.1515)	-0.6924*** (-7.0885)	-0.7032*** (-7.1326)	-0.6036*** (-5.9705)	-0.6854*** (-6.8081)	-0.6863*** (-6.7214)	-0.5521*** (-5.3033)	-0.6283*** (-5.7311)	-0.6423*** (-5.7428)
P_R²	0.0363	0.0349	0.0320	0.0319	0.0316	0.0246	0.0310	0.0346	0.0232	0.0239	0.0219

注: *，** 和 *** 分别表示在 10%、5% 和 1% 水平上显著；括号内为稳健标准误；模型均已控制个体效应、时间效应。

表6 逐年平衡性检验_匹配后

变量	(1) 2011after	(2) 2012after	(3) 2013after	(4) 2014after	(5) 2015after	(6) 2016after	(7) 2017after	(8) 2018after	(9) 2019after	(10) 2020after	(11) 2021after
gov	0.1574 (0.6376)	0.0189 (0.0743)	0.0605 (0.2414)	0.0067 (0.0268)	0.2289 (0.8873)	0.1678 (0.6320)	0.3512 (1.3008)	0.3022 (1.1531)	0.3642 (1.4660)	0.2625 (0.9968)	-0.0420 (-0.1580)
edu	-0.0244 (-0.2017)	-0.0664 (-0.4739)	0.0932 (0.7078)	0.0857 (0.6389)	-0.0367 (-0.2712)	0.0444 (0.3238)	-0.0407 (-0.3008)	-0.0115 (-0.0842)	-0.1228 (-0.9013)	0.0318 (0.2308)	0.0654 (0.4984)
urb	-0.3598 (-0.6856)	-0.5318 (-0.9672)	-0.1033 (-0.2175)	0.1568 (0.3381)	0.0075 (0.0168)	-0.2292 (-0.5092)	-0.6275 (-1.5146)	-0.2967 (-0.7622)	-0.1196 (-0.3199)	-0.0067 (-0.0201)	-0.2285 (-0.6879)
wag	-0.2713 (-0.8918)	-0.0230 (-0.0833)	-0.0854 (-0.3146)	-0.1159 (-0.4689)	0.0147 (0.0635)	-0.0370 (-0.1760)	0.0686 (0.3431)	-0.0479 (-0.2550)	-0.0393 (-0.2193)	0.0245 (0.1532)	0.0752 (0.4843)
fin	-0.1145 (-0.9394)	-0.1193 (-1.0278)	-0.2108* (-1.7386)	-0.1447 (-1.1890)	-0.1169 (-0.9346)	-0.1501 (-1.2294)	-0.1345 (-1.0721)	-0.1425 (-1.1257)	-0.0676 (-0.5559)	-0.1892 (-1.4963)	-0.0869 (-0.6538)
P_R²	0.0025	0.0055	0.0040	0.0021	0.0010	0.0016	0.0033	0.0020	0.0018	0.0019	0.0013

注：*、**和***分别表示在10%、5%和1%水平上显著；括号内为稳健标准误；模型均已控制个体效应、时间效应。

（六）异质性检验

1. 地区异质性。我国东部地区和中西部地区在经济发展水平和电商基础设施建设等方面存在一定差异，因此"电商进村"政策在经济循环中起到的作用效果也会受到地区因素的影响。基于此，本文将样本分为东部地区和中西部地区进行重新回归，回归结果如表7第（1）、第（2）列所示，中西部地区的回归系数较大且在1%的水平上显著，东部地区系数较小且不显著，意味着该政策对中西部地区的经济内循环发展影响较大，而对东部地区的影响效果并不明显。整体而言，中西部地区经济对农业和农村经济的依赖度较高，电商进村能够直接带动农产品上行和工业品下行，中西部地区独特的资源禀赋和巨大的内需潜力在"双循环"新发展格局下，与东部沿海地区进行更为密切的经济循环协作，形成新的国内分工体系，有助于提升国民经济体系的整体效能并释放中西部地区的内需潜力，实现供需动态均衡。

2. 融资水平异质性。融资支持可以提升农村地区的互联网基础设施，促进信息流通，使农民能够更方便地接入电商平台，从而带动农村地区的消费升级，同时提高农村产业的竞争力和附加值，为经济内循环提供更强的动力，因此融资水平的差异可能会对不同地区的内循环发展产生不同的效果。本文以样本期内区县的金融发展水平均值作为划分依据，将75%分位以上的区县划分为高融资水平组，将25%分位以下的区县划分为低融资水平组，表7第（3）、第（4）列显示融资水平的分位回归结果，高融资水平的地区在政策实施效果方面的作用较小且不显著，低融资水平的地区对经济内循环发展的作用显著为正。高融资水平的地区通常拥有较为稳定的金融发展体系且融资资源的利用程度较高，互联网金融与农村电商市场的发展已经较为成熟，这可能导致"电商进村"政策实施效果受到限制。而低融资水平的地区存在迫切的融资需求和经济发展动力，且产业结构较为传统，缺乏足够的创新活力，而电商的引入为其产业结构的升级和转型提供了新的契机，为促进农村经济的发展和脱贫攻坚工作的顺利开展，低融资水平的地区能够获得更多的政策支持和资源倾斜，数字平台的先进技术将为中小企业提供更低的融资成本和更完善的金融服务体系，激发这些地区的潜在消费和创新活力，提升经济发展的质量与效率，从而对经济内循环的发展起到积极的推动作用。

3. 贫困县异质性。"电商进村"政策对贫困县和非贫困县在经济内循环水平上的影响各有侧重，对于贫困县而言该政策主要侧重于提升经济内循环水平、促进产业升级和结构调整以及增强县域经济统筹能力；而对于非贫困县而言，该政策则更注重于进一步提升经济内循环效率、推动产业创新以及促进城乡融合发展的目标。根据《全国832个贫困县名单》公布的信息，将样本划分为非贫困县和贫困县进行回归比较,结果如表7第(5)、第(6)列所示,"电商进村"政策对贫困县的经济内循环发展的促进作用为0.12%,相较于非贫困地区的影响更强且更为显著。一方面,"电商进村"政策作为扶贫政策的重要组成部分,其目标之一就是帮助贫困地区和低收入家庭增收脱贫。在选择示范县时往往对贫困县给予政策倾斜,贫困县在电子商务进农村过程中能获得更大的财政和资源支持,电商的引入为贫困县的产品打开了新的销售渠道,不仅推动了贫困县内部的经济循环还促进了与外部市场的联系,"电商进村"政策与扶贫政策形成的"组合拳"是推动贫困县域经济增长和经济内循环的有力武器。另一方面,贫困县的资源配置效率相对更低,农业生产方式较为传统,电商平台的建立和数字技术的应用将对贫困县的农业现代化水平和城乡要素流动产生更积极的影响。

表7　异质性检验

变量	地区异质性		融资水平异质性		贫困县异质性	
	(1) 东部地区	(2) 中西部地区	(3) 高融资水平	(4) 低融资水平	(5) 非贫困县	(6) 贫困县
电商进村 (DID)	0.0004 (0.0007)	0.0016*** (0.0003)	0.0009 (0.0007)	0.0027*** (0.0006)	0.0003 (0.0004)	0.0012*** (0.0004)
Constant	0.3925*** (0.0230)	0.1898*** (0.0123)	0.1736*** (0.0295)	0.1655*** (0.0227)	0.2853*** (0.0164)	0.2092*** (0.0162)
控制变量	是	是	是	是	是	是
个体固定	是	是	是	是	是	是
时间固定	是	是	是	是	是	是
样本量	3 916	11 022	4 081	4 081	9 889	6 435
R^2	0.9544	0.9809	0.9039	0.9498	0.9603	0.9696

注:*、**和***分别表示在10%、5%和1%水平上显著;括号内为稳健标准误;模型均已控制个体效应、时间效应。

(七)影响机制检验

基于模型(1)和模型(2)检验"电商进村"政策促进内循环发展的机制,分别以农业生产效率和居民创业作为模型的被解释变量重新展开回归,直接分析"电商进村"对农业生产效率和居民创业水平的影响,回归结果如表8第(1)、第(2)列所示,核心解释变量DID分别在1%和5%水平上显著为正,系数分别为0.1945和0.0295,表明政策试点能切实提高区域的农业生产效率并激励居民进行创新创业。与此同时,农业现代化水平的提高是畅通城乡经济循环的主要动脉（吴振方和李萍，2021），智慧农业的发展不仅提高了农业生产的信息化水平，还提高了农产品的质量和竞争力，为城乡经济循环注入了新的活力；创新创业能力的提高是推进经济内循环演进的关键（张永恒等，2023）。经济内循环的发展需要充分调动所有潜在的消费力量，而增强创新和创业能力是实现这一目标的关键手段。即"电商进村"政策的实施能够通过提高农业生产效率和促进居民创业等方式间接提高经济内循环水平。H2、H3得到验证。

表8 中介效应分析

变量	中介效应	
	（1）农业生产效率（rml）	（2）居民创业（set）
电商进村（DID）	0.1945*** (0.0302)	0.0295** (0.0145)
Constant	-1.4444 (1.2145)	1.9463*** (0.5501)
控制变量	是	是
个体固定	是	是
时间固定	是	是
样本量	16 324	16 324
R^2	0.9415	0.6761

注：*、**和***分别表示在10%、5%和1%水平上显著；括号内为稳健标准误；模型均已控制个体效应、时间效应。

四、进一步分析

（一）空间溢出效应分析

为充分考虑区域变量间的交互作用和空间依赖性，本文通过模型（3）考察"电商进村"政策对国内经济循环的空间影响。对变量进行空间整体相关性检验的结果如表9所示，全局莫兰指数均在1%水平上显著，表明两者均具有明显的全局空间自相关性。从时间维度看，经济内循环水平存在上下波动状态，发展初期溢出效应较为强烈，可能与政策的落实效果和经济发展不平衡有关。为进一步体现地区局部关联程度，本文选取2011年和2021年的发展指标进行局部空间检验，结果如图4所示，cir的莫兰散点图集中于第一象限和第三象限,说明经济内循环水平较高(低)的地区,其邻近地区的内循环发展水平也较高(低),显示出正向的空间溢出效应;而政策实施后部分地区逐渐向低—低聚集区扩散,推断不同的地区利用电商发展经济的能力可能有所差别。

表9　　　　　　　　经济内循环全局自相关检验结果

年份	莫兰指数	z值
2011	0.703***	38.515
2012	0.698***	38.249
2013	0.698***	38.287
2014	0.700***	38.393
2015	0.701***	38.449
2016	0.702***	38.471
2017	0.700***	38.373
2018	0.692***	37.965
2019	0.669***	36.699
2020	0.668***	36.627
2021	0.664***	36.388

注:***、**和*分别表示p小于0.01、0.05和0.10时有统计学意义。

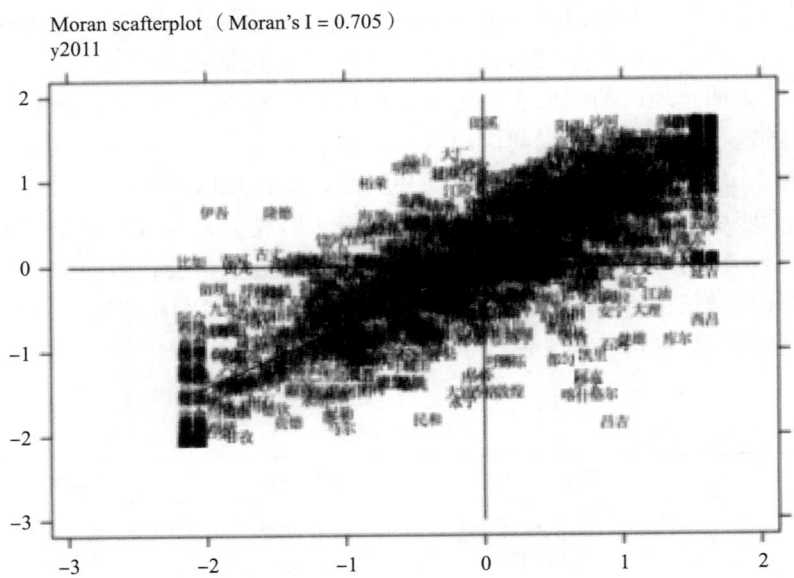

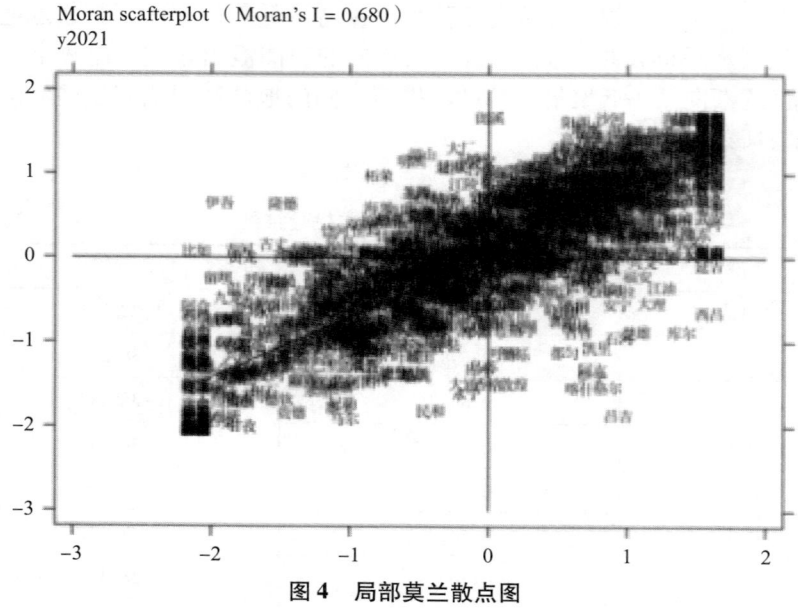

图 4 局部莫兰散点图

因此，本文经检验选择双固定的空间杜宾模型研究电商示范县试点对经济内循环的空间溢出效应，分别使用邻近空间矩阵、经济距离矩阵和反距离矩阵三种空间权重矩阵进行回归，估计结果如表 10 所示，DID 系数均在 1% 水平上正向显著，说明"电商进村"政策能显著促进内循环发展；自相关系数 ρ 显著为正，存在显著的正向空间溢出效应，即邻近地区的经济内循环发展会提升本地区的经济内循环水平；基于此，使用偏微分的方法分解并探讨空间溢出效应，结果显示其直接效应、溢出效应和总效应均在 1% 水平上显著为正，说明本地区的政策实施不仅能促进自身的经济内循环，还将提升邻近县域的经济循环水平，空间溢出效应显著。一方面，电商平台具有跨区域性的特征，能够链接不同地区的市场和资源，农村地区的电商发展到一定规模时，会吸引周边地区的消费者和商家参与，形成更大的市场规模和更广泛的电商链，同时加强从周边地区获取信息资源和商业机会；另一方面，周边地区的经济增长也将为农村地区带来更多的资源支持和产业结构升级的机会，促进经济的均衡和可持续发展。

表 10 空间杜宾模型

变量	邻近空间矩阵	经济距离矩阵	反距离矩阵
ρ	0.6118 ** (0.0002)	0.1717 *** (0.0181)	2.6716 *** (0.2245)

续表

变量	邻近空间矩阵	经济距离矩阵	反距离矩阵
DID	0.0009 *** (0.0311)	0.0016 *** (0.0003)	0.0008 *** (0.0002)
直接效应	0.0012 *** (0.0002)	0.0016 *** (0.0003)	0.0006 *** (0.0002)
溢出效应	0.0031 *** (0.0007)	0.0036 *** (0.0010)	0.0091 *** (0.0016)
总效应	0.0043 *** (0.0008)	0.0052 *** (0.0010)	0.0097 *** (0.0016)
控制变量	是	是	是
个体固定	是	是	是
时间固定	是	是	是
样本量	16 324	16 324	16 324
R^2	0.1782	0.5806	0.0784

注：*、** 和 *** 分别表示在 10%、5% 和 1% 水平上显著；括号内为稳健标准误；模型均已控制个体效应、时间效应。

（二）边际效应分析

随着互联网的不断普及，农村居民能够接触到更为丰富的电商信息和购物体验，从而享受电商带来的福利，而电商平台的促销活动及便捷支付等优势也将吸引农村居民的参与，提高他们的消费意愿和水平，进而有效促进经济循环；电商政策的实施效果与互联网设施建设和应用广度密切相关。因此，本文使用面板门槛模型（4）探究电商进村与经济内循环之间的非线性特征，参考丁述磊等（2024）的研究，以固定电话数衡量互联网普及率（Int）作为门槛变量。异质性分析结果表明，该政策对中西部地区的双循环发展有明显的促进作用，因此本文对中西部地区和整体样本进行检验。首先，使用 Hansen 提出的方法进行门槛特征的识别，通过 Bootstrap 法进行 300 次反复抽样，结果如表 11 所示，均通过单一门槛检验；其次，对门槛系数做进一步估计，结果如表 12 所示。整体而言，当门槛值不高于 9.4562 时，电商进村政策的影响较大且在 1% 水平上显著，当门槛值大于 9.4562 时，影响强度与显著性均有所下降；中西部地区与整体样本的回归结果较为相似，越过门槛值 9.4776，经济内循环水平的发展有所减缓，随着电商进村政策的实施，对经济内循环的推动作用逐渐降低但依然显示积极的推动作用。政策实施初期，农村居民能够合理利用电商发展机遇，拓宽农产品的销售渠道，在一定程度上缩小城乡收入差距,促进了农村经济与全国经济的融合;然而,农村电商主要依赖于电商平台和物流企业的单一发展模式,面临着人才短缺和技术创新不足等问题,随着农村电商的深入应用,边际效应逐渐递减,缺乏多元化的发展模式和创新的商业模式,限制了农村电商的进一步发展和经济内循环的深化。

表11　门槛特征检验结果

门槛变量	门槛性质	F统计值	P值	10%临界值	5%临界值	1%临界值
Int（整体）	单一门槛	75.9000	0.0033	28.0860	34.1106	44.6352
	双重门槛	19.9800	0.1533	23.4224	30.8570	43.8394
Int（中西部地区）	单一门槛	34.6000	0.0200	22.2607	26.1515	48.8672
	双重门槛	7.6300	0.7467	20.6523	24.8802	30.7900

注:*、**和***分别表示在10%、5%和1%水平上显著;括号内为稳健标准误;模型均已控制个体效应、时间效应。

表12　门槛回归结果

变量	(1) 整体	(2) 中西部地区
Int×I（Int≤9.4562）	0.0007*** (0.0002)	—
Int×I（Int>9.4562）	0.0003* (0.0002)	—
Int×I（Int≤9.4776）	—	0.0005** (0.0002)
Int×I（Int>9.4776）	—	0.0003 (0.0002)

注:*、**和***分别表示在10%、5%和1%水平上显著;括号内为稳健标准误;模型均已控制个体效应、时间效应。

五、研究结论与政策启示

围绕"电商进村"政策能否落地以及如何赋能国内经济大循环的问题,本文在提出电商下乡能有效促进经济内循环的研究假说基础上,以2011~2021年的县域面板数据为基础,运用固定效应模型、中介效应模型、空间杜宾模型和门槛效应模型实证检验其影响机制,研究结果表明:"电商进村"

政策显著促进了经济内循环发展水平的提高,并通过一系列稳健性检验,且存在明显的区域异质性、融资水平异质性和贫困异质性,电商下乡对我国中西部的经济内循环发展具有更明显的促进作用,而东部地区较弱,对低融资水平地区的促进作用更强,而在高融资地区的作用强度较弱,对贫困县地区的促进效果强于非贫困县。影响机制检验表明,农业生产效率和居民创业发挥着中介作用,农村电商发展能够通过提高农业生产效率和促进居民创业间接推动经济内循环发展水平的提高。同时,"电商进村"政策的实施对经济内循环具有显著的正向空间溢出效应,但也存在一定的门槛。

  本文研究蕴含的政策含义如下:第一,稳步推进"电商进村"政策试点,引导农村电商赋能经济内循环。国家需要对农村电商试点进行顶层设计,有意识地引导农村电商服务于经济循环各个环节,尤其高度重视农村偏远地区的数字化发展。地方政府应当做好数字化转型和农村电商的宣传工作,营造农村电商服务于发展国内大循环的良好氛围,竭力提升两者的协同融合效率。地方政府可以利用数字化技术搭建数字信息平台,提升通信网络品质和数据传输效率,加速市场上的供需匹配和信息共享,同时积极获取和满足市场需求,提高数字信息的使用成效,从而激发市场消费活力,提高内循环效率。相关部门可以联合科技、法律、评估等相关单位,围绕生产模式和产业组织方式创新,积极拓宽农产品电商的应用场景,尤其加强中西部欠发达地区的数字化应用,为经济内循环发展提供坚实的经济基础。第二,疏通"电商进村"政策赋能国内经济循环的发展路径,充分发挥农村电商的作用。地方政府要鼓励、支持和引导居民创业,制定激励政策并提供资金扶持,尤其鼓励加大在新兴战略性产业方面的创新研发,同时加强知识产权保护,将自身成果惠及国内统一大市场的建设,增强外部溢出效应,鼓励和支持新创企业"走出去",发挥创新创业在城乡经济协调发展中的优势;尤其是农村地区,更应该引导支持农户和企业通过数字技术提升生产效率、变革消费模式。地方政府要加大财政投入力度,通过发挥财政的资源配置职能,引导各类资源要素在不同产业之间的合理分配,加快传统产业结构的数字化转型,提高农业发展效率,激发全社会内生动力和创新活力。地方政府需要科学引导电商发展成果反哺农村市场,要有意识地引导数字企业向农村市场拓展,准确把握市场发展趋势和消费者需求变化,为数字企业提供精准的市场信息和服务,促进生产要素在更大范围内自由流动和优化配置,加强产业链上下游联动与资源共享;尤其是中西部偏远地区,更应该引导农村利用试点政策的机遇,更好地发展消费市场和新兴产业市场。地方政府要紧抓数字经济发展稳步推进的机遇,充分利用数字技术的普惠性和渗透性,注重中小企业和农村地区的赋能与扶持,提高偏远地区居民的生活质量和收入水平,切实缩小收入分配差距,以农村电商为契机帮助中小企业和农户更好地融入数字经济体系，积极破除制约要素合理流动的堵点，提升经济发展效率。地方政府要立足地区发展现状和独特优势，合理借鉴现有实践经验的同时形成符合自身特色的农村电商发展蓝图，优化内循环机制，促进城乡市场的深度融合与协调发展。

参考文献

1. 白俊红、张艺璇、卞元超：《创新驱动政策是否提升城市创业活跃度：来自国家创新型城市试点政策的经验证据》，载于《中国工业经济》2022年第6期。

2. 卜洁文、汤龙、赵妍妍等：《农村发展电子商务能减缓资本与劳动力要素外流吗？——以电子商务进农村综合示范政策为例》，载于《金融研究》2023年第10期。

3. 陈全润、许健、夏炎等：《国内国际双循环的测度方法及我国双循环格局演变趋势分析》，载于《中国管理科学》2022年第1期。

4. 陈享光、汤龙、唐跃桓：《农村电商政策有助于缩小城乡收入差距吗：基于要素流动和支出结构的视角》，载于《农业技术经济》2023年第3期。

5. 丁述磊、刘翠花、包文：《电子商务进农村综合示范县政策对居民幸福感的影响》，载于《中国人口科学》2024年第3期。

6. 方师乐、韩诗卉、徐欣南：《电商发展与农村共同富裕》，载于《数量经济技术经济研究》2024年第2期。

7. 付伟、任春旭、徐圆：《农产品电商发展的社会过程：以湖北省为例》，载于《中国农业大学学报（社会科学版）》2024年第3期。

8. 黄群慧、倪红福：《中国经济国内国际双循环的测度分析：兼论新发展格局的本质特征》，载于《管理世界》2021年第12期。

9. 黄群慧：《新发展格局的理论逻辑、战略内涵与政策体系：基于经济现代化的视角》，载于《经济研究》2021年第4期。

10. 黄仁全、李村璞：《中国经济国内国际双循环的测度及增长动力研究》，载于《数量经济技术经济研究》2022年第8期。

11. 黄雨婷、潘建伟：《电商下乡促进了县域经济增长吗?》，载于《北京工商大学学报（社会科学版）》2022年第3期。

12. 贾铖、杨建辉、张家平：《农产品电商发展是否存在要素错配：以东部地区为例》，载于《南京农业大学学报（社会科学版）》2023年第4期。

13. 江艇：《因果推断经验研究中的中介效应与调节效应》，载于《中国工业经济》2022年第5期。

14. 李晓、刘宝琦：《中国经济国内国际双循环测度：基于三种GDP分解的比较分析》，载于《南开经济研究》2024年第1期。

15. 李晓钟、李俊雨：《数字经济发展对城乡收入差距的影响研究》，载于《农业技术经济》2022年第2期。

16. 李怡、柯杰升：《三级数字鸿沟：农村数字经济的收入增长和收入分配效应》，载于《农业技术经济》2021年第8期。

17. 刘程军、陈亦婷、陈秋驹等：《中国双循环协调发展水平演化及其驱动机制》，载于《经济地理》2022年第11期。

18. 刘平峰、张旺：《数字技术如何赋能制造业全要素生产率?》，载于《科学学研究》2021年第8期。

19. 鲁钊阳、黄箫竹、廖杉杉：《乡村振兴背景下电商直播对农村相对贫困影响的实证研究》，载于《电子政务》2022年第8期。

20. 鲁钊阳、廖杉杉、李瑞琴：《哪种电商平台更能促进跨境农产品电商的发展?》，载于《制度经济学研究》2021年第3期。

21. 鲁钊阳：《网络直播与生鲜农产品电商发展：驱动机理与实证检验》，载于《中国软科学》2021年第3期。

22. 陆江源、相伟、谷宇辰：《"双循环"理论综合及其在我国的应用实践》，载于《财贸经济》2022年第2期。

23. 陆岷峰：《构建新发展格局：经济内循环的概念、特征、发展难点及实现路径》，载于《新疆师范大学学报（哲学社会科学版）》2021年第4期。

24. 马彪、张琛、郭军等：《电子商务会促进农户家庭的消费吗?——基于"电子商务进农村综合示范"项目的准自然实验研究》，载于《经济学（季刊）》2023年第5期。

25. 潘嗣同、龚教伟、高叙文等：《电商进村政策实施的就业效应与机制分析》，载于《中国农村经济》2024年第4期。

26. 潘雅茹、龙理敏：《传统和新型基础设施融合赋能双循环协调发展：测度与机制》，载于《改革》2024年第7期。

27. 史丹、叶云岭、于海潮：《双循环视角下技术转移对产业升级的影响研究》，载于《数量经济技术经济研究》2023年第6期。

28. 孙杰：《对国际与国内"双循环"并重的理解》，载于《南开学报（哲学社会科学版）》2021年第1期。

29. 孙哲远、刘艳：《电商下乡对农村三产融合的影响：基于电商示范县设立的准自然实验》，载于《中国流通经济》2022年第11期。

30. 唐跃桓、杨其静、李秋芸等：《电子商务发展与农民增收：基于电子商务进农村综合示范政策的考察》，载于《中国农村经济》2020年第6期。

31. 田野、夏杰长：《农村电商、农村居民就业与共同富裕》，载于《中国流通经济》2024年第6期。

32. 涂勤、曹增栋：《电子商务进农村能促进农户创业吗?——基于电子商务进农村综合示范政策的准自然实验》，载于《中国农村观察》2022年第6期。

33. 万科、欧阳志刚：《省域制造业国内国际双循环：参与强度与比较优势》，载于《财经科学》2023年第8期。

34. 汪建新、杨晨：《促进国内国际双循环有效联动的模式、机制与路径》，载于《经济学家》2021年第8期。

35. 王奇、牛耕、赵国昌：《电子商务发展与乡村振兴：中国经验》，载于《世界经济》2021年第12期。

36. 魏下海、曾晨语、余玲铮等：《电商下乡与农村相对贫困缓解：基于电子商务进农村综合示范政策的评估》，载于《学术研究》2023年第11期。

37. 吴振方、李萍：《畅通城乡经济循环：生成逻辑、现实梗阻与实现路径》，载于《农村经济》2021年第10期。

38. 徐雪娇、马力：《数字经济何以助力高质量创业？》，载于《经济问题》2023年第8期。

39. 杨扬、邓飞：《产业数字化赋能国内国际双循环：理论分析与实证检验》，载于《技术经济与管理研究》2024年第5期。

40. 尹志超、吴子硕：《电商下乡能缩小农村家庭消费不平等吗：基于"电子商务进农村综合示范"政策的准自然实验》，载于《中国农村经济》2024年第3期。

41. 余小燕：《数字经济与城乡收入差距："数字红利"还是"数字鸿沟"》，载于《商业研究》2022年第5期。

42. 詹花秀：《论国内经济大循环的动能提升：基于资源配置视角的分析》，载于《财经理论与实践》2021年第3期。

43. 张君慧、马恒运、毕文泰等：《我国生鲜农产品电商直播发展水平时空演变及影响因素研究：以抖音为例》，载于《农业现代化研究》2024年第3期。

44. 张世贵、许玉久、秦国伟：《农业农村数字化畅通城乡经济循环：作用机理与政策建议》，载于《改革》2023年第7期。

45. 张永恒、王家庭、马洪福：《数字金融畅通中国经济双循环的基本逻辑和路径研究》，载于《青海社会科学》2023年第2期。

46. 赵文举、张曾莲：《中国经济双循环耦合协调度分布动态、空间差异及收敛性研究》，载于《数量经济技术经济研究》2022年第2期。

47. 郑国楠、李长治：《数字鸿沟影响了数字红利的均衡分配吗：基于中国省级城乡收入差距的实证检验》，载于《宏观经济研究》2022年第9期。

48. 周曙东、韩纪琴、葛继红等：《以国内大循环为主体的国内国际双循环战略的理论探索》，载于《南京农业大学学报（社会科学版）》2021年第

3 期。

49. 朱灏、史昭君、朱泊翰：《国际国内双循环新发展格局构造特征研究》，载于《中国软科学》2023 年第 9 期。

50. 邹璇、吕谨伊、杨旭：《城际数字信息流与经济内循环动力》，载于《河海大学学报（哲学社会科学版）》2024 年第 1 期。

An Empirical Study on the Impact of E-commerce Policy on China's Economic Inner Cycle Development
—a Quasi – Natural Experiment Based on the Policy of "Comprehensive Demonstration of E – commerce Entering Rural Areas"

LU Zhaoyang   YANG Lanqin   WU Ziyue   XU Ming

(School of Economics, Southwest University of Political Science and Law, 401120)

GOU Diao

(School of Business, Southwest University of Political Science and Law, 401120)

[**Abstract**] The empowering effect of digital technology and data resources released by the "e-commerce entering rural areas" policy aims to smooth the economic cycle in urban and rural areas, and has important development significance in expanding domestic demand and enhancing consumption to promote economic circulation. Based on the panel data of 1 484 counties (cities and districts) in China from 2011 to 2021, this paper uses a quasi-natural experiment of the policy of "Comprehensive demonstration of e-commerce entering rural areas" to empirically-analyze the impact of e-commerce into rural areas on economic internal circulation by using a multi-period difference-in-differences model. It is found that e-commerce into villages can significantly promote the development level of economic internal circulation, and the conclusion is still valid after a series of robustness tests. At the same time, the policy has a stronger role in promoting the economic circulation in the central and western regions, areas with low financing levels and poor counties. Mechanism analysis shows that e-commerce into rural areas can improve agricultural production efficiency and residents' entrepreneurial level to smooth the economic cycle. Further analysis shows that the pilot policy has significant positive spatial spillover effect and threshold effect on the internal circular development, and the improvement of the level of economic internal circulation in neighboring areas will significantly promote the development of the region, while the effect of the policy will slow down after crossing the threshold. The research in this paper provides important empirical evidence for the development of smooth economic inner circulation of "e-commerce entering the rural areas", as well as policy references for constructing a new development pattern and achieving high-quality development.

[**Key Words**] e-commerce entering the rural areas economic internal circulation rural e-commerce urban and rural economic cycle staggered difference-difference model

JEL Classifications: D12 E61 O12 P21

气候政策不确定性与涉农企业绿色转型

> 费 威 刘翰云 唐 浩**

【摘 要】 推动涉农企业绿色转型是实现农业绿色发展的关键所在。本文利用省级气候政策不确定性指数与涉农上市企业的面板数据,分析气候政策不确定性对涉农企业绿色转型的影响。研究发现:气候政策不确定性能够促进涉农企业绿色转型,并且在进行一系列稳健性检验后依然成立;机制分析表明,气候政策不确定性通过拉动绿色消费需求、加强政府绿色补助政策、激发企业创新投入三种途径促进涉农企业绿色转型;异质性分析显示,气候政策不确定性对政策响应积极、处于成熟期、有绿色投资者参与以及受到非正式环境规制程度较高的涉农企业的绿色转型促进作用更强;进一步分析发现,在气候政策不确定性作用下,涉农企业绿色创新和效率优化具有协同效应,共同促进企业绿色转型。研究为地方政府引导涉农企业绿色转型,加快建设农业现代化强国提供了重要启示。

【关键词】 气候政策不确定性 制度环境 涉农企业 绿色转型

中图分类号:**F326** 文献标识码:**A**

一、引 言

农业部门依靠气候条件从事生产活动,受到极端气候的影响更为显著

---

* 本文受辽宁省社会科学规划基金重大委托项目"大食物观下数字赋能多元化食物安全供给治理体系研究"(L24ZD013)资助。

** 费威(通讯作者),东北财经大学经济学院教授;联系电话:13940933746;邮箱:woshifeiwei@sina.com;通讯地址:辽宁省大连市沙河口区尖山街217号;邮编:116025。刘翰云,东北财经大学经济学院硕士研究生。唐浩,山东工商学院会计学院讲师。

（丁宇刚和孙祁祥，2022）。近年来，气候风险频发，由此导致的农业经济损失骤增。《"十四五"全国农业绿色发展规划》①明确指出，要加快推进农业绿色发展，提升农业适应气候变化的能力，引导农业经营主体发展绿色农业。我国农业经营主体主要为小农户，由于资金、技术等禀赋约束，普遍缺乏气候风险应对能力，难以着力投入农业绿色转型中（沈兴兴，2021）。相对而言，以涉农企业为代表的新型农业经营主体，具有规模、技术等方面的优势条件，更有能力应对气候风险，引领农业绿色转型（钟文晶和李丹，2024）。然而，绿色转型通常伴随组织惰性、资源刚性、市场不确定性等多重阻碍，导致涉农企业普遍缺乏绿色转型动力。更进一步地，考虑我国气候风险具有不确定性高、范围广泛、管理难度大等特征，需要政府部门出台相关气候政策改善制度环境，引导地方资源配置，以激励涉农企业绿色转型（汪顺等，2024）。对此，中国制定并实施了一系列应对气候变化的政策措施，包括《"十四五"节能减排综合工作方案》、《国家适应气候变化战略2035》、碳达峰碳中和目标及相关行动方案等。这些政策是在国家层面，由中央政府主导制定和推动实施，旨在号召并统领各个地方积极应对气候变化，推动经济社会可持续发展，统称为国家气候政策。然而，不同地方政府受限于当地气候条件、经济主体利益等因素，在气候政策落实过程中存在选择执行或非完全执行的情况（He et al.，2020；邵帅等，2024），导致各地区之间存在不同程度的气候政策不确定性。据此，本文的气候政策不确定性是指地方政府在落实国家气候政策时存在策略性差异，包括政策制定主体、发布时间、政策内容、潜在影响等，致使企业难以形成对气候政策持续稳定的一致预期，影响其绿色转型决策（叶德珠和张智豪，2020；Ma et al.，2023）。党的二十大报告提出加快发展方式绿色转型，党的二十届三中全会强调健全绿色低碳发展机制。因此，深入研究气候政策不确定性对涉农企业绿色转型的影响及其作用机制，对于加快经济社会发展全面绿色转型，加快建设农业现代化强国具有重要意义。

已有研究表明，随着气候政策不确定性的增强，气候政策已经成为推动企业绿色转型的重要推动力（黄美慧等，2023；Lee and cho，2023）。大气十条（唐礼智等，2022）、绿色信贷（喻旭兰和周颖，2023）、碳排放权交易试点（Hua et al.，2022）等气候政策都对企业绿色转型具有积极作用，但不同政策的影响途径有所差异。气候政策通过提升企业绿色创新能力（肖仁桥等，2023）、提高企业ESG表现（洪涛等，2024）、激励企业承

---

① 资料来源：农业农村部、国家发展改革委、科技部、自然资源部、生态环境部、国家林草局关于印发《"十四五"全国农业绿色发展规划》的通知，https://www.gov.cn/zhengce/zhengceku/2021-09/07/content_5635867.htm。

担环境责任（钟覃琳等，2023）等方式促进其绿色转型。也有研究认为，绿色金融等气候政策可能引发资源错配问题，成为企业绿色创新的"绊脚石"（潘明清等，2024），进而抑制企业绿色转型。此外，现有研究还从政策类型、企业特征等不同角度分析了气候政策对企业绿色转型影响的异质性，例如将气候政策区分为行政手段型政策和市场机制型政策，分析两类政策对碳减排效果的影响（林鹏昇和李硕，2024）。根据企业类型探究气候政策影响机制的差异，例如重污染企业和非重污染企业（吴婷婷和王通达，2023）。还有研究讨论了同一气候政策在不同地区对企业绿色发展的影响（王性玉和赵辉，2023）。综上可见，相关研究多关注某一特定气候政策对企业绿色转型行为的影响，对地方政府在执行国家气候政策时的差异化效应探讨有待深入。近年来，企业面临的气候政策不确定性显著增强，仅考虑单一气候政策的影响容易导致政策测度误差（Hoang，2022）。同时，气候政策与企业绿色转型相关研究多集中于制造业等高污染企业（Ren et al.，2022），对涉农企业的关注不足。考虑农业污染排放量已经高于工业污染排放量的现状（孔祥才和王桂霞，2017），涉农企业绿色转型显得尤为迫切。进一步地，涉农企业的生产行为具有明显的季节性特征，受气候政策的影响更为显著（金绍荣等，2024）。因此，探究气候政策不确定性对涉农企业绿色转型行为的影响，明确气候政策不确定性对涉农企业绿色转型行为的作用机制，能够为地方政府有效落实气候政策提供科学依据，为推动涉农企业在复杂气候制度环境中积极实现绿色转型提供决策参考。

对此，本文以2014～2022年沪深A股上市涉农企业为研究对象，依据马嫣然等（Ma et al.，2023）基于深度学习算法——MacBERT模型所测算的省级气候政策不确定性指数，分析气候政策不确定性对涉农企业绿色转型行为的影响及其作用机制。本文可能的边际贡献如下：首先，将地方政府政策行为差异与农业绿色发展纳入同一研究框架，实证分析省级气候政策不确定性对涉农企业绿色转型行为的影响，对现有研究多从国家层面探究气候政策不确定性影响效应进行了补充；其次，以国家政策为导向，结合涉农企业绿色转型机遇，依据政府、市场、企业的层次与逻辑结构，从绿色补助政策、绿色消费需求与涉农企业创新投入三个层面，剖析气候政策不确定性对涉农企业绿色转型行为的作用机制，揭示气候政策不确定性与涉农企业绿色转型行为的内在联系；最后，考察气候政策不确定性能否促进涉农企业绿色创新和效率优化协同增效，检验气候政策不确定性影响下企业能否实现经济绩效和环境绩效两手抓，实现可持续发展。

二、理论分析与研究假设

（一）气候政策不确定性对涉农企业绿色转型的影响

涉农企业绿色转型是以国家政策为准绳，以绿色发展理念为指导，兼顾经济绩效和环境绩效，最终实现经济、社会以及环境可持续发展的一种绿色发展模式（胡洁等，2023）。注意力基础观理论强调，企业行为是组织注意力分配的结果（Barnett，2008）。我国涉农企业多是民营企业，普遍存在家族式治理特征，导致其在发展理念、管理效率等方面存在明显不足（张国防等，2024）。因此，与其他行业相比，涉农企业绿色转型整体进展缓慢，其核心问题在于未能将绿色发展理念融入企业的长期发展战略（王利科和唐克军，2024），导致企业缺乏实施绿色转型的内驱动力。动态能力理论指出，在面对外部不确定性时，企业会系统性地整合内外资源以获得环境变化的应对能力（Teece et al.，1997），涉农企业绿色转型恰好是应对气候政策不确定性下提升可持续发展能力的关键战略和行为选择。

从外部"压力"来看，气候政策不确定性体现了地方政府对气候环境问题的关注程度与管理意愿。政策频繁调整导致的气候政策不确定性会增加涉农企业的外部环境规制压力，提升涉农企业内部对绿色、环境等问题的关注度（吕鹏和黄送钦，2021；田成诗和刘怡，2021），推动企业发展战略向绿色化转变。环境规制成本还会使非清洁要素的相对价格上升，倒逼涉农企业发展绿色技术，促使涉农企业加快绿色转型进程。从内部"动力"来看，绿色转型行为能够增强涉农企业适应外部环境与整合内部资源的能力，帮助企业应对气候政策的不确定性。绿色转型行为表明了涉农企业主动参与政府环境治理的意愿，不仅有助于企业获取必要的资源和政府支持（徐妍等，2024），为企业长期绿色发展奠定物质基础，还能提升涉农企业的制度环境敏感性，帮助企业适应气候政策不确定性可能带来的法律法规变更和市场趋势变化，强化其抗风险能力与协同适应能力，最终实现可持续发展。此外，绿色转型行为会提升涉农企业自身对绿色生产要素的供给与需求，最终推动农业产业链供应链的绿色转型升级。涉农企业通过与上下游企业协同合作，会将绿色发展理念推广至整个产业链供应链，促进整个农业产供体系向绿色可持续方向发展。

由此可见，涉农企业绿色转型不仅有助于承受气候政策不确定性"压力"，帮助企业应对市场变化和政策风险，还能提升内部绿色转型"动力"，实现可持续发展的战略目标。基于此，本文提出假设 H1：

H1：气候政策不确定性增加会促进涉农企业绿色转型。

（二）气候政策不确定性对涉农企业绿色转型的作用机制

《"十四五"全国农业绿色发展规划》① 明确指出，我国农业绿色发展面临四大机遇：政策环境不断优化、市场空间不断拓展、科技革命不断演进以及主体带动不断强化。可见，在气候政策不确定性作用下，社会公众、政府和企业都会受到影响，进而加速涉农企业的绿色转型进程。因此，本文认为气候政策不确定性主要通过拉动绿色消费需求、加强绿色补助政策、激发企业创新投入三种途径驱动涉农企业绿色转型，具体如图 1 所示。

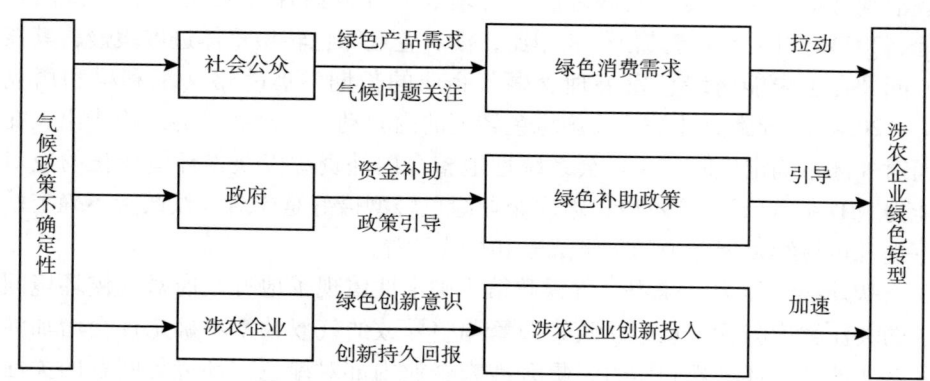

图 1 气候政策不确定性对涉农企业绿色转型的作用机制

1. 气候政策不确定性、公众绿色消费需求与涉农企业绿色转型

气候政策不确定性涉及的环境污染问题，会通过媒体报道、口口相传等方式，形成公共舆论压力，显著提升消费者的环境责任认知水平。这种认知跃迁会进一步转化为市场对绿色农产品的偏好重塑，最终推动绿色消费市场需求扩张。具体到涉农企业，以绿色农产品为例。随着人们生活水平的日益提高，消费者对产品质量安全的关注度提升会使绿色消费需求快速增加。消费者可以通过网络平台等便捷方式，直接向企业传递其对绿色农产品的需求（徐妍等，2024），由此从需求端拉动涉农企业加快绿色转型进程，增强对绿色农产品的有效供给。需求拉动创新理论认为（Schmookler，1966），市场导向与客户需求是企业创新的原动力，也是新技术新产品产生的直接动因。面

---

① 资料来源：农业农村部、国家发展改革委、科技部、自然资源部、生态环境部、国家林草局关于印发《"十四五"全国农业绿色发展规划》的通知，https://www.gov.cn/zhengce/zhengceku/2021-09/07/content_5635867.htm。

对绿色农产品市场需求，涉农企业会主动采用更加"绿色"的生产方式与经营模式，通过注明绿色标签、获取地理认证等途径使产品"绿色"化，提供更加符合公众环保需求的产品，打造差异化竞争优势（展进涛等，2024）。绿色农产品的出现不仅能够帮助涉农企业树立绿色环保形象，提升其市场竞争力，而且能够打破市场同质化现状，满足消费者对安全、优质类农产品的需求。此外，涉农企业通过供给绿色农产品，能够获得绿色溢价，一定程度上缓解自身融资约束，为产品研发和生产提供资金支持，不断提升企业的绿色转型能力。基于此，本文提出假设 H2：

H2：气候政策不确定性通过拉动公众绿色消费需求促进涉农企业绿色转型。

2. 气候政策不确定性、绿色补助政策与涉农企业绿色转型

涉农企业绿色转型普遍存在投入高、周期长、利润低等特征，导致企业常面临融资约束、环境外部性等问题。一方面，涉农企业科技产品技术含量相对较低，盈利性差（郭捷和谷利月，2022），导致企业经营风险高，为规避风险，部分金融机构会减少甚至终止对涉农企业的资金业务支持（付玮琼和白世贞，2021）；另一方面，绿色转型具有显著的外部性特征，缺乏有效的补偿机制可能导致涉农企业陷入"低水平均衡"困境（吴非和黎伟，2022）。因此，仅依靠市场力量难以推动涉农企业绿色转型。政府政策工具在促进涉农企业绿色转型方面具有重要作用。外部性理论指出，政府是环境保护的责任主体，政府补贴作为企业创新投入的重要来源，对企业绿色转型起到显著影响作用（Arrow，1962；Calel and Dechezlepretre，2016）。气候政策的不确定性体现了政府部门对环境保护与绿色发展的高度重视。在气候政策不确定性背景下，为响应国家号召，地方政府会通过财政支持、税收优惠、设立环保奖励基金等方式改善涉农企业面临的外部制度环境，增强对涉农企业绿色转型的扶持力度（徐妍等，2024）。例如，《山东省高标准农田建设规划(2021—2030年)》①明确指出，要充分发挥政府在政策保障、资金投入等方面的主导作用，发展绿色农业；黑龙江省政府出台《2024年黑龙江省农作物重大品种研发推广应用一体化试点项目实施方案》②，为涉农企业加大研发力度、加快绿色转型提供资金补助。同时，绿色补助能发挥"政府认可标签"的信号作用，鼓励金融机构向涉农企业提供支持，缓解涉农企业融资约束压力，提升其绿色转型能力。此外，对于绿色转型关注度不足的涉农企业，政

---

① 资料来源：山东省农业农村厅《关于印发〈山东省高标准农田建设规划（2021—2030年）〉的通知》，http：//nync.shandong.gov.cn/zwgk/ghjh/202307/t20230728_4385743.html。

② 资料来源：黑龙江省农业农村厅 黑龙江省财政厅《关于做好2024年黑龙江省农作物重大品种研发推广应用一体化试点项目申报工作的通知》，https：//nynct.hlj.gov.cn/nynct/c115422/202407/c00_31747389.shtml。

府通过实施严格的规制政策，引导企业将资源投入绿色产业中，倒逼绿色关注度相对较低的涉农企业加快绿色转型步伐。基于此，本文提出假设 H3：

H3：气候政策不确定性通过加强绿色补助政策促进涉农企业绿色转型。

3. 气候政策不确定性、企业创新投入与涉农企业绿色转型

绿色技术创新与应用是涉农企业绿色转型能否成功的核心要素。由于科技研发的高风险特征，涉农企业对创新活动保持谨慎态度。即使拥有研发资金，涉农企业也大多倾向于"短、平、快"的项目，不愿意承担绿色创新风险，从而导致市场产品同质化问题严重（张国防等，2024）。气候政策不确定性所带来的外部环境压力，会促使涉农企业将绿色发展理念融入企业创新战略体系。波特假说指出，"创新补偿"效应能够刺激企业开展绿色技术创新，提升企业竞争能力，补偿环境治理成本，实现自身绿色转型（Porter，1999）。一方面，气候政策不确定性提高了社会整体绿色可持续发展意识，涉农企业能够明确更高的绿色研发投入会助力企业取得市场的先行竞争优势并获得长久回报（胡洁等，2023）。另一方面，气候政策不确定性提升了涉农企业生产、供给等活动对绿色减排方面的直接或间接需求，迫使企业进行更多的绿色创新投入，比如改进农业机械能效以降低碳排放、采用清洁生产技术减少污染排放、研发绿色智能肥料来恢复土壤肥力，最终加速涉农企业的绿色转型进程。由此可见，在气候政策不确定性的压力下，涉农企业通过加大创新投入提升自身绿色创新能力，加速企业绿色转型进程。基于此，本文提出假设 H4：

H4：气候政策不确定性通过激发涉农企业创新投入促进涉农企业绿色转型。

三、研究设计与数据说明

（一）样本选择与数据来源

涉农企业是一种内嵌于农业行业的微观组织形式，其本质是从事农、林、牧、副、渔等生产经营活动的经济组织（付文革等，2011；孙立新等，2022）。基于此，本文借鉴《上市公司行业分类指引（2012 年修订）》的分类规则，以 2014~2022 年沪深 A 股上市企业为基础，参考已有文献（付文革等，2011；李晓阳等，2024），根据涉农企业主营范围，选取农、林、牧、渔业以及制造业中涉及农林牧渔的其他农产品制造企业，具体包括 A – C20 以及 C26~C27 中与化肥、农药、兽药、中药等相关的企业。剔除 ST 和 *ST

样本公司以及财务数据缺失或异常的样本公司，最终获得 2 437 个观察值。

本文数据来源如下：气候政策不确定性指数参考马嫣然等（2023）的测算结果，企业绿色转型数据以及其他财务指标数据来自国泰安（CSMAR）、中国研究数据服务平台（CNRDS）以及万得（Wind）数据库。

（二）模型设定

为了分析气候政策不确定性对涉农企业绿色转型的影响，本文构建如下双向固定效应模型：

$$GT_{ijt} = \alpha_0 + \alpha_1 CCPU_{ijt-1} + \gamma CV_{it} + u_i + \eta_t + \varepsilon_{it} \qquad (1)$$

式（1）中，被解释变量 GT_{ijt} 为涉农企业 i 在第 t 年的绿色转型；核心解释变量为 $CCPU_{ijt-1}$，表示企业 i 所在省份 j 第 t–1 年的气候政策不确定性。CV_{it} 为控制变量合集，ε_{it} 代表随机误差项，u_i、η_t 分别为企业和年份固定效应，采用企业聚类标准误，以避免未观测到的企业特征和宏观绿色相关因素对回归结果产生干扰。

（三）变量定义

1. 被解释变量

本文参考胡洁等（2023）的测度方法，从绿色创新和效率优化两个角度对涉农企业绿色转型行为进行了测度。其中，绿色创新采用绿色专利年度申请总量进行衡量，具体包括绿色发明专利年度申请数与绿色实用新型专利年度申请数之和，并采用加 1 取对数处理。同时，效率优化采用涉农企业全要素生产率进行衡量，并以主流的 LP 法进行测算。

2. 解释变量

本文参考马嫣然等（2023）的测算结果，将其作为气候政策不确定性（CCPU）的代理变量。该指数基于《人民日报》《光明日报》《经济日报》《环球时报》《科技日报》以及中国新闻社六家主流媒体单位发表的超过 175 万篇文章，利用深度学习算法——MacBERT 模型对中国主要报纸发布的新闻进行文本挖掘，构建了国家、省、市层面的中国气候政策不确定性指数。本文采用年度省份气候政策不确定性指数，依据相关研究以及政策作用的时滞性（叶德珠和张智豪，2020；汪顺等，2024），将其滞后一期处理。

从研究方法看，以往研究大多是依据人工定义的关键词数量构建指数。这种方法严重依赖规则和词典设置，导致结果存在主观选择偏差，难以全面挖掘文本信息（Ma et al., 2023）。与之相对的是，MacBERT 模型能基于中文文本开展深度学习，无须依赖知识库或字典便能从整个句子中精准捕捉信息,更具准确性。因此近年来,MacBERT 模型已经成为政策和财务文件分析中的主要工具(Gorodnichenko et al.,2023)。从变量选择看,本文采用省级气候政策的不确定性原因在于,我国不同省份在气候条件、地理位置等方面存在显著差异,这些差异对地方政府落实国家政策以及制定、实施具体地方政策、涉农企业绿色转型行为都具有重要影响。而国家层面的 CCPU 数据难以捕捉到地方层面的变化。此外,气候政策通常由中央政府部门制定并下达到地方政府部门实施,相较市级政府部门,省级政府部门在将国家政策转化为适合本地区实际情况的具体措施方面发挥直接关键作用。因此,本文参考马嫣然等(2023)的测算结果,将其作为 CCPU 的代理变量。

3. 控制变量

依据相关研究(汪顺等,2024;阳镇等,2024),本文选取的控制变量具体如下:企业资产负债率(Lev)、企业流动比率(Liquid)、总资产净利润率(ROA)、第一大股东持股比例(TOP1)、两职合一(Dual)、企业上市年限(ListAge)、企业营业收入增长率(Growth)、管理层持股比例(Mshare),控制变量定义与描述统计结果如表1所示。

表1 主要变量定义及描述性统计结果

变量名称	变量定义或赋值	均值	标准差	最小值	最大值
效率优化	利用LP法计算企业全要素生产率	8.266	0.892	4.700	10.960
绿色创新	企业绿色专利申请总量加1取对数	0.227	0.583	0.000	4.078
气候政策不确定性	利用深度学习算法计算	2.322	0.509	0.891	3.978
企业资产负债率	总负债/总资产	0.369	0.176	0.008	0.994
企业流动比率	流动资产/流动负债	2.575	3.341	0.169	80.66
总资产净利润率	净利润/净资产	0.050	0.077	-0.431	0.675
第一大股东持股比例	第一大股东持股数量/总股数	34.110	13.930	3.966	79.660
两职合一	董事长与总经理是同一个人为1,否则为0	0.263	0.440	0	1
企业上市年限	企业成立年限取对数	2.450	0.632	0.693	3.434
企业营业收入增长率	本年营业收入/上一年营业收入-1	0.145	0.842	-0.915	33.07
管理层持股比例	管理层持股数/总股本	0.106	0.172	0.000	0.779

(四)描述性统计

在主要变量定义及描述性统计结果表中,被解释变量涉农企业绿色转型包括企业全要素生产率(TFP_LP)和企业绿色转型申请数量(ln_SQ),二者均值分别为 8.266 和 0.227，最小值分别为 4.700 和 0.000，最大值分别为 10.960 和 4.078。该数据表明不同涉农企业的绿色转型程度存在较大差异，整体来看涉农企业的绿色转型仍有较大的提升空间。此外，解释变量气候政策不确定性（CCPU）均值为 2.322，标准差为 0.509，最大值为 3.978，最小值为 0.891，表明不同省份的气候政策不确定性之间存在较大的波动。此外，其余变量的描述性统计与已有研究相符。

四、实 证 分 析

（一）基准回归结果

根据模型（1），考察气候政策不确定性对涉农企业绿色转型的影响，验证 H1 是否成立。回归结果如表 2 所示，所有回归分析均控制了企业和年份的固定效应，并使用企业层面的聚类标准误。

表 2　气候政策不确定性对涉农企业绿色转型的基准回归结果

变量	（1）TFP_LP	（2）ln_SQ	（3）TFP_LP	（4）ln_SQ
CCPU	0.060** (0.028)	0.074** (0.034)	0.045** (0.023)	0.073** (0.034)
Lev			0.898*** (0.153)	0.149 (0.119)
Liquid			0.001 (0.004)	0.004 (0.003)
ROA			2.099*** (0.186)	0.075 (0.127)
TOP1			0.003 (0.004)	0.001 (0.002)
Dual			−0.013 (0.026)	0.025 (0.034)
ListAge			0.096 (0.085)	−0.144* (0.085)
Growth			0.094*** (0.017)	−0.009* (0.006)

续表

变量	（1）TFP_LP	（2）ln_SQ	（3）TFP_LP	（4）ln_SQ
Mshare			－0.245 (0.177)	0.006 (0.124)
常数项	8.125*** (0.066)	0.056 (0.080)	7.386*** (0.305)	0.313 (0.239)
个体/年份固定效应	是	是	是	是
调整 R^2	0.890	0.587	0.923	0.587
观测值	2 437	2 437	2 437	2 437

注：***、**和*分别表示1%、5%和10%的显著性水平；标准误为聚类到企业层面的标准误。

由表2第（1）和第（2）列可知，核心解释变量的估计系数在5%水平上显著为正，表明气候政策不确定性能显著促进涉农企业绿色转型。第（3）和第（4）列表明，在加入了一系列控制变量后，气候政策不确定性的回归系数为0.045和0.073，且均在5%水平上显著。该结果表明气候政策不确定性可以提高涉农企业对绿色转型的重视程度，加快企业绿色转型进程，从而更好地应对气候政策不确定性所带来的外部政策环境压力。因此，本文H1得以验证。

（二）稳健性与内生性检验

1. 内生性检验

尽管本文在基准回归中将解释变量滞后一期处理，一定程度上缓解了内生性问题，但气候政策不确定性与涉农企业绿色转型之间仍可能存在由反向因果引起的内生性问题，即绿色转型进程慢的企业更容易受到气候政策不确定性的影响。为解决这一问题，本文使用"同年度除了企业所在省份之外其余省份的气候政策不确定性的均值（IV）"作为工具变量进行2SLS回归。在相关性上，由于气候政策一般是由中央政府发布后，再由地方政府根据所在区域实际情况进行具体落实，因此各省间的气候政策不确定性存在一定相关性。在外生性上，涉农企业绿色转型行为直接受到其所在省气候政策不确定性的影响，而其他省份气候政策不确定性对其绿色转型行为影响较小。本文进行工具变量检验的结果如表3所示。第二阶段回归结果表明，Kleibergen-Paap Wald F统计量大于Stock-Yogo弱工具变量检验的临界值，说明模型不存在弱工具变量问题；Kleibergen-Paap rk LM统计量拒绝了模型识别不足的原假设，表明工具变量与内生解释变量相关。第二阶段气候政策不确定性回归结果分别为0.048和0.067，均在5%水平上显著，表明在缓解了内生性问题后,气候政策不确定性对涉农企业绿色转型的促进作用依然显著。

表3　　　　　　　　　　　内生性检验回归结果

变量	第一阶段回归	第二阶段回归	第二阶段回归
	(1) CCPU	(2) TFP_LP	(3) ln_SQ
IV	−266.5 *** (1.690)		
CCPU		0.048 ** (0.024)	0.067 ** (0.032)
控制变量	是	是	是
个体/年份固定效应	是	是	是
R^2		0.308	0.007
Kleibergen – Paap rk LM 统计量（P值）		159.001 *** (0.000)	159.001 *** (0.000)
Kleibergen – Paap rk Wald F 统计量		25 000	25 000
Stock – Yogo Weak ID Test Critical Values: 10% Maximal IV Size		16.38	16.38
观测值	2 437	2 437	2 437

注：***、** 和 * 分别表示1%、5%、10%的显著性水平。

2. 替换被解释变量

为了验证基准回归结论的稳健性,参考胡洁等(2023)的做法,对核心被解释变量进行替换。一方面,采用 OP 法重新测算企业全要素生产率(TFP_OP);另一方面,利用绿色专利授权数量加1取对数(Ln_AU)代替绿色专利申请数量,并对已有样本重新进行回归分析,以减弱企业绿色转型程度估计偏误对研究结论的影响。回归结果如表4第(1)和第(2)列所示,回归系数均在5%水平上显著为正,说明气候政策不确定性能够促进涉农企业绿色转型。

表4　　　　　　　　　　　稳健性检验结果—更换变量

变量	(1) TFP_OP	(2) ln_AU	(3) TFP_LP	(4) ln_SQ
CCPU	0.044 ** (0.020)	0.100 ** (0.046)		

续表

变量	(1) TFP_OP	(2) ln_AU	(3) TFP_LP	(4) ln_SQ
Pccpu_B			0.038 * (0.023)	0.070 ** (0.034)
控制变量	是	是	是	是
个体/年份固定效应	是	是	是	是
调整 R^2	0.892	0.584	0.923	0.587
观测值	2 437	2 437	2 437	2 437

注：(1) ***、** 和 * 分别表示 1%、5% 和 10% 显著性水平；(2) 标准误为聚类到企业层面的标准误。

3. 更换解释变量

考虑公司注册所在地与公司实际办公所在地可能存在地理位置不一致的问题，导致企业受到的省级地方政府气候政策不确定性存在一定的选择偏误。为此，本文采用企业办公所在地的省级气候政策不确定指数（Pccpu_B），为与基准回归保持一致，将其进行滞后 1 期处理后重新对模型进行回归，以此减弱涉农企业所属地方气候政策不确定性选择偏误对结论的影响。回归结果如下表 4 第（3）和第（4）列所示，回归系数显著为正，结果稳健。

4. 控制高维固定效应

参考陈登科（2020）的研究，采用高维固定效应模型解决可能存在的内生性问题，结果如表 5 所示。其中第（1）和第（2）列增加了省份层面的固定效应，以控制省份层面因素对回归结果的干扰，气候政策不确定性的回归系数均在 5% 水平上显著为正；第（3）和第（4）列控制了行业 × 省份的高维固定效应，以缓解行业环境规制的影响，气候政策不确定性的回归系数分别在 10% 和 5% 水平上显著为正，与前文基准回归结果保持一致。

表 5　稳健性检验结果—控制高维固定效应与滞后控制变量

变量	(1) TFP_LP	(2) ln_SQ	(3) TFP_LP	(4) ln_SQ	(5) TFP_LP	(6) ln_SQ
CCPU	0.046 ** (0.023)	0.073 ** (0.034)	0.045 * (0.024)	0.074 ** (0.036)	0.067 *** (0.025)	0.074 ** (0.034)
控制变量/滞后控制变量	是	是	是	是	是	是
个体/年份固定效应	是	是	是	是	是	是
省份效应	是	是				
行业效应×省份效应			是	是		

变量	(1) TFP_LP	(2) ln_SQ	(3) TFP_LP	(4) ln_SQ	(5) TFP_LP	(6) ln_SQ
调整 R^2	0.922	0.581	0.925	0.554	0.905	0.594
观测值	2 437	2 437	2 436	2 436	2 416	2 416

注：(1) ***、**和*分别表示1%、5%和10%显著性水平；(2) 标准误为聚类到企业层面的标准误。

5. 滞后控制变量

涉农企业绿色转型周期长，因此企业层面的控制变量可能受到前期影响。参考王茂斌等（2024）的研究，将所有控制变量滞后一期，重新检验气候政策不确定性对涉农企业绿色转型的影响。回归结果如表5第（5）和第（6）列所示，气候政策不确定性的回归系数分别在1%和5%水平上显著为正，结果依然稳健。

6. 改变样本区间

第一，2019年末新型冠状病毒感染疫情暴发，给全球经济带来了极为沉重的冲击，涉农企业的发展同样遭受了负面影响。对此，本文参考已有文献（胡洁等，2023），剔除2020年的样本，重新检验气候政策不确定性对涉农企业绿色转型的影响。回归结果如表6第（1）和第（2）列所示，气候政策不确定性的回归系数分别在10%和5%水平上显著为正，与前文基准回归结果保持一致。第二，农林牧渔业多为种植、养殖类企业，因此更容易受到气候政策不确定性的影响。基于此，参考陈仪坤和步丹璐（2024）的研究，剔除行业代码中"A01－A04"的涉农企业，重新进行回归。回归结果如表6第（3）和第（4）列所示，回归系数分别在10%和5%水平上显著为正，结果依然稳健。第三，考虑到部分涉农企业披露的业务范围中有涉农业务，但在样本期间内存在行业大类变更的情况。参考已有研究（陈仪坤和步丹璐，2024），对样本期内行业大类未发生变更的样本重新进行回归。回归结果如表6第（5）和第（6）列所示，回归系数分别在1%和5%水平上显著为正，结果依然稳健。

表6　　　　　　　　稳健性检验结果—改变样本区间

变量	(1) TFP_LP	(2) ln_SQ	(3) TFP_LP	(4) ln_SQ	(5) TFP_LP	(6) ln_SQ
CCPU	0.048* (0.025)	0.087** (0.035)	0.038* (0.023)	0.076** (0.037)	0.060*** (0.023)	0.075** (0.037)

续表

变量	(1) TFP_LP	(2) ln_SQ	(3) TFP_LP	(4) ln_SQ	(5) TFP_LP	(6) ln_SQ
控制变量	是	是	是	是	是	是
个体/年份固定效应	是	是	是	是	是	是
调整 R^2	0.919	0.611	0.926	0.587	0.927	0.564
观测值	2 143	2 143	2 161	2 161	2 178	2 178

注：(1) ***、** 和 * 分别表示1%、5%和10%显著性水平；(2) 标准误为聚类到企业层面的标准误。

五、机制检验

分析表明，气候政策不确定性可以显著促进涉农企业绿色转型。进一步地，基于理论分析，本文从市场、政府、企业的不同主体层面探究气候政策不确定性对涉农企业绿色转型的作用机制。参考江艇（2022）研究，建立如下模型进行机制检验：

$$M_{it} = \beta_0 + \beta_1 CCPU_{ijt-1} + \gamma CV_{it} + u_i + \eta_t + \varepsilon_{it} \quad (2)$$

式（2）中，M_{it} 为绿色消费需求（GD）、政府绿色补助（GS）、涉农企业创新投入（IC）的机制变量，其余变量与基准回归模型相同。

（一）绿色消费需求

在气候政策不确定性背景下，绿色消费需求的扩容增效为涉农企业绿色转型提供了重要发展机遇。绿色消费需求的增长能够刺激涉农企业扩大绿色产品生产规模，提升企业绩效，进一步激励涉农企业绿色转型。通过实施绿色转型，涉农企业能够更加敏锐地捕捉市场中未得到充分满足的绿色产品需求，帮助企业获得市场先行优势，实现可持续发展。参考已有研究（Lu and Li，2023），结合涉农企业产品供给特征，采用绿色食品消费需求的总指数测度绿色消费需求（GD），具体利用百度总搜索指数①并通过熵值法计算指数权重，以直接反映公众绿色消费需求的变化，该指数包括移动端搜索量和PC端搜索量的总和。具体指标和权重如表7所示。

---

① 百度搜索能够代表中国公众互联网搜索行为及其真实关注度。百度搜索指数官网：https：//index.baidu.com/v2/index.html#/。

表 7　　　　　　　　　绿色消费需求指标与权重

总指数	二级指标	三级指标	权重
绿色食品消费需求	天然农产品	无公害农产品百度指数	0.121
		绿色食品百度指数	0.165
	有机食品	有机蔬菜百度指数	0.150
		有机大米的百度指数	0.128
		有机奶粉的百度指数	0.137
		有机水果百度指数	0.157
		有机农产品百度指数	0.143

为检验气候政策不确定性通过拉动绿色消费需求促进涉农企业绿色转型的作用机制，依据模型（2）进行机制分析，结果如表 8 第（1）列所示。回归结果表明，气候政策不确定性的系数在 1% 水平上显著为正，说明气候政策不确定性能够增加消费者对绿色食品的消费需求，从需求端倒逼涉农企业绿色转型，由此本文 H2 得到验证。

表 8　　　　　　　　　机制检验结果

变量	（1）绿色消费需求	（2）绿色补助政策	（3）企业创新投入
CCPU	0.029***	0.120*	0.059*
	(0.005)	(0.070)	(0.034)
控制变量	是	是	是
个体/年份固定效应	是	是	是
调整 R^2	0.960	0.538	0.469
观测值	2 437	2 355	2 243

注：（1）***、**和*分别表示 1%、5% 和 10% 显著性水平；（2）标准误为聚类到企业层面的标准误。

（二）绿色补助政策

相比于其他行业，涉农企业面临着更为严重的融资约束问题，并且绿色转型具有周期长、见效慢等特点，涉农企业绿色转型水平的提高离不开绿色制度环境的支持。地方政府加大对涉农企业的相关绿色转型的政策扶持力度，一定程度上帮助企业解决资金短缺困境，降低绿色转型过程中的财务风险，提高企业对绿色转型的投资意愿。绿色补助政策的实施不仅可以为涉农企业绿色发展指引方向，更能在实质上加快涉农企业绿色转型进程。对此，本文参考于芝麦（2021）的研究，根据上市公司年报附注的"政府补助"项目明细，将"环境治理""环保补贴"等与环保有关的政府补助定义为企业获得的绿色补助政策（GS）。为检验气候政策不确定性通过加强绿色补助政策促进涉农企业绿色转型的作用机制，依据模型（2），机制检验结果如表8第（2）列所示。结果表明，气候政策不确定性的系数在10%水平上显著为正，说明气候政策不确定性能够提高政府对涉农企业的绿色补助力度，缓解企业进行绿色转型的融资约束，促进企业绿色转型，由此本文H3得到验证。

（三）企业创新投入

创新是实现涉农企业绿色转型的关键，而创新投入则是企业创新的重要基础。在气候政策不确定性背景下，市场需求和政策支持的双重作用为涉农企业的创新研发提供了坚实基础，最终加速涉农企业绿色转型进程。本文参考杨林等（2020）的研究，采用样本公司年度研发投入强度和技术人员比例两个指标综合测度企业创新投入（IC），对这两个指标的数据分别进行标准化处理，然后加总得到创新能力综合值，即：

$$IC = \frac{(X_{RD} - minX_{RD})}{(maxX_{RD} - minX_{RD})} + \frac{(X_{IT} - minX_{IT})}{(maxX_{IT} - minX_{IT})} \tag{3}$$

式（3）中，X_{RD}代表企业研发投入强度，可以用企业研发投入金额来衡量；X_{IT}代表技术人员比例，可以用企业研发人员数量占比来衡量。

为检验气候政策不确定性通过激发企业创新投入促进涉农企业绿色转型的作用机制，依据模型（2）进行分析，机制检验结果如表8第（3）列所示。结果表明，气候政策不确定性的系数在10%水平上显著为正，说明气候政策不确定性能够提高涉农企业创新投入，推动企业绿色科技成果产出及转化应用，促进涉农企业绿色转型，由此本文H4得到验证。

六、进一步分析

（一）异质性分析

上述分析验证了气候政策不确定性对涉农企业绿色转型的作用机制，但在不同的内外情境下，这种促进作用是否有差异有待进一步探讨。对此，本文从企业政策响应、企业生命周期、绿色投资者和非正式环境规制力度等不同方面，探讨气候政策不确定性对涉农企业绿色转型的异质性影响。

1. 企业政策响应异质性分析

信号理论认为企业管理者可以通过多种渠道披露环境信息，以提高政府与企业之间的信息透明度（李慧云等，2021）。在信息不对称背景下，出于对财政资金负责的考虑，地方政府更倾向于为披露绿色信息积极的涉农企业提供绿色转型帮助。针对这种情况，本文使用涉农企业碳信息披露的规范性和完善性来代表涉农企业对气候政策不确定性的响应程度（徐妍等，2024）。参考已有研究（柳学信等，2021；沈红波等，2022），根据企业当年年度报告、社会责任报告等，采用内容分析法度量涉农企业碳信息披露质量，将总得分加 1 取自然对数，并将企业碳信息披露质量作为企业政策响应积极程度的衡量指标。同时，根据年份和行业划分中位数，识别高政策响应企业与低政策响应企业。分组回归结果如表 9 所示，可见在高政策响应组中，涉农企业绿色转型的系数均在 10% 水平上显著为正，而在低政策响应组中的系数都不显著。由此可见，相比于政策响应较为消极的涉农企业，政策响应积极的涉农企业在应对气候政策不确定性时，更能积极进行绿色转型。

表 9　　　　　　　　　企业政策响应异质性回归分析结果

变量	TFP_LP		ln_SQ	
	（1）高政策响应	（2）低政策响应	（3）高政策响应	（4）低政策响应
CCPU	0.048* (0.028)	-0.007 (0.042)	0.099* (0.056)	0.089 (0.078)
控制变量	是	是	是	是
个体/年份固定效应	是	是	是	是
调整 R^2	0.941	0.914	0.535	0.628
观测值	1 080	853	1 080	853

注：（1）***、**和*分别表示1%、5%和10%显著性水平；（2）标准误为聚类到企业层面的标准误。

2. 企业生命周期异质性分析

生命周期理论认为，企业在不同生命周期阶段会表现出不同的特征与行为模式（Miller and Friesen，1984）。绿色转型是一个长期过程，处于不同生命周期的涉农企业，气候政策的不确定性对其绿色转型的影响可能存在差异。本文参考刘诗源等（2020）的研究，采用现金流模式法划分企业生命周期，将样本划分为成长期、成熟期和衰退期三个阶段。由表 10 结果可见，对于成熟期涉农企业，其绿色转型的系数分别在 1% 和 10% 水平上显著为正，而对于处于衰退期和成长期的涉农企业，其绿色转型的系数均不显著。这表明成熟期涉农企业的气候政策不确定性能够促进其绿色转型；对于衰退期或成长期的涉农企业，气候政策不确定性对其绿色转型没有显著推动作用。可能的原因在于，处于成熟期的涉农企业具备规模、资金等资源条件的稳定性特征，并且具有较为丰富的企业发展经验以及较强的韧性与抗风险能力。在气候政策不确定性背景下，成熟期的涉农企业能够根据政策要求，及时调整企业发展规划与战略部署，加快绿色转型以适应气候政策不确定性；而处于衰退期与成长期的涉农企业在资源条件与发展经验等方面均存在短板，难以较好地应对气候政策不确定性。

表10　企业生命周期异质性回归分析结果

变量	TFP_LP			ln_SQ		
	（1）衰退期	（2）成长期	（3）成熟期	（4）衰退期	（5）成长期	（6）成熟期
CCPU	-0.073 (0.054)	0.026 (0.034)	0.108*** (0.025)	-0.009 (0.039)	0.105 (0.070)	0.100* (0.051)
控制变量	是	是	是	是	是	是
个体/年份固定效应	是	是	是	是	是	是
调整 R^2	0.921	0.916	0.951	0.405	0.570	0.583
观测值	401	786	1 006	401	786	1 006

注：（1）***、** 和 * 分别表示1%、5%和10%显著性水平；（2）标准误为聚类到企业层面的标准误。

3. 绿色投资者异质性分析

涉农企业绿色转型的投入高、周期长，导致企业在短期内难以从绿色转型中获得直接的经济回报。并且相比其他行业，涉农企业盈利能力相对较弱，导致企业管理层在实施绿色转型决策时，更需要在保障股东权益与追求长期可持续发展之间进行权衡，由此涉农企业绿色转型进程较慢。然而，绿色投资者的存在为涉农企业绿色转型提供了新动力。相比传统投资者，绿色投资者更重视企业社会责任与发展可持续性。他们可以通过股东提案等方式直接参与企业治理，并表明其愿意为企业长期发展承担短期利益损失（盛清慧和熊艳，2024），从而推动涉农企业积极地进行绿色转型，实现经济效益与环境效益的双重提升。为验证这一结论，本文参考王辉等（2022）的研究，将涉农企业的"基金主体信息表"与"股票投资明细表"进行匹配，并查询基金中是否存在"环保""绿色"等环境关键词，若关键词存在则设定为1，即认为该企业具有绿色投资者属性，反之设定为0。由此进行分组回归，结果如表11所示。结果表明，有绿色投资者参与的涉农企业，其绿色转型的回归系数分别在5%和10%水平上显著为正;而没有绿色投资者参与的涉农企业,其绿色转型的回归系数不显著。可见,在气候政策不确定性下,绿色投资者可以通过直接或间接参与企业决策的方式,助力企业加快绿色转型进程。

表11　　　　　　　　　绿色投资者异质性回归分析结果

变量	TFP_LP		ln_SQ	
	(1)有绿色投资者	(2)无绿色投资者	(3)有绿色投资者	(4)无绿色投资者
CCPU	0.070**(0.030)	−0.001(0.032)	0.104*(0.060)	0.037(0.042)
控制变量	是	是	是	是
个体/年份固定效应	是	是	是	是
调整 R^2	0.931	0.895	0.652	0.491
观测值	1 011	1 314	1 011	1 314

注:(1)***、**和*分别表示1%、5%和10%显著性水平;(2)标准误为聚类到企业层面的标准误。

4. 非正式环境规制力度异质性分析

由于监管资源有限,仅依靠政府部门难以对涉农企业实施有效监管(刘诗源等,2020)。因此,以媒体关注为代表的非正式外部环境规制对于促进涉农企业绿色转型至关重要(马平平等,2024)。食品及农产品质量安全问题,直接关系人民身心健康与生命安全,更是社会公众始终关注的热点。媒体报道等非正式环境规制能够增加涉农企业的曝光度,使企业对绿色产品等相关消息更加敏感。为维护企业声誉和自身利益,企业会更加注重塑造企业的"绿色形象",并主动采取绿色转型措施。对此,本文参考肖作平和周婧霏(2021)的研究,利用报刊标题中出现该公司的新闻总数加1取对数,衡量媒体报道力度,该数值越大,说明该企业的媒体报道数量越多,并且将媒体报道力度作为非正式环境规制力度的衡量指标。同时,根据年份和行业计算该指标的中位数,以该中位数划分非正式环境规制力度高与低的企业组别,然后进行分组回归,结果如表12所示。结果表明,非正式环境规制力度高的涉农企业,其绿色转型的回归系数均在5%水平上显著为正,而非正式环境规制力度低的涉农企业其回归系数不显著。由此可见,非正式环境规制所形成的社会"舆论效应"能够激励涉农企业进行绿色转型。

表 12　　非正式环境规制力度异质性回归分析结果

变量	TFP_LP		ln_SQ	
	（1）非正式环境规制力度高	（2）非正式环境规制力度低	（3）非正式环境规制力度高	（4）非正式环境规制力度低
CCPU	0.070** (0.033)	-0.009 (0.039)	0.134** (0.061)	-0.015 (0.037)
控制变量	是	是	是	是
个体/年份固定效应	是	是	是	是
调整 R^2	0.937	0.899	0.609	0.611
观测值	1 055	946	1 055	946

注：（1）***、**和*分别表示1%、5%和10%显著性水平；（2）标准误为聚类到企业层面的标准误。

（二）气候物理风险与气候政策不确定性

气候风险不仅包括气候政策不确定性，也包括气候物理风险。已有研究表明，频繁遭受自然灾害如洪水、飓风等冲击的企业更容易受到气候变化的影响（汪顺等，2024）。参考已有文献（Guo et al.，2024），基于美国国家海洋和大气管理局（NOAA）① 公布的气象数据，依据低温、极端高温、极端降雨和极端干旱构建中国省级气候物理风险指数（CPRI），探究气候物理风险能否引导涉农企业绿色转型行为。回归结果如表13所示。表13第（1）～第（4）列结果表明，气候物理风险指数（CPRI）及其滞后一期项（CPRI_1）的回归系数均不显著，即气候物理风险不能促进涉农企业绿色转型；而第（5）和第（6）列则显示，气候政策不确定性的回归系数均在5%水平上显著为正。由此可见，即使涉农企业遭受自然灾害冲击等气候物理风险，也无法有效推动涉农企业绿色转型。可能的原因在于，气候物理风险对涉农企业的危害通常具有季节性与短期性特征，导致涉农企业容易忽视进行绿色转型的必要性。相比之下，气候政策不确定性能够通过政策需求、市场信号等多途径更直接地影响涉农企业管理决策，促进企业绿色转型发展。

表 13　　气候物理风险与气候政策不确定性

变量	（1）TFP_LP	（2）ln_SQ	（3）TFP_LP	（4）ln_SQ	（5）TFP_LP	（6）ln_SQ
CCPU					0.045** (0.022)	0.072** (0.034)

---

① 气象数据公布于：https://www.ncei.noaa.gov/data/global-summary-of-the-day/archive/。

续表

变量	(1) TFP_LP	(2) ln_SQ	(3) TFP_LP	(4) ln_SQ	(5) TFP_LP	(6) ln_SQ
CPRI	0.004 (0.011)	0.003 (0.012)				
CPRI_1			0.001 (0.012)	0.013 (0.013)	0.000 (0.012)	0.012 (0.013)
控制变量	是	是	是	是	是	是
个体/年份固定效应	是	是	是	是	是	是
调整 R^2	0.923	0.586	0.923	0.586	0.923	0.587
观测值	2 437	2 437	2 437	2 437	2 437	2 437

注：(1) ***、** 和 * 分别表示 1%、5% 和 10% 显著性水平；(2) 标准误为聚类到企业层面的标准误。

（三）协同效应分析

本文通过基准回归得到气候政策不确定性对涉农企业的绿色创新与效率优化的正向影响，为进一步验证气候政策不确定性对两者的影响是否具有协同效应，参考马平平等（2024）的研究，构建如下协同效应模型：

$$\text{TFP\_LP}_{it} = \theta_0 + \theta_1 \text{CCPU}_{ijt-1} + \theta_2 \ln\_\text{SQ}_{it} + \theta_3 \text{CCPU}_{ijt-1} \times \ln\_\text{SQ}_{it} + \gamma \text{CV}_{it} + u_i + \eta_t + \varepsilon_{it} \quad (4)$$

$$\ln\_\text{SQ}_{it} = \rho_0 + \rho_1 \text{CCPU}_{ijt-1} + \rho_2 \text{TFP\_LP}_{it} + \rho_3 \text{CCPU}_{ijt-1} \times \text{TFP\_LP}_{it} + \gamma \text{CV}_{it} + u_i + \eta_t + \varepsilon_{it} \quad (5)$$

其中，$\text{CCPU}_{ijt-1} \times \ln\_\text{SQ}_{it}$，为涉农企业所属省份气候政策不确定性与企业绿色专利申请数量的交乘项；$\text{CCPU}_{ijt-1} \times \text{TFP\_LP}_{it}$ 为涉农企业所属省份气候政策不确定性与企业全要素生产率的交乘项；其余设置与模型（1）相同。

通过观察交乘项系数 θ_3 和 ρ_3，可以看到在气候政策不确定性影响下，涉农企业绿色专利申请数量与全要素生产率的交互影响结果，具体结果如表 14 所示。其中，表 14 第（1）列是气候政策不确定性与涉农企业绿色专利申请数量交乘项对涉农企业全要素生产率的回归结果，第（2）列是气候政策不确定性与涉农企业全要素生产率交乘项对涉农企业绿色专利申请数量的回归结果。结果表明，气候政策不确定性与涉农企业绿色专利申请数量的交乘项、气候政策不确定性与全要素生产率的交乘项的系数均在 10% 水平上显著为正，这说明气候政策不确定性对涉农企业绿色创新与效率优化具有协同促进效应。

表 14　涉农企业全要素生产率与绿色专利申请数量的协同效应

变量	(1) TFP_LP	(2) ln_SQ
CCPU	0.032 (0.023)	-0.314 (0.197)
ln_SQ	-0.096 (0.068)	
ln_SQ × CCPU	0.045* (0.027)	
TFP_LP		-0.090 (0.080)
TFP_LP × CCPU		0.047* (0.025)
控制变量	是	是
个体/年份固定效应	是	是
调整 R^2	0.924	0.588
观测值	2 437	2 437

注：(1) ***、**和*分别表示1%、5%和10%显著性水平；(2) 标准误为聚类到企业层面的标准误。

七、结论与启示

本文基于 2014～2022 省级气候政策不确定指数，通过构建固定效应模型，从涉农企业效率优化和绿色创新两个方面，探究了气候政策不确定性对涉农企业绿色转型的影响及其作用机制。研究表明，气候政策不确定性对涉农企业绿色转型具有显著的促进作用；机制分析表明，气候政策不确定性通过激发绿色消费需求、加强绿色补助政策以及加大涉农企业创新投入，进而促进涉农企业绿色转型；异质性分析认为，气候政策不确定性对政策响应积极、处于发展成熟期、有绿色投资者参与、受到非正式环境规制高的涉农企业的绿色转型的促进作用更为显著；进一步分析表明，相比于气候政策不确定性，气候物理风险并不能促进涉农企业绿色转型，且气候政策不确定性对涉农企业的绿色创新和效率优化具有协同促进效应。据此，本文得到以下政策启示，为气候政策不确定下涉农企业绿色发展提供参考。

第一，加强政策引导与扶持方向的明确性。省级等地方政府部门应以国家气候政策为依据，结合区域实际情况，因地制宜针对当地涉农企业的特点与不同企业规模条件,制定详细的、分阶段的绿色转型规划指南,明确在不同时间节点,涉农企业应达到的绿色发展目标,使涉农企业更加有的放矢地在气候政策不确定性下实现绿色转型发展。

第二,加大对企业的绿色补助投入。政府部门通过设立绿色转型专项补贴与奖励资金等,对积极进行绿色转型的涉农企业给予支持,如对采用绿色生产技术、建设绿色农业设施、研发绿色农产品的企业给予一定比例的投资补贴,对在节能减排、资源循环利用等方面取得突出成效的企业给予奖励,降低企业绿色转型的成本和风险,提高企业的积极性。

第三,增强绿色技术创新与推广。政府部门应加大绿色农业技术研发投入,通过设立科研项目基金、提供税收优惠等方式,吸引更多的力量参与到绿色农业技术的研发中来;构建完善的农业技术推广服务网络,将先进的绿色农业技术及时传递给涉农企业,并利用互联网、多媒体等手段,开展线上技术推广活动,提高技术传播的范围和效率。

第四,强化监管与信息披露机制。政府部门要进一步建立健全严格的绿色标准和监管体系,制定严格的绿色农业标准和规范,包括农产品的生产过程、质量安全、环境保护等方面的标准;完善企业绿色信息披露制度,制定统一的信息披露格式和内容要求,确保企业披露的信息真实、准确、完整,并且可以建立专门的信息平台,用于企业上传和发布绿色信息,方便社会公众、投资者和监管部门进行查询和监督。

参考文献

1. 陈登科:《贸易壁垒下降与环境污染改善——来自中国企业污染数据的新证据》,载于《经济研究》2020年第12期。

2. 陈仪坤、步丹璐:《农业信息基础设施建设对涉农企业价值的影响——基于"宽带中国"战略的准自然实验》,载于《农业技术经济》2024年第5期。

3. 丁宇刚、孙祁祥:《气候风险对中国农业经济发展的影响——异质性及机制分析》,载于《金融研究》2022年第9期。

4. 付玮琼、白世贞:《供应链金融对中小农业企业的融资约束缓解效应》,载于《西北农林科技大学学报(社会科学版)》2021年第2期。

5. 付文革、赵楠、常雷庆等:《A股大农业类上市公司投资价值综合评价》,载于《农业经济问题》2011年第12期。

6. 郭捷、谷利月:《农业供应链金融能有效缓解企业的融资约束?——涉农企业参与精准扶贫的实证研究》,载于《运筹与管理》2022年第3期。

7. 洪涛、王阳阳、姚树洁:《低碳城市试点政策与企业ESG表现——基于企业投资偏好的视角》,载于《产业经济评论》2024年第3期。

8. 胡洁、于宪荣、韩一鸣：《ESG 评级能否促进企业绿色转型？——基于多时点双重差分法的验证》，载于《数量经济技术经济研究》2023 年第 7 期。

9. 黄美慧、何世祯、戴永务等：《"双碳"目标下上市公司 ESG 表现对组织韧性的影响——基于高碳行业上市公司的经验证据》，载于《管理现代化》2023 年第 6 期。

10. 江艇：《因果推断经验研究中的中介效应与调节效应》，载于《中国工业经济》2022 年第 5 期。

11. 金绍荣、唐诗语、任赟杰：《数字化转型能提升农业企业全要素生产率吗》，载于《改革》2024 年第 2 期。

12. 孔祥才、王桂霞：《农业供给侧改革背景下中国农业污染的治理路径》，载于《云南社会科学》2017 年第 6 期。

13. 李慧云、符少燕、方怡然：《民营企业政治关联的信息披露效应：基于碳信息披露的经验证据》，载于《中国软科学》2021 年第 7 期。

14. 李晓阳、易鑫、郭鑫等：《数字化转型赋能涉农企业经营绩效提升的传导机制研究——基于双固定效应模型的实证》，载于《农业技术经济》2024 年第 1 期。

15. 林鹏昇、李硕：《行政手段与市场机制：中国气候政策碳减排效果的比较》，载于《世界经济》2024 年第 6 期。

16. 刘诗源、林志帆、冷志鹏：《税收激励提高企业创新水平了吗？——基于企业生命周期理论的检验》，载于《经济研究》2020 年第 6 期。

17. 柳学信、杜肖璇、孔晓旭等：《碳信息披露水平、股权融资成本与企业价值》，载于《技术经济》2021 年第 8 期。

18. 吕鹏、黄送钦：《环境规制压力会促进企业转型升级吗》，载于《南开管理评论》2021 年第 4 期。

19. 马平平、张明、宋妍：《公众新媒体监督如何促进企业绿色转型——基于发展与减排协同视角》，载于《中国管理科学》2024 年第 12 期。

20. 潘明清、谢清华、崔冉：《资源配置视角下绿色金融对绿色技术创新的影响研究》，载于《经济问题》2024 年第 4 期。

21. 邵帅、葛力铭、朱佳玲：《人与自然何以和谐共生：地理要素视角下的环境规制与环境福利绩效》，载于《管理世界》2024 年第 8 期。

22. 沈红波、李逸君、王霁野：《碳排放信息披露与投资者回报》，载于《社会科学》2022 年第 11 期。

23. 沈兴兴：《小农户步入农业绿色发展轨道的路径初探》，载于《中国农业资源与区划》2021 年第 3 期。

24. 盛清慧、熊艳：《情绪宣泄、信息挖掘还是决策参与：投资者绿色互动"画像"与企业绿色创新》,载于《财经研究》2024 年。

25. 孙立新、王晓君、金晔等:《中国涉农企业科技创新能力演变及提升路径——来自上市涉农企业的经验证据》,载于《农业经济问题》2022 年第 12 期。

26. 唐礼智、周林、杨梦俊:《环境规制与企业绿色创新——基于"大气十条"政策的实证研究》,载于《统计研究》2022 年第 12 期。

27. 田成诗、刘怡:《中国碳排放与经济发展存在倒 U 型关系吗?——考虑时间相关效应和异质性的研究》,载于《运筹与管理》2021 年第 9 期。

28. 汪顺、余璐、雷玲:《气候政策不确定性与中国企业升级困境》,载于《财经研究》2024 年第 2 期。

29. 王辉、林伟芬、谢锐:《高管环保背景与绿色投资者进入》,载于《数量经济技术经济研究》2022 年第 12 期。

30. 王阿妮、徐彪、顾海:《食品安全治理多主体共治的机制分析》,载于《南京社会科学》2020 年第 3 期。

31. 王利科、唐克军:《农业强国建设的历史脉络、现实困境与推进方略》,载于《贵州社会科学》2024 年第 4 期。

32. 王茂斌、叶涛、孔东民:《绿色制造与企业环境信息披露——基于中国绿色工厂创建的政策实验》,载于《经济研究》2024 年第 2 期。

33. 王性玉、赵辉:《环境保护税改革对企业绿色发展的影响研究》,载于《科研管理》2023 年第 8 期。

34. 吴非、黎伟:《税收激励与企业绿色转型——基于上市企业年报文本识别的经验证据》,载于《财政研究》2022 年第 4 期。

35. 吴婷婷、王通达:《绿色信贷能促进企业绿色转型吗?》,载于《中南财经政法大学学报》2023 年第 5 期。

36. 肖仁桥、马伯凡、钱丽等:《低碳城市试点政策对企业绿色创新的影响及其作用机制》,载于《中国人口·资源与环境》2023 年第 5 期。

37. 肖作平、周婧霏:《腐败、媒体关注与权益资本成本》,载于《证券市场导报》2021 年第 8 期。

38. 徐妍、宋怡瑾、沈悦:《地方政府环境治理目标约束能否提升企业 ESG 质量?——基于文本分析法的经验证据》,载于《中国人口·资源与环境》2024 年第 3 期。

39. 阳镇、凌鸿程、陈劲:《城市绿色发展关注度与企业绿色技术创新》,载于《世界经济》2024 年第 1 期。

40. 杨林、和欣、顾红芳:《高管团队经验、动态能力与企业战略突变:管理自主权的调节效应》,载于《管理世界》2020 年第 6 期。

41. 于芝麦:《环保约谈、政府环保补助与企业绿色创新》,载于《外国经济与管理》2021 年第 7 期。

42. 喻旭兰、周颖：《绿色信贷政策与高污染企业绿色转型：基于减排和发展的视角》，载于《数量经济技术经济研究》2023 年第 7 期。

43. 叶德珠、张智豪：《经济政策不确定性与企业短贷长投——基于中国上市公司的经验证据》，载于《制度经济学研究》2020 年第 4 期。

44. 展进涛、杨雨、熊航：《环境规制、绿色创新与农业碳生产率》，载于《科学学与科学技术管理》2024 年第 8 期。

45. 张国防、程秀娟、熊肖雷：《我国农业龙头企业发展：基本态势、现实困境及路径选择》，载于《农业经济》2024 年第 5 期。

46. 钟覃琳、夏晓雪、姜付秀：《绿色信贷能激励企业环境责任的承担吗?》，载于《管理科学学报》2023 年第 3 期。

47. 钟文晶、李丹：《农业企业数字化与绿色生产：来自种植业的证据》，载于《经济学家》2024 年第 3 期。

48. Arrow, K., 1962, "The economic implications of learning by doing", *Review of Economic Studies*, Vol. 29, No. 3, pp. 155 – 173.

49. Barnett, M. L., 2008, "An attention-based view of real options reasoning", *Academy of Management Review*, Vol. 33, No. 3, pp. 606 – 628.

50. Calel, R., Dechezlepretre, A., 2016, "Environmental policy and directed technological change: Evidence from the European carbon market", *Review of Economics and Statistics*, Vol. 98, No. 1, pp. 173 – 191

51. Guo, K., Ji, Q., Zhang, D. Y., 2024, "A dataset to measure global climate physical risk", *Data in Brief*, Vol. 54, 110502.

52. Gorodnichenko, Y., Pham, T., Talavera, O., 2023, "The voice of monetary policy", *American Economic Review*, Vol. 113, No. 2, pp. 548 – 84.

53. He, G. J., Wang, S. D., Zhang, B., 2020, "Watering down environmental regulation in China", *Quarterly Journal of Economics*, Vol. 135, No. 4, pp. 2135 – 2185.

54. Hoang, K., 2022, "How does corporate R&D investment respond to climate policy uncertainty? Evidence from heavy emitter firms in the United States", *Corporate Social Responsibility and Environmental Management*, Vol. 29, No. 4, pp. 936 – 949.

55. Hua, J. G., Zhu, D., Jia, Y. F., 2022, "Research on the policy effect and mechanism of carbon emission trading on the total factor productivity of agricultural enterprises", *International Journal of Environmental Research and Public Health*, Vol. 19, No. 13, pp. 75 – 81.

56. Lee, K., Cho, J., 2023, "Measuring Chinese climate uncertainty",

International Review of Economics & Finance, Vol. 88, pp. 891 – 901.

57. Lu, J., Li, H., 2023, "The impact of environmental corruption on green consumption: A quantitative analysis based on China's Judicial Document Network and Baidu Index", *Socio-economic Planning Sciences*, Vol. 86, 101451.

58. Ma, Y. R., Liu, Z. H., Ma, D. D., Zhai, P. X., Guo, K., Zhang, D. Y., Ji, Q., 2023, "A news-based climate policy uncertainty index for China", *Scientific Data*, Vol. 10, 881.

59. Miller, D., Friesen, P. H., 1984, "A Longitudinal Study of the Corporate Life Cycle", *Management Science*, Vol. 30, No. 10, pp. 1161 – 1183.

60. Porter, G., 1999, "Trade competition and pollution standards: 'race to the bottom' or 'stuck at the bottom'", *Journal of environment and development*, Vol. 8, No. 2, pp. 133 – 151.

61. Ren, X. H., Zhang, X., Yan, C., Giray, G., 2022, "Climate policy uncertainty and firm-level total factor productivity: Evidence from China", *Energy Economics*, Vol. 113, 106209.

62. Schmookler, J., 1966, *Invention and economic growth Cambridge*, MA: Harvard University Press, pp. 343 – 348.

63. Teece, D. J., Pisano, G., Shuen, A., 1997, "Dynamic capabilities and strategic management", *Strategic Management Journal*, Vol. 18, No. 7, pp. 509 – 533.

Climate Policy Uncertainty and Green Transformation of Agricultural Enterprises

FEI Wei LIU Hanyun

(School of Economics, Dongbei University of Finance and Economics, 116025)

TANG Hao

(School of Accounting, Shandong Technology and Business University, 264005)

[**Abstract**] The green transformation of agricultural enterprises is crucial for achieving agricultural green development. This paper employs a provincial climate policy uncertainty index and a panel data set comprising listed agricultural enterprises to investigate the influence of climate policy uncertainty on the green transformation of such enterprises. The study finds that climate policy uncertainty can promote the green transformation of agricultural enterprises, and this conclusion remains valid after robustness tests. Mechanism analysis indicates that climate policy uncertainty stimulates the green transformation of agricultural enterprises through three pathways: boosting consumers' green consumption demand, strengthening government green subsidy policies, and stimulating corporate innovation investment. Heterogeneity analysis reveals that the positive effect of climate policy uncertainty on the green transformation of agricultural enterprises is more pronounced for enterprises that are actively responsive to policies, in the mature stage, with green investors' participation, and subject to higher degree of regulation in informal environments. Further analysis shows that under the influence of climate policy uncertainty, the green innovation and efficiency optimization of agricultural enterprises can produce synergistic effects, jointly promoting their green transformation. The research provides important insights for local governments to promote the green transformation of agricultural enterprises and accelerate the construction of a strong agricultural modernization country.

[**Key Words**] Climate Policy Uncertainty Institutional Environment Agricultural Enterprises Green Transformation

JEL Classifications: L6 O3 Q54

政府政策对人工智能开源扩散行为的调控机制研究[*]

张恒国[**]

【摘　要】 本文构建了一个多层异构进化博弈网络，旨在研究政府政策对人工智能开源后扩散行为的调控机制。在无标度网络上用微分方程动态刻画异质企业行为，建立了企业学习网络。在小世界网络上用微分方程动态刻画异质消费行为，建立了消费传染网络。网络上消费者选择行为影响市场需求，市场需求影响企业利润，企业利润影响企业博弈行为。政府政策同时影响着消费行为和企业行为。仿真结果表明：第一，消费者是否选择使用人工智能产品的行为对人工智能技术扩散趋势产生显著影响；第二，税收政策在消费者选择使用人工智能产品的比率大于 0.9 之后，对推动技术扩散的作用越明显；第三，补贴政策在消费者选择使用人工智能产品的比率大于 0.4 以后，对推动技术扩散作用越显著。补贴越高，越能推动技术扩散。政策启示：在人工智能技术开源初期，消费者行为不稳定时，补贴政策比税收政策更能推动人工智能技术扩散。而在人工智能技术开源中后期，消费者行为稳定后，税收政策同样可以推动人工智能技术扩散。

【关键词】 人工智能　企业学习网络　消费者传染网络　进化博弈　微分方程

中图分类号：**F81**　文献标识码：**A**

---

[*] 本文系国家留学基金资助青年骨干教师出国研修项目（项目编号：202406220274）和山东大学青年学者未来计划项目（项目编号：2020GN009）的阶段性成果。
[**] 张恒国，山东大学经济研究院副研究员；地址：（250100）山东省济南市山大南路 27 号；E-mail：zszhg@126.com。

一、引　言

人工智能作为新一轮科技革命和产业变革的重要驱动力量,已经成为世界各国竞争的焦点。各国政府高度重视人工智能的发展,出台了一系列政策措施,旨在推动人工智能的发展,为社会创造更多的就业机会和经济效益。人工智能的出现将驱动经济长期发展,但大多数人工智能分布在许多不同的企业(Bratta et al.,2022)。因此,研究技术在不同企业之间的扩散可以说与长期增长的技术创新一样重要(Pellegrino et al.,2019)。人工智能在企业间的扩散已经引起了学者的广泛关注(Cascaldi-Garcia and Vukotić,2022)。然而,现有文献主要集中在实证研究中影响人工智能的关键因素方面(Stokey,2021)。由于人工智能技术扩散的数据并不容易获得,或者根本就没有数据,目前很少有文献研究政府政策对人工智能开源后动态扩散行为的调控机制。

人工智能技术扩散本质上是一个动态过程,微分方程是研究动力系统的传统方法。杨格(Young,2009)总结了研究技术扩散的三个微分方程模型,分别为传染模型、社会影响模型和企业学习模型。但是,微分方程缺乏将个体的微观活动与系统的宏观行为结合起来的能力。因为技术扩散系统不是完全设计的,而是通过个体间互动产生的。博弈论和复杂网络提供了另一种研究技术扩散的有效方法。凯姆等(Kim et al.,2018)提出了一种动态网络博弈分析框架,发现网络规模是影响技术变化的重要因素。石等(Shi et al.,2021)构建基于社交网络的进化博弈模型,发现税收在促进技术扩散方面具有越来越大的边际效力,而补贴的有效性会减弱并导致效率低下。

一个完整的市场必然由消费者、企业和政府三方组成。现有文献认为政府政策是影响人工智能扩散的关键因素(Bratta et al.,2022)。但低估消费者的动态需求,消费者的购买决策可能会严重影响企业的博弈选择。同时考虑三方的模型可以更全面、更现实地理解人工智能扩散规律。因此,本研究对现有文献有三个方面的贡献:

第一,克服单纯用微分方程无法将个体的微观活动与系统的宏观行为相结合的缺陷。本文综合了复杂网络和进化博弈论在研究微观个体间相互作用方面的优势,构建了一个基于微分方程、博弈论和复杂网络的多层异质进化博弈模型。这可以弥合微观行为与系统层面出现的人工智能扩散模式之间的差距。

第二,在无标度网络上用微分方程动态刻画异质企业行为,并且每个企业与网络中的直接邻居进行进化博弈,从而建立了企业学习网络。在市场自主调节基础上,政府的税收和补贴政策影响着企业博弈行为和消费选择行为。因此,企业网络、消费网络和政府政策构成了多层异质进化的博弈模型。这种多层异质进化博弈网络不仅可以揭示企业对消费行为和政府政策的反应如何引导系统行为的微观机制,还可以探索上述因素对人工智能扩散的最终影响。

第三,仿真结果表明,在企业学习网络和消费传染网络进化博弈的影响下,在消费者选择人工智能产品比率达到一定程度时,税收政策和补贴政策才会影响技术扩散。这些发现可以让人工智能政策制定者和从业者预见和理解一些市场可能对政策干预和消费者偏好变化的反应,这有利于主动构思解决方案和进行适当的战略调整。

本文的其余部分安排如下:第二部分回顾相关文献。第三部分构建理论模型。第四部分进行仿真实验。第五部分总结全文,得出结论。

二、相关文献评述

现有文献表明,学者从不同角度研究人工智能扩散的影响因素,例如从微观实证角度和宏观实证角度,也有从微分方程、博弈论和复杂网络等理论视角。

从微观视角看,学者研究了人工智能扩散的直接影响因素。人工智能的渗透性在降低交易成本、实现要素最优配置等方面具有独特优势(许恒等,2020)。人工智能的互补性可以对各种要素资源进行重构和整合,推动部门自动化和智能化,从而降低业务违约风险(郭凯明,2019)。杰罗斯基(Geroski,2000)发现新技术的初始选择会影响后续扩散速度。蒂斯(Teece,2017)将动态能力理论和交易成本等理论相融合,旨在研究企业间技术扩散能力。弗雷和奥斯本(Frey and Osborne,2017)发现工资和教育程度与技术扩散呈现显著的负相关关系。阿恩茨等(Arntz et al.,2017)认为由于忽略了职业的异质性以及工作的数字化,高估了工作岗位面临的技术扩散和自动化风险。唐松等(2020)认为数字金融的深度发展对微观主体创新活动的促进作用更加明显。Stokey(2021)发现新技术扩散受其用户和用途以及地理区域等分布的影响。格雷费尼茨等(Von Graevenitz et al.,2022)发现空间距离会影响技术扩散。洛扎克(Losacker,2022)发现网络效应有助于解释扩散过程。

从人工智能的宏观视角看,学者们将企业视为一个整体。如何驱动技术扩散的研究不少,宏观视角大致可以分为政府视角、市场视角、社会和文化视角3类。在政府视角上,现有文献主要从产业政策(黎文靖和郑曼妮,

2016)、财政科技投入（苗文龙等，2019）、制度环境（龙小宁等，2018）等进行分析；在市场视角上，主要关注资本市场改革（权小锋和尹洪英，2017）、高管特征（何瑛等，2019）等内容；在社会和文化视角上，主要关注了企业所处的文化氛围（赵子乐和林建浩，2019）的影响。国外也有学者从宏观视角研究技术扩散。崔和李（Choi and Lee, 2017）发现政府补贴能解决技术扩散中的市场失灵问题。科明和梅斯蒂埃里（Comin and Mestieri, 2018）发现富国和穷国之间的采用新技术的滞后性趋同，而普及率则存在差异。佩莱格里诺等（Pellegrino et al., 2019）发现数字化转型没有对就业产生显著影响。布拉塔等（Bratta et al., 2022）发现补贴能有效支持数字化转型。加西亚-希梅诺等（García-Jimeno et al., 2022）研究社会互动如何塑造集体行为，发现社会互动会推动技术扩散。阿加等（Agha et al., 2022）发现政府政策能推动技术扩散。

从人工智能扩散模型视角看，学者们常用微分方程方法。企业学习假设企业合理利用外部信息作出决策（Smith and Sorensen, 2000; Manski, 2004）。传染模型允许以一种速率从群体内部传播，并以不同的速率从群体外部的来源传播（Bass, 1980; Young, 2009）。董直庆等（2016）认为技术要素的进步愈加表现出对资本要素的偏向性。阿方索等（Afonso et al., 2018）在经济增长模型中研究了劳动要素的作用。郭凯明等（2020）研究了资本要素、结构转型要素与技术要素之间的相互作用。阿塞莫格鲁和雷斯特雷波（Acemoglu and Restrepo, 2022）论证了劳动要素的老龄化会导致更大技术要素的创新。

从人工智能扩散网络的视角看，学者们借鉴了复杂网络理论。很多学者用复杂网络来研究技术扩散（Jackson and Yariv, 2007; Doğan et al., 2013）。杰克逊和亚立夫（Jackson and Yariv, 2007）发现企业的选择取决于潜在的社会连接网络。多安等（Doğan et al., 2013）发现链接成本会导致网络竞争力下降，网络的形成是由市场的卖方决定的。这推动了复杂网络理论的不断发展，尤其是图聚类方法研究。吉安（Jain, 2010）认为k-means算法是一类研究最充分的聚类算法。在此基础上，许多学者提出了图像聚类算法。谢弗（Schaeffer, 2007）概述了图聚类的定义和方法。齐瓦尼奇等（Zivanic et al., 2012）认为Voronoi图（Erwig, 2000）提供了一种基于网络成员与输入节点子集的距离对网络成员进行聚类的有效方法。哈吉等（Hajij et al., 2020）使用Dijkstra的算法（Dijkstra, 1959）来度量距离，利用PageRank向量（Brin and Page, 1998; Erwig, 2000）将k-means聚类算法推广到有向图和无向图。凯姆等（Kim et al., 2018）提出了一种动态网络博弈分析框架，发现网络规模是影响技术变化的重要因素。哈吉等（Hajij et al., 2020）在复杂网络基础上提出了一种新型的数据聚类算法。

从人工智能扩散博弈的视角看，学者们常用博弈分析理念。博弈理论在研究技术扩散的文献中，主要用于描述企业在技术采用过程中的相互作用（Shi et al.，2021）。陈等（Chen et al.，2013）研究了以帕累托有效和公平的方式切蛋糕的博弈问题，设计了确定性和随机的切割机制。人工智能正在加速资本深化，加大了资本对技术创新的支持，从而加速了企业生产率（Goldfarb and Tucker，2019；刘洋等，2020；Vial，2021）。人工智能有助于提高资本融资效率、降低融资成本，优化资本配置结构，促进企业创新（田秀娟和李睿，2022）。卡尔瓦诺等（Calvano et al.，2020）利用寡头垄断模型中研究 ADT 驱动的算法行为，发现高价格是由有限惩罚阶段的合谋策略维持的。石等（Shi et al.，2021）构建了一个基于社交网络的进化博弈模型，该模型发现税收在促进技术扩散方面具有越来越大的边际效力。尽管上述研究从不同侧面研究企业间技术扩散，但缺少异质消费者对人工智能产品的动态需求。

综上所述，由于人工智能扩散的数据并不容易获得，或者根本就没有数据，目前很少有文献研究技术的动态扩散过程。现有文献认为政府政策等因素是影响人工智能扩散的关键因素。但低估消费者的动态需求，消费者的购买决策可能会严重影响企业的博弈选择，同时考虑三方的模型可以更全面、更现实地理解人工智能扩散规律。

三、理论框架

人工智能的动态扩散体系中存在三类主体：企业、消费者和政府。借鉴杨格（Young，2009）、哈吉等（Hajij et al.，2020）和石等（Shi et al.，2021）等建模方法，本文在无标度网络上用微分方程动态刻画异质企业行为，并且每个企业与网络中的直接邻居进行进化博弈，从而建立了企业学习网络。然后，在小世界网络上用微分方程动态刻画异质消费行为，并且消费选择行为影响企业博弈决策，从而建立了消费传染网络和消费阈值网络。最后，构建企业网络、消费网络和政府调控三者之间的多层异质进化博弈模型。因此，一个企业是否采用人工智能来提供产品主要取决于企业间的竞争、消费者的需求以及政府政策调控三类主体间的动态博弈。

（一）人工智能扩散成本建模

假设该部分通过无标度网络连接每家企业，网络中有 N 家企业。在无标度网络上借用微分方程对企业采用人工智能行为过程构建动态模型。企业行为是异质的，分为已经采用人工智能的企业和没有采用人工智能的企业。每家企业可以自主决定是否采用人工智能来生产产品，并且每个企业与网络中的直接邻居进行进化博弈，从而建立了企业学习网络。

$$w_{ij}(t) = \frac{\rho_{ij}(t)}{\sum_{k \in \mho_i} \rho_{ik}(t)} \tag{1}$$

其中，$\rho_{ij}(t)$ 表示企业网络上的第 j 个企业在时间 t 对第 i 个企业的影响权重，并具有不对称属性，即 $\rho_{ij}(t) \neq \rho_{ji}(t)$。$\mho_i$ 表示网络中企业 i 附近企业组成的群体。企业 i 在网络中通过公式（1）中的概率 $w_{ij}(t)$ 选择其邻居 j 来修改其博弈策略，实现利润最大化的目标。

生产人工智能产品的市场需求 $O_a(t)$ 和不生产该产品的市场需求 $O_b(t)$。$H_a(t)$ 和 $H_b(t)$ 分别表示 t 时刻对人工智能和非人工智能产品的累积需求。$H_c(t)$ 表示在时间 t 对人工智能产品的新增需求。$\lambda(t)$ 表示 t 时刻人工智能企业占企业总数的百分比。

$$O_a(t) = \frac{H_a(t) + H_c(t)}{\lambda(t)N} \tag{2}$$

$$O_b(t) = \frac{H_b(t)}{(1 - \lambda(t))N} \tag{3}$$

其中，p_a 和 p_b 分别表示人工智能和非人工智能产品的销售价格，而 c_a 和 c_b 分别表示人工智能和非人工智能产品的生产成本。t 时刻人工智能和非人工智能企业的基本利润分别表示为式（4）和式（5）。

$$\pi_a(t) = (p_a - c_a)\left(\frac{H_a(t) + H_c(t)}{\lambda(t)N}\right) \tag{4}$$

$$\pi_b(t) = (p_b - c_b)\left(\frac{H_b(t)}{(1 - \lambda(t))N}\right) \tag{5}$$

当生产人工智能技术开源后，生产人工智能产品的成本会随着技术的扩散而迅速下降，甚至降为 0 成本。因此，人工智能产品与非人工智能产品的生产成本会有很大的区别。

数据具有独特的经济属性：零边际成本和非竞争性。例如，数据具有非竞争性，可被多方同时分发和使用，但不会损害任何一方的利益。此外，数据复制和传播的边际成本几乎为零。由于信息商品的复制成本非常低，因此信息商品的价格在市场上也往往非常低。因为数据独特的经济属性，本文构建数据技术特有的生产成本函数 $c_a(t)$：

$$c_a(t) = \log_a \phi(t), \quad 0 < a < 1 \tag{6}$$

其中，$\phi(t)$ 为企业采用人工智能技术行为的刻画函数。假设企业采用人工智能技术的曲线为 $q(t) = \int_0^t \phi(s)ds$，$\int_0^t \phi(s)ds$ 衡量了所有先前采用者从他们第一次采用时产生的累积信息。无论何时收到的信息，都具有同等的信息量。因此企业行为由微分方程描述。

$$\dot{\phi}(t) = \hbar[\lambda(\int_0^t \phi(s)ds) - \phi(t)], \hbar > 0 \quad (7)$$

在原点附近，无论生成它的分布如何，该过程都会严格减速。其中 $\hbar$ 表示企业内部影响因素。对式（7）进行微分以获得加速度方程：

$$(1/\hbar)\ddot{\phi}(t) = \phi(t)f(q(t)) - \dot{\phi}(t) \quad (8)$$

其中，$f(\cdot)$ 表示连续密度函数。假设 $\phi(0) = 0$ 且解 $p(t)$ 是连续的，因此当 t 接近于零时，第一项接近于零。然而，当 t 接近于零时，第二项远离零，意味着 $\dot{\phi}(0) = \hbar\lambda(0) > 0$。因此，

$$\lim_{t\to 0^+} \ddot{\phi}(t) = -\hbar^2\lambda(0) + f(\phi(0))\phi(0) < 0 \quad (9)$$

接下来我们将研究相对加速度 $\ddot{\phi}(t)/\dot{\phi}(t)$ 的行为。假设密度在原点附近表现良好，即 $\bar{f}(0) = \lim_{q\to 0} f(q) > 0$，并且 f' 是连续的和有界的。定义：

$$\chi(t) = (1/\hbar)\ddot{\phi}(t)/\dot{\phi}(t) \quad (10)$$

从式（8）可推断出公式（11）：

$$\chi(t) = f(q(t))\phi(t)/\dot{\phi}(t) - 1 \quad (11)$$

对式（11）进行微分，可得到：

$$\dot{\chi}(t) = f'(q(t))\phi^2(t)/\dot{\phi}(t) + f(q(t)) - f(q(t))\ddot{\phi}(t)\phi(t)/\dot{\phi}^2(t) \quad (12)$$

假设在某个时间 t_0，该过程开始加速。如果此时密度增加，则 $f'(q(t_0)) > 0$，并且从式（12）和连续性可以得出 $\dot{\chi}(t)$ 在从 t_0 开始的某个时间间隔内为正。换句话说，如果过程开始加速时密度正在增加，那么该过程会经历一段超指数增长。

（二）消费者选择行为建模

该部分在小世界网络上用微分方程动态刻画异质消费行为。由于消费行为是异质的，在消费网络中对异质消费行为进行聚类分析，从而建立了消费传染网络和消费阈值网络。

消费网络聚类。消费者在人工智能意识方面存在差异，大概分为三类消费者，分别为使用人工智能产品的消费者记为 A 类消费者，不使用人工智能产品的消费者记为 B 类消费者，不使用人工智能产品但有一定倾向性的消费者记为 C 类消费者。为了更好地研究消费者在消费网络中的行为规律，本文通过将 PageRank 算法和 K_means 聚类法引入到消费网络中，对异质消费者进行聚类分析，从而得到各类消费者的数量。消费网络上的聚类分为三个阶段：初始化阶段、赋值阶段和更新阶段。

消费网络的初始化阶段。消费网络通过小世界网络连接 M 个消费者组成，网络中的一个节点代表一位消费者，对消费网络的聚类中心进行初始选择。从所有节点中随机均匀选择 Ξ 个节点作为初始的中心节点，整数 Ξ > 0

表示所需的集群数量。

消费网络的赋值阶段。沃罗诺伊图（Voronoi diagram）是由一组连接两邻点直线的垂直平分线的连续多边形组成。在一个有向网络中，一组节点 $\Xi = \{o_1, \cdots, o_\Xi\} \in M$ 的沃洛诺伊图是 M 的一个分区 $\{M_1, \cdots, M_\Xi, U\}$，因此，

对每个节点 $o \in M_i$，满足 $d(o, o_i) \leq d(o, o_j)$，$j \in \{1, \cdots, \Xi\}$

U 包含所有的节点 o，满足 $d(o, o_i) = \infty$，$i \in \{1, \cdots, \Xi\}$

本文使用迪杰斯特拉（Dijkstra）算法计算消费网络上的距离 d，并以起始点为中心向外层层扩展，直到扩展到终点为止。将所有节点分为 Ξ 个维诺单元，由此得到 Ξ 个子消费网络。本文使用 PageRank 向量作为节点的中心向量。对于有向网络来说，PageRank 的计算公式可以定义为：

$$P_r(o_i) = d\left(\sum_{o_j \in O(o_i)} \frac{P_r(o_j)}{L(o_j)}\right) + \frac{1-d_a}{M} \tag{13}$$

其中，$P_r(o_i)$ 为节点 o_i 的 PageRank 值。$O(o_i)$ 为链入节点 o_i 的集合。$L(o_j)$ 为节点 o_j 链出节点的数量。d_a 是阻尼因子，现有文献中通常设为 0.85。M 为所有节点个数。

消费网络的更新阶段。通过计算每个子消费网络中每个节点的 PageRank 值，分别在 Ξ 个子消费网络中取 PageRank 值最大的节点作为新的中心节点，然后再以新的中心节点为基础得到 Ξ 个新的子消费网络，以此循环。直到每一次迭代所得到的中心节点都不再发生变化。这样，利用定义在给定消费网络节点上的中心性解决了消费网络上异质消费群体的聚类问题。

一开始，只有 A 类消费者愿意购买人工智能产品。人工智能产品的可用性和质量提高等影响因素，带来正向网络外部性，导致 C 类消费者对人工智能产品的偏好逐渐改变。C 类消费者以概率 $Pr_i(t)$ 受到外部因素 ϖ（如广告、大众媒体）和内部因素 $\hbar$（如口碑、模仿等）的影响，转而选择使用该产品的概率为：

$$Pr_i(t) = 1 - (1-\hbar)(1-\varpi)^{m\varphi(t)} \tag{14}$$

其中，$\hbar$ 和 ϖ 是非负的，并且不是都为零。$\varphi(t)$ 表示在时间 t 消费者 i 购买使用人工智能产品的比例。m 是消费者 i 在该网络中的度值。

消费传染网络建模。假设一类消费者受网络上传染因素影响，允许以一种速率从群体内部传播，并以不同的速率从群体外部的来源传播。该类消费者使用曲线 $\varphi(t)$ 由常微分方程 $\dot\varphi(t) = (\hbar\varphi(t) + \varpi)(1-\varphi(t))$ 描述，解为：

$$\varphi(t) = [1 - \xi\varpi e^{-(\hbar+\varpi)t}]/[1 + \xi\hbar e^{-(\hbar+\varpi)t}], \quad \hbar > 0 \tag{15}$$

当 $\varpi = 0$ 时，传播完全由内部来源产生。当 $\varpi > 0$ 和 $\hbar = 0$ 时，传播完全由外部来源驱动。当 ϖ 和 $\hbar$ 都为正时，我们可以在式（15）中选择 ξ，使得 $\varphi(0) = 0$；即，当 $\xi = 1/\varpi$ 时，我们得到：

$$\varphi(t) = [1 - e^{-(\hbar+\varpi)t}]/[1 + (\hbar/\varpi)e^{-(\hbar+\varpi)t}] \tag{16}$$

设 μ 是传染参数 $\hbar$ 和 ϖ 的联合分布,外部影响是积极的,即 $\bar{\varpi} = \int_{\Omega} \varpi d\mu > 0$。$\varphi_{\hbar,\varpi}(t)$ 为所有类型 $-(\hbar,\varpi)$ 的个体的比例已在时间 t 前采用。那么在时间 t 之前所有使用人工智能产品的消费者比例为:

$$\varphi(t) = \int \varphi_{\hbar,\varpi}(t) d\mu \quad (17)$$

使用人工智能产品的消费者 $\varphi_{\hbar,\varpi}(t)$ 的每个子群根据微分方程演化:

$$\dot{\varphi}_{\hbar,\varpi}(t) = (\hbar\varphi(t) + \varpi)(1 - \varphi_{\hbar,\varpi}(t)) \quad (18)$$

这定义了通过公共项 $\varphi(t)$ 耦合的一阶微分方程的无限系统。将其简化为单微分方程:令 $x_{\hbar,\varpi}(t) = \ln(1 - \varphi_{\hbar,\varpi}(t))$ 并观察到(18)等价于系统 $\dot{x}_{\hbar,\varpi}(t) = -(\hbar\varphi(t) + \varpi)$ 对于所有 $(\hbar,\varpi)$。由此和初始条件 $x_{\hbar,\varpi}(0) = 0$ 我们得到:

$$x_{\hbar,\varpi}(t) = -\int_0^t (\hbar\varphi(s) + \varpi) ds = -\hbar \int_0^t \varphi(s) ds - \varpi t \quad (19)$$

从 $x_{\hbar,\varpi}(t)$ 的定义可以看出:

$$\varphi(t) = 1 - \int e^{x_{\hbar,\varpi}(t)} d\mu \quad (20)$$

即 $\varphi(t)$ 满足积分方程:

$$\varphi(t) = 1 - \int e^{-\varpi t - \hbar \int_0^t \varphi(s) ds} d\mu \quad (21)$$

换句话说,当前未使用者的数量 $1 - \varphi(t)$ 根据指数函数的加权平均值衰减,其中指数取决于经过的时间 t 和直到 t 的平均使用水平。从初始条件 $\varphi(0) = 0$ 开始,可以通过逐次逼近法求解 $\varphi(t)$。

(三)进化博弈均衡机制建模

消费网络和企业网络形成一个市场,消费选择行为影响市场需求,市场需求影响企业利润,企业利润影响企业博弈行为。在市场自主调控的基础上,政府政策同时影响着消费行为和企业行为。

消费选择行为影响市场需求。设 ϕ_i 为 i 类型企业的比例,超过阈值的企业比例由函数 $\lambda(q)$ 给出:

$$\lambda(q) = \sum_i \phi_i \ell_i(q) \quad (22)$$

其中,$\lambda(q)$ 是一个单调非减函数,企业信息阈值的分布函数。响应函数 $\ell_i(q)$ 表示每个企业 i 认为人工智能值得采用的概率。

$$\ell_i(q) = \sum_{k=1}^{\infty} \frac{(\alpha_i q)^k e^{-\alpha_i q}}{k!} \Phi\left[\frac{(\eta - c_i)\sqrt{k}}{\sigma} - \frac{\zeta_i(c_i - \eta_{i0})}{\sigma\sqrt{k}}\right] \quad (23)$$

假设先前采用者产生的信息总量等于 q,函数 $\ell_i(q)$ 是单调非递减的。由式(2)、式(3)和式(22),可重写企业生产人工智能产品和不生产人工智产品的市场需求函数：

$$O_a(t) = \frac{H_a(t) + H_c(t)}{\sum_i \phi_i \ell_i(q(t))N}$$

$$O_b(t) = \frac{H_b(t)}{(1 - \sum_i \phi_i \ell_i(q(t)))N} \tag{24}$$

其中，消费者对人工智能的累积需求 $H_a(t)$ 可表示如下。

$$H_a(t) = \int_{m=1}^{M_a} p_a dm \tag{25}$$

其中，M_a 是聚类算法得出的消费网络中 A 类消费者的数量。消费者对非人工智能累积需求 $H_b(t)$ 可表示如下。

$$H_b(t) = \int_{m=1}^{M_b} p_b dm \tag{26}$$

其中，M_b 是聚类算法得出的消费网络中 B 类消费者的数量。消费者对人工智能新增需求 $H_c(t)$ 可表示如下。

$$H_c(t) = \int_{m=1}^{\tilde{M}_c} p_a dm \tag{27}$$

其中，$\tilde{M}_c = M_c \cdot Pr_i(t)$，$M_c$ 是聚类算法得出的消费网络中 C 类消费者的数量。C 类消费者在一定概率 $Pr_i(t)$ 下会使用人工智能产品。由式（14），可重写 $\tilde{M}_c$

$$\tilde{M}_c = M_c \cdot 1 - (1-\hbar)(1-\varpi)^{m\varphi(t)} \tag{28}$$

其中，消费选择人工智能产品比率 $\varphi(t)$ 由式（21）决定。

市场需求影响企业利润。由式（4）和式（5），可重写两类企业利润公式：

$$\pi_a(t) = (p_a - c_a)\left(\frac{\int_{m=1}^{M_a} p_a dm + \int_{m=1}^{\tilde{M}_c} p_a dm}{\sum_i \phi_i \ell_i(t)N}\right)$$

$$\pi_b(t) = (p_b - c_b)\left(\frac{\int_{m=1}^{M_b} p_b dm}{(1 - \sum_i \phi_i \ell_i(q))N}\right) \tag{29}$$

其中，$\tilde{M}_c = M_c \cdot 1 - (1-\hbar)(1-\varpi)^{m\varphi(t)}$。

企业利润影响企业博弈行为。由于企业是基于其收益或损失来决策，因此，决策者对于损失的感知会比收益更加敏感，所以，本模型利用前景理论来刻画决策者的心理，前景理论可以表示为：

$$L(\nu) = \begin{cases} \nu^\gamma & \nu > 0 \\ -\kappa(-\nu)^\gamma & \nu \leq 0 \end{cases} \tag{30}$$

其中，ν 代表收益或损失的绝对值。$\gamma(0\leq\gamma\leq 1)$ 是风险偏好系数。在增益区域内较大的 γ 值意味着决策者倾向于对收益进行风险寻求，而在损失区域内较大的 γ 值意味着决策者倾向于对损失规避风险。$\kappa(\kappa\geq 1)$ 是损失厌恶系数。所有的产品都会有一个产品寿命周期，在本模型中，假设产品寿命为 10 年，根据实验结果，不管产品寿命为 5 年、10 年还是 15 年，对于实验结果的性质并不会产生影响，但将产品寿命设置为 10 年能够更好地体现出由于消费者的重复购买而引起的人工智能扩散波动。

为了研究企业对人工智能采用的动态变化过程，令 N_{it} 是一个泊松随机变量，表示 t 时间内对企业 i 的观察次数，n_{it} 表示其观测值。由式（4）和式（5），可得平均收益 $\bar{\pi}_{it}$：

$$\bar{\pi}_{it}=(\pi_a(t)+\pi_b(t))/2 \tag{31}$$

在正态分布框架中，得到技术扩散的收益均值 η_{it}：

$$\eta_{it}=\frac{n_{it}\bar{\pi}_{it}+\zeta_i\eta_{i0}}{n_{it}+\zeta_i} \tag{32}$$

其中，ζ_i 值反映了信念的灵活性。每家企业在使用人工智能时都有一个特殊的可变成本 c_i。企业准备采用人工智能，条件是收益 η_{it} 至少等于成本 c_i，由（32）等价于：

$$(\bar{\pi}_{it}-c_i)n_{it}\geq\zeta_i(c_i-\eta_{i0}) \tag{33}$$

假设 $(\bar{\pi}_{it}-\eta)(\sqrt{n_{it}}/\sigma)=q_{it}$ 是 $N(0,1)$，因此（33）可以重写为：

$$\left(\frac{\sigma q_{it}}{\sqrt{n_{it}}}+\eta-c_i\right)n_{it}\geq\zeta_i(c_i-\eta_{i0}) \tag{34}$$

采用人工智能企业群体 $A^0=\{i:\eta>c_i\}$，并将期望值 $E[n_{it}]=\alpha_i q(t)$ 代入式（34），得到式（35）。

$$q(t)\geq\frac{\zeta_i(c_i-\eta_{i0})}{\alpha_i(\eta-c_i)}-\frac{\sigma\sqrt{q(t)}q_{it}}{(\eta-c_i)\sqrt{\alpha_i}} \tag{35}$$

将 i 的阻力水平（或信息阈值）定义为该不等式右侧的期望值，即：

$$q_i=\frac{\zeta_i(c_i-\eta_{i0})}{\alpha_i(\eta-c_i)} \tag{36}$$

随着 $q(t)$ 超过阈值 q_i，类型 i 的企业越来越有可能采用。

$$W(i\to j)=\begin{cases}\sum_{k=1}^{\infty}\frac{(\alpha_i q)^k e^{-\alpha_i q}}{k!}\Phi\left[\frac{(\eta-c_i)\sqrt{k}}{\sigma}-\frac{\zeta_i(c_i-\eta_{i0})}{\sigma\sqrt{k}}\right], & L_i\leq\frac{1}{2L_j}\\ (L_j-L_i)\times\dfrac{\sum_{k=1}^{\infty}\frac{(\alpha_i q)^k e^{-\alpha_i q}}{k!}\Phi\left[\frac{(\eta-c_i)\sqrt{k}}{\sigma}-\frac{\zeta_i(c_i-\eta_{i0})}{\sigma\sqrt{k}}\right]}{L_i}, & \frac{1}{2L_j}<L_i<L_j\\ 0, & L_i\geq L_j\end{cases} \tag{37}$$

其中，$q = q(t)$，$k = n_{it} > 0$ 是泊松分布的，均值为 $\alpha_i q$。平均收益 $\bar{\pi}_{it}$ 均值为 η，方差为 σ^2/k。企业 i 和 j 的收益分别由 L_j 和 L_i 表示，式（37）中列出企业 i 改变其博弈策略的概率 $W(i \to j)$。由于较高的转换成本以及策略惯性，企业对于老策略有一定的依赖性，故在转换概率式（37）中加入了响应函数 $\ell_i(q)$，$\ell_i(q) = \sum_{k=1}^{\infty} \frac{(\alpha_i q)^k e^{-\alpha_i q}}{k!} \Phi\left[\frac{(\eta - c_i)\sqrt{k}}{\sigma} - \frac{\zeta_i(c_i - \eta_{i0})}{\sigma\sqrt{k}}\right]$，使企业改变策略的决策更加真实。

（四）政府政策调控机制建模

政府政策同时影响企业行为和消费行为。在政府政策的干预下，对每单位商品税收 r_e，两类企业会被征收一定的税收分别为 T_a 和 T_b：

$$T_a(t) = r_e \zeta_a O_a(t)$$
$$T_b(t) = r_e \zeta_b O_b(t) \tag{38}$$

其中，ζ_a、ζ_b 分别为采用人工智能和未采用人工智能产品的权重系数，且 $\zeta_b > \zeta_a$，即政府对未采用该人工智能的企业的税收要高于采用人工智能的企业。由式（24）和式（38），可重写两类企业的税收 T_a 和 T_b：

$$T_a(t) = r_e \zeta_a \frac{H_a(t) + H_c(t)}{\sum_i \phi_i \ell_i(t) N}$$
$$T_b(t) = r_e \zeta_b \frac{H_b(t)}{(1 - \sum_i \phi_i \ell_i(t)) N} \tag{39}$$

由此可得税收政策 r_e 与企业采用人工智能扩散程度 $\phi(t)$ 和消费者选择人工智能产品变化比率 $\varphi(t)$ 的量化关系：

$$r_e = \frac{T_a \sum_i \phi_i \ell_i(t) N}{\left[\int_{m=1}^{M_a} p_a dm + \int_{m=1}^{\tilde{M}_c} p_a dm\right] \zeta_a} \tag{40}$$

其中，$\tilde{M}_c = M_c \cdot 1 - (1 - \hbar)(1 - \varpi)^{m\varphi(t)}$。另外，政府会对采用人工智能的企业进行补贴 S，即生产的每个产品提供一定补贴 s_u：

$$S(t) = s_u O_a(t) \tag{41}$$

由此可得补贴政策 s_u 与企业采用人工智能的扩散程度 $\phi(t)$ 和消费者选择人工智能产品变化比率 $\varphi(t)$ 的量化关系：

$$s_u = \frac{S \sum_i \phi_i \ell_i(t) N}{\int_{m=1}^{M_a} p_a dm + \int_{m=1}^{\tilde{M}_c} p_a dm} \tag{42}$$

其中，$\tilde{M}_c = M_c \cdot 1 - (1-\hbar)(1-\varpi)^{m\varphi(t)}$。

总之，异质消费者的选择行为导致消费需求变动，消费需求变动影响异质企业利润变动，企业利润变动调整企业博弈行为。而政府的税收和补贴政策同时影响着企业的博弈行为和消费选择行为。如此循环，在企业网络，消费网络和政府政策三者之间形成内在的进化博弈机制，共同影响人工智能动态扩散，最终形成表1中的企业博弈收益矩阵。

表1　企业博弈收益矩阵

		企业2			
		采用人工智能		未采用人工智能	
企业1	采用人工智能	$\pi_a + L(S) + L(T_a)$	$\pi_a + L(S) + L(T_a)$	$\pi_a + L(S) + L(T_a)$	$\pi_b + L(T_b)$
	未采用人工智能	$\pi_b + L(T_b)$	$\pi_a + L(S) + L(T_a)$	$\pi_b + L(T_b)$	$\pi_b + L(T_b)$

企业获得信息是不完全的，是有限理性的。在每一轮进化博弈之后，允许企业检查其邻居的收益，并根据比较在下一轮改变他们的策略，如表1所示。具体来说，各企业根据企业的收益矩阵，可以在每一次博弈时依据式（1）的概率来选择比较对象，与其的收益进行对比。然后，企业根据式（37）来确定转移概率，然后通过该转移概率与位于0~1的随机数的比较来决定是否改变策略。比较的规则是，如果转移概率大于随机数，则该企业将改变策略；如果转移概率小于生成的随机数，则该企业将保持原策略不变。

四、实验结果分析

借鉴杨格（Young，2009）、哈吉等（Hajij et al.，2020）和石等（Shi et al.，2021）等文献的参数设置，进行博弈分析之前，先初始化模型参数。企业的个数（N）为300。企业网络中邻居节点的平均个数（S_f）为3。消费者的个数（M）为4 000。消费网络中邻居节点的平均个数（S_w）为3。生产人工智能产品的企业初始比例（λ）为0.1。人工智能产品的单位价格（p_a）为0.3398（单位百万元）。非人工智能产品的单位价格（p_b）为0.1289（单位百万元）。人工智能产品的单位成本（c_a）为0.25（单位百万元）。非人工智能产品的单位成本（c_b）为0.0554（单位百万元）。人工智能产品的税收权重系数（ζ_a）为26.6。非人工智能产品的税收权重系数（ζ_b）为29.7。

风险偏好系数（γ）为 0.89。损失厌恶系数（κ）为 2.25。单位产品的税收（r_e）为 0。单位产品的补贴（s_u）为 0.5。然后对异质消费者进行网络聚类分析。最后，通过消费网络和企业网络的博弈，分析政府政策对技术扩散的影响。因为实验数据是随机生成的，所以本文实验结果是取 1 000 次实验的均值。

（一）税收政策随时间变化对技术扩散的影响

图 1 中 r_e 代表对单位商品税收额。其中 0 表示没有税收，50 表示对每单位商品税收 50 元。横坐标时间 t 表示 0～120 年。纵坐标 $\phi(t)$ 表示学习网络上企业采用人工智能的技术扩散程度随时间变化比例。图 1 中税收政策对技术扩散随时间 t 变化呈现一个上大下小的 S 形曲线。这种现象的动态变化按时间大概可分为三个阶段：

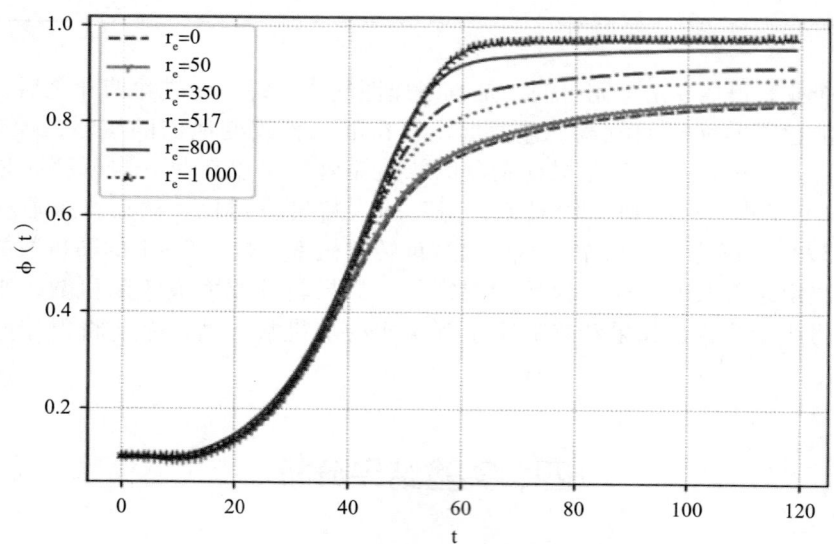

图 1　税收政策对技术扩散随时间 t 变化的结果

第一阶段是 0～20 年，企业采用人工智能的技术扩散程度很缓慢，税收对其变化影响很小。

第二阶段是 20～60 年，企业采用人工智能的技术扩散程度出现指数式增长，税收对其变化影响越来越大。税收越高，技术扩散就越快。

第三阶段是 60～120 年，企业采用人工智能的技术扩散程度很平稳，税收对其变化影响越来越小。

（二）税收政策随消费者选择比率变化对技术扩散的影响

图 2 中 r_e 代表对单位商品税收额。其中 0 表示没有税收，50 表示对每单位商品税收 50 元。横坐标表示消费选择比率 $\varphi(t)$ 随时间 t 变化。纵坐标表示学习网络上企业采用人工智能的技术扩散程度 $\phi(t)$ 随时间变化比例。图 2 中税收政策对技术扩散随消费者选择比率变化呈现一个上小下大的 S 形曲线。这种现象动态变化按消费选择比率大概可分为三个阶段：

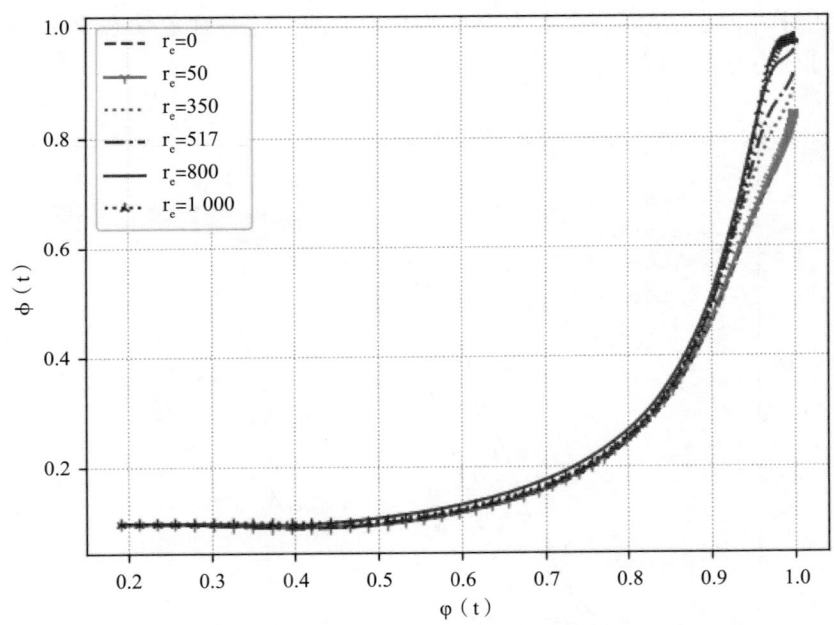

图 2　税收政策对技术扩散随消费者选择比率变化的结果

第一阶段，当消费选择比率小于 0.5 时，企业采用人工智能的技术扩散程度很缓慢，税收对其变化影响很小。

第二阶段，当消费选择比率大于 0.5 时小于 0.9 时，企业采用人工智能的技术扩散呈现指数式增长，但税收对其变化影响很小。

第三阶段，当消费选择比率大于 0.9 时，企业采用人工智能的技术扩散程度会越来越平稳，税收对其变化影响越来越大。税收越高，技术扩散越快。

另外，由于添加了消费选择比率对技术扩散的影响，所以图 2 中技术扩散程度的 S 形曲线比图 1 的 S 形曲线，有了明显的变化，底部变长，这样造成税收在早期的技术扩散过程作用变小。

总之，消费选择行为会对技术扩散产生显著的影响。这导致了在消费选择比率低于 0.9 之前，税收政策对推动技术扩散的作用不大。当消费选择比率达到 0.9 以后，人工智能产品单位税收越高，税收政策越能推动技术扩散。

（三）补贴政策随时间变化对技术扩散的影响

图 3 中的 s_u 代表单位商品补贴额，其中 0 是没有补贴，0.09 表示对单位商品补贴 0.09 元。横坐标时间 t 是 0～120 年。纵坐标 $\phi(t)$ 表示学习网络上企业采用人工智能的技术扩散程度随时间变化比例。图 3 中补贴政策对技术扩散随时间 t 变化呈现一个上大下小的 S 形曲线。这种现象动态变化按时间大概可分为三个阶段：

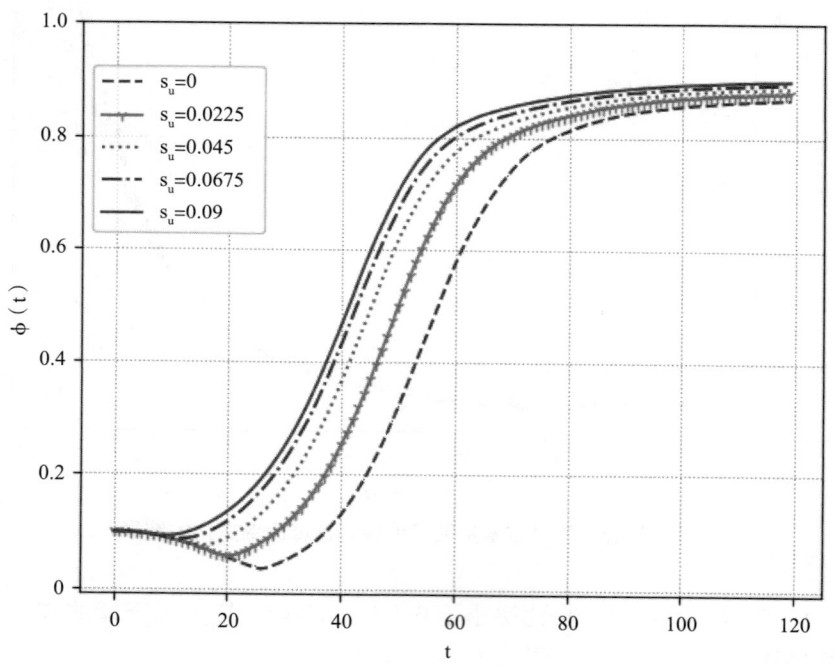

图 3　补贴政策对技术扩散随时间变化的结果

第一阶段是 0～10 年，企业采用人工智能的技术扩散程度很缓慢，补贴对其变化影响很小。

第二阶段是 10～60 年，企业采用人工智能的技术扩散程度出现指数式增长，补贴政策对其变化影响越来越大。补贴越高，技术扩散越快。

第三阶段是 60～120 年，企业采用人工智能的技术扩散程度很平稳，补贴对其变化影响越来越小。

（四）补贴政策随消费者选择比率变化对技术扩散的影响

图 4 中的 s_u 代表单位商品补贴额，其中 0 是没有补贴，0.09 表示对单位商品补贴 0.09 元。横坐标表示消费选择比率 $\varphi(t)$ 随时间 t 变化。纵坐标 $\phi(t)$ 表示学习网络上企业采用人工智能的技术扩散程度随时间变化比例。图 4 中补贴政策对技术扩散随时间 t 变化呈现一个下大上小的 S 形曲线。这种现象是因消费行为由传染网络驱动和企业行为受企业学习网络影响两种效应复合造成的。二者的动态变化大概可分为三个阶段：

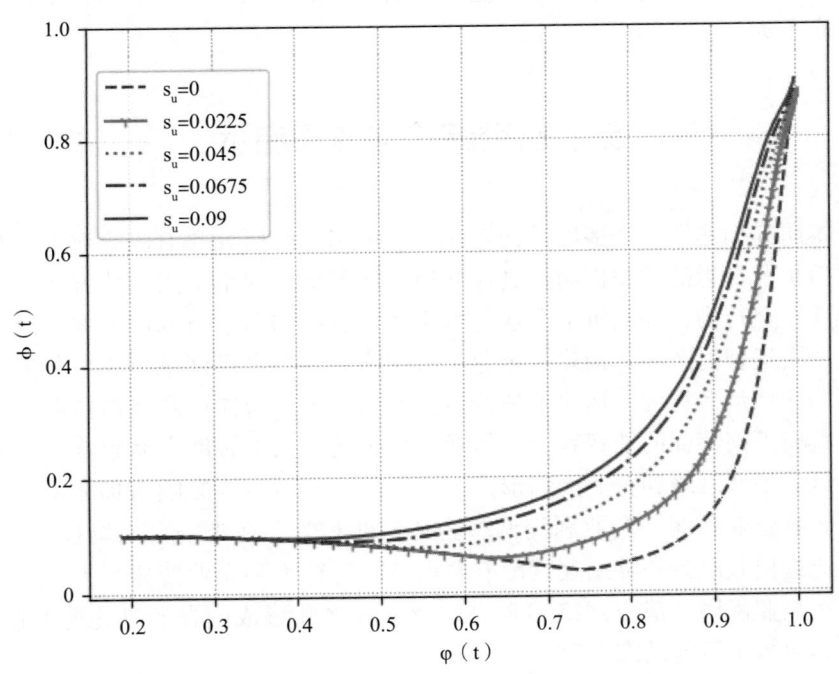

图 4 补贴政策对技术扩散随消费者选择比率变化的结果

第一阶段：当消费选择比率 $\varphi(t)$ 低于 0.4 之前，消费行为受传染网络的影响，不会加速太大，市场需要也不会增大，导致企业技术扩散 $\phi(t)$ 缓慢增长。因此，当消费选择比率处于较小的水平时，技术扩散速率也较低。

第二阶段：当消费选择比率 $\varphi(t)$ 在 0.4～0.98，越来越多消费者选择人工智能产品。受消费行为的影响，市场需求也随之扩大。加之企业行为本身是由企业学习网络驱动的，该过程开始加速，并且此时密度正在增加，则该过程出现一段超指数增长期。例如，当消费选择比率达到 0.7 以后，技术扩散速率开始有较大提升。当消费选择比率达到 0.8 时，扩散速率增幅更为明显。

第三阶段:当消费选择比率 $\varphi(t)$ 大于 0.98 之后,消费行为稳定,市场需求也随之稳定。技术扩散程度 $\phi(t)$ 受消费行为的影响,也随之稳定。例如,当消费选择比率达到 0.99 左右时,技术扩散程度达到稳定水平。

总之,在企业学习网络和消费传染网络进化博弈的影响下,在消费选择比率低于 0.4 之前,技术扩散速率较低,这个时期不同的补贴政策对推动技术扩散作用区别不大。在消费选择比率大于 0.4 以后,消费行为和企业行为的变化率从缓慢变化到经历一段超指数增长时期,这个时期补贴政策对推动技术扩散作用很大。人工智能产品单位补贴越高,补贴政策越能推动技术扩散。当消费者选择人工智能产品的比率达到 0.98 后,消费行为和企业行为的变化率从快速增长到趋于稳定,这个时期不同的补贴政策对推动技术扩散作用区别不大。

五、研究结论与政策启示

本研究构建了一个多层异构进化博弈网络,来研究政府政策对人工智能开源后扩散行为的调控机制。具体来说,在无标度网络上用微分方程动态刻画异质企业行为,并且每个企业与网络中的直接邻居进行利润博弈,决定是否生产人工智能产品,构建了企业学习网络。在小世界网络上用微分方程动态刻画异质消费行为,构建了消费传染网络。人工智能产品在消费网络中散布在具有不同特征的消费者中,消费者是否选择人工智能产品影响着企业博弈决策。消费网络和企业网络形成一个市场,消费行为影响市场需求,市场需求影响企业利润,企业利润调整企业博弈行为。在市场自主调控基础上,政府通过税收政策和补贴政策影响着消费选择行为和企业博弈行为。如此循环,在企业网络,消费网络和政府政策三者之间形成内在的进化博弈制度,共同影响人工智能动态扩散。

仿真结果:第一,通过对比有无消费选择行为,发现加入消费选择行为后,消费选择行为对人工智能扩散趋势产生显著影响,人工智能扩散由缓慢增长到指数式增长的趋势显著后移。第二,税收政策在不同的消费选择比率下对人工智能扩散的影响是不同的。当消费者选择使用人工智能产品的比率小于 0.9 之前,税收政策对其变化影响很小。当消费者选择使用人工智能产品的比率大于 0.9 之后,税收政策对其影响越来越大。税收越高,技术扩散就越快。第三,补贴政策在不同的消费选择比率下对人工智能扩散的影响是不同的。在消费者选择使用人工智能产品的比率低于 0.4 之前,补贴政策对推动技术扩散作用不大。在消费者选择使用人工智能产品的比率大于 0.4 以后,补贴政策对推动技术扩散的作用很大。补贴越高,越能推动技术扩散。

政策启示：依据本文仿真实验结果，我们可以看到，在人工智能技术开源初期，消费者行为不稳定时，补贴政策比税收政策更能推动人工智能技术扩散，补贴越高越能推动技术扩散。而在人工智能技术开源中后期，消费者行为稳定后，税收政策同样可以推动人工智能技术扩散，高税收同样可以推动技术扩散。

参考文献

1. 董直庆、蔡啸、王林辉：《财产流动性与分布不均等：源于技术进步方向的解释》，载于《中国社会科学》2016年第10期。

2. 郭凯明：《人工智能发展、产业结构转型升级与劳动收入份额变动》，载于《管理世界》2019年第7期。

3. 郭凯明、杭静、颜色：《资本深化、结构转型与技能溢价》，载于《经济研究》2020年第9期。

4. 何瑛、于文蕾、戴逸驰等：《高管职业经历与企业创新》，载于《管理世界》2019年第11期。

5. 刘洋、董久钰、魏江：《数字创新管理：理论框架与未来研究》，载于《管理世界》2020年第7期。

6. 龙小宁、易巍、林志帆：《知识产权保护的价值有多大？——来自中国上市公司专利数据的经验证据》，载于《金融研究》2018年第8期。

7. 黎文靖、郑曼妮：《实质性创新还是策略性创新？——宏观产业政策对微观企业创新的影响》，载于《经济研究》2016年第4期。

8. 苗文龙、何德旭、周潮：《企业创新行为差异与政府技术创新支出效应》，载于《经济研究》2019年第1期。

9. 权小锋、尹洪英：《中国式卖空机制与公司创新——基于融资融券分步扩容的自然实验》，载于《管理世界》2017年第1期。

10. 唐松、伍旭川、祝佳：《数字金融与企业技术创新——结构特征、机制识别与金融监管下的效应差异》，载于《管理世界》2020年第5期。

11. 田秀娟、李睿：《数字技术赋能实体经济转型发展——基于熊彼特内生增长理论的分析框架》，载于《管理世界》2022年第5期。

12. 许恒、张一林、曹雨佳：《数字经济、技术溢出与动态竞合政策》，载于《管理世界》2020年第11期。

13. 赵子乐、林建浩：《海洋文化与企业创新——基于东南沿海三大商帮的实证研究》，载于《经济研究》2019年第2期。

14. Acemoglu D, Restrepo P., 2022, "Robots and jobs: Evidence from US labor markets". *Journal of political economy*, Vol. 128, No. 6, pp. 2188–2244.

15. Afonso O, Neves P C, Thompson M., 2018, "Costly investment and

complementarities in an international trade model with directed technological change". *Metroeconomica*, Vol. 69, No. 1, pp. 195 – 223.

16. Agha, L., Kim, S., & Li, D., 2022, "Insurance design and pharmaceutical innovation". *American Economic Review: Insights*, Vol. 4, No. 2, pp. 191 – 208.

17. Arntz, M., Gregory, T., & Zierahn, U., 2017, "Revisiting the risk of automation". *Economics Letters*, Vol. 159, pp. 157 – 160.

18. Bass, F. M., 1980, "The relationship between diffusion rates, experience curves, and demand elasticities for consumer durable technological innovations". *Journal of business*, pp. S51 – S67.

19. Bai, Y., & Kung, J. K. S., 2022, "Surname distance and technology diffusion: the case of the adoption of maize in late imperial China". *Journal of Economic Growth*, pp. 1 – 39.

20. Brin, S., & Page, L., 1998, "The anatomy of a large-scale hypertextual web search engine". *Computer networks and ISDN systems*, Vol. 30, No. 7, pp. 107 – 117.

21. Bratta, B., Romano, L., Acciari, P., & Mazzolari, F., 2022, "Assessing the impact of digital technology diffusion policies. Evidence from Italy". *Economics of Innovation and New Technology*, pp. 1 – 24.

22. Calvano, E., Calzolari, G., Denicolo, V., & Pastorello, S., 2020, "Artificial intelligence, algorithmic pricing, and collusion". *American Economic Review*, Vol. 110, No. 10, pp. 3267 – 3297.

23. Cascaldi - Garcia, D., & Vukotić, M., 2022, "Patent-based news shocks". *Review of Economics and Statistics*, Vol. 104, No. 1, pp. 51 – 66.

24. Comin, D., & Mestieri, M., 2018, "If technology has arrived everywhere, why has income diverged?". *American Economic Journal: Macroeconomics*, Vol. 10, No. 3, pp. 137 – 178.

25. Chen, Y., Lai, J. K., Parkes, D. C., & Procaccia, A. D., 2013, "Truth, justice, and cake cutting". *Games and Economic Behavior*, Vol. 77, No. 1, pp. 284 – 297.

26. Choi, J., & Lee, J. 2017, "Repairing the R&D market failure: Public R&D subsidy and the composition of private R&D". *Research Policy*, Vol. 46, No. 8, pp. 1465 – 1478.

27. Dijkstra, E. W., 1959, "A note on two problems in connexion with graphs". *Numerische mathematik*, Vol. 1, No. 1, pp. 269 – 271.

28. Doğan, G., van Assen, M., & Potters, J., 2013, "The effect of

link costs on simple buyer-seller networks". *Games and Economic Behavior*, Vol. 77, No. 1, pp. 229 – 246.

29. Erwig, M., 2000, "The graph Voronoi diagram with applications". *Networks: An International Journal*, Vol. 36, No. 3, pp. 156 – 163.

30. Frey, C. B., & Osborne, M. A., 2017, "The future of employment: How susceptible are jobs to computerisation?". *Technological forecasting and social change*, Vol. 114, pp. 254 – 280.

31. García – Jimeno, C., Iglesias, A., & Yildirim, P., 2022, "Information Networks and Collective Action: Evidence from the Women's Temperance Crusade". *American Economic Review*, Vol. 112, No. 1, pp. 41 – 80.

32. Geroski, P. A., 2000, "Models of technology diffusion". *Research policy*, Vol. 29, No. 4, pp. 603 – 625.

33. Goldfarb A, Tucker C., 2019, "Digital economics". *Journal of Economic Literature*, Vol. 57, No. 1, pp. 3 – 43.

34. Hajij, M., Said, E., & Todd, R., 2020, "PageRank and The K – Means Clustering Algorithm". arXiv preprint arXiv: pp. 2005, 04774.

35. Jackson, M. O., & Yariv, L., 2007, "Diffusion of behavior and equilibrium properties in network games". *American Economic Review*, Vol. 97, No. 2, pp. 92 – 98.

36. Jain, A. K., 2010, "Data clustering: 50 years beyond K – means". *Pattern recognition letters*, Vol. 31, No. 8, pp. 651 – 666.

37. Kim, K., Jung, S., Hwang, J., & Hong, A., 2018, "A dynamic framework for analyzing technology standardisation using network analysis and game theory". *Technology Analysis & Strategic Management*, Vol. 30, No. 5, pp. 540 – 555.

38. Li, D., Ma, J., Tian, Z., & Zhu, H., 2015, "An evolutionary game for the diffusion of rumor in complex networks". *Physica A: Statistical Mechanics and its Applications*, Vol. 433, pp. 51 – 58.

39. Losacker, S., 2022, " 'License to green': Regional patent licensing networks and green technology diffusion in China". *Technological Forecasting and Social Change*, Vol. 175, p. 121336.

40. Manski, C. F., 2004, "Social learning from private experiences: the dynamics of the selection problem". *The Review of Economic Studies*, Vol. 71, No. 2, pp. 443 – 458.

41. Pellegrino, G., Piva, M., & Vivarelli, M., 2019, "Beyond R&D: the role of embodied technological change in affecting employment". *Journal of Evo-

lutionary Economics, Vol. 29, No. 4, pp. 1151 – 1171.

42. Schaeffer, S. E., 2007, "Graph clustering". *Computer science review*, Vol. 1, No. 1, pp. 27 – 64.

43. Shi, Y., Wei, Z., Shahbaz, M., & Zeng, Y., 2021, "Exploring the dynamics of low-carbon technology diffusion among enterprises: An evolutionary game model on a two-level heterogeneous social network". *Energy Economics*, p. 101105399.

44. Smith, L., & Sørensen, P., 2000, "Pathological outcomes of observational learning". *Econometrica*, Vol. 68, No. 2, pp. 371 – 398.

45. Stokey, N. L., 2021, "Technology diffusion". *Review of Economic Dynamics*, Vol. 42, pp. 15 – 36.

46. Stuetzle, W., 2003, "Estimating the cluster tree of a density by analyzing the minimal spanning tree of a sample". *Journal of classification*, Vol. 20, No. 1, pp. 25 – 47.

47. Teece, D. J., 2017, "Towards a capability theory of (innovating) firms: implications for management and policy". *Cambridge journal of economics*, Vol. 41, No. 3, pp. 693 – 720.

48. Von Graevenitz, G., Graham, S. J., & Myers, A. F., 2022, "Distance (still) hampers diffusion of innovations". *Regional Studies*, Vol. 56, No. 2, pp. 227 – 241.

49. Young, H. P., 2009, "Innovation diffusion in heterogeneous populations: Contagion, social influence, and social learning". *American economic review*, Vol. 99, No. 5, pp. 1899 – 1924.

50. Zivanic, M., Daescu, O., Kurdia, A., & Goodman, S. R., 2012, "The Voronoi diagram for graphs and its application in the Sickle Cell Disease research". *Journal of Computational Science*, Vol. 3, No. 5, pp. 335 – 343.

51. Zhang, L., Xue, L., & Zhou, Y., 2019, "How do low-carbon policies promote green diffusion among alliance-based firms in China? An evolutionary-game model of complex networks". *Journal of Cleaner Production*, Vol. 210, pp. 518 – 529.

The Regulatory Mechanism of Government Policies and the Diffusion Behavior of Open Source Artificial Intelligence

ZHANG Hengguo

(Center For Economic Research, Shandong University, 250100)

[**Abstract**] A multi-layer heterogeneous evolutionary game network was constructed to study the theoretical modeling of government policies regulatory mechanism about the diffusion behavior of artificial intelligence after open source. This paper dynamically characterizes heterogeneous corporate behavior using differential equations on scale-free networks and establish a firm learning network. A consumption contagion network was established by dynamically characterizing heterogeneous consumer behavior using differential equations on a small world network. Consumer choice behavior on the internet affects market demand, market demand affects corporate profits, and corporate profits affect corporate game behavior. Government policies simultaneously affect consumer behavior and corporate behavior. This study indicates that firstly, consumer choice behavior has a significant impact on the diffusion trend of artificial intelligence. Secondly, after the proportion of consumers choosing artificial intelligence products exceeds 0.9, the higher the tax revenue, the faster the technology diffusion. Thirdly, subsidy policies play a significant role in promoting technology diffusion when the consumer selection rate for artificial intelligence products exceeds 0.4. The higher the subsidy, the more it can promote technology diffusion.

[**Key Words**] artificial intelligence   Enterprise Learning Network   Consumer contagion network   Evolutionary game theory   differential equation

JEL Classifications: C73   C92   D21

不完全契约下的企业重整程序设计

▶黄晓光　黄志成*◀

【摘　要】在重整企业价值因不完全契约而缺乏"客观价值"的情况下，解决事后的资产套牢问题应成为重整程序的首要目标。针对资产套牢问题的两个重要原因——"债务积压问题"和"债权人在集体行动中的机会主义行为"——通过构建数理模型，研究发现：第一，对于消除债务积压问题，强制裁定规则起着关键作用。它针对单个组别债权人设定的强制裁定标准，成为各类债权人之间事后再谈判的"基准点"，这一"基准点"决定了重整价值在事前和事后激励上的分配。本文还论证了，在不完全契约的场合，绝对优先规则是多余的，应代之以一个更具包容性的资格审查条款，以容纳各种对事后解决套牢问题不可或缺，但却违背了绝对优先规则的"例外"。第二，对于消除债权人在集体行动中的机会主义行为，一个有关受偿方式与重整计划批准方式之间的"匹配原理"发挥着重要作用。当重整过程中可分配资产的价值从可缔约到不可缔约存在一系列复杂的中间情形时，被分配资产价值的可缔约程度应按"因强制裁定而通过计划的债权人—因投票而合意通过计划的债权人—原股东"的顺序递减。最后还提出了一个将选择权按优先顺位分配的新重整机制，并证明了其能够在不完全契约条件下，无须经过讨价还价而产生出可行的重整计划，该计划既能解决债务积压问题，又消除了债权人的机会主义行为。

【关键词】不完全契约　企业破产重整　优先规则　强制裁定规则

中图分类号：**F063.1**　　文献标识码：**A**

---

* 黄晓光，广东海洋大学经济学院副教授，硕士生导师；地址：（524088）广东省湛江市麻章区海大路1号广东海洋大学经济学院；E-mail：huangxg@gdou.edu.cn。黄志成，香港大学法律学院研究员；地址：（999077）香港特别行政区薄扶林道香港大学法律学院；E-mail：alehuang@hku.hk。

一、引　言

　　本文在不完全契约的情境下，通过构建数理模型，研究了应如何设计企业重整计划以解决事后的资产套牢问题。当企业因债务困境而进入破产重整程序时，资产套牢问题主要表现为两类。一类是在企业需要追加投资（即投资不足）的场合，有效的事后投资无法实现；另一类是在企业需要清理无效率资产（即投资过度）的场合，无效率资产得不到有效的清算。这两类资产套牢问题都意味着有价值的重整计划无法通过，一个高于清算价值的新企业持续经营价值无法得到实现。从不完全契约的观点看，导致资产套牢问题的原因主要有两方面。第一，债务积压（debt overhang）现象，这一原因来自事前的权利安排，即债权人都希望通过坚持完整履行原合同获取最大的事后利益，迫使其他债权人作出让步；第二，债权人的机会主义行为，这一原因来自事后破产程序的执行，即债权人在重整计划对其有利可图的场合策略性地反对计划，以要求分享更多的事后利益。本文针对这两个原因，分析应如何设计重整程序以解决资产套牢问题。据作者所知，本文首次在不完全契约的观点下构建了分析企业破产重整程序的经济学模型，从新的视角考察了强制批准规则、优先规则以及债权受偿方式等有关破产重整法的重要内容。

　　关于上述第一个原因，即债务积压导致事后投资激励不足或资产被过度清算的问题，现有的研究主要围绕优先规则的适用而展开。这些优先规则包括绝对优先规则（absolute priority rule）、相对优先规则（relative priority rule）和最佳利益规则（best interest rule）。在这方面，传统的关于破产法的法经济学模型主要是债权人谈判理论（Jackson, 1982；Jackson, 1986）。该理论认为破产法作为集体收债制度，其作用在于解决债权人对债务人财产进行竞争性掠夺所导致的"囚徒困境"。因此，在债权人谈判理论看来，绝对地遵守非破产权利是必要的，否则破产法所创设的额外权利，会重新引入其一开始需要解决的囚徒困境难题。也就是说，绝对优先规则必须得到遵守。然而，绝对优先规则仅仅考虑了事前的非破产权利，一旦考虑到事后激励不足导致追加投资无法实现、有整体存在价值的资产组合得不到维持的时候，遵守绝对优先规则可能就是得不偿失的（Baird and Picker, 1991；Baird and Rasmussen, 2001；Baird, 2017）。新近的研究从不完全契约和资产套牢的角度（Ayotte and Skeel, 2013；Casey, 2020）重新审视了这一争论。从不完全契约的观点来看，争论是否应当适用绝对优先规则是误导性的，因为如果新企业的价值在重整期间不可证实且不可缔约，个人对新企业价值的评价也存在主观上的差异，那么就根本没有什么"客观的企业价值"可供公平分配。重整程序的目标应该是解决事后的资产套牢问题,而不是以何种优先规则分配价值。

本文沿着这一思路构建了数理模型,研究发现,在不完全契约的场合,对解决债务积压问题真正起关键作用的是强制裁定规则(cramdown rule)中为各类债权人设定的强制裁定标准。强制裁定规则为债权人之间的谈判确立了"基准点"。这一"基准点"在那些认为新企业具有较高价值的债权人看来,是有力的威胁手段,能使异议债权人的意见被压制,从而剥夺其分享重整价值的机会;而在那些认为新企业具有较低价值的债权人看来,这一"基准点"又是有力的保护,是他能在重整计划中主张的最低价值——任何可行的重整计划要么满足他的要求,寻求他合意的计划,要么提供给他"基准点"的价值,使之不得被强制通过实施,否则他就能够有效地阻止计划实施。因此,强制裁定规则所确定的"基准点"决定了谁将获得事后再谈判的主导权,同时也决定了重整计划应当在何种程度上尊重事前的非破产权利,以及能为事后激励提供多大价值。在此基础上,本文对传统上关于适用绝对优先规则还是相对优先规则的争论作出了回应:在不完全契约的场合,由于不存在什么可供分配的"客观价值",争论适用绝对优先规则还是相对优先规则没有什么意义;绝对优先规则在不完全契约的条件下是多余的,应代之以一个更具包容性的资格审查条款,即规定若一个后顺位组别(在经管债务人模式下,尤其是原股东)在前顺位组别未获得全额清偿的条件下获得某种形式的价值分配,该组别就应当接受严格审查,以确保这一分配对于激励事后追加投资、付出努力寻找最有价值的计划是必要的。

关于第二个原因,即债权人的机会主义行为,本文提出了一个有关受偿方式与重整计划批准方式之间的"匹配原理"。理论上,重整程序之所以需要分为一个根据投票而合意批准的程序,以及一个根据司法裁定而强制批准的程序,原因正在于用于清偿的资产在价值的可缔约程度上存在差异。如果用于清偿的资产都是可缔约的,那么投票就是多余的,法官完全可以根据资产可缔约的客观价值的计算,来分配资产并强制通过可行的重整计划。相反,如果用于清偿的资产都是不可缔约的,司法上强制通过重整计划就是不可能的了,只有通过投票而合意通过的计划,才不会损害债权人和股东的合法权利。现实中可用于清偿的资产从不可缔约到可缔约存在一系列复杂的中间情形,而由于估值成本的高昂,法官在适用强制批准规则的时候往往又只能依据资产价值中可缔约的部分作出裁定。在这一情形下,如果根据司法裁定而被强制通过计划的债权人所获得的资产价值,在其他债权人看来将为其带来超出"基准点"之上的超额收益,那么这一超额收益将激励本应合意接受计划的债权人采取机会主义行为,策略性地反对计划。也就是说,超出"基准点"之上的不可缔约价值,为债权人在"根据投票而合意批准的程序"和

"根据司法裁定而强制批准的程序"之间进行策略性选择创造了空间，债权人此时不再根据自身对新企业价值的真实判断进行决策。例如，在清算无效率资产的情形下，如果企业自有现金不足，就需要通过出售无效率资产以获得清算计划所需的现金。但问题在于，若出售太多，将损害新企业的价值；若出售不足，又无法满足异议债权人的需求以解决套牢问题。如果出售不可缔约价值占比较大的资产（例如各类专用性资产），由于其只能按较低的可缔约价值折价为现金，即便不看好新企业、选择以现金受偿的债权人按现金受偿价值被强制批准计划，那些看好企业未来、选择持有新企业股权的债权人也会投票反对这样的计划，因为他们更看好也更希望控制这些资产，更希望将其维持在新企业的资产池内。这种情况意味着重整计划出售了"太多"资产，把对新企业有价值的资产贱卖了。追加投资的情形与此类似。如果企业自有现金不足，那么看好企业未来发展的持股债权人就需要额外注资，以获得计划所需的现金。但问题在于，若注资不足，无法解决套牢问题；注资过多，又会损害事后投资激励。如果把企业中不可缔约价值占比较大的资产用于满足异议债权人，那么很可能会"过多"地偿付，损害新企业的价值，从而损害事后追加投资的激励。因此，重整计划要消除债权人的机会主义行为，就必须使受偿方式与重整计划获得通过的方式相匹配，也就是使得债权人和股东受偿资产价值的可缔约程度按"因强制裁定而通过计划的债权人—因投票而合意通过计划的债权人—原股东"的顺序依次递减。本文将其称为受偿方式与重整计划批准方式之间的"匹配原理"。一份按照该匹配原理设计出来的重整计划，将为债权人确立这样的规则预期：如果他反对当前计划，那么他很可能会在接下来的新计划中被直接给予较低的可缔约价值（例如现金），从而被强制通过计划；如果他接受当前计划，则能够获得较高的、不可缔约的新企业价值（例如持有股权）。通过这一匹配原理，债权人将会在决策时权衡，到底是赞同计划接受不可缔约的新企业价值划算，还是反对计划寻求较低的可缔约价值受偿划算；对不可缔约的新企业价值（相对于"基准点"）评价较高的债权人自然会选择前者，而对新企业价值评价（同样相对于"基准点"）较低的债权人则通过反对计划而选择后者。重整过程中的可分配资产将由此落于对其评价最高的人手中。这解释了我们为何通常会在重整计划中观察到，劳动债权、税收债权和小额债权等会被安排获得现金清偿，美国《破产法典》第1129条甚至将现金清偿作为对劳动债权和税收债权等进行强制裁定的前提条件，除非债权人同意不同的对待。

  本文最后还提出了一个新的重整机制，并证明了这一新机制能够在不完全契约下，无须经过讨价还价就能够产生出可行的重整计划，这一可行的重整计划既不存在债务积压问题，又不存在债权人的机会主义行为。新机制的关键特征在于，按优先顺序分配的并不是一定的价值，而是选择权。这意味着将债权人对资产价值的固定请求权转变成了关于资产用途的事后选择权。在新机制中,最优先的债权组一开始被分配企业的全部股权,组内每个债权人得到与其债权比例相称的股权,并且可以选择是否保留股权。如果保留,那么他需要以其在组内的债权比例为限,偿付所有其他顺位组别的尚未获得偿付的全部债权(或清算价值);如果放弃,那么股权将交给后一顺位的债权组,并得向后顺位组别要求清偿他的全部债权(或清算价值)中未获偿付的部分。本文将证明,在给定强制裁定标准的条件下,即使存在不完全契约,这一机制无须客观估值和讨价还价过程,也能够产生出可行的重整计划,该计划既不存在债务积压问题,又不存在债权人的机会主义行为。这一廉价的机制尤为适用于缺乏外部股权市场、可分配价值相对较低的中小企业。

二、文献综述

债权人谈判理论(creditors' bargain theory)是最早的关于破产法的法经济学模型(Jackson, 1982, 1986)。该理论认为,破产法作为一种集体收债制度,其作用在于通过标准化的法律程序解决债权人单独收债行动所产生的"囚徒困境"或"公地悲剧"。没有破产法,债权人将以"先到先得"的准则对破产财产展开竞争性的掠夺,这一方面可能导致偏颇的清偿,另一方面又可能会摧毁破产财产作为一个整体的持续经营价值。债权人谈判理论提出的另一个重要的观点是:破产法不应当在非破产法所创设的实体权利之外,创设任何的权利。这意味着,破产法应当尊重债权人的非破产权利,这些非破产权利由破产法以外的实体法所赋予,并且决定了债权人在破产程序中的相对地位。杰克逊(Jackson, 1982; 1986)以破产财产价值实现方式的不同,区分了清算程序和重整程序。在清算程序中,破产财产以整体或零散的方式出售给外部第三方;而在重整程序中,破产财产则作为一个具有持续经营价值的整体,全部或部分"出售"给原债权人,因维持持续经营而产生的租金增益在利益相关者——主要是债权人、经理人或原股东——之间分配。由于重整程序的"出售"通常涉及"债转股"的方式,因此重整程序有别于以现金作价的清算程序,它的一个特殊的困难就在于分配的价值难以清晰计算。但不管是清算还是重整,根据债权人谈判理论"尊重非破产权利"的观点,选择不同的程序仅仅应考虑对可分配价值总量大小的影响,而不应考虑是否应改变利益相关者之间的相对地位。如果破产法改变了利益相关者之间的相对地位,就会在实体法之外创设额外权利,从而招致利益相关者对破产财产的掠夺性竞争。当债权人预见到这一点时,事前的投资激励就会遭受削弱(Bebchk, 2002)。这显然违背了破产法的目的。在破产法中人为地对某些利益相关者提供额外保护,似乎只有在存在非合意债权以及利益相关者之间事前不平等的情况下,才是合理的。这一思想为破产法中的"绝对优先规则"提供了最强有力的论证。

现实中大量偏离绝对优先规则的案例(尤其是中小企业重整案),促使学者开始反思绝对优先规则在重整程序中的作用。偏离绝对优先规则的一个有力的理由是:重整企业存在债务积压(debt overhang)问题,如果不偏离绝对优先规则并赋予重整投资人以一定优先权的话,重整根本不可能成功。这是经管债务人贷款(debtor-in-pocession loan)优先权和股东新价值例外(new value exception)的思想基础。贝尔德和皮克(Baird and Picker,1991)认为,破产法并不只是解决债权人在分配破产财产上的集体行动问题;破产法,尤其是破产重整程序,更是为债权人和经理人(或原股东)之间进行事后再谈判、达成一个事后有效率的重整计划,提供了法律框架。贝尔德和皮克(1991)、贝尔德和拉斯穆森(Baird and Rasmussen,2001)讨论了在经理人或原股东拥有重整企业不可或缺的专用性资产的场合下,重整过程怎样通过偏离绝对优先规则调整着债权人和经理人(或原股东)之间的新企业价值分配,从而产生事后有效率的重整。偏离绝对优先规则的另一个可能的原因是,对重整企业的估值存在着不确定性(Baird and Bernstein,2006;Baird,2017)。这一观点认为,绝对优先规则的执行通常要求对重整企业的价值进行评估,而这一评估过程的成本往往极为高昂,以至于根本难以获得一个具有确定性的企业价值。当法官可能高估或低估重整企业价值的时候,这一不确定性的存在会使得后顺位债权人或原股东拥有了一定的谈判能力,以分享重整企业的价值;而按照绝对优先规则,他们本来是无法得到分配的。因此,绝对优先规则通常只适用于整体出售(going-concern sale)的场合;而在缺乏外部市场、重整企业只能以非市场的方式"出售"给原债权人的场合,绝对优先规则的作用就十分有限。

对绝对优先规则更有力的批评,来自不完全契约的观点。从这一观点来看(Ayotte and Skeel,2013;Casey,2020),在绝对优先规则之下,重整程序被理解为一个如何根据非破产权利公平分配客观的企业价值的过程;但在不完全契约的条件下,如果新企业的价值在重整期间不可证实且不可缔约,个人对新企业价值的评价也存在主观上的差异,那么就根本没有什么"客观的企业价值"可供公平分配。因此,在不完全契约的条件下,重整程序的真正目标应该是解决事后的资产套牢问题;而对于实现这一目标而言,绝对优先规则以外的其他规则,例如相对优先规则和最佳利益规则等,或许更具效率。相较之下,绝对优先规则将重整程序理解为一个如何分配既定价值的过程,显然是具有误导性的。

现有的关于破产重整的经济模型仍沿用着传统的观点,即把企业重整视作一个通过事后再谈判分割既定价值的过程（Bebchuk，1988；Li and Li，1999；Hausch and Ramachandran，2009；Annabi et al.，2012；Shibata and Tian，2012；Antill and Grenadier，2019）。在这一局限的视角下，破产重整法中的一些重要制度设计会变得难以解释，例如强制裁定规则起作用的机制以及各类优先规则的经济效率等。

相对现有的文献，本文的边际贡献主要在于两点：第一，在理论方面，本文从不完全契约的视角构建了企业的破产重整模型。根据该模型，本文首先分析了强制裁定规则在解决债务积压问题上的作用；其次考虑企业可分配资产的价值在可缔约性上的差异，本文提出了一个关于受偿方式与重整计划方式之间的"匹配原理"，并分析了该原理在消除债权人事后机会主义行为上的作用。第二，在实践方面，本文提出了一个基于选择权分配的新的重整机制，这一新机制能够在不完全契约下，无须经过讨价还价就能够产生出可行的重整计划，这一可行的重整计划既不存在债务积压问题，又不存在债权人的机会主义行为。

三、基准模型

破产清算将破产企业视为一个没有持续经营价值的实体，它的资产需要当即通过拆散出售转换成现金以偿付债权人，资产从企业实体退出转换到新的用途。与破产清算不同的是，破产重整将破产企业视为一个仍然值得存续的整体，只是需要通过事后再谈判和资产重组（追加投资或清理无效率投资）提升企业的持续经营价值。即使是在出售式重整之中，破产企业也是作为一个具有持续经营价值的整体而出售（going-concern sale），这与破产清算中的零散出售（piecemeal sale）有着本质不同。从整体上说，只要重整后新企业产生的持续经营价值大于清算程序产生的现金价值，进行重整就是值得的。

（一）基本设定与重整中的套牢问题

本节的模型基于黄晓光和黄志成（2023）的清算模型。该清算模型由于假定了企业的持续经营价值可缔约且固定不变，因此不存在重整的余地，企业的持续经营价值也按清算程序下的优先顺序分配。本文的模型放松了这一假定，进一步在清算之外引入重整。但与此同时，为了更好地把焦点集中于重整程序之上，模型也简化了不必要的设定，包括不考虑担保财产的扣除以及由此取得的优先受偿权，以及不考虑经理人的行为等。

契约关系与各类主体的行动顺序和收益。假设一个企业持续经营三个时期，具体如图1所示。

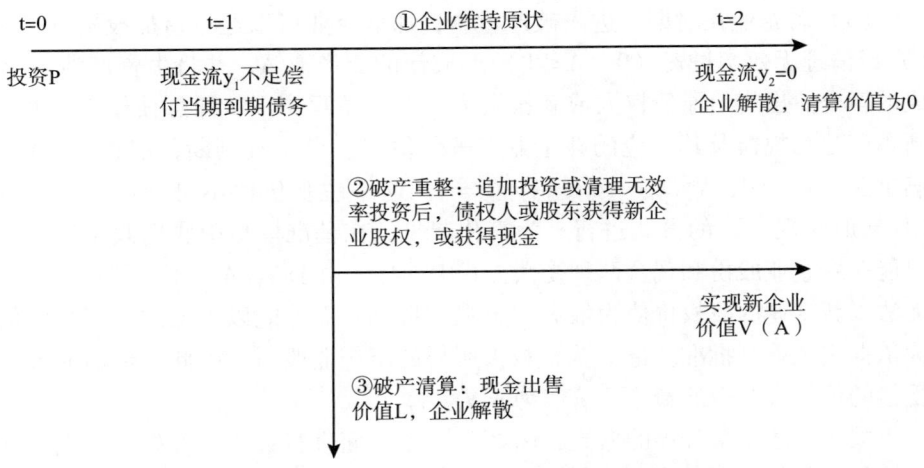

图1 契约关系与各类主体的行动顺序和收益

各个时期的一些基本假定说明如下。

（1）在时期0，假设有一家持续经营两个时期的企业和n个债权人，企业和每个债权人之间都签订一份债务合同，共引入债务资金P为企业经营筹资。债权人所持债权分为优先债权和普通债权两类，其中优先债权占总债权的比率为ϕ，满足$0 \leq \phi \leq 1$。对于任意的债权人$i(i \in N, |N|=n)$，记单个债权人的出资为P_i，其持有的优先债权的比例为ϕ_i，满足$0 \leq \phi_i \leq 1$。通过这一假定，我们可以"连续地"考察债权人优先顺位相对变化所产生的后果。根据上述假定，显然有以下的关系成立：

$$P = \sum_N P_i \tag{1}$$

$$\phi P = \sum_N \phi_i P_i \tag{2}$$

（2）在时期1，投资产生现金流y_1，属于可缔约的货币收益，该收益用于偿还当期债务，若有剩余则为股东所得。由于本文主要关注重整，因此始终假定现金流y_1不足以偿付当期到期债务，企业因此进入破产程序，所有债务均在时期1加速到期。

（3）若企业在时期1不进入破产程序，而是保持原状继续经营，那么到时期2，企业解散，资产的清算价值为0，投资产生的现金流为y_2。在本文中，我们始终假定时期2的现金流$y_2 = 0$，这意味着债权人必然一致同意进入破产程序。同时，时期2的现金流$y_2 = 0$以及清算价值为零还意味着，企业不经过重整程序而存续，将不会产生任何事后的价值。

（4）若企业在时期1进入破产清算，则企业经清算程序出售资产所得的现金价值为 L，全部债权人总共可得 $\min\{P, y_1 + L\}$，股东得到 $\max\{y_1 + L - P, 0\}$。

（5）若企业在时期1进入破产重整，那么企业可以通过追加投资（$A > L$）或清理无效率投资（$0 < A \leq L$）形成新的资产池 A，并将由资产池 A 构成的新企业出售给原债权人或新投资人。在重整程序下，任意债权人 i 关于新资产池的规模及其对应的新企业未来价值有一个主观判断，记为 $V_i(A)$，满足 $V_i(A) \geq 0$，$V_i(0) = V_i(+\infty) = 0$。这一主观价值不可缔约。重整以"债转股+现金"的方式进行，为简化起见，在基准模型中我们假设债权人只能在新企业股份和现金两种受偿方式中选择。由于 $V_i(A)$ 不可缔约，法院无法以新企业的股权价值为依据实施强制批准，而只能以可缔约的现金价值为依据实施强制批准。记 w_i 为债权人所得的新企业股份，因此以债转股方式受偿的债权人获得的新企业价值为 $w_i V_i(A)$。

关于上述重整程序的假定，需要从三个方面进行说明。首先，个人对新企业价值的估价 $V_i(A)$ 在时期1中不可缔约，并且随着资产池的变化而变化，这一假定正体现了重整程序的集体行动本质。哈特和摩尔（Hart and Moore，2008）以及哈特（Hart，2009）将事前合同视为当事人事后再谈判的"参考点"，指出事前不可缔约的未来状态可能会导致事后的套牢问题，即交易双方事后会通过威胁拒绝计划甚至退出谈判以套牢对方。而为了解决这一套牢问题，事前签订一份弹性合同就是合适的，并将事后的选择权赋予最有能力在不确定性中抓住事后交易机会的一方。但如果单是弹性合同就能解决套牢问题，我们为什么不用单独签订的弹性合同取代集体签订的弹性合同呢？换言之，例如，为什么不能用单独签订的可转债合同取代集体的重整程序呢？如果事后企业资产的调整不会在债权人中间产生相互影响，那么企业在发生套牢问题时，债权人就可以与企业再谈判以调整企业的资产池，并根据调整的计划选择是否行权。如果债权人认为调整合适，就行权转为股东，否则就清算资产。但问题正在于，事后企业的资产池调整会导致债权人之间相互影响。例如，要求维持更大资产池并选择行权转为股东的债权人，可能会损害那些不看好企业未来的债权人，这些债权人会否定维持更大资产池的价值，并坚持债权人的地位。如果让持有可转债务合同的债权人自行其是，那么将不可避免地出现对重整企业价值的掠夺。例如，那些认为企业应该维持更小资产池的债权人，可能会以其他持有相反观点的债权人为代价，过度地零散出售企业资产；相反，那些认为企业应该维持更大资产池的债权人，则可能会过度地维持无效率的投资，损害其他持有相反观点的债权人。总而言之，各方都希望以进入清算程序为威胁套牢对方，都希望以完整履行原合同为威胁，迫使其他债权人作出让步。本文将始终假定事后再谈判的成本是如此之高,以至于债权人之间的自发谈判总会由于他们争相以完整履行原合同为威胁(即债务积压问题)而失败。此时,用集体履行的弹性合同(即法定的重整程序)取代单独履行的弹性合同,是必要的,正如在清算程序中用集体的出售取代单独的出售一样(Jackson,1986)。因此,重整程序并不仅是解决破产企业的资产套牢问题,因为单独签订的弹性合同也能做到这一点;重整程序要解决的关键问题是,破产企业在债权人集体行动中的资产套牢问题。

其次需要说明的是,模型之所以只关注股权和现金两种受偿方式,仅仅是为了对模型进行合理简化。股权代表着参与新企业经营决策并分享其价值的权利。由于模型中假定了债权人在时期1对新企业价值的估价不可缔约,于是股权就代表了一种不可缔约程度最高的受偿方式。相对地,现金就代表了一种价值不可缔约程度最低的受偿方式。而现实通常要复杂得多,价值不可缔约程度从最高到最低可能存在着一个连续的"光谱",对应不同的价值不可缔约程度也存在着多种受偿方式;法官在运用强制裁定规则时,通常只能以价值不可缔约程度较低的受偿方式为依据。现实中使用那些不可缔约程度较高的受偿方式,通常会涉及高昂的律师费用和专家费用,以得到客观的估值。本文假设债权人以股权或现金受偿,是对这一复杂现实的简化,即股权价值的不可缔约程度是如此之高,以至于任何估值的企图都是不划算的;相反现金价值的估值成本则恒为零。只要这一简化能够揭示出债权人在不同受偿方式下的机会主义行为,就是合理的。

最后需要说明的是,在模型中我们假定重整计划只有在"一致同意"的条件下,才能够获得通过。通过的方式可以是根据投票而合意通过,也可以是根据司法裁定而强制通过。一致同意的假定显然较为严苛,尤其是在投票程序之中。现实中通常使用分组表决的方式,即首先按担保债权、劳动债权、税收债权、普通债权和股权(或许还包括小额债权)进行分组,然后在组与组之间寻求一致同意,并且计划必须公平对待同一表决组的成员。只要组内成员多数赞同计划,并且其所代表的债权份额占所在组别的债权总额达到法定标准,该组就被视为整体通过计划。在模型中我们暂不考虑分组问题,仅假定按一致同意规则通过计划。这等于将每个债权人或股东视为一个单独的分组。

综合上述假定,各主体的行动顺序概括如下:

时期0:每个债权人与企业(或债务人)签订债务合同,企业将由此融得的资金P用于投资。

时期1:企业在时期1发生债务违约,进入破产程序。若企业进入清算程序,那么企业以清算价值y_1+L偿付债务,剩余部分分配给股东。若进入破产重整程序,企业在清理无效率投资($A \leq L$)或追加投资($A > L$)后,以债转股方式受偿的债权人获得新企业价值$w_i V_i(A)$,其余债权人获得现金价值。

时期2：若企业维持原状存续，债权人和股东一无所得（$y_2 = 0$）。若企业通过重整程序存续，持有新企业股份的原债权人或新投资人将获得事后的新企业价值 $w_i V(A)$。

重整计划。本文定义一份重整计划为 $\{N_d, w, A, C\}$，其中 N_d 表示以"债转股"方式持有重整后的新企业价值的这部分债权人（后简称为持股债权人）；$w = \{w_i | i \in N_d\}$ 为这部分债权人所持有的新企业的股份比例；A 为新企业的资产池，在追加投资的情况下满足 $A > L$，其中追加的投资 $I = A - L$；在清理无效率投资的情况下满足 $0 < A \leq L$。最后，C 表示重整计划除追加投资外所需引入的额外现金，满足 $C \equiv \sum_N C_i$。当重整计划无须引入额外现金时，重整计划就可简单记为 $\{N_d, w, A\}$。

假想的清算价值以及重整中的套牢问题。重整通过一个假想的清算程序来计算债权人和股东在清算程序下的收益。根据上述的假定，假设企业在时期1已资不抵债，那么当企业进入清算程序时，债权人 i 的收益为：

$$\bar{L}_i = \begin{cases} \dfrac{\phi_i P_i}{\phi P}(y_1 + L), & 0 \leq y_1 + L < \phi P \\ \phi_i P_i + \left[(y_1 + L - \phi P)\dfrac{(1-\phi_i)P_i}{(1-\phi)P}\right], & \phi P \leq y_1 + L < P \end{cases} \quad (3)$$

以上"资不抵债"的假定是为了简化分析。如果在资不抵债的条件下，破产财产的现金出售价值不足以偿付全部债务，那么股东将一无所得。这样一来，除非原股东控制着对重整十分重要，但却不可转移的关键资产（例如人力资产），否则原股东在重整程序中的意见是可以忽视不计的，因为就算其在重整程序中一无所得，相对于破产清算下的基准收益，他也没有损失什么。上式第一部分表示，当破产财产的现金价值大于零但不足偿付全部优先债权时（$0 \leq y_1 + L < \phi P$），现金价值按优先债权的比例分配；上式第二部分表示，当破产财产的现金价值足以偿付全部优先债权但不足以偿付全部债权的时候（$\phi P \leq y_1 + L < P$），债权人全部优先债权获得充分偿付，同时普通债权按比例受偿。

整体的清算价值 $y_1 + L$ 是判断重整是否值得的基准。设想一份重整计划把企业通过"债转股"的方式出售给全体债权人，那么在追加投资（$A > L$）的情况下，只要预期中的新企业价值足以弥补债权人放弃清算程序的损失以及追加投资的成本，也就是说，当该计划满足以下条件时：

$$\sum_N w_i V_i(A) + y_1 - I - (y_1 + L) = \sum_N w_i V_i(A) - I - L$$
$$= \sum_N w_i V_i(A) - A \geq 0 \quad (4)$$

重整计划从整体上看就会相对清算程序产生溢价，因此是值得的。其中，

追加投资 $I \equiv A - L$。但是，这一重整计划未必是可行的，因为可能存在部分债权人在重整计划中的所得，要低于它们在清算程序中的所得，即出现以下的状况：

$$w_i V_i(A) - \bar{L}_i - I_i < 0, \quad \exists i \in N \tag{5}$$

暂且将满足上式的债权人称为初始计划下的异议债权人，其中 $0 \leq I_i \leq I$ 是债权人所承担的追加投资成本，满足 $I \equiv \sum_N I_i$。如无特别说明，后文所称的异议债权人均指该初始计划下的异议债权人。在重整程序中，满足式（5）的异议债权人所提出的反对意见就是强有力的，因为由于新企业价值在重整期间不可缔约，一方面，赞同重整计划的债权人无法承诺以新企业价值偿付异议债权人，除非他们直接用手头的现金弥补异议债权人的损失，但这显然会削弱他们对重整企业进行追加投资的激励；另一方面，就算要通过强制裁定压制异议，法官也只能以可缔约程度较高的价值为依据（最好是现金）；然而在当前假定下，法官面对着异议债权人，根本无从判断新企业价值从整体上看是否相对清算程序存在溢价。这就产生了套牢问题：若压制异议通过计划，那么尽管为看好新企业未来的债权人提供了最大的投资激励，但却损害了异议债权人的利益；若尊重异议债权人拒绝计划，或弥补异议债权人平息异议，那么就又可能导致有价值的追加投资无法进行，即艾约特和斯基尔（Ayotte and Skeel，2013）所指的重整企业因债务积压（debt overhang）而导致的流动性不足状况。

在清理无效率投资（$0 < A \leq L$）的情形下，同样存在套牢问题。类似地，在该情形下，只要压缩资产后的预期新企业价值，加上出售无效率资产所得的现金价值，足以弥补债权人放弃清算程序的损失，也就是说，当该计划满足以下条件时：

$$\sum_N w_i V_i(A) + (y_1 + L - A) - (y_1 + L) = \sum_N w_i V_i(A) - A \geq 0 \tag{6}$$

重整计划从整体上看就会相对清算程序产生溢价，因此也是值得的。在式（6）中，A 可理解为债权人为了维持有效资产而放弃的、将资产按清算程序出售所得的现金价值。当债权人持有的新企业价值大于这一现金价值时，重整就是值得的。然而，其中产生的套牢问题是类似的，可能存在一个或多个债权人获得的新企业价值和现金价值，不足弥补他为了维持有效资产而放弃的、在清算程序下的所得。对于优先债权人来说尤为如此，因为按照清算程序，他们可以从出售 A 中获得较大份额的价值。若压制异议通过计划，那么尽管计划可能创造了最大的新企业价值，但在异议债权人看来，显然计划没有充分地清算资产，导致他的利益受到损害。相反，若尊重异议拒绝计划，或充分弥补异议债权人以平息异议，那么从看好新企业未来的债权人看来，又显然摧毁了尚有存续价值的资产。这种状况即卡塞（Casey，2020）所说的存在无效率投资的套牢状况。

总而言之，当企业进入重整程序，债权人坚持全额清偿其债权以竞争获取事后价值的时候，资产套牢问题就会发生，使得有价值的重整计划可能被拒绝。重整程序的目标，就在于解决在追加投资（$A > L$）和清理无效率投资（$0 < A \leqslant L$）两类情形下的资产套牢问题。本章接下来的部分将分别研究两种情况下的重整程序设计。在本文的假定下，设计可行的重整计划实际上是求解这样一个问题：当新企业价值不可缔约时，应如何分配在价值的可缔约性上存在差异的资产，以期利用"根据投票而合意批准"的规则以及"根据司法裁定而强制批准"的规则，使得重整计划能够被一致同意通过？

（二）追加投资的情形

强制裁定规则（cramdown rule）。解决重整过程中的套牢问题，司法上的强制裁定是一种重要的方式。然而，由于受偿方式的价值从不可缔约（本文模型中的股权）到可缔约（本文模型中的现金）存在性质的区别，法官往往只能依据受偿方式可缔约的部分价值作出强制裁断。在基准模型中，由于现金的价值全部可缔约，而股权的价值全部不可缔约，因此模型中假定法官只能依据现金价值而不能依据股权价值作出强制裁定。

强制裁定规则通常包括两个部分。第一部分规定了单个组别利益相关者的强制裁定标准[①]。第二部分规定不同组别之间以及同一组别之内各利益相关者之间的"公平公正"关系，包括在不同组别间适用何种优先规则（绝对优先规则或相对优先规则）以及同一组别内的成员应以何种比例获得分配[②]。

本文先讨论第一部分，即针对单个组别利益相关者的强制裁定标准的作用。这包括两种极端的情形：一种极端情形是当且仅当债权得到"全额清偿"的条件下，债权人才能够被强制批准计划；另一种极端情形是只要债权人得到不低于清算程序的价值，就能够被强制批准计划。本文将通过数理模型比较上述强制裁定规则的两种极端情形，考察强制裁定规则将如何在债权人中间分配新企业价值以及重整谈判的主导权，从而对事前和事后投资激励产生影响。其次进一步引入对第二部分的讨论，考虑绝对优先规则（Absolute Priority Rule）在不完全契约条件下的作用，及其与相对优先规则（Relative Priority Rule）和最佳利益规则（Best Interest Rule）的相对效率。

---

① 例如美国《破产法典》的1129（a），中国《企业破产法》的第八十七条第二款第（一）至第（三）项。

② 例如美国《破产法典》的1129（b），中国《企业破产法》第八十七条第二款（四）和第（五）项。

追加投资情形下的重整计划设计。由于在追加投资（A > L）的情形下，重整计划需要追加投资和引入清偿所需的额外现金，因此假设一份相应的重整计划为 $\{N_d, w, A, C\}$。式（3）已经描述债权人在假想的清算程序下所获得的价值，接下来要描述的是债权人在重整程序下之所得。由于套牢问题必须得到解决，现在我们需要通过引入现金受偿，以期利用强制裁定规则通过有价值的重整计划。本文拟讨论的强制裁定规则包括"要求全额清偿"和"仅要求不低于清算价值"两类。我们不妨先考虑现金受偿债权人按优先顺序分割现金价值时的所得，如式（7）所示，再考虑两类规则对其施加约束所产生的影响。

在追加投资的情形下，现金受偿债权人的收益 R_i^c 的表达式如下所示：

$$R_i^c = \begin{cases} \dfrac{\phi_i P_i}{\sum\limits_{N/N_d} \phi_i P_i}(y_1 + C), & 0 \leq y_1 + C < \sum\limits_{N/N_d} \phi_i P_i \\ \phi_i P_i + \left[(y_1 + C - \sum\limits_{N/N_d} \phi_i P_i) \cdot \dfrac{(1-\phi_i)P_i}{\sum\limits_{N/N_d}(1-\phi_s)P_i}\right], & \sum\limits_{N/N_d}\phi_i P_i \leq y_1 + C < \sum\limits_{N/N_d} P_i \\ P_i, & y_1 + C \geq \sum\limits_{N/N_d} P_i \end{cases}$$

(7)

式（7）第一部分表示，当重整计划的现金价值不足偿付现金受偿债权人的优先债权时，现金按优先债权的比例分配。第二部分表示，当重整计划的现金价值足以偿付现金受偿债权人的优先债权，但不足偿付其全部债权的时候，债权人的优先债权获得全部偿付，剩余的现金按普通债权的比例分配。第三部分表示，当重整计划的现金价值足以偿付现金受偿债权人的全部债权时，这些债权人将获得充分的偿付。

1. 强制裁定针对单个组别要求全额清偿的情形

在这一情况下，解决套牢问题有两种方法。一种方法是，在不令其他持股债权人转而反对计划的前提下，向异议债权人［即满足式（5）的债权人］让渡更大比例的新企业股权，使其获得不低于全额清偿价值的新企业价值，以求他能够根据投票而合意通过计划。由此带来的一个可能的问题是：如果在异议债权人看来，新企业价值是如此之低，以至于即使赋予他全部的新企业股权，也不足使其得到全额清偿（即无论如何他都不接受股权受偿），那么，以股权清偿就无助于解决套牢问题。要解决这一套牢问题，另一种方法是一次性转移支付现金。即通过劝说看好新企业未来、选择持有股权的债权人放弃一定现金价值（包括债权人的自有现金，以及企业在时期1产生的留存现金），将其转移给异议债权人，使之按既定优先顺位得到全额清偿，从而使重整计划得以强制批准。主要有以下三种情况。

第一种情况。 在第一种情况下用于现金清偿的现金价值较低,有以下条件成立:

$$0 \leq y_1 + C < \sum_{N/N_d} \phi_i P_i \tag{8}$$

这种情况意味着,在重整计划中,用于现金清偿的企业现金流价值与额外现金价值之和不低于零,但不足以清偿现金受偿债权人的全部优先债权。此时,若现金受偿债权人要获得全额清偿从而被强制批准,那么就必须满足以下不等式:

$$\frac{\phi_i P_i}{\sum_{N/N_d} \phi_i P_i}(y_1 + C) \geq P_i, \quad \forall i \in N/N_d \tag{9}$$

这与式(8)相矛盾了,因此显然不可能。在这种情况下,重整计划将因为债务积压问题而被拒绝。

第二种情况。 在第二种情况下用于现金清偿的现金价值相对第一种情况有所增加,因此有以下条件成立:

$$\sum_{N/N_d} \phi_i P_i \leq y_1 + C < \sum_{N/N_d} P_i \tag{10}$$

这种情况意味着,在重整计划中,用于现金清偿的企业现金流价值与额外现金价值之和,足以清偿现金受偿债权人的全部优先债权,但不足以清偿其全部债权。此时,若现金受偿债权人要获得全额清偿从而被强制批准,那么就必须满足以下不等式:

$$\phi_i P_i + \left[\left(y_1 + C - \sum_{N/N_d} \phi_i P_i \right) \cdot \frac{(1 - \phi_i) P_i}{\sum_{N/N_d}(1 - \phi_i) P_i} \right] \geq P_i, \quad \forall i \in N/N_d \tag{11}$$

式(11)整理后可得:

$$y_1 + C \geq \sum_{N/N_d} P_i \tag{12}$$

这显然与式(10)相矛盾了,因此重整计划也将因为债务积压问题而被拒绝。

第三种情况。 在第三种情况下用于现金清偿的现金价值相对较高,有以下条件成立:

$$y_1 + C \geq \sum_{N/N_d} P_i \tag{13}$$

这种情况意味着,在重整计划中,用于现金清偿的企业现金流价值与额外现金价值之和,足够清偿现金受偿债权人的全部债权。显然,在这种情况下,只要持股债权人的收益满足:

$$R_i^r = w_i V_i(A) - C_i - I_i \geq P_i, \quad \forall i \in N_d \tag{14}$$

重整计划就可能获得通过。此时,同意计划并持有股份的债权人将获得新企业的价值,同时以放弃全额清偿所能获得的现金价值为代价;相反,反对计划并接受现金清偿的债权人,则获得全部债权的充分偿付,而代价则是放弃的新企业价值。当然,如果现金足够充裕,最理想的情况就是赋予对新企业价值评价最高的债权人以全部的股权,其他债权人都以现金受偿。这种情况通常就是所谓的整体出售(going-concern sale)。

需要注意的是,之所以说满足式(13)和式(14)的重整计划"可能"在该情形下获得通过,原因在于当 $y_1 + C > \sum_{N/N_d} P_i$ 时,若计划被法官批准,这一对所有债权人和股东而言显而易见的租金 $y_1 + C - \sum_{N/N_d} P_i$,将可能引起机会主义行为。因为当支付的现金价值超出异议债权人的全部债权价值的时候,那些获得较低新企业价值的持股债权人,即满足以下条件的债权人:

$$\varepsilon_j > w_i V_i(A) - C_i - I_i - P_i \geq 0, \exists i \in N_d, \exists j \in N/N_d \quad (15)$$

就可能在持股有利可图的条件下,机会主义地反对重整计划,以相对更高的现金受偿为威胁来"搭便车",要求其他持股债权人承担更多的现金和投资支出。其中,ε_j 表示相对于现金受偿债权人全部债权的现金溢价。如果计划的超额现金需求十分之高,那么除了一份足够高价的整体出售计划之外,几乎就不可能有其他可行的重整计划。因此,要消除这一机会主义行为的空间限制,就应使得 $y_1 + C = \sum_{N/N_d} P_i$。在不存在机会主义行为的条件下,债权人在投票中反对计划必然是因为在他看来,较低的新企业价值导致其全部债权无法得到全额清偿。

综合以上的讨论,我们可得到以下的定理:

定理1 若追加投资下($A > L$)的重整计划 $\{N_d^*, w^*, A^*, C^*\}$ 是一份可行的重整计划,即在计划中既不存在债务积压问题,又不存在机会主义行为,那么在强制批准要求全额清偿的条件下,一致同意的重整计划应满足以下两个条件:

(1) 持股债权人 $i \in N_d^*$ 根据投票程序而合意通过计划,并满足:
$$w_i^* V_i(A^*) - C_i^* - I_i \geq P_i, \forall i \in N_d^*$$

(2) 现金受偿债权人 $j \in N/N_d^*$ 根据司法裁定而强制通过计划,并满足:
$$y_1 + C^* = \sum_{N/N_d^*} P_j$$

定理1实际上反映了一种受偿方式与重整计划批准程序之间的匹配原理,遵循这一匹配原理,重整企业的可分配资产将落于对其评价最高的人手中。一份按匹配原理设计出来的重整计划,会为债权人确立这样的规则预期:如果他反对当前计划,那么他很可能会在接下来的新计划中被直接给予价值可缔约的资产(例如上述的现金),从而被强制通过计划,而他所获得的资产与新企业价值相关的不可缔约价值极小,而可缔约的现金价值较大;如果他接受当前计划，则能够通过持有新企业的股份获得不可缔约的价值。通过这一匹配原理，债权人将会在决策时权衡，到底是赞同计划接受不可缔约的新企业价值划算，还是反对计划寻求现金受偿划算；对不可缔约的新企业价值评价较高的债权人自然会接受股权受偿，而对新企业价值评价较低的债权人则会反对计划接受现金受偿。只要满足定理1，接受现金受偿从而被强制"离开新企业"的债权人只要其所得现金恰好等于其全部债权的价值，持股债权人就不会机会主义地反对计划，因为他反对计划就可能只得到恰好等于其全部债权的现金，但持有新企业股份却可能获得额外的不可缔约的租金。这一匹配原理在强制裁定仅要求不低于清算价值，以及重整需要清理无效率投资的场合，仍然成立。我们将在本文的第四部分更一般地证明匹配原理。

例1 通过一个数值案例，我们能够更清楚地看到定理1的性质。假定破产企业在时期1的自有现金 $y_1 = 5$，重整需追加投资5，并且存在三个债权人，其相关状况如表1所示。

表1　　　　　　　　　　　初始计划

变量	债权人1	债权人2	债权人3	总和
$V_i(A)$	60	45	15	
w_i	1/3	1/3	1/3	1
$w_i V_i(A)$	20	15	5	40
$-C_i$	0	0		
I_i	3	2	0	5
$w_i V_i(A) - C_i - I_i$	17	13	5	35
y_1			2	2
C			0	0
$y_1 + C$			2	2
P_i	10	10	10	30
ϕ_i	0.2	0.4	0.8	
$\phi_i P_i$	2	4	8	14
$(1-\phi_i)P_i$	8	6	2	16

在该例子中，债权人1、2和3关于新企业价值的主观评价分别为60、45和15。假设现在一项初始计划全部以新企业的股权来偿付债权人，并且各债权人所得的股权份额相等；企业自有现金全部分配给债权人3。此时，债权人关于新企业价值的总和 $\sum_N w_i V_i(A) + y_1 - I = 20 + 15 + 5 + 2 - 5 = 37$，显然

要大于债权人的债权总额 30，因此企业具有重整的价值。然而，在这一初始计划中，债权人 3 的所得为 7，要低于他的优先债权总额 $\phi_3 P_3 = 8$，因此他的优先债权未得到全额清偿。但同时，债权人 1 所得为 $w_1 V_1(A) - C_1 - I_1 = 20 - 3 = 17$，其债权为 10；债权人 2 所得为 $w_2 V_2(A) - C_2 - I_2 = 15 - 2 = 13$，其债权也是 10。显然债权人 1 和债权人 2 在债权人 3 的优先债权未得到全额清偿时，获得了分配，债权人 3 将得以阻止计划的通过。

需要注意的是，在这一例子中，尽管企业具有重整的价值，但单纯通过配置新企业股权，重整计划是不可能获得通过的。设想一下，假设债权人 3 获得 8/15 的股份，所需承担的投资支出为 0，那么加上企业自有现金 2，债权人 3 恰好获得等价于其债权的全额偿付。然而，此时债权人 1 和债权人 2 不管如何分配剩余的股份，总是至少有一位债权人得不到全额清偿，因而得有力地反对计划。接下来，我们可以考虑逐步引入现金，并继续寻找可行的重整计划。

第一，假设现在提出了一项新计划，如表 2 所示，债权人 1 和债权人 2 作为持股债权人分别持有新企业的一半股权，并愿意为现金受偿债权人 3 各提供额外的 1 现金，那么现在债权人 3 现金受偿所得为 $2 + 2 = 4$，仍然少于他的优先债权总额 $\phi_3 P_3 = 8$。显然，这一计划仍然是不可行的，因为债权人 1 和债权人 2 在债权人 3 的优先债权未得到全额清偿时获得了分配，债权人 3 仍得据此阻止计划的通过。

表 2　　　　　　　　　不可行的重整计划之一

变量	债权人 1	债权人 2	债权人 3	总和
$V_i(A)$	60	45	15	
w_i	1/2	1/2	0	1
$w_i V_i(A)$	30	22.5	0	52.5
$-C_i$	−1	−1		−2
$-I_i$	−3	−2	0	−5
$w_i V_i(A) - C_i - I_i$	26	19.5		45.5
y_1			2	2
C			2	2
$y_1 + C$			4	4
P_i	10	10	10	30
ϕ_i	0.2	0.4	0.8	
$\phi_i P_i$	2	4	8	14
$(1-\phi_i) P_i$	8	6	2	16

第二，现在我们进一步调整计划，债权人1和2作为持股债权人仍分别持有新企业的一半股权，但现在为现金受偿债权人3提供额外现金支付从1分别提高到了4和3，债权人3现金受偿所得变为7+2=9，大于其优先债权总额 $\phi_3 P_3 = 8$，但小于其全部债权 $P_3 = 10$。这一重整计划仍然是不可行的，因为在债权人3的普通债权未得到全额清偿时，债权人1和债权人2的普通债权却得到了全额清偿，此时债权人1得到 $w_1 V_1(A) - C_1 - I_1 = 30 - 4 - 3 = 23$，债权人2得到 $w_2 V_2(A) - C_2 - I_2 = 22.5 - 3 - 2 = 17.5$，均获得超过其全部债权的价值，计划因此可能会在债权人3坚持全额清偿的情况下被拒绝（见表3）。

表3　　　　　　　　　　　不可行的重整计划之二

变量	债权人1	债权人2	债权人3	总和
$V_i(A)$	60	45	15	
w_i	1/2	1/2	0	1
$w_i V_i(A)$	30	22.5	0	52.5
$-C_i$	-4	-3		-7
$-I_i$	-3	-2	0	-5
$w_i V_i(A) - C_i - I_i$	23	17.5		40.5
y_1			2	2
C			7	7
$y_1 + C$			9	9
P_i	10	10	10	30
ϕ_i	0.2	0.4	0.8	
$\phi_i P_i$	2	4	8	14
$(1-\phi_i)P_i$	8	6	2	16

第三，如果把债权人1对债权人3的现金支付从4提高到5，债权人2的现金支付仍保持为3，那么债权人3现金受偿所得变为8+2=10，恰好等于其全部债权 $P_3 = 10$。此时，异议债权人3就能够被强制同意计划。此时债权人1得到 $w_1 V_1(A) - C_1 - I_1 = 30 - 5 - 3 = 22$，债权人2得到 $w_2 V_2(A) - C_2 - I_2 = 22.5 - 3 - 2 = 17.5$，全部债权人均获得了全额偿付。因此，这样一份重整计划是可行的（见表4）。

表 4　　　　　　　　　　　一个可行的重整计划

变量	债权人1	债权人2	债权人3	总和
$V_i(A)$	60	45	15	
w_i	1/2	1/2	0	1
$w_i V_i(A)$	30	22.5	0	52.5
$-C_i$	−5	−3		
$-I_i$	−3	−2	0	−5
$w_i V_i(A) - C_i - I_i$	22	17.5		39.5
y_1			2	2
C			8	8
$y_1 + C$			10	10
P_i	10	10	10	30
ϕ_i	0.2	0.4	0.8	
$\phi_i P_i$	2	4	8	14
$(1-\phi_i) P_i$	8	6	2	16

第四，由于债权人1对新企业的评价最高，直接赋予他全部的新企业股权，然后支付现金清偿其他债权人，这同样是一份满足定理1的可行的重整计划。这样的一份计划即整体出售（going-concern sale）计划，即新企业作为一个持续经营的整体出售给债权人1，债权人1从其他债权人2和3手里买下整个企业，然后按计划进行投资。整体出售计划的结果如表5所示。

表 5　　　　　　　　　　　整体出售的重整计划

变量	债权人1	债权人2	债权人3	总和
$V_i(A)$	60	45	15	
w_i	1	0	0	1
$w_i V_i(A)$	60	0	0	60
$-C_i$	−18	0		−18
$-I_i$	−5	0	0	−5
$w_i V_i(A) - C_i - I_i$	37			37
y_1		0	2	2
C		10	8	18
$y_1 + C$		10	10	20

续表

变量	债权人1	债权人2	债权人3	总和
P_i	10	10	10	30
ϕ_i	0.2	0.4	0.8	
$\phi_i P_i$	2	4	8	14
$(1-\phi_i)P_i$	8	6	2	16

整体出售的一个主要问题是：在新企业价值不可缔约的条件下，怎样才能准确地识别出对新企业评价最高的购买者？即使能够准确识别出来，是否具有充足的现金可以实现整体的购买？在现金相对缺乏的场合，表4所述的情形可能更具普遍性。

最后，如果现在债权人1和2支付现金过多，以至于债权人3获得了超额收益，具体如表6所示。

表6　　　　　　　　过多现金受偿的重整计划

变量	债权人1	债权人2	债权人3	总和
$V_i(A)$	60	45	15	
w_i	1/2	1/2	0	1
$w_i V_i(A)$	30	22.5	0	52.5
$-C_i$	-7	-7		-14
$-I_i$	-3	-2	0	-5
$w_i V_i(A)-C_i-I_i$	20	13.5		33.5
y_1			2	2
C			14	14
y_1+C			16	16
P_i	10	10	10	30
ϕ_i	0.2	0.4	0.8	
$\phi_i P_i$	2	4	8	14
$(1-\phi_i)P_i$	8	6	2	16

在这种情形下，债权人3获得了 $2+14=16$ 的现金偿付，相对于其全部债权获得了6的超额收益。相比之下，债权人1获得的净收益为 $20-10=10$，债权人2获得的净收益为 $13.5-10=3.5$，债权人2接受股权清偿所获得的净收益要小于债权人3接受现金清偿所获得的净收益6。此时，在价值为6的

超额收益下,债权人 2 就有很强的意愿去反对计划。如表 7 所示,如果通过反对计划,债权人 2 能够迫使债权人 1 拿出更多现金,并且和债权人 3 分享原来那 6 单位的租金,最后所得到的现金受偿为 14,那么他从反对计划中获得了净收益 4,大于接受计划时的净收益 3.5。但是,这一机会主义行为使新企业所带来的净收益从 33.5 下降到了 31。要消除这一机会主义行为,就应当在寻找可行重整计划的过程中始终保持 $y_1 + C = \sum_{N/N_d} P_i$,即使得被强制通过计划的债权人恰好获得强制裁定规则为其确定的"基准点"价值。

表 7　　　　　　　　　过多现金受偿导致的机会主义行为

变量	债权人 1	债权人 2	债权人 3	总和
$V_i(A)$	60	45	15	
w_i	1	0	0	1
$w_i V_i(A)$	60	0	0	60
$-C_i$	-24			-24
$-I_i$	-5	0		-5
$w_i V_i(A) - C_i - I_i$	31			31
y_1		0	2	2
C		14	10	24
$y_1 + C$		14	12	26
P_i	10	10	10	30
ϕ_i	0.2	0.4	0.8	
$\phi_i P_i$	2	4	8	14
$(1-\phi_i)P_i$	8	6	2	16

2. 强制裁定针对单个组别仅要求不低于清算价值的情形

考虑强制裁定规则针对单个组别仅要求不低于清算价值的情形。该情形相对更为复杂,因为本质上该规则是在"清算程序所得"的限度内适用优先顺序。这意味着对债权人非破产权利的保护仅以事后的清算价值为限,而不是以忠实完整地履行原始合同为准。因此,债权人之间的再谈判基准会随着清算价值的变化而发生变化。当(假想的)清算程序下的破产财产价值不足偿付全部债权时,该情形意味着债权人在原始合同中规定的权利可能会遭受贬损。特别是对于那些因接受了不低于清算价值的现金而遭受强制裁定的异议债权人来说,这种情况更为明显。结合式(3)和式(7),在该情形下,需要讨论的情况有六种。

第一种情况。第一种情况意味着以下两个条件满足：

$$0 \leq y_1 + L < \phi P \tag{16}$$

$$0 \leq y_1 + C < \sum_{N/N_d} \phi_i P_i \tag{17}$$

第一种情况意味着，在清算程序中，破产财产不足以偿付全部优先债权；但在重整计划中，用于现金清偿的企业现金流价值与额外现金价值之和不为零，但不足以清偿现金受偿债权人的全部优先债权。此时，若现金受偿债权人要获得"清算价值"从而被强制裁定，那么就必须满足以下不等式：

$$\frac{\phi_i P_i}{\sum_{N/N_d} \phi_i P_i}(y_1 + C) \geq \frac{\phi_i P_i}{\phi P}(y_1 + L), \quad \forall i \in N/N_d \tag{18}$$

整理后可得：

$$y_1 + C \geq \frac{\sum_{N/N_d} \phi_i P_i}{\phi P}(y_1 + L), \quad \forall i \in N/N_d \tag{19}$$

式（19）表示，只要现金价值足以弥补现金受偿债权人所放弃的、在清算程序下的所得，现金受偿债权人就可被推定通过重整计划。当式（19）取等号时，持股债权人就不存在采取机会主义行为的空间。

第二种情况。第二种情况意味着以下两个条件满足：

$$0 \leq y_1 + L < \phi P \tag{20}$$

$$\sum_{N/N_d} \phi_i P_i \leq y_1 + C < \sum_{N/N_d} P_i \tag{21}$$

第二种情况意味着，在清算程序中，破产财产不足以偿付全部优先债权；但在重整计划中，用于现金清偿的企业现金流价值与额外现金价值之和足以清偿现金受偿债权人的全部优先债权，但不足以清偿其全部债权。此时，若现金受偿债权人要获得"清算价值"从而被强制裁定，那么就必须满足以下不等式：

$$\phi_i P_i + \left[(y_1 + C - \sum_{N/N_d} \phi_i P_i) \cdot \frac{(1-\phi_i)P_i}{\sum_{N/N_d}(1-\phi_i)P_i}\right] \geq \frac{\phi_i P_i}{\phi P}(y_1 + L), \quad \forall i \in N/N_d \tag{22}$$

当 $\phi_i = 0$ 时，债权人 i 为完全的劣后债权人，此时上式（22）写为：

$$(y_1 + C - \sum_{N/N_d} \phi_i P_i) \cdot \frac{P_i}{\sum_{N/N_d}(1-\phi_i)P_i} \geq 0 \tag{23}$$

此时只要有 $y_1 + C > \sum_{N/N_d} \phi_i P_i$，即企业现金流价值与额外现金价值之和，足以清偿现金受偿债权人的全部优先债权而有余，不等式的左边就会严格大于右边，持股债权人就可能存在采取机会主义行为的空间。因此那些对新企业价值评价较低,而优先顺位又相对在前的债权人,就可能会以有能力获取更高现金受偿为威胁,反对重整计划。

当 $\phi_i = 1$ 时,债权人 i 为完全的优先债权人,此时有:

$$P_i > \frac{P_i}{\phi P}(y_1 + L) \tag{24}$$

因此根据式(20)、式(22)的左边必然严格大于右边。这是因为当该现金受偿债权人为完全的优先债权人时,现金流价值与额外现金价值之和较高的重整计划使得他能够在计划中全额受偿,但他在清算程序下只能得到部分受偿,显然他在重整计划中之所得必然高于他在清算程序中之所得。最后,当 $0 < \phi_i < 1$ 时,债权人 i 的优先程度处于中间情况,此时式(22)必然有严格大于成立,持股债权人存在机会主义行为空间。

综上所述,在第二种情况下,若 $y_1 + C = \sum_{N/N_d} \phi_i P_i$,那么现金受偿的完全劣后债权($\phi_i = 0$)将一无所得,因为没有剩余现金价值可用于偿付普通债权;同时现金受偿的优先债权($\phi_i > 0$)将必然获得相对于清算价值的正租金。虽然在清算程序中优先债权无法得到充分偿付,但重整计划提供了充足的现金使其得到充分偿付。若 $y_1 + C > \sum_{N/N_d} \phi_i P_i$,那么对于任意的债权来说($0 \le \phi_i \le 1$),都将必然获得相对于清算价值的正租金,因为优先债权在重整计划下获得充分偿付,而在清算程序下只能获得部分偿付;普通债权在重整计划下获得正的收益,而在清算程序下却一无所得。

第三种情况。第三种情况意味着以下两个条件满足:

$$0 \le y_1 + L < \phi P \tag{25}$$

$$y_1 + C \ge \sum_{N/N_d} P_i \tag{26}$$

第三种情况意味着,在清算程序中,破产财产不足以偿付全部的优先债权;但在重整计划中,用于现金清偿的企业现金流价值与额外现金价值之和足以清偿现金受偿债权人的全部债权。在这种条件下,必然有以下的不等式成立:

$$P_i > \frac{\phi_i P_i}{\phi P}(y_1 + L), \quad \forall i \in N/N_d \tag{27}$$

在这种情况下,现金受偿所产生的租金是如此之高,不论是优先债权人还是普通债权人,都有着强烈的采取机会主义行为的激励;两类债权人现在都试图通过策略性地威胁反对重整计划以攫取租金。

第四种情况。第四种情况意味着以下两个条件满足:

$$\phi P \le y_1 + L < P \tag{28}$$

$$0 \le y_1 + C < \sum_{N/N_d} \phi_i P_i \tag{29}$$

第四种情况意味着，在清算程序中，破产财产足以偿付全部的优先债权，但不足以偿付全部债权；但在重整计划中，用于现金清偿的企业现金流价值与额外现金价值之和不为零，但不足以清偿现金受偿债权人的全部优先债权。此时，若现金受偿债权人要获得"清算价值"从而被强制裁定，那么就必须满足以下不等式：

$$\frac{\phi_i P_i}{\sum_{N/N_d} \phi_i P_i}(y_1 + C) \geq \phi_i P_i + \left[(y_1 + L - \phi P)\frac{(1-\phi_i)P_i}{(1-\phi)P}\right], \forall i \in N/N_d \quad (30)$$

这显然与式（28）和式（29）相矛盾，因此式（30）的左边必然严格小于右边，现金受偿债权人在重整计划中获得的收益必然小于他在清算程序下的所得，因此重整计划将因为债务积压问题而被拒绝。

第五种情况。第五种情况意味着以下两个条件满足：

$$\phi P \leq y_1 + L < P \quad (31)$$

$$\sum_{N/N_d} \phi_i P_i \leq y_1 + C < \sum_{N/N_d} P_i \quad (32)$$

第五种情况意味着，在清算程序中，破产财产足以偿付全部的优先债权，但不足以偿付全部债权；但在重整计划中，用于现金清偿的企业现金流价值与额外现金价值之和，足以清偿现金受偿债权人的全部优先债权，但不足以清偿其全部债权。此时，若现金受偿债权人要获得"清算价值"从而被强制裁定，那么就必须满足以下不等式：

$$\phi_i P_i + \left[(y_1 + C - \sum_{N/N_d} \phi_i P_i) \cdot \frac{(1-\phi_i)P_i}{\sum_{N/N_d}(1-\phi_s)P_i}\right]$$

$$\geq \phi_i P_i + \left[(y_1 + L - \phi P)\frac{(1-\phi_i)P_i}{(1-\phi)P}\right], \forall i \in N/N_d \quad (33)$$

整理之后可得：

$$y_1 + C \geq \sum_{N/N_d}\phi_i P_i + \frac{\sum_{N/N_d}(1-\phi_i)P_i}{(1-\phi)P}(y_1 + L - \phi P), \forall i \in N/N_d \quad (34)$$

此时，只要上式（34）以等号成立，就能确保持股债权人不存在机会主义行为的空间。

第六种情况。最后的第六种情况意味着以下两个条件满足：

$$\phi P \leq y_1 + L < P \quad (35)$$

$$y_1 + C \geq \sum_{N/N_d} P_i \quad (36)$$

第六种情况意味着，在清算程序中，破产财产足以偿付全部的优先债权，但不足以偿付全部债权；但在重整计划中，用于现金清偿的企业现金流价值与额外现金价值之和，足以清偿现金受偿债权人的全部债权。在这种条件下，必然有以下的不等式成立：

$$P_i \geq \phi_i P_i + \left[(y_1 + L - \phi P)\frac{(1-\phi_i)P_i}{(1-\phi)P}\right], \quad \forall i \in N/N_d \tag{37}$$

这意味着，除非现金受偿债权人拥有完全的优先债权（$\phi_i = 1$），否则式（37）始终取严格的大于号。这意味着，在第六种情况下，现金受偿债权人中普通债权总能够获得相对于清算程序的额外收益，这将为持股债权人创造了机会主义行为的空间。

综合上述六种情况的讨论，我们可得到以下的定理：

定理 2 若追加投资下（$A > L$）的重整计划 $\{N_d^*, w^*, A^*, C^*\}$ 是一份可行的重整计划，即在计划中既不存在债务积压问题，又不存在机会主义行为，那么在强制批准仅要求不低于清算价值的条件下，一致同意的重整计划应满足以下两个条件：

（1）持股债权人 $i \in N_d^*$ 根据投票程序而合意通过计划，并满足：

$$w_i^* V_i(A^*) - C_i^* - I_i \geq \bar{L}_i, \quad \forall i \in N_d^*$$

（2）现金受偿债权人 $j \in N/N_d^*$ 根据司法裁定而强制通过计划，并满足：

（a）若在破产清算条件下破产财产不足偿付全部的优先债权（$0 \leq y_1 + L < \phi P$），那么应有：

$$y_1 + C^* = \frac{\sum_{N/N_d^*} \phi_j P_j}{\phi P}(y_1 + L)$$

（b）若在破产清算条件下破产财产足以偿付全部的优先债权，但不足以偿付其全部债权（$\phi P \leq y_1 + L < P$），那么应有：

$$y_1 + C^* = \sum_{N/N_d^*} \phi_j P_j + \frac{\sum_{N/N_d^*}(1-\phi_j)P_j}{(1-\phi)P}(y_1 + L - \phi P)$$

3. 两类强制裁定规则与事前事后投资激励

现在我们可以对以上两种情形的收益和成本进行比较分析了。我们可以把上述两小节的讨论概括为表9。从表11中可以直观地看到，重整计划在第一种情况下比在第二种情况下相对更难获得通过。我们可以从整体和个体两个层面对这两个规则进行比较。

首先，从整体层面看，强制裁定针对单个组别要求全额清偿的情形排除了那些新企业价值不足以弥补全部债权价值的重整计划。而在强制裁定针对单个组别仅要求不低于清算价值的情形之下，满足式（4）的重整计划就有可能被通过，即只要重整计划产生的新企业价值不低于破产企业的清算价值，就是可行的。相反，在前一种情形下，只有当新企业价值满足 $\sum_N w_i V_i(A) +$

$y_1 - I \geq P > y_1 + L$ 的时候，重整计划才是可行的；而那些仅仅满足 $P > \sum_N w_i V_i(A) + y_1 - I \geq y_1 + L$ 的重整计划，就必然会因债务积压问题而被拒绝。

其次，从个体层面看，要求全额清偿赋予了企业原债权人（尤其是优先债权人）在重整过程中最大的谈判主导权；而要求不低于清算价值则相反，赋予了事后投资人以最大的谈判主导权。这一主导权意味着能够通过反对计划套牢对方。在前一种情形下，如果通过债转股获得的新企业价值高于他的全部债权，他就会接受计划；然而，一旦新企业在他看来不值一文，又或者计划赋予他的股份太少，以至于新企业价值不足以偿付其全部债权，他就能够有力地反对计划。除非新计划能满足他对全部债权价值的需求。相反，在后一种情形下，原债权人在谈判中就几乎毫无还手之力，因为他在重整程序中能主张的价值仅仅以他在清算程序下之所得为限。因此，即使投资只创造了微弱的新企业价值，使得 $P > \sum_N w_i V_i(A) + y_1 - I \geq y_1 + L$ 成立，强制裁定规则也能够迅速解决套牢问题，使重整计划获得通过。

例2 通过一个数值例子我们能够更好地理解这一点。假定破产企业的在时期 1 的自有现金 $y_1 = 5$，重整需追加投资 5，并且存在三个债权人，分别为债权人 1、2 和 3，其关于新企业价值的主观评价分别为 60、45 和 15。现在考虑这样一份重整计划：(1) 债权人 1 获得 1/2 新企业股权，支付现金 1 且追加投资 3；(2) 债权人 2 获得 1/2 新企业股权，支付现金 1 且追加投资 2；(3) 债权人 3 为异议债权人，以现金受偿，所接受的现金价值为 4。又假设在清算程序下，企业破产财产价值 $L = 7$。具体数值设定如表 8 所示。

表8　　　　　　　　　两种情形的比较例子

变量	债权人1	债权人2	债权人3	总和
$V_i(A)$	60	45	15	
w_i	1/2	1/2	0	1
$w_i V_i(A)$	30	22.5	0	52.5
$-C_i$	-1	-1		-2
$-I_i$	-3	-2	0	-5
$w_i V_i(A) - C_i - I_i$	26	19.5		45.5
y_1			2	2
C			2	2
$y_1 + C$			4	4
P_i	10	10	10	30
ϕ_i	0.2	0.4	0.8	

续表

变量	债权人1	债权人2	债权人3	总和
$\phi_i P_i$	2	4	8	14
$(1-\phi_i)P_i$	8	6	2	16
$\overline{L}_i$	1	2	4	7

从例1中可知，这一重整计划在强制裁定针对单个组别要求全额清偿的情形下是不可行的，因为债权人3仅获得现金价值4，不足偿付其优先债权；而债权人1和债权人2的债权却得到全额清偿。当然，如果债权人1或债权人2能够额外增加一单位的现金偿付，使得债权人3获得现金价值5，高于其在清算程序下之所得，那么，若债权人3知道自己拒绝计划将进入清算程序得到4，他就可能会同意计划。然而，一旦债权人3认为债权人1和债权人2拥有额外收益，并因此坚持全额清偿，那么计划就会因债务积压问题而被拒绝。在上表的例子中，债权人3的威胁确实是有效的。然而，这一计划在仅要求不低于清算价值的情形下则必然可行的。在假想的清算条件下，由于企业破产财产价值L=7，不足以偿付全部优先债权，因此破产财产按比例在优先债权中分配。在清算程序中，债权人1获得1，债权人2获得2，债权人3获得4。而在仅要求不低于清算价值时，当前的重整计划使债权人3获得了4的现金价值，这恰好就是他在清算程序下所能获得的价值，因此得被强制裁定。此外，债权人1和2分别在重整计划中获得净收益26和19.5，均远高于他们分别在清算程序下的所得。最终，该重整计划在仅要求不低于清算价值的条件下被通过。

对比两种情形的结果可以发现，在要求全额清偿的情形下通过的重整计划，为无异议债权人带来较少的新企业净值（39.5，见例1中的表4），但却给了异议债权人更充分的偿付（10，即充分偿付）；相反，在要求不低于清算价值情形下通过的重整计划，为无异议债权人带来较多的新企业净值（45.5），但却使异议债权人得不到充分的偿付（4，仅偿付了优先债权的一半）。

总的来说，强制批准规则的作用，在于为债权人之间的讨价还价提供一个事后的"基准点"，这一"基准点"决定了债权人事后最低可以主张什么。在强制裁定规则中赋予债权人超出清算价值之外的、对新企业价值的请求权，就赋予了债权人一定程度的对事后重整计划的决策权力，即只有当重整计划产生的新企业价值能够满足这一请求权的时候，重整计划才能够在法律上被认可为"可行"的计划。这一权力在强制裁定针对单个组别要求全额清偿的情形中被最大化了，而在要求不低于清算价值的情形中则被最小化了。

现在的问题在于，我们应该在何种程度上赋予债权人这一关键的决策权力？这取决于我们如何权衡事前投资和事后投资所带来的利益。假设新企业价值和追加投资满足 $\sum_N w_i V_i(A) + y_1 - I \geq P > y_1 + L$，那么，在前一种下，可分配给事后投资人的价值就是 $\sum_N w_i V_i(A) + y_1 - P$；而在后一种下，可分配给事后投资人的价值则高达 $\sum_N w_i V_i(A) + y_1 - (y_1 + L) = \sum_N w_i V_i(A) - L$。显然，要求不低于清算价值为事后追加投资创造了最大的激励。尤其是在事后投资具有专用性，或投资人拥有关于新企业价值的私人知识的场合，这一激励将是至关重要的（Hart，1995）。但是，如果从事前投资激励的角度来看则相反。在要求全额清偿的情形下，可行的重整计划将至少使之获得全额清偿，或通过持有新企业股份，或接受现金，原债务合同中的权利得到忠实的执行和实现；否则，将进入清算程序。由此可见，强制裁定规则针对单个组别要求全额清偿与要求不低于清算价值相比，最大限度地保护了事前投资的回报，为事前投资提供了最大的激励。

现实中我们可观察到的，通常是两类规则的结合。以中国2007年实行的《企业破产法》为例，该法第八十七条第二款对不同类型的债权使用了不同的强制裁定规则，其中对担保债权要求以特定财产为限度的全额清偿；对劳动债权和税收债权要求全额清偿；而对普通债权则仅要求获得不低于清算程序下的收益。从本文的基准模型来看，如此设计的强制批准程序赋予了劳动债权和税收债权在重整程序中最大的谈判力；其次是担保债权，因为其谈判力受到特定财产价值的限制，该财产价值越低，担保债权人的谈判力越弱，越大比例的债权会进入普通债权之列；谈判力最弱的是普通债权（见表9）。

4. 绝对优先规则是否必要？

应该适用绝对优先规则还是相对优先规则？这是破产重整论著中的一个重要争论。强制裁定规则的第二部分，即关于不同组别之间以及同一组别之内各利益相关者之间的"公平公正"关系的规定，主要涉及优先规则的适用问题。其中，绝对优先规则，是指只有清偿顺位在先的利益相关者被全额清偿，或者同意获得比全额清偿更少的清偿后，清偿顺位在后的利益相关者方可获得清偿或分配。这意味着前顺位组别在未获得任何形式的全额清偿之前，后顺位组别不应该以任何形式获得价值分配，除非前顺位组别同意这一调整；或者说，前顺位组别只有在获得全额清偿的条件下，其异议才能够被压制，否则他就能够有力地拒绝该计划。而相对优先规则则在清偿顺位在先的利益相关者未获全额清偿的条件下，允许清偿顺位在后的利益相关者获得一定的清偿，但要求后者获得的价值分配不得高于前者。支持绝对优先规则的观点主要从事前激励的角度出发，强调破产重整程序不应扭曲事前的、由实体法确定的"非破产权利"（Jackson，1982；1986）。而支持相对优先规则的观点则主要从事后激励的角度出发，批评绝对优先规则过于简单地将重整视为一个分配既定价值的程序；而重整实际上还涉及如何激励利益相关者创造更高

表9　追加投资时的两种情形比较

假想清算程序下的价值	强制批准计划所需的现金	要求全额清偿			要求不低于清算价值		
		计划通过状况	持股债权人所得 $w_i V_i(A) - C_i - I_i$	现金受偿债权人所得 $y_1 + C$	计划通过状况	持股债权人所得 $w_i V_i(A) - C_i - I_i$	现金受偿债权人所得 $y_1 + C$
	$0 \leq y_1 + C < \sum_{N/N_d} \phi_i P_i$	拒绝^A	$\geq P_i$	$< \sum_{N/N_d} P_j$	通过	$\geq \bar{L}_i$	$= \sum_{N/N_d} \frac{\phi_j P_j}{\phi P}(y_1 + L)$
$0 \leq y_1 + L < \phi P$	$\sum_{N/N_d} \phi_i P_i \leq y_1 + C < \sum_{N/N_d} P_i$	拒绝^A	$\geq P_i$	$< \sum_{N/N_d} P_j$	可能通过^B	$\geq \bar{L}_i$	$> \sum_{N/N_d} \frac{\phi_j P_j}{\phi P}(y_1 + L)$
	$y_1 + C \geq \sum_{N/N_d} P_i$	通过	$\geq P_i$	$= \sum_{N/N_d} P_j$	可能通过^B	$\geq \bar{L}_i$	$> \sum_{N/N_d} \frac{\phi_j P_j}{\phi P}(y_1 + L)$
	$0 \leq y_1 + C < \sum_{N/N_d} \phi_i P_i$	拒绝^A	$\geq P_i$	$< \sum_{N/N_d} P_j$	拒绝^A	$\geq \bar{L}_i$	$< \sum_{N/N_d^*} \phi_i^* P_i + \frac{(1-\phi_j)P_j}{(1-\phi)P}(y_1 + L - \phi P)$
$\phi P \leq y_1 + L < P$	$\sum_{N/N_d} \phi_i P_i \leq y_1 + C < \sum_{N/N_d} P_i$	拒绝^A	$\geq P_i$	$< \sum_{N/N_d} P_j$	通过	$\geq \bar{L}_i$	$= \sum_{N/N_d^*} \phi_i^* P_i + \frac{(1-\phi_j)P_j}{(1-\phi)P}(y_1 + L - \phi P)$
	$y_1 + C \geq \sum_{N/N_d} P_i$	通过	$\geq P_i$	$= \sum_{N/N_d} P_j$	可能通过^B	$\geq \bar{L}_i$	$> \sum_{N/N_d^*} \phi_i^* P_i + \frac{(1-\phi_j)P_j}{(1-\phi)P}(y_1 + L - \phi P)$

注：A - 现金受偿债权人因坚持按强制裁定的标准清偿而导致计划被拒绝；B - 除非持股债权人获得的高于强制裁定标准的超额收益，否则持股债权人就会采取机会主义行为导致计划被拒绝。

重整价值的问题（Baird and Picker, 1991; Baird and Rasmussen, 2001; Ayotte and Skeel, 2013; Casey, 2020）。本节将在前述模型的基础上，进一步探讨绝对优先规则和相对优先规则的作用。

在前述的模型中，从式（7）可见，如果所有的债权人都以现金受偿（即有 $N = N/N_d$），那么就根本不存在两种规则到底适用何者的争议，所有的利益相关者都按照清算程序下的优先顺序获得偿付，绝对优先规则将得到遵守。因此在零散出售（piecemeal sale）和整体出售（going-concern sale）的场合，这一争议是无关紧要的。但当破产前债权受调整、对债权人的偿付涉及股权等价值可缔约程度较低的资产时，适用何种优先规则就会产生重要的后果。考虑下面债权人全部以股权受偿的重整计划（见表10）。

表10 一份所有债权人以新企业股权受偿的重整计划

变量	债权人1	债权人2	债权人3
$V_i(A)$	$V_1(A)$	$V_2(A)$	$V_3(A)$
w_i	1/3	1/3	1/3
$w_i V_i(A)$	$(1/3)V_1(A)$	$(1/3)V_2(A)$	$(1/3)V_3(A)$
P_i	10	10	10
ϕ_i	1	1	0
$\phi_i P_i$	10	10	0
$(1-\phi_i)P_i$	0	0	10

在这个例子中，债权人1和2是优先债权人，债权人3是普通债权人。假设在债权人3看来，新企业的价值为30，即应有 $V_1(A) = V_2(A) = V_3(A) = 30$ 成立，那么这一重整计划在他看来就是可行的。因为按照 $(w_1, w_2, w_3) = (1/3, 1/3, 1/3)$ 的比例，所有债权人都获得价值为10的股权，因此所有债权人都是充分偿付的。因此在债权人3看来，他在债权人1和2获得充分偿付的条件下获得分配，绝对优先规则没有被违背。

但这在债权人1和2看来，或许就截然不同了。假设在债权人2看来，新企业的价值为24，即应有 $V_1(A) = V_2(A) = V_3(A) = 24$ 成立，那么这一重整计划在他看来不是可行的了。因为在这个价值之下，按照 $(w_1, w_2, w_3) = (1/3, 1/3, 1/3)$ 的比例分配，会使得债权人各获得8的偿付。显然，此时在债权人2看来，债权人3在优先债权未获充分偿付的条件下（8小于10）获得分配；债权人3应得的是4，而不是8。该计划将本应属于债权人1和2的分配给了债权人3。因此，在债权人2看来，合理的重整计划应该按照 $(w_1, w_2, w_3) = (5/12, 5/12, 1/6)$ 的比例分配。同理，假设在债权人1看来，新企业的价值为15，即应有 $V_1(A) = V_2(A) = V_3(A) = 15$ 成立，那么不论是债权人 2 还是债权人 3 提出的计划都是不合理的。因为，在债权人 1 看来，债权人 2 的计划使得债权人 2 得到 6.25，多得了 1.25；债权人 3 得到 2.5，而他本应什么也得不到；而债权人 1 自己则少得了 3.75，他本应是能够充分偿付的。类似地，在债权人 1 看来，债权人 3 的计划使得债权人 2 得到 5，没有获得额外收益；而债权人 3 却多获得了 5，债权人 1 自己却少得了 5。因此，在债权人 1 看来，前面两个计划都违背了绝对优先规则，合理的计划应该按照（w_1, w_2, w_3）=（2/3, 1/3, 0）的比例分配。

绝对优先规则之所以在这一场合下失效，原因就在于根本就不存在什么可供分配的"客观价值"。如果存在"客观价值"，问题只是在于如何准确估计这一价值，那么债权人之间的分歧尚且能够通过公允合理的估计方法得到解决，重整就仍然是一个分配既定价值的过程，打破绝对优先规则也仍然只是一个"例外"。但是，如果根本不存在什么"客观价值"，债权人对新企业价值的主观认识都是合理的且不可缔约的，那么重整就会变成一个如何在存在评价分歧的债权人中间寻求可行受偿计划的过程，这一可行的受偿计划能够解决事后的资产套牢问题。

既然绝对优先规则存在这样的局限，那么强制裁定规则在针对单个组别设定标准之外，是否有必要进一步针对组别之间规定"绝对优先"？要回答这一问题，首先要弄清楚，强制裁定规则针对单个组别设定的标准，与针对各个组别设定的优先规则，两者之间到底是怎样的关系？第一，从前面的分析可知，当强制裁定规则针对所有组别均要求全额清偿时，在此条件下通过的重整计划必然满足绝对优先规则。任意的债权人不是根据合意通过计划，就是根据强制裁定标准获得全额清偿，从而被强制通过计划；不会有任何未获充分偿付的组别在未经其同意的情况下被"越过"。因此，若强制裁定规则针对所有的单个组别设定了全额清偿的标准，另外再规定"绝对优先规则"纯粹是多余的。第二，如果强制裁定规则仅仅为某些组别设定了"不低于清算价值"的标准，那么是否再额外规定"绝对优先规则"就会产生重要的后果。

当强制裁定规则仅针对某些组别（通常是普通债权）要求不低于清算价值的时候，实际上适用了一种被称为"最佳利益规则"的分配方式。最佳利益规则仅仅要求债权人所获受偿不应低于他在清算程序下之所得；或者说，只要债权人所获受偿不低于他在清算程序下之所得，他的异议就能够被压制。现实中通常使用的强制裁定标准是"最佳利益标准＋绝对优先规则"。例如，先在针对单个组别设定的标准方面，美国《破产法典》第 11 章第 1129 条和中国《企业破产法》第八十七条，均规定了担保债权以担保财产价值为限全额清偿，特定的无担保债权包括税收债权和劳动债权等要求全额清偿，普通债权要求获得不低于清算价值的清偿，除非债权人同意进行调整。特别地，美国《破产法典》第1129条针对特定的无担保债权包括亲属抚养费、劳动债权和税收债权等，不仅要求全额清偿，而且要求以现金清偿[1129（a）（9）]，除非债权人同意受到调整。这在中国《企业破产法》的第八十七条中是没有的。其次在针对组别之间设定的标准方面，美国《破产法典》第11章第1129条明确规定了"绝对优先规则"[1129（b）]，即前顺位组别未获全额清偿时，后顺位组别不应获得任何形式的分配，除非债权人同意受到调整；而中国《企业破产法》的第八十七条第二款第（五）项则规定重整计划的清偿顺序不得违反清算程序下的顺序。

我们不妨通过一个极端的例子来考察绝对优先规则是如何在不完全契约的条件下发挥作用的。假设现在强制裁定规则针对所有组别仅要求满足"最佳利益规则"，即获得不低于清算价值的分配。如果仅适用"最佳利益规则"，那么前顺位组别就可能会因为被分配了一个较低的清算价值（假设该价值低于其全部债权）而遭到强制裁定，后顺位组别得以顺利"越过"他们获得企业的重整价值。假如此时进一步引入绝对优先规则，由于前顺位组别未获充分偿付，那么该组别就能够根据"绝对优先规则"而抵抗强制裁定，即使其获得了"不低于清算价值"的偿付。这导致的后果是：以基准模型为例，后顺位组别要获得分配，要么以可缔约的资产价值（例如现金）充分偿付前顺位组别，使之得被强制裁定，但单独针对前顺位组别要求全额清偿同样可以实现这一点，甚至还要做得更好，因为针对单个组别要求全额清偿的规定会对所有组别构成威胁，能够迫使其他获得了不可缔约超额收益的前顺位组别让渡部分价值，而绝对优先规则却只能对后顺位组别构成威胁；要么以不可缔约的资产价值（例如股权）寻求前顺位组别的同意，但这可能引起无从解决的估值争议。因此，无论如何，除非强制裁定规则针对所有组别均要求全额清偿，否则引入绝对优先规则，总会在某种程度上导致表10所描述的争议。之所以如此，原因在于：一方面对单个组别设定更低的强制裁定标准，削弱了这些组别的事后再谈判能力，使得这些组别能够在较低的受偿水平下遭到强制裁定，迫使他们让渡出更多的新企业价值。另一方面引入绝对优先规则，却又给予了前顺位组别阻碍重整计划的机会和能力。尽管前顺位组别现在无法援用针对单个组别的强制裁定标准要求全额清偿，但却能够以表10所描述的方式对估值提出异议。除非后顺位组别满足他们，否则他们就能够以全额清偿（最直接的是以现金全额清偿）为威胁阻碍后顺位组别获得任何东西。然而，正如表10所描述的，在不完全契约的条件下，可能不存在任何估值能够令所有债权人满意的情况。

总的来说，争论应当适用绝对优先规则还是相对优先规则没有什么意义，因为该争论以"客观价值"的分配为前提，而在不完全契约下，并没有什么可供分配的"客观价值"；有的仅仅是存在分歧且自行其是的利益相关者。

在不完全契约的场合，强制裁定规则只需要针对单个组别设定标准就已足够，这些标准足以有效地解决套牢问题，并对事前与事后投资激励作出权衡，就像定理1和定理2所描述的那样。破产重整法中关于"绝对优先规则"的条款似乎应当删除，代之以一个资格审查条款。因为删除"绝对优先规则"条款的主要担忧在于不会带来任何价值增益的"跨组赠与"。这种赠与不会使重整价值有任何增加，但却扭曲了既定的优先顺序。然而，在不完全契约的条件下，要消除这种赠与，绝对优先规则是不必要的，它带来的问题比它解决的问题要多得多；真正重要的，是确保新企业价值切实地激励了事后的投资。因此，如果一个后顺位组别（在经管债务人模式下，尤其是原股东）在前顺位组别未获得全额清偿的条件下获得某种形式的价值分配，法院应该严格审查这一分配对于激励事后追加投资、付出努力寻找最有价值的计划是否必要。

（三）清理无效率投资的情形

在清理无效率投资的情况下，新企业价值需要通过削减资产（$0 < A \leq L$）而不是通过追加资产（$A > L$）来创造。在追加投资的情形下，清偿所需的现金来自企业在时期1产生的现金流以及在重整期间引入的额外现金；而在清理无效率投资的情形下，清偿所需的现金来自企业在时期1产生的现金流以及变卖无效率资产所得的现金，此时现金无须额外引入，而仅来自企业资产自身。因此，清理无效率投资的重整方式所需解决的关键问题是：哪些资产值得维持在新企业之中，哪些则应当及时转变为现金价值？局部清算是否能够创造更大的企业价值呢？因此，与追加投资的情形不同，清理无效率投资情形下，套牢问题主要表现为有存续价值的资产组合得不到维持，而非阻碍有效率的投资。

1. 强制裁定针对单个组别要求全额清偿的情形

首先讨论强制裁定针对单个组别要求全额清偿的情形。在清理无效率投资的情况下，现金受偿债权人的收益 R_i^c 的表达如式（38）所示。

在清理无效率投资的情形下，现金受偿债权人的收益 R_i^c 的表达式如下：

$$R_i^c = \begin{cases} \dfrac{\phi_i P_i}{\sum\limits_{N/N_d} \phi_i P_i}(y_1 + L - A), & 0 \leq y_1 + L - A < \sum\limits_{N/N_d} \phi_i P_i \\[2ex] \phi_i P_i + \left[(y_1 + L - A - \sum\limits_{N/N_d} \phi_i P_i) \cdot \dfrac{(1-\phi_i)P_i}{\sum\limits_{N/N_d}(1-\phi_i)P_i}\right], \\[2ex] \quad \sum\limits_{N/N_d} \phi_i P_i \leq y_1 + L - A < \sum\limits_{N/N_d} P_i \\[2ex] P_i, & y_1 + L - A \geq \sum\limits_{N/N_d} P_i \end{cases} \quad (38)$$

式（38）第一部分表示，当清算的无效率资产价值不足以偿付现金受偿债权人的优先债权时，清算的无效率资产价值按优先债权的比例分配。第二部分表示，当清算的无效率资产价值足以偿付现金受偿债权人的优先债权，但不足以偿付其全部债权的时候，其优先债权获得全部偿付，剩余资产价值的按普通债权的比例分配。第三部分表示，当清算的无效率资产价值足以偿付现金受偿债权人的全部债权时，这些债权人获得充分的偿付。

类似地，还有以下的三种情况。

第一种情况。在第一种情况下清算的无效率资产较少，即有以下条件成立：

$$0 \leq y_1 + L - A < \sum_{N/N_d} \phi_i P_i \quad (39)$$

这种情况意味着，在重整计划中，用于现金清偿的企业现金流价值与清算无效率资产所得的现金价值之和不低于零，但不足以清偿现金受偿债权人的全部优先债权。此时，若现金受偿债权人要获得全额清偿从而被强制裁定，那么就必须满足以下不等式：

$$\frac{\phi_i P_i}{\sum_{N/N_d} \phi_i P_i}(y_1 + L - A) \geq P_i, \quad \forall i \in N/N_d \quad (40)$$

这与式（39）是相矛盾的，因此显然不可能。在这种情况下，重整计划将因为债务积压问题而被拒绝。

第二种情况。在第二种情况下用于现金清偿的价值相对第一种情况有所增加，因此有以下条件成立：

$$\sum_{N/N_d} \phi_i P_i \leq y_1 + L - A < \sum_{N/N_d} P_i \quad (41)$$

这种情况意味着，在重整计划中，用于现金清偿的企业现金流价值与清算无效率资产所得的现金价值之和，足以清偿现金受偿债权人的全部优先债权，但不足以清偿其全部债权。此时，若现金受偿债权人要获得全额清偿从而被强制裁定，那么就必须满足以下不等式：

$$\phi_i P_i + \left[(y_1 + L - A - \sum_{N/N_d} \phi_i P_i) \cdot \frac{(1-\phi_i) P_i}{\sum_{N/N_d} (1-\phi_s) P_i}\right] \geq P_i, \quad \forall i \in N/N_d \quad (42)$$

式（42）整理后可得：

$$y_1 + L - A \geq \sum_{N/N_d} P_i \quad (43)$$

这显然与式（41）相矛盾了，重整计划将因为债务积压问题而被拒绝。

第三种情况。在第三种情况下清算的无效率资产较多，有以下条件成立：

$$y_1 + L - A \geq \sum_{N/N_d} P_i \quad (44)$$

这种情况意味着，在重整计划中，用于现金清偿的企业现金流价值与清算无效率资产所得的现金价值之和，足以清偿现金受偿债权人的全部债权。显然，在这种情况下，只要持股债权人的收益满足：

$$R_i^r = w_i V_i(A) \geq P_i, \quad \forall i \in N_d \tag{45}$$

重整计划就可能获得通过。当然，同理，若要消除其中的机会主义行为空间，式（43）就应当取等号。综合上述三种情况的讨论，可得到以下的定理：

定理3 若清理无效率投资（$0 < A \leq L$）的重整计划 $\{N_d^*, w^*, A^*\}$ 是一份可行的重整计划，即在计划中既不存在债务积压问题，又不存在机会主义行为，那么在强制批准要求全额清偿的条件下，一致同意的重整计划应满足以下两个条件：

（1）持股债权人 $i \in N_d^*$ 根据投票程序而合意通过计划，并满足：

$$w_i^* V_i(A^*) \geq P_i, \quad \forall i \in N_d^*$$

（2）现金受偿债权人 $j \in N/N_d^*$ 根据司法裁定而强制通过计划，并满足：

$$y_1 + L - A^* = \sum_{N/N_d^*} P_j$$

2. 强制裁定针对单个组别仅要求不低于清算价值的情形

其次讨论强制裁定针对单个组别仅要求不低于清算价值的情形。根据式（3）和式（38），需要讨论的情况就包括六种。

第一种情况。第一种情况意味着以下两个条件满足：

$$0 \leq y_1 + L < \phi P \tag{46}$$

$$0 \leq y_1 + L - A < \sum_{N/N_d} \phi_i P_i \tag{47}$$

这第一种情况意味着，在破产清算条件中，破产财产不足以清偿全部的优先债权；在破产重整条件中，现金出售的无效率资产不为零，但不足以清偿现金受偿债权人的全部优先债权。此时，若现金受偿债权人要获得"清算价值"从而被强制裁定，那么就必须满足以下不等式：

$$\frac{\phi_i P_i}{\sum_{N/N_d} \phi_i P_i}(y_1 + L - A) \geq \frac{\phi_i P_i}{\phi P}(y_1 + L), \quad \forall i \in N/N_d \tag{48}$$

整理之后可得：

$$A \leq \frac{\sum_{N_d} \phi_i P_i}{\phi P}(y_1 + L), \quad \forall i \in N/N_d \tag{49}$$

在债权人不存在机会主义行为的情况下，上式应当取等号。一方面，由于破产清算条件下的破产财产不足偿付全部的优先债权，普通债权人和股东在重整决策中都是毫不重要的，因为在破产清算条件下他们本就一无所得；只有优先债权人的决策是重要的。另一方面，由于破产重整条件下，现金出售的无效率资产也不足以清偿现金受偿债权人的全部优先债权，因此只要式

(49) 以等号成立，就能确保没有任何优先债权人会采取机会主义行为，策略性地反对重整计划。

第二种情况。在第二种情况下，有以下的两个条件成立：

$$0 \leq \phi y_1 + L < \phi P \tag{50}$$

$$\sum_{N/N_d} \phi_i P_i \leq \phi y_1 + L - A < \sum_{N/N_d} P_i \tag{51}$$

这第二种情况意味着，在破产清算条件中，破产财产不足以清偿全部的优先债权；在破产重整条件中，现金出售的无效率资产足以清偿现金受偿债权人的全部优先债权，但不足以清偿其包括普通债权人在内的全部债权。此时，若现金受偿债权人要获得"清算价值"从而被强制裁定，那么就必须满足以下不等式：

$$\phi_i P_i + \left[(y_1 + L - A - \sum_{N/N_d} \phi_i P_i) \cdot \frac{(1-\phi_i)P_i}{\sum_{N/N_d}(1-\phi_i)P_i} \right] \geq \frac{\phi_i P_i}{\phi P}(y_1 + L), \quad \forall i \in N/N_d \tag{52}$$

若 $\phi_i = 1$，式（52）意味着：

$$\phi P > y_1 + L, \quad \forall i \in N/N_d \tag{53}$$

这在式（50）假定下，是必然成立的。

若 $0 < \phi_i < 1$，那么化简整理式（52）后可得，对于 $\forall i \in N/N_d$ 有：

$$\sum_{N_d} \phi_i P_i - A \geq (\phi P - y_1 - L)\left\{ 1 - \frac{\phi_i P_i}{\phi P} \Big/ \frac{(1-\phi_i)P_i}{\sum_{N/N_d}(1-\phi_i)P_i} \right\} \tag{54}$$

结合式（50）和式（51）可知，对于 $\forall i \in N/N_d$ 有：

$$\sum_{N_d} \phi_i P_i - A \geq \phi P - y_1 - L > (\phi P - y_1 - L)\left\{ 1 - \frac{\phi_i P_i}{\phi P} \Big/ \frac{(1-\phi_i)P_i}{\sum_{N/N_d}(1-\phi_i)P_i} \right\} \tag{55}$$

综上可知，在第二种情况下，只要有 $0 < \phi_i \leq 1$ 成立，优先债权人总能够在现金受偿债权人组中获得高于清算程序的净收益。并且随着优先债权比重 ϕ_i 的不断增加，净收益也不断增加。这意味着，就算重整计划为其提供了超过清算程序的所得，优先债权人也总有权利反对重整计划，并试图策略性地挤进普通债权人当中，凭借优先受偿权获得更充分的现金受偿；而本来在清算程序中，优先债权的偿付是不充分的。之所以导致这一现象，根本原因在于现金出售的无效率投资 $y_1 + L - A$ 足以偿付现金受偿债权人组的优先债权而有余，这不仅使得现金受偿债权人组的优先债权人获得充分偿付，而且还有剩余分配给同组的其他普通债权人；而本来在清算程序中，不仅优先债权人无法得到充分偿付，而且普通债权人也一无所得。因此，在这第二种情况下，重整计划就创造出了可供债权人攫取的净租金，使得优先债权人得以采取机会主义行为。

第三种情况。在第三种情况下，有以下的两个条件成立：

$$0 \leq y_1 + L < \phi P \tag{56}$$

$$y_1 + L - A \geq \sum_{N/N_d} P_i \tag{57}$$

这第三种情况意味着，在破产清算条件中，破产财产不足以清偿全部的优先债权；在破产重整条件中，现金出售的无效率资产足以清偿现金受偿债权人的全部债权。此时，若现金受偿债权人要获得"清算价值"从而被强制裁定，那么就必须满足以下不等式：

$$P_i \geq \frac{\phi_i P_i}{\phi P}(y_1 + L), \quad \forall i \in N/N_d \tag{58}$$

结合式（56）来看，不等式左边是严格大于右边的。这第三种情况与第二种情况相类似，但现在现金受偿债权人组的收益是如此之高，以至于组内的债权人——不论是优先债权人还是普通债权人——都获得了充分的偿付。这就产生了大量可供债权人攫取的租金。在这种情况下，不仅是优先债权人，现在连普通债权人也有着强烈的策略性反对重整计划的激励；两类债权人现在都试图采取机会主义行为来攫取租金。

第四种情况。在第四种情况下，有以下的两个条件成立：

$$\phi P \leq y_1 + L < P \tag{59}$$

$$0 \leq y_1 + L - A < \sum_{N/N_d} \phi_i P_i \tag{60}$$

这第四种情况意味着，在破产清算条件中，破产财产足以偿付全部的优先债权，但不足以偿付全部的债权；在破产重整条件中，现金出售的无效率资产不为零，但不足以清偿现金受偿债权人的全部优先债权。此时，若现金受偿债权人要获得"清算价值"从而被强制裁定，那么就必须满足以下不等式：

$$\frac{\phi_i P_i}{\sum_{N/N_d} \phi_i P_i}(y_1 + L - A) \geq \phi_i P_i + \left[(y_1 + L - \phi P)\frac{(1-\phi_i)P_i}{(1-\phi)P}\right], \quad \forall i \in N/N_d \tag{61}$$

若 $\phi_i = 0$，那么有：

$$0 \geq (y_1 + L - \phi P)\frac{P_i}{(1-\phi)P} \tag{62}$$

除非 $y_1 + L = \phi P$，否则这显然与式（59）相矛盾了。若 $0 < \phi_i \leq 1$，那么有：

$$y_1 + L - A \geq \sum_{N/N_d} \phi_i P_i + (y_1 + L - \phi P) \cdot \left\{\frac{(1-\phi_i)P_i}{(1-\phi)P} \bigg/ \frac{\phi_i P_i}{\sum_{N/N_d} \phi_i P_i}\right\} \tag{63}$$

这显然与式（59）和式（60）相矛盾了。因此，综上所述，除非有 $\phi_i = 0$ 且 $y_1 + L = \phi P$ 两者同时成立，否则总有 $R_i^c < \bar{L}_i$，$\forall i \in N/N_d$，这意味着存在现金受偿债权人没能够从重整计划中获得至少不低于清算程序的收益，重

整计划将因为债务积压问题而被拒绝。

第五种情况。在第五种情况下，有以下的两个条件成立：

$$\phi P \leqslant \phi y_1 + L < P \tag{64}$$

$$\sum_{N/N_d} \phi_i P_i \leqslant \phi y_1 + L - A < \sum_{N/N_d} P_i \tag{65}$$

这第五种情况意味着，在破产清算条件中，破产财产足以偿付全部的优先债权，但不足以偿付全部的债权；在破产重整条件中，现金出售的无效率资产足以清偿现金受偿债权人的全部优先债权，但不足以清偿其全部债权。此时，若现金受偿债权人要获得"清算价值"从而被强制裁定，那么就必须满足以下不等式：

$$\phi_i P_i + \left[(y_1 + L - A - \sum_{N/N_d} \phi_i P_i) \cdot \frac{(1-\phi_i)P_i}{\sum_{N/N_d}(1-\phi_i)P_i} \right]$$

$$\geqslant \phi_i P_i + \left[(y_1 + L - \phi P) \frac{(1-\phi_i)P_i}{(1-\phi)P} \right], \quad \forall i \in N/N_d \tag{66}$$

整理之后可得：

$$A \leqslant \sum_{N_d} \phi_i P_i + \frac{\sum_{N_d}(1-\phi_i)P_i}{(1-\phi)P}(y_1 + L - \phi P) \tag{67}$$

此时，只要式（35）以等号成立，就能确保没有任何优先债权人会采取机会主义行为，重整计划因此是可行的。

第六种情况。在第六种情况下，有以下的两个条件成立：

$$\phi P \leqslant y_1 + L < P \tag{68}$$

$$y_1 + L - A \geqslant \sum_{N/N_d} P_i \tag{69}$$

这第六种情况意味着，在破产清算条件中，破产财产足以偿付全部的优先债权，但不足以偿付全部的债权；在破产重整条件中，现金出售的无效率资产足以清偿现金受偿债权人的全部债权。此时，若现金受偿债权人要获得"清算价值"从而被强制裁定，那么就必须满足以下不等式：

$$P_i \geqslant \phi_i P_i + \left[(y_1 + L - \phi P) \frac{(1-\phi_i)P_i}{(1-\phi)P} \right], \quad \forall i \in N/N_d \tag{70}$$

除非该现金受偿债权人组中的债权人仅持有优先债权（$\phi_i = 1$），否则式（70）在本文的假定下始终取严格的大于号。这意味着，在第六种情况下，现金受偿债权人组中的普通债权总能够获得相对于清算程序的额外收益，这将为持股债权人组中的优先债权提供采取机会主义行为的激励。

综合上述六种情况的讨论，可得到以下的定理：

定理4 若清理无效率投资（$0 < A \leqslant L$）的重整计划 $\{N_d^*, w^*, A^*\}$ 是一份可行的重整计划，即在计划中既不存在债务积压问题，又不存在机会

主义行为，那么在强制批准仅要求不低于清算价值的条件下，一致同意的重整计划应满足以下两个条件：

(1) 持股债权人 $i \in N_d^*$ 根据投票程序而合意通过计划，并满足：
$$w_i^* V_i(A^*) \geq \bar{L}_i, \quad \forall i \in N_d^*$$

(2) 现金受偿债权人 $j \in N/N_d^*$ 根据司法裁定而强制通过计划，并满足：

(a) 若在破产清算条件下破产财产不足以偿付全部的优先债权（$0 \leq y_1 + L < \phi P$），那么应有：
$$A^* = \frac{\sum_{N_d^*} \phi_j P_j}{\phi P}(y_1 + L)$$

(b) 若在破产清算条件下破产财产足以偿付全部的优先债权，但不足以偿付其全部债权（$\phi P \leq y_1 + L < P$），那么应有：
$$A^* = \sum_{N_d^*} \phi_j P_j + \frac{\sum_{N_d^*}(1-\phi_j)P_j}{(1-\phi)P}(y_1 + L - \phi P)$$

上述条件包含两个方面内容。第一，从现金受偿债权人角度看，持股债权人分组 N_d^* 和维持的新企业资产池 A^* 应如此设计，即使得新企业资产池 A^* 在清算程序下的现金价值恰好等于全部持股债权人所放弃的、按清算程序下的优先顺位受偿所能获得的价值。反过来说亦然，即以现金出售的无效率资产的价值应恰好等于未受损债权人所放弃的、按清算程序下的优先顺位受偿所能获得的价值，可通过下式表示：

$$y_1 + L - A^* = \frac{\sum_{N/N_d} \phi_j P_j}{\phi P}(y_1 + L) \tag{71}$$

$$y_1 + L - A^* = \sum_{N/N_d} \phi_j P_j + \frac{\sum_{N/N_d}(1-\phi_j)P_j}{(1-\phi)P}(y_1 + L - \phi P) \tag{72}$$

第二，从持股债权人组角度看，满足上述条件的新企业资产池所带来的价值，还必须使得债权人放弃清算程序下的优先顺位受偿是值得的。满足上述条件的重整计划才是强制批准仅要求不低于清算价值时的可行重整计划，因为这样才能使得持股债权人不会在重整计划能为其带来净收益的时候采取机会主义行为，导致资产套牢问题。

3. 两类情形的比较

类似地，我们可以把上述两小节的讨论概括为表11。从表11可见，两类规则之间的差异及其导致的后果，不论在追加投资还是在清理无效率投资的情形下，都是相类似的：重整计划在强制裁定要求全额清偿时显然要比仅要求不低于清算价值时更难通过。

表11　清理无效率投资时的两种情形比较

假想清算程序下的价值	强制批准计划所需的现金	强制裁定要求全额清偿				强制裁定仅要求不低于清算价值		
		计划通过状况	持股债权人所得 $w_i V_i (A)$	现金受偿债权人所得 $y_1 + L - A$	计划通过状况	持股债权人所得 $w_i V_i (A)$	现金受偿债权人所得 $y_1 + L - A$
$0 \leq y_1 + L < \phi P$	$0 \leq y_1 + C < \sum_{N/N_d} \phi_i P_i$	拒绝^A	$\geq P_i$	$< \sum_{N/N_d} P_j$	通过	$\geq \bar{L}_i$	$= \dfrac{\sum_{N/N_d} \phi_j P_j}{\phi P}(y_1 + L)$
	$\sum_{N/N_d} \phi_i P_i \leq y_1 + C < \sum_{N/N_d} P_i$	拒绝^A	$\geq P_i$	$\leq \sum_{N/N_d} P_j$	可能通过^B	$\geq \bar{L}_i$	$> \dfrac{\sum_{N/N_d} \phi_j P_j}{\phi P}(y_1 + L)$
	$y_1 + C \geq \sum_{N/N_d} P_i$	通过	$\geq P_i$	$= \sum_{N/N_d} P_j$	可能通过^B	$\geq \bar{L}_i$	$> \dfrac{\sum_{N/N_d} \phi_j P_j}{\phi P}(y_1 + L)$
$\phi P \leq y_1 + L < P$	$0 \leq y_1 + C < \sum_{N/N_d} \phi_i P_i$	拒绝^A	$\geq P_i$	$< \sum_{N/N_d} P_j$	拒绝^A	$\geq \bar{L}_i$	$< \sum_{N/N_d^*} \phi_j P_j + \dfrac{\sum_{N/N_d^*}(1-\phi_j)P_j}{(1-\phi)P}(y_1 + L - \phi P)$
	$\sum_{N/N_d} \phi_i P_i \leq y_1 + C < \sum_{N/N_d} P_i$	拒绝^A	$\geq P_i$	$< \sum_{N/N_d} P_j$	通过	$\geq \bar{L}_i$	$= \sum_{N/N_d^*} \phi_j P_j + \dfrac{\sum_{N/N_d^*}(1-\phi_j)P_j}{(1-\phi)P}(y_1 + L - \phi P)$
	$y_1 + C \geq \sum_{N/N_d} P_i$	通过	$\geq P_i$	$= \sum_{N/N_d} P_j$	可能通过^B	$\geq \bar{L}_i$	$> \sum_{N/N_d^*} \phi_j P_j + \dfrac{\sum_{N/N_d^*}(1-\phi_j)P_j}{(1-\phi)P}(y_1 + L - \phi P)$

注：A—现金受偿债权人因坚持按强制裁定的标准清偿而导致计划被拒绝；B—除非持股债权人获得高于现金受偿债权人的净收益高于强制裁定标准的超额收益，否则持股债权人就会采取机会主义行为导致计划被拒绝。

四、受偿方式与重整计划批准方式的匹配原理

在基准模型中，我们始终假定了受偿方式只有股权和现金两种，并且假定了前者的价值不可缔约，而后者的价值则是可缔约的，两种资产的可缔约性对于法官以及所有债权人和股东来说，都是一样的。同时，法官作为外部第三方，只能依据可缔约的资产来批准重整计划，因此只要债权人接受股权清偿，就视同债权人获得了等价于其全部债权或清算价值的偿付。但是，持股债权人可能会因此获得超过全部债权或清算价值的超额收益，这一收益就是他在不完全契约之下、凭借关于新企业的私人知识而获得的租金。由于超额收益的不可缔约性，法官无法判断这一超额收益是否存在，也无法"公平地"将超额收益分配给尚未得到任何价值的原股东。同时，原股东也因该超额收益的不可缔约性而无法主张能获得法官支持的有效权利。从基准模型中我们能够看到，受偿方式在可缔约程度上的差异，会导致债权人在"根据投票而合意批准的程序"和"根据司法裁定而强制批准的程序"之间采取机会主义行为。一方面，如果异议债权人在强制批准规则下受偿的现金价值（或可缔约的价值）过高，那么以新企业价值（或不可缔约的价值）受偿的债权人就可能会采取机会主义行为，在新企业价值足以为他带来增益的场合，策略性地反对计划。另一方面，如果在原股东看来，以新企业价值受偿的债权人可能获得了超额收益，那么原股东也可能会机会主义地利用"出资人必须受到重整计划公平公正对待"的规定，即使他已从计划中有所获得，也可能会反对计划并要求分享新企业的价值。可行的重整计划理应解决这些机会主义行为所导致的套牢问题。

逻辑上讲，重整程序之所以需要分为一个根据投票而合意批准的程序，以及一个根据司法裁定而强制批准的程序——前者在破产重整法上表现为分组投票的规则，后者表现为司法强制批准的规则——根本原因正在于资产的价值在可缔约程度上存在差异。如果用于清偿的资产都是可缔约的，那么投票就是多余的，法官完全可以根据资产可缔约的客观价值的计算，来分配资产并强制通过可行的重整计划。相反，如果用于清偿的资产都是不可缔约的，司法上强制通过重整计划就是不可能的了，只有通过投票而合意通过的计划，才不会损害债权人和股东的合法权利。但如果现实中可用于清偿的资产从不可缔约到可缔约存在一系列复杂的中间情形，那么就必须使受偿方式与重整计划获得通过的方式（基于合意或强制）相匹配，才能使得重整计划既不损害债权人和股东的合法权利，又不会导致机会主义行为。

我们可以通过以下扩展的追加投资模型，来考虑如何使受偿方式与重整

计划获得通过的方式相匹配。首先，现在我们放松基准模型中的假定，假设企业可用于清偿的资产集合为 $\kappa = [1, K]$ 的连续统（continuum），任意资产 $k \in [1, K]$ 的价值包含一个可缔约的部分 C_k，该部分对所有个人来说都具有相同的客观价值；又包含一个不可缔约的部分 $V_i(k|A)$，该部分价值与个人对新企业未来的看法密切相关，因此随不同的个人而变化。其次，又设被强制批准计划的债权人从其他主体那里获得的转移支付资产集合为 $\tau = [1, T]$ 的连续统，类似地，任意转移支付资产 $t \in [1, T]$ 的价值同样包含一个可缔约的部分 C_t 和一个不可缔约的部分 $V_i(t|A)$。若 $V_i(t|A) \equiv 0$，$\forall i \in N$，C_t 就相当于基准模型中的一单位转移支付现金。最后，记 $\kappa_i \subseteq \kappa$ 为债权人 i 在重整计划所分得的资产子集，并且满足：

$$\kappa_i \cap \kappa_j = \emptyset, i \neq j, \forall i, j \in N \tag{73}$$

$$\cup_N \kappa_i \leq \kappa \tag{74}$$

类似地，记 $\tau_i \subseteq \tau$ 为债权人 i 在重整计划所获得转移支付资产子集，并且满足：

$$\tau_i \cap \tau_j = \emptyset, i \neq j, \forall i, j \in N/N_d \tag{75}$$

$$\cup_{N/N_d} \tau_i \leq \tau \tag{76}$$

如果转移支付资产的支出方，那么同样满足：

$$\tau_i \cap \tau_j = \emptyset, i \neq j, \forall i, j \in N_d \tag{77}$$

$$\cup_{N_d} \tau_i \geq \tau \tag{78}$$

但与接受方不同的是，支出方所获得的转移支付资产价值为负值。企业可用于清偿的资产加上转移支付资产之和，即为整个重整计划可用于清偿的总资产。在基准模型中，用于清偿的总资产类型是离散的，并且只有价值可缔约的现金和价值不可缔约的股权两类。而现在，我们将拥有分布于连续统上的"连续类型"的资产，每种资产的价值都拥有可缔约的部分和不可缔约的部分。这样我们就把基准模型扩展到了更一般的情景。

首先从债权人角度看，现在假设强制批准要求全额清偿，并且强制批准只能以资产价值的可缔约部分为依据，那么异议债权人在强制批准下应当获得：

$$\sum_{j \in N/N_d} \left(\int_{\kappa_j} C_k dk \right) + \sum_{j \in N/N_d} \left(\int_{\tau_j} C_t dt \right) = \sum_{N/N_d} P_j \tag{79}$$

又或者是：

$$\int_{\kappa_j} C_k dk + \int_{\tau_j} C_t dt = P_j, \forall j \in N/N_d \tag{80}$$

在"债转股+现金"两种受偿方式之下，上式等价于基准模型中的 $y_1 + C = \sum_{N/N_d} P_j$。但是，由于资产价值的可缔约部分和不可缔约部分是不可分割的，因此异议债权人的实际所得可能是：

$$\sum_{j \in N/N_d} (\int_{\kappa_j} V_j(k \mid A)dk + \int_{\tau_j} V_j(t \mid A)dt) + \sum_{j \in N/N_d} (\int_{\kappa_k} C_k dk + \int_{\tau_t} C_t dt) > \sum_{j \in N/N_d} P_j \tag{81}$$

又或者是：

$$(\int_{\kappa_j} V_j(k \mid A)dk + \int_{\tau_j} V_j(t \mid A)dt) + (\int_{\kappa_k} C_k dk + \int_{\tau_t} C_t dt) > P_j, \exists j \in N/N_d \tag{82}$$

这意味着，仅仅依据可缔约资产来判断是否"全额清偿"，被强制裁定的债权人（$j \in N/N_d$）的实际所得就可能高于他的全部债权，只要其受偿资产的不可缔约部分价值不为零。然而，如果其余债权人（$i \in N_d$）从自身的视角看，被强制裁定的债权人（$j \in N/N_d$）的受偿资产除了可缔约价值之外，还具有极大的不可缔约价值，那么，即使他的受偿价值足以弥补其追加投资支出和转移支付支出、因而理应在投票中赞同重整计划，他也会机会主义地反对计划，并以此为威胁要求更改受偿方案。也就是说，从其余债权人的角度来说，如果有下式成立：

$$\varepsilon_j(i) > \int_{\kappa_i} V_i(k \mid A)dk + \int_{\kappa_i} C_k dk - (\int_{\tau_i} V_i(t \mid A)dt + \int_{\tau_i} C_t dt) - I_i - P_i \geq 0,$$
$$\exists i \in N_d, \exists j \in N/N_d \tag{83}$$

其中，$\varepsilon_j(i)$ 表示从其余债权人 $i \in N_d$ 角度看被强制批准计划的债权人 $j \in N/N_d$ 所获得的超额收益，其在定理1下的表达式为：

$$\varepsilon_j(i) = \int_{\kappa_j} V_i(k \mid A)dk + \int_{\tau_j} V_i(t \mid A)dt \geq 0, \exists i \in N_d, \exists j \in N/N_d \tag{84}$$

那么，债权人 $i \in N_d$ 将可能采取机会主义行为。因此，为了消除任意的其余债权人 $i \in N_d$ 采取机会主义行为的空间，就应该合理分配 $\{\kappa_i, \tau_i \mid i \in N_d\}$ 和 $\{\kappa_j, \tau_j \mid j \in N/N_d\}$，使得对于任意的债权人 $i \in N_d$ 有下式：

$$\int_{\kappa_i} V_i(k \mid A)dk + \int_{\kappa_i} C_k dk - (\int_{\tau_i} V_i(t \mid A)dt + \int_{\tau_i} C_t dt) - I_i - P_i \geq \varepsilon_j(i) \geq 0,$$
$$\forall j \in N/N_d \tag{85}$$

和式（80）同时成立。于是我们有以下定理：

定理5 假设强制裁定针对单个组别要求全额清偿，若重整计划既不存在债务积压问题，又不存在机会主义行为，那么资产分配计划 $\{\kappa_i, \tau_i \mid i \in N_d\}$ 和 $\{\kappa_j, \tau_j \mid j \in N/N_d\}$ 应使得对于任意的债权人 $i \in N_d$，满足：

$$\int_{\kappa_i} V_i(k \mid A)dk + \int_{\kappa_i} C_k dk - (\int_{\tau_i} V_i(t \mid A)dt + \int_{\tau_i} C_t dt) - I_i - P_i \geq \varepsilon_j(i) \geq 0,$$
$$\forall j \in N/N_d$$

其中：

$$\varepsilon_j(i) = \int_{\kappa_j} V_i(k \mid A) dk + \int_{\tau_j} V_i(t \mid A) dt \geq 0, \ i \in N_d, \ j \in N/N_d$$

并且同时满足：

$$\int_{\kappa_j} C_k dk + \int_{\tau_j} C_t dt = P_j, \ \forall j \in N/N_d$$

上述定理 5 实际上是定理 1 的一般形式。显然，满足定理 5 要求的资产通常就是现金，因为对于任意的个人来说，现金资产上几乎不存在不可缔约的价值，即 $\varepsilon_j(i) = 0$ 对于 $\forall i \in N_d$ 和 $\forall j \in N/N_d$ 成立。在清理无效率投资的情形下，这意味着越是跟新企业价值无关、仅有现金出售价值的资产，就越是应当用于清偿因强制裁定而通过计划的债权人，反之则应当维持在新企业的资产池中。

上述定理 5 以强制裁定针对单个组别要求全额清偿为前提，不过相同结论完全可以通过相同的思路推广到仅要求不低于清算价值的情形，只是定理中的债权人 $i \in N$ 的全部债权 P_i 变成了清算价值 $\overline{L}_i$。由此我们可得到一个关于受偿方式与重整计划批准方式的匹配原理：首先，价值可缔约程度最高的资产（最好就是现金）应分配给被强制裁定的债权人；其次，价值可缔约程度其次的，分配给根据投票而合意批准计划的债权人；最后，价值最不可缔约的资产才考虑用于分配给原股东。

匹配原理对解决重整程序中的机会主义行为起着关键的作用。在清算无效率资产的情形下，如果企业自有现金不足，就需要通过出售无效率资产以获得清算计划所需的现金。但问题在于出售无效率资产应该出售到什么程度？如果出售太多，将会损害新企业的价值；如果出售不足，又无法满足异议债权人的需求。如果违背匹配原理先出售不可缔约的资产，由于其只能按较低的可缔约价值折价为现金，即便现金受偿债权人按现金受偿价值被强制批准计划，持股债权人也会投票反对这样的计划，因为他们更看好也更希望控制这些不可缔约的资产。此时违背匹配原理就会出售"太多"，把对新企业有价值的资产贱卖了。追加投资的情形与此类似。如果企业自有现金不足，那么持股债权人就需要额外进行转移支付，以获得计划所需的现金。但问题在于应该转移支付多少？支付不足，无法解决套牢问题；支付过多，又会损害事后投资激励。如果违背匹配原理要求持股债权人用不可缔约的资产满足异议债权人，那么很可能会"过多"地支付，损害追加投资的激励。在匹配原理下，我们能够很容易理解为什么现实中重整计划通常会对劳动债权、税收债权和小额债权进行现金清偿，美国《破产法典》的 1129（a）条甚至把现金清偿作为劳动债权和税收债权被强制批准的条件之一。一个很重要的原因在于，这类债权人通常对企业的生产经营决策和未来价值较少关心，在重整程序中很可能对有价值的重整计划采取不合作态度，因此直接用现金"摆平"他们会更少争议，也更经济划算。

五、一个基于选择权按优先顺位分配的重整机制

最后本文要解决的问题是：前述定理所描述的可行的重整计划应当如何实现？本小节尝试提出一个基于选择权按优先顺位分配的新机制，以解决这一问题。

阿吉昂等（Ahgion et al.，1992）在别布丘克（Bebchuk，1988）程序的基础上，提出了一个将选择权赋予后顺位债权人的重整程序。破产重整作为一种规则的协商程序，其必要性产生于现金拍卖（破产清算）的交易成本。由于资本市场的不完全性，现金拍卖中可能没有任何的个人和团体有充足的现金收购企业，外部投资人也可能因为信息的不对称而低估企业价值。这些原因可能导致有效的现金拍卖无法实现。一种降低交易成本的方法就是将企业资产出售给现有的债权人，由它们作为重整后新企业的风险承担者。但是，现有的破产程序也存在缺陷：假定资本市场是完善的，或者把企业应该做什么的决策（最大化企业价值的决策）与谁应该得到什么的决策（分配既定价值的决策）相混淆（Hart，1995）。阿吉昂等（1992）描述了一种合适的重整程序（Ahgion – Hart – Moore 程序，AHM 程序），该程序既能够维持绝对优先规则，又能够正确地决定企业的未来；即使在企业价值缺乏客观估价的场合，这种程序也具有上述的良好性质（Hart，1995）。该程序包括以下三个主要步骤：

（1）征求竞价：个人对公司进行现金或非现金报价。

（2）配置权利：如果公司的真实价值是可证实的，那么根据绝对优先规则，就很容易计算出每一类分组的应得货币总额；但在公司真实价值不可证实的场合，例如在非现金竞价时，就需要通过某种程序去达成一致。别布丘克（Bebchuk，1988）提出了以下的程序。首先将债权人分为 n 组，其应收款总数分别为 D_1，D_2，…，D_n，其中第一类债权组拥有最优先债权，然后每组债权组的优先顺位依次往后。一种配置方法是把新公司的股权配置给优先债权人，并将购买股权的选择权配置给低级债权人，而优先债权人在有人购买其股权时，必须放弃其股权。例如，假设第 1 类中某个债权人的债权额为 d_1，那么他一开始得到公司股份的 d_1/D_1；然后第 2 类拥有债权额为 d_2 债权人能够以（d_2/D_2）D_1 的价格收购最多 d_2/D_2 份额的公司股份。以此类推，第 i 类债权人（3≤i≤n）可以从优先于他们的债权人手中每百分之百按（$D_1 + D_2 + \cdots + D_{n-1}$）的价格购买股权。最后，股东能够按每百分之百按（$D_1 + D_2 + \cdots + D_n$）的价格购买股权。哈特等（Hart et al.，1997）进一步在上述"内部拍卖"（inside auction）程序之外引入"公开拍卖"（public auction）程

序,即按上述程序分配完股权和现金之后,剩余未获收购的股权再进入一个包括原投资人和新的外部投资人的"公开拍卖"程序。

(3) 投票表决:当上述交易完成后,所有债权人和股东以一股一票的形式进行投票表决,然后公司从破产程序中退出。

我们可以通过以下例子来考察 AHM 程序的运作机制。如表 12 所示,假设企业的清算价值为 25,当新企业价值为 18 时,按照 AHM 程序,由于债权人 1 和债权人 2 为优先债权且债权均为 10,因此两者均一开始各获得新企业 1/2 的股权。在这一情形下,如果债权人 3 行使选择权,那么他就需要支付 20 才能把股权全部买下。但由于新企业价值只有 18,小于 20,因此债权人 3 不会行权。债权人 1 和债权人 2 最终将持有股权,并由于股权带给他们的价值分别只有 9,小于他们在清算程序下的所得 10,因此债权人 1 和债权人 2 将会投票清算企业。显然,这一结果是有效率的,因为新企业价值 18 要小于其清算价值 25。

表 12　　　　　　　　　新企业价值 = 18 时的情形

变量	债权人 1	债权人 2	债权人 3	总和
$V_i(A)$	18	18	18	
w_i	1/2	1/2	0	1
$w_i V_i(A)$	9	9	0	18
$-C_i$	0	0		0
$w_i V_i(A) - C_i$	9	9		18
P_i	10	10	10	30
ϕ_i	1	1	0	
$\phi_i P_i$	10	10	0	20
$(1-\phi_i)P_i$	0	0	10	10
$\overline{L}_i$	10	10	5	25

若如表 13 所示,新企业价值从 18 提升到 22,由于债权人 1 和债权人 2 此时各自获得 11 的股权价值,高于他们在清算程序下之所得,因此,他们有激励继续持有股权。但是,从债权人 3 看来,这会令他一无所得,因此他会行使选择权,通过支付 20 买下股权,然后投票清算企业获得 25,因此净收益为 5。由于新企业价值 22 仍然小于其清算价值 25,因此这一结果是有效率的。

表 13　　　　　　　　　新企业价值=22 时的情形

变量	债权人1	债权人2	债权人3	总和
$V_i(A)$	22	22	22	
w_i	1/2	1/2	0	1
$w_i V_i(A)$	11	11	0	22
$-C_i$	0	0	0	0
$w_i V_i(A) - C_i$	11	11	0	22
P_i	10	10	10	30
ϕ_i	1	1	0	
$\phi_i P_i$	10	10	0	20
$(1-\phi_i)P_i$	0	0	10	10
$\overline{L}_i$	10	10	5	25

若新企业价值从 22 进一步提高到 28（见表 14），显然，债权人 3 将会行使选择权，通过支付 20 买下全部股权，然后投票让企业整体存续获得 28。由于新企业价值 28 现在大于其清算价值 25，因此这一结果是有效率的。

表 14　　　　　　　　　新企业价值=28 时的情形

变量	债权人1	债权人2	债权人3	总和
$V_i(A)$	28	28	28	
w_i	1/2	1/2	0	1
$w_i V_i(A)$	14	14	0	28
$-C_i$	0	0	0	0
$w_i V_i(A) - C_i$	14	14	0	28
P_i	10	10	10	30
ϕ_i	1	1	0	
$\phi_i P_i$	10	10	0	20
$(1-\phi_i)P_i$	0	0	10	10
$\overline{L}_i$	10	10	5	25

若新企业价值进一步从 28 提高到 36，由于新企业价值 36 足以偿付全部债权 30 而有余，因此原股东将会支付 30 买下全部的股权，然后投票让企业整体存续获得 36，原股东因此获得 6 的净收益，这比清算程序下一无所得的状况要好。由于新企业价值 28 现在大于其清算价值 25，因此这一结果仍然

是有效率的。

由表 15 可见，AHM 程序利用别布丘克（Bebchuk，1988）赋予优先债权人股权、赋予劣后债权人和原股东以选择权的方式，促使重整程序最终产生有效率的结果。不过，尽管 AHM 程序无须讨价还价，也不依赖于对企业"客观价值"的估计，但在债权人和原股东关于新企业价值的评价具有差异的场合，这一程序就可能产生错误的结果，如表 16 所示。

表 15　　　　　　　　　　新企业价值 = 36 时的情形

变量	债权人 1	债权人 2	债权人 3	总和
$V_i(A)$	36	36	36	
w_i	1/2	1/2	0	1
$w_i V_i(A)$	18	18	0	36
$-C_i$	0	0	0	0
$w_i V_i(A) - C_i$	18	18	0	36
P_i	10	10	10	30
ϕ_i	1	1	0	
$\phi_i P_i$	10	10	0	20
$(1-\phi_i)P_i$	0	0	10	10
$\overline{L}_i$	10	10	5	25

表 16　　　　　　　　　　AHM 程序失效的例子之一

变量	债权人 1	债权人 2	债权人 3	总和
$V_i(A)$	36	36	5	
w_i	1/2	1/2	0	1
$w_i V_i(A)$	18	18	0	36
$-C_i$	0	0	0	0
$w_i V_i(A) - C_i$	18	18	0	36
P_i	10	10	10	30
ϕ_i	1	1	0	
$\phi_i P_i$	10	10	0	20
$(1-\phi_i)P_i$	0	0	10	10
$\overline{L}_i$	10	10	5	25

在表 16 所显示的例子中，债权人 1 和债权人 2 一开始被分配股权，并且

他们从股权中能够分别获得18，大于他们的债权10，因此他们愿意持有股权，并且如果允许他们最终持有股权，他们将投票选择让企业整体存续而非清算。因为在清算程序下，债权人1和债权人2只能获得10，但是新企业的股权能为他们带来18。这一结果显然是有效率的，因为企业整体存续的价值36要大于其清算价值25。但是，与表16不同的是，现在债权人3对新企业价值的评价较低，持有全部股权只能给他带来5的价值。因此，债权人3将行使选择权买断债权人1和债权人2的股权，并选择让企业进入清算。在这一例子中，最终的结果是这样的：企业将被清算，债权人获得清算价值25，其净收益为 25 − 20 = 5，这比不行使选择权时一无所得的情形要好；债权人1和债权人2各获得10的偿付。这一结果显然是无效率的，因为本来让企业整体存续并让债权人1和债权人2持有全部股份的话，能产生36的价值，大于清算价值25。之所以会出现这一结果，原因在于AHM程序并不允许后顺位的债权人向前顺位债权人索价——股权和现金的流动是"单向"的，股权从前顺位组别向后顺位组别转移，而现金则相反。如果债权人和股东对新企业价值的评价没有差异，这一程序设计就没有什么问题；但是一旦债权人和股东对新企业价值存在不同的看法，这一程序设计就有着很大的缺陷，因为持有股权的代价没有得到恰当的计算和分配。在表16的例子中，如果债权人3能够向债权人1和债权人2各索取5的现金偿付，债权人1和债权人2继续持有股权，那么将作出最有效率的决策。

现行的破产重整法主要通过"最佳利益规则"来解决这一问题。按照最佳利益规则，债权人1和债权人2要持有股权并压制普通债权人3的异议，就需要向其支付5的现金。这恰好等于债权人3能够在清算程序中获得的价值。而由于债权人3获得了不低于清算价值的偿付，满足了强制裁定标准，他的异议因此得到压制。显然，这一结果要比表16所描述的情况要好，因为债权人3所得的现金价值并没有减少，而同时债权人1和债权人2的股权价值却大大增加。然而，如果打破AHM程序的规定，允许股权和现金价值在各优先顺位上的债权人之间双向流动，那么又会让AHM程序低成本的优势消失，重新引入了代价高昂的讨价还价过程。而高昂的程序成本，正是当前破产重整程序备受诟病的原因之一，这尤其阻碍了中小企业利用重整程序获得新的生机。

这里将要提出的新机制既能保留AHM程序的低成本优势，又能够纠正其失效之处。这一机制主要包括以下的步骤：

（1）进入重整程序后，新企业的全部股权将被分配给由最优先债权所组成的债权组，股权份额将按照组内的债权份额进行分配。（a）该组中决定放弃所持股权的成员，其所持有的股权将转入后顺位债权组，并得向其他顺位债权组的债权人请求支付股权的价格。股权总价为其全部债权（或清算价值)。(b) 而该组中决定持有股权的成员,则需要为持有股权支付对价,每个成员按其在该组的债权份额偿付其他顺位债权人的全部债权(或清算价值)中未清偿的部分。

(2) 后顺位债权组依次按债权份额获得前一顺位债权组中被放弃的股权,股权按该后顺位债权组成员的债权份额分配。(a) 该组中决定放弃所持股权的成员,其所持有的股权将转入后一顺位的债权组,并得向后一顺位债权组的债权人请求支付股权的价格。股权总价为其全部债权(或清算价值)未清偿的部分,(b) 而该组中决定持有股权的成员,则需为持有股权而向所有其他顺位的债权组支付对价,每个成员按其在该组的债权份额承担其他顺位债权组全部债权(或清算价值)中未清偿的部分。

(3) 以此类推,在所有债权组中被拒绝的股权份额最终将进入权益组。(a) 如果原股东决定持有股权,那么他需要支付在上述过程中尚未得到清偿的全部债权(或清算价值)。(b) 如果原股东决定放弃持有股权,那么企业将进入清算程序。最后,持有股份的债权人和股东作为新企业的股东,按照其股权份额承担追加投资的支出。

债权人仅存在两个优先级别的特殊情形。我们不妨先通过一个只包含优先债权人、普通债权人和原股东三个组别的简单模型,来考察该机制的运作。记优先债权组为 N_1,普通债权组为 N_2,原股东为 s。优先债权组的全部债权为 $D^{(1)}$,其成员 $i \in N_1$ 的全部债权为 $D_i^{(1)}$,记 $w_i^{(1)} = D_i^{(1)}/D^{(1)}$ 为优先债权人 $i \in N_1$ 在其所在组中的债权份额。类似地,普通债权组的全部债权为 $D^{(2)}$,其成员 $i \in N_2$ 的全部债权为 $D_i^{(2)}$,记 $w_i^{(2)} = D_i^{(2)}/D^{(2)}$ 为普通债权人 $i \in N_2$ 在其所在组中的债权份额。对于任意的债权人 i 和原股东 s 来说,新企业的价值为 $V_i^j (j=1, 2)$ 和 V_s。原股东 s 在清算程序中一无所得。重整所需的追加投资为 I。按照上述提出的新机制,优先债权组首先获得新企业的全部股权,股权按该组成员的债权份额分配。对于 $\forall i \in N_1$,若其选择持有股权,那么他需要按其在该组的债权份额承担普通债权的清偿责任,并且满足:

$$w_i^{(1)}(V_i^{(1)} - I - D^{(2)}) \geq D_i^{(1)} \quad (86)$$

式 (86) 整理之后可以得到 $w_i^{(1)}(V_i^{(1)} - I - D) \geq 0$,即 $V_i^{(1)} \geq I + D$。这意味着,只要优先债权人认为企业相对于追加投资和全部破产前债权之和拥有重整价值,优先债权人就会接受股权受偿。反之,如果他放弃股权,那么他可以向普通债权组或股东要求 $D_i^{(1)}$ 的全额清偿。记在第一轮中选择持有股权的优先债权人集合为 N_1^y,选择放弃股权的优先债权人集合为 N_1^n。因此,剩余 $\omega^{(1)} = \sum_{N_1^n} w_i^{(1)}$ 比例的股权进入普通债权组。对于 $\forall i \in N_2$,若其选择持有股权,那么他需要按其在该组的债权份额承担优先债权人 $i \in N_1^n$ 的全部债权的清偿责任,并且满足:

$$w_i^{(2)} \omega^{(1)} (V_i^{(2)} - I - D^{(1)}) + (1 - \omega^{(1)}) D_i^{(2)} \geq D_i^{(2)} \qquad (87)$$

式（87）整理之后可以得到 $w_i^{(2)} \omega^{(1)} (V_i^{(2)} - I - D) \geq 0$，即 $V_i^{(2)} \geq I + D$。这意味着，只要普通债权人认为企业相对于追加投资和全部破产前债权之和拥有重整价值，普通债权人就会接受股权受偿。反之，他就会放弃股权，那么他就可以进一步向原股东要求 $D_i^{(2)}$ 的全额清偿，只要原股东愿意接受。同样，记在第二轮中选择持有股权的普通债权人集合为 N_2^y，选择放弃股权的普通债权人集合为 N_2^n。因此，剩余 $\omega^{(1)} \omega^{(2)}$ 比例的股权将进入权益组。在最后，若在原股东 s 看来有：

$$\omega^{(1)} \omega^{(2)} (V_s - I - D^{(1)} - D^{(2)}) \geq 0 \qquad (88)$$

式（88）即意味着 $V_s \geq I + D$。此时，股东认为企业相对于追加投资和全部破产前债权之和拥有重整价值，因此他将持有股份，并清偿剩余未清偿的债权。反之，若式（93）不成立，那么企业将进入清算程序。

由以上分析过程可见，在这一新机制之下，凡是认为企业具有重整价值的债权人或原股东，都会选择持有新企业的股权，并清偿企业债务；反之，凡是认为企业不具有重整价值的债权人或原股东，都会选择放弃持有新企业的股权，并要求全额清偿破产前债权。显然，若优先债权组全部接受股权，那么有 $\omega^{(1)} = 0$，各类利益相关者的净收益为（见表17）。

表17　　　　　　　　优先债权组全部接受股权的情形

优先顺位	接受股权	放弃股权	备注
1	$w_i^{(1)} (V_i^{(1)} - I - D)$	—	$i \in N_1$
2	—	$D_i^{(2)} - D_i^{(2)} = 0$	$i \in N_2$
原股东	—	0	$i = s$

此时，新企业价值相对于追加投资和全部破产前债权之和的溢价，将按优先债权人所在组别的债权份额分配，普通债权人获得全额清偿，原股东一无所得。若优先债权组有债权人拒绝股权，但普通债权组接受全部剩余股权的话，那么有 $\omega^{(2)} = 0$，各类利益相关者的净收益为（见表18）。

表18　　　优先债权组部分拒绝股权、普通债权组全部接受剩余股权的情形

优先顺位	接受股权	放弃股权	备注
1	$w_i^{(1)} (V_i^{(1)} - I - D)$	$D_i^{(1)} - D_i^{(1)} = 0$	$i \in N_1$
2	$w_i^{(2)} \omega^{(1)} (V_i^{(2)} - I - D)$		$i \in N_2$
原股东	—	0	$i = s$

此时，新企业价值相对于追加投资和全部破产前债权之和的溢价，首先接受股权的优先债权人按其所在组别的债权份额拿走相应的比例，普通债权人继而按其所在组别的债权份额分配剩余股权；放弃股权的优先债权人获得全额清偿，原股东一无所得。若优先债权组和普通债权组均有债权人放弃股权坚持现金全额清偿，而原股东接受全部剩余股权时，各类利益相关者的净收益为（见表19）。

表19　　　　　　　　　原股东接受全部剩余股权的情形

优先顺位	接受股权	放弃股权	备注
1	$w_i^{(1)}(V_i^{(1)} - I - D)$	$D_i^{(1)} - D_i^{(1)} = 0$	$i \in N_1$
2	$w_i^{(2)} \omega^{(1)} (V_i^{(2)} - I - D)$	$D_i^{(2)} - D_i^{(2)} = 0$	$i \in N_2$
原股东	$\omega^{(1)} \omega^{(2)} (V_s - I - D)$	—	$i = s$

此时，新企业价值相对于追加投资和全部破产前债权之和的溢价，首先接受股权的优先债权人按其所在组别的债权份额拿走相应的比例；其次接受股权的普通债权人按其所在组别的债权份额拿走剩余股权的比例；最后原股东获得全部剩余股权。同时，放弃股权的优先债权人和普通债权人获得了全额清偿。

从上述结果可见，这一机制所产生的结果是符合定理1的，即当最后重整计划被通过时，所有持股的债权人得到不低于其全部债权的新企业价值，现金受偿的债权人获得充分偿付。当然，如果上述机制设定放弃股权只能要求清算价值，那么产生的结果将符合定理2。同理可以证明，这一新机制同样适用于重整需要清理无效率投资的情形，即新机制同样能够产生符合定理3和定理4的结果。

债权人存在多个优先级别的一般情形。上述结论可以推广到更一般的、存在更多优先级别的情形。假设存在K个优先级别的债权人以及一个原股东s。优先级别按1，2，…，K的顺序递减，原股东s的优先顺位最后。对于优先顺位为$k \in \{1, 2, \cdots, K\}$的债权组$N_k$，该组中的债权人$\forall i \in N_k$若接受股权，那么需满足：

$$\omega^{(k-1)} w_i^{(k)} (V_i^{(k)} - I - (D - D^{(k)})) + (1 - \omega^{(k-1)}) D_i^{(k)} \geq D_i^{(k)} \quad (89)$$

其中有：

$$\omega^{(k)} = \omega^{(k-1)} \sum_{N_k^n} w_i^{(k)}, \quad \omega^{(0)} = 1 \quad (90)$$

式（89）整理之后可得$\omega^{(k-1)} w_i^{(k)} (V_i^{(k)} - I - D) \geq 0$。因此$\omega^{(k)}$即表示到优先顺位为$k \in \{1, 2, \cdots, K\}$的债权组$N_k$为止（包括k在内），仍未被持有的股份份额。其余债权组N_k内不接受股权的债权人，将得要求后顺位的债权人和股东弥补其剩余未获偿付的债权,除非后顺位的债权人和股东放弃持有股权。最后,对于原股东 s 而言,若在原股东 s 看来有:

$$\omega^{(K)}(V_s - I - D) \geqslant 0 \tag{91}$$

原股东 s 将选择持有股权,并清偿剩余未获偿付的债权。不难发现,这一机制所产生的结果仍然是符合定理 1 和定理 3 的。因为,若优先顺位为 $k \in \{1, 2, \cdots, K\}$ 的债权组 N_k 全部选择持有股权,在前顺位债权组 $z(1 \leqslant z < k)$ 中的债权人,选择持有股权的将总共获得 $\omega^{(z-1)} \sum_{N_z^y} w_i^{(z)}(V_i^{(z)} - I - D + D^{(z)}) + (1 - \omega^{(z-1)}) \sum_{N_z^y} D_i^{(z)} \geqslant \sum_{N_z^y} D_i^{(z)}$,放弃股权的获得全额清偿;后顺位债权组获得全额清偿,原股东一无所得;而债权组 N_k 获得 $\omega^{(k-1)}(V_i^{(k)} - I - D + D^{(k)}) + (1 - \omega^{(k-1)}) D^{(k)} \geqslant D^{(k)}$。如果最后仍有剩余股权落于权益组,那么当原股东 s 选择持有股权时,任意优先顺位为 $k \in \{1, 2, \cdots, K\}$ 的债权组 N_k 中,持股债权人总共获得 $\omega^{(k-1)} \sum_{N_k^y} w_i^{(k)}(V_i^{(k)} - I - D + D^{(k)}) + (1 - \omega^{(k-1)}) \sum_{N_k^y} D_i^{(k)} \geqslant \sum_{N_k^y} D_i^{(k)}$,放弃股权的债权人获得全额清偿,而股东获得 $\omega^{(K)}(V_s - I - D)$。

通过上面的分析可以看到,这一机制具有以下的良好性质:第一,无须债权人和股东相互间进行讨价还价,债务积压问题通过既定流程解决,谈判成本十分低廉;第二,无须法官对资产的可缔约程度进行排序,匹配原理能够自发得到实现,用于偿付的资产被配置到对其评价最高的主体那里,不为债权人的机会主义行为提供空间;第三,无须法官对新企业价值进行任何的客观评估,也不需要完善的外部市场,省却了估值成本;第四,更重要的是,在这一新机制中,前顺位债权人得到的不是优先获得新企业价值的权利,而是优先选择是否持有股权的权利,适用于债权人对新企业价值评价存在差异的场合。新的机制使得重整后的新企业股权就像一个"美味而烫手的山芋",能够使债权人更准确地评估持有股权的代价,并据之作出选择。在新机制下唯一需要考虑的,是如何确定各优先顺位上的债权人在放弃持有股权时,所能要求支付的对价(等价于选择强制裁定标准)——是以全部债权为标准,还是以清算价值为标准——这一对价将决定事前事后投资激励的分配。

六、结 论

当重整企业价值因不完全契约而缺乏"客观价值"时,重整程序的目标应当从价值分配转换到解决事后资产套牢问题上来。当企业因债务困境而进入破产重整程序时,资产套牢问题主要表现为两类。一类是在企业需要追加投资（即投资不足）的场合，有效的事后投资无法实现；另一类是在企业需要清理无效率资产（即投资过度）的场合，无效率资产得不到有效的清算。而不论是哪种场合下的资产套牢问题，其产生都可能来源于两个重要的原因，分别是"债务积压问题"和"债权人机会主义行为"。本文从不完全契约的视角出发构建数理模型，针对上述两个方面原因，分析了破产重整法解决事后资产套牢问题的机制。

第一，对于消除债务积压问题，本文论证了强制裁定规则的关键作用。强制裁定规则为各类债权人设定的强制裁定标准，成为债权人之间事后再谈判的"基准点"，这一"基准点"一方面决定了谁拥有谈判的主导权（即新企业价值需要优先分配或满足的对象），另一方面又决定了事前和事后激励的配置。本文研究还发现，在不完全契约的场合，由于不存在什么可供分配的"客观价值"，传统上关于适用绝对优先规则还是相对优先规则的争论没有什么意义；绝对优先规则在不完全契约的条件下是多余的，应代之以一个更具包容性的资格审查条款，即规定若一个后顺位组别在前顺位组别未获得全额清偿的条件下获得某种形式的价值分配，该组别就应当接受严格审查，以确保这一分配对于激励事后追加投资、付出努力寻找最有价值的计划是必要的，而不是对增加重整价值毫无助益的"跨组赠与"。

第二，对于消除债权人的机会主义行为，本文提出了一个有关受偿方式与重整计划批准方式之间的"匹配原理"，即当重整过程中的可分配资产从可缔约到不可缔约存在一系列复杂的中间情形时，被分配资产的可缔约程度应按"因强制裁定而通过计划的债权人—因投票而合意通过计划的债权人—原股东"的顺序递减。具体来说就是：价值可缔约程度最高的资产（最好就是现金）应分配给被强制裁定的债权人；价值可缔约程度其次的，分配给根据投票而合意批准计划的债权人；价值最不可缔约的资产才考虑用于分配给原股东。如果根据司法裁定而被强制通过计划的债权人所获得的资产价值，在其他债权人看来将为其带来超出"基准点"之上的超额收益（即"匹配原理"被违背），那么这一超额收益将激励本应合意接受计划的债权人采取机会主义行为，策略性地反对计划。也就是说，超出"基准点"之上的不可缔约价值，为债权人在"根据投票而合意批准的程序"和"根据司法裁定而强制批准的程序"之间进行策略性选择创造了空间，债权人此时不再根据自身对新企业价值的真实判断进行决策。因此，一份满足匹配原理的重整计划，将为债权人确立这样的规则预期：如果他反对当前计划，那么他很可能会在接下来的新计划中被直接给予较低的可缔约价值（例如现金），从而被强制通过计划；如果他接受当前计划，则能够获得较高的、不可缔约的新企业价值（例如持有股权）。在这一规则预期下，违背自身对新企业价值的真实判断去反对计划，对债权人来说将是得不偿失的。

最后，本文最后还提出了一个基于选择权按优先顺位分配的新重整机制，该机制并非将既定的企业价值按优先顺序分配，而是将"是否有代价地保留股权"的选择权按优先顺序分配。这一新机制通过以下的方式运作：最优先的债权组一开始获得企业的全部股权，组内的每个债权人得到与其债权比例相称的股权。每个债权人都可以选择是否保留股权。如果他选择保留股权，那么他需要以其在组内的债权比例为限，偿付所有其他顺位组别的尚未获得偿付的全部债权（或清算价值）；如果选择放弃股权，那么股权将转移给后一顺位的债权组，并需向后顺位组别要求清偿全部债权（或清算价值）中未获得偿付的部分。本文证明了，在这一机制下通过的重整计划，在保留股权的价格为全部债权时必然是满足定理 1 或定理 3 的；而在保留股权的价格为清算价值时，则必然满足定理 2 和定理 4。也就是说，在该机制下通过的重整计划，既不存在债务积压问题，又不存在债权人的机会主义行为。该机制具有一些良好的性质，包括无须经过利益相关者的讨价还价、企业资产按"匹配原理"得到有效分配、无须对企业价值进行客观评估，以及最关键的是，持有新企业股权的代价得到了恰当的衡量，程序将因此适用于债权人对新企业价值评价存在差异的场合。

参考文献

1. Aghion, P., Hart, O., Moore, J., 1992, "The Economics of Bankruptcy Reform", *Journal of Law, Economics and Organization*, Vol. 58, No. 3, pp. 523 – 546.

2. Annabi, A., Breton, M., Francois, P., 2012, "Resolution of Financial Distress under Chapter 11", *Journal of Economic Dynamics & Control*, Vol. 36, No. 12, pp. 1867 – 1887.

3. Antill, S., Grenadier, S. R., 2019, "Optimal Capital Structure and Bankruptcy Choice: Dynamic Bargaining versus Liquidation", *Journal of Financial Economics*, Vol. 133, No. 1, pp. 198 – 224.

4. Ayotte, K. M., Skeel, D. A., 2013, "Bankruptcy Law as a Liquidity Provider", *The University of Chicago Law Review*, Vol. 80, pp. 1557 – 1624.

5. Baird, D. G., 2017, "Priority Matters: Absolute Priority, Relative Priority, And The Costs of Bankruptcy", *University of Pennsylvania Law Review*, Vol. 165, No. 4, pp. 785 – 829.

6. Baird, D. G., Bernstein, D. S., 2006, "Absolute Priority, Valuation Uncertainty, and the Reorganization Bargain", *The Yale Law Journal*, Vol. 15, 1930 – 1970.

7. Baird, D. G., Picker, R. C., 1991, "A Simple Noncooperative Bar-

gaining Model of Corporate Reorganizations", *Journal of Legal Studies*, Vol. 20, pp. 311 – 349.

8. Baird, D. G., Rasmussen, R. K., 2001, "Control Rights, Priority Rights, and the Conceptual Foundations of Corporate Reorganizations", *Virginia Law Review*, Vol. 87, No. 5, pp. 921 – 959.

9. Bebchuk, L. A., 1988, "A New Approach to Corporate Reorganizations", *Harvard Law Review*, Vol. 101, No. 4, pp. 775 – 804.

10. Bebchuk, L. A., 2002, "Ex Ante Costs of Violating Absolute Priority in Bankruptcy", *Journal of Finance*, Vol. 57, No. 1, pp. 445 – 460.

11. Casey, A. J., 2020, "Chapter 11's Renegotiation Framework and the Purpose of Corporate Bankruptcy", *Colambia Law Review*, Vol. 120, No. 7, pp. 1709 – 1770.

12. Hart, O., 1995, *Firms, Contracts and Financial Structure*, Oxford University Press.

13. Hart, O., 2009, "Hold – up, Asset Owenership, and Reference Points", *The Quarterly Journal of Economics*, Vol. 104, pp. 267 – 300.

14. Hart, O., Drago, R. L. P., Lopez – De – Silanes, F., Moore, J., 1997, "A New Bankruptcy Procedure that Uses Multiple Auctions", *European Economics Review*, Vol. 41, No. 3/5, pp. 461 – 473.

15. Hart, O., Moore, J., 2008, "Contracts as Reference Points", *Quarterly Journal of Economics*, Vol. 123, No. 1, pp. 1 – 48.

16. Hausch, D. B., Ramachandran, S., 2009, "Systemic Financial Distress and Auction – Based Bankruptcy Reorganization", *International Review of Economics & Finance*, Vol. 18, No. 3, pp. 366 – 380.

17. Jackson, T. H, 1982, "Bankruptcy, Non – Bankruptcy Entitlements, and the Creditors' Bargain", *The Yale Law Journal*, Vol. 91, No. 5, pp. 857 – 907.

18. Jackson, T. H, 1986, *The Logic and Limits of Bankruptcy Law*, Cambridge, MA: Harvard University Press.

19. Li, D. D., Li, S., 1999, "An Agency Theory of the Bankruptcy Law", *International Review of Economics and Finance*, Vol. 18, No. 1, pp. 1 – 19.

20. Shibata, T., Tian, Y., 2012, "Debt Reorganization Strategies with Complete Verification under Information Asymmetry", *International Review of Economics & Finance*, Vol. 22, No. 1, pp. 141 – 160.

Designing Corporate Reorganization Plan Under Incomplete Contracts

HUANG Xiaoguang

(School of Economics, Guangdong Ocean University, 524088)

HUANG Zhicheng

(Faculty of Law, The University of Hong Kong, 999077)

[**Abstract**] In situations where the value of a reorganized corporate lacks "objective value" due to incomplete contracts, solving the hold-up problem should be the primary goal of the reorganization process. By constructing a corporate reorganization model, it is found that two important reasons for the problem of hold-up problem — "debt overhang" and "opportunistic behavior of creditors in collective action" — are: firstly, cramdown rules play a key role in solving the debt overhang problem. It sets cramdown standards for individual groups of creditors, becoming the "benchmark" for ex-post renegotiation among various types of creditors. This "benchmark" determines the distribution of reorganization value for ex-ante and ex-post incentive. This article also argues that in situations of incomplete contracts, the absolute priority rule is redundant and should be replaced by a more inclusive qualification examination clause to accommodate various "exceptions" that are essential for resolving the hold-up problem but violate the absolute priority rule. Secondly, a "matching principle" plays an important role in eliminating opportunistic behavior of creditors in collective action. When there are a series of complex mixing situations in the reorganization where the value of distributable assets changes from being able to contract to not being able to contract, the degree of contractability of the value of the distributed assets should decrease in the order of "creditors who accepted the plan due to the cramdown rule-creditors who accepted the plan due to voting-original shareholders". Finally, a new reorganization mechanism was proposed to allocate options according to priority order, and it was demonstrated that it can generate feasible organization plans without bargaining under incomplete contract. This plan can solve the problem of "debt overhang" and "opportunistic behavior of creditors in collective action".

[**Key Words**] Incomplete Contracts   Corporate Reorganization   Priority Rules   Cramdown Rules

JEL Classifications: D23   G33   K39

巡回法庭制度对企业风险承担的影响研究

曾鹏 曾婉君 李洪涛[**]

【摘 要】 司法地方化对审判权独立行使的制约及其引致的司法公信力弱化问题,始终是法治国家建设进程中的重要治理命题。为促进司法公正,防止司法地方化,保障人民法院独立行使审判权,最高人民法院于2015年起设立地方巡回法庭。本研究以我国2000~2020年的A股上市公司为研究样本,利用巡回法庭设立这一准自然实验,实证检验了巡回法庭设立对企业风险承担水平的影响。研究结果显示,巡回法庭的设立能够显著提升企业的风险承担水平,并且这一结论在经过一系列稳健性检验后依然成立。进一步的异质性分析还发现,巡回法庭的设立对企业风险承担水平的提升作用在规模较大的企业、国有企业、劳动密集型行业和东部地区中更为显著。研究结果表明,地区司法水平的提升能够有效提升企业风险承担水平,为进一步深化司法体制改革及健全完善巡回法庭制度提供了有力的实证依据。

【关键词】 巡回法庭 司法改善 企业风险承担 营商环境

中图分类号：F272.5；F091.349　　文献标识码：A

一、引 言

自党的十八大以来,我国将全面依法治国这一重大方针提升至了关乎国

---

[*] 基金项目：国家社会科学基金重大项目"新时代我国西部中心城市和城市群高质量协调发展战略研究"（20&ZD157）。

[**] 曾鹏,博士,广西民族大学研究生院院长、教授、博士生导师。曾婉君,广西民族大学经济学院硕士研究生。李洪涛（通讯作者）,博士,广西民族大学政治与公共管理学院讲师、硕士生导师；地址：（530006）广西壮族自治区南宁市大学东路188号广西民族大学政治与公共管理学院；E-mail：turkeyjohnlihongtao@gmail.com。

家长治久安的战略高度。随后,党的十九大更是站在全局和战略的高度,对全面依法治国工作作出了一系列重要且深远的决策部署,进一步推动了我国法治建设的深入发展。党的十九届五中全会通过的《中共中央关于制定国民经济和社会发展第十四个五年规划和二〇三五年远景目标的建议》对我国"十四五"时期和未来15年经济社会发展作出战略部署,提出要"有效发挥法治固根本、稳预期、利长远的保障作用"。① 2024年7月召开的中国共产党第二十届中央委员会第三次全体会议进一步指出:"法治是中国式现代化的重要保障。必须全面贯彻实施宪法,维护宪法权威,协同推进立法、执法、司法、守法各环节改革,健全法律面前人人平等保障机制,弘扬社会主义法治精神,维护社会公平正义,全面推进国家各方面工作法治化。要深化立法领域改革,深入推进依法行政,健全公正执法司法体制机制,完善推进法治社会建设机制,加强涉外法治建设。"② 最高人民法院印发的《关于深化人民法院司法体制综合配套改革的意见——人民法院第五个五年改革纲要(2019—2023)》明确指出"立足人民法院司法职能,为推动经济高质量发展提供优质司法服务,为保持经济持续健康发展和社会大局稳定提供有力司法保障"。③ 法律对市场经济发展的重要性在于它构建了市场运行的规则和框架,保障了公平竞争、产权保护和市场秩序,是市场经济稳健发展的基石和重要保障。

　　法律对市场经济产生影响的过程中有一个不可忽视的主体——企业。企业在市场经济中占据核心地位,其经营与发展首先会受到一个国家或地区法律体系和法治水平的影响,而这种影响又会进一步对整体经济的运行和发展产生深远的影响。中华人民共和国工业和信息化部中小企业局对《"十四五"促进中小企业发展规划》进行了深入解读,指出:"'十四五'时期,我国面临着复杂严峻的内外部环境,新形势下中小企业机遇与挑战并存,机遇多于挑战,也承担起更多新的使命,中小企业的韧性是我国经济韧性的重要基础,是构建新发展格局有力支撑,中小企业具有举足轻重、事关全局的重要作用。"可见,企业的发展与我国经济的发展具有极强的关联性,若要促进我国经济的长期健康发展,企业的发展就至关重要。在复杂多变的内外部环境中,企业要想取得发展,就要提升自身的风险承担水平。企业风险承担水平是指企业在面临各种风险和不确定因素时,通过整合运用内外部资源,以确保企业在危机中正常经营发展的能力(潘琰和胡海全,2013)。企业风险承

---

① 沈春耀:《有效发挥法治固根本、稳预期、利长远的保障作用》,载于《中国人大》2020年第22期。

② 《中国共产党第二十届中央委员会第三次全体会议公报》,载于《共产党员》2024年第15期。

③ 最高人民法院:《关于深化人民法院司法体制综合配套改革的意见——人民法院第五个五年改革纲要(2019—2023)》,载于《中华人民共和国最高人民法院公报》2019年第8期。

担水平对企业和经济的发展起着至关重要的作用（Li and Tang，2010；毕晓方等，2015）。从微观层面分析，企业风险承担水平越高，越能够迅速识别潜在威胁，从而在危机中寻找转机，实现逆境成长。从宏观层面分析，强大的企业风险承担水平意味着在面对全球经济波动、行业周期性挑战时，企业能够稳健应对，避免连锁反应引发的系统性风险。当企业风险承担水平越高时，企业对各类风险和挑战的自我应对能力和适应能力就越强（陆蓉等，2021）。企业风险承担水平对企业和经济的发展十分重要，那么，我国的法律制度或法治水平又会对企业风险承担产生何种影响？

在深入研究司法水平对企业风险承担等经济行为的影响时，我们必须充分考虑到不同维度制度环境之间的相互关联性和复杂性。如果直接采用静态指标来度量国内各地区的司法水平差异，很可能会因为遗漏了某些重要的变量而导致结果出现偏差，进而对因果关系的准确识别构成严峻挑战。因此，如何构建一个相对纯净且有效的度量体系，以准确反映各地区司法水平的真实状况，成为我们首先需要解决的一个至关重要的问题。近年来，随着我国法治建设的不断深入和司法改革的持续推进，最高人民法院巡回法庭的设立成为一个备受瞩目的亮点，也为相关学术研究提供了一个理想且独特的研究情境。为了提高地方司法质量，优化地方司法环境，推动司法公正与效率的提升，2014年10月，中国共产党第十八届中央委员会第四次全体会议审议通过了《中共中央关于全面推进依法治国若干重大问题的决定》。在这一具有里程碑意义的决定中，明确提出要设立最高人民法院巡回法庭，旨在通过这一创新性的制度设计，进一步加强最高人民法院对地方各级人民法院的监督指导，确保法律适用的统一性和公正性。此后，为了进一步完善最高人民法院巡回法庭的布局，加强巡回法庭的职能作用，最高人民法院于2016年12月审议通过了《关于修改〈最高人民法院关于巡回法庭审理案件若干问题的规定〉的决定》。这一决定的出台，不仅为巡回法庭的设立和运行提供了更加明确和具体的法律依据，也为进一步推动司法改革，提升司法公信力，促进社会公平正义发挥了重要作用。

可以说，最高人民法院巡回法庭的设立及其不断完善，是我国法治建设进程中的一个重要里程碑，也为相关领域的研究提供了宝贵的研究资源和丰富的实践案例。我国设立巡回法庭是为了实现重大行政案件、跨区域民商事案件就地审理，保障人民法院依法独立行使审判权，维护公正司法（胡云腾，2015）。巡回法庭以其独特的运行模式和制度设计，对地区司法环境和司法水平产生了重要影响，进而影响到企业的内外部经营环境。对内，巡回法庭通过其高效、专业的审判机制，为企业提供了更加清晰、可预测的法律环境，促使企业加强内部管理，规范经营行为，从而提升了企业对内的风险承担水平。对外，巡回法庭确保了市场环境的公平竞争，防止了地方保护主义的滋生，使企业能够在更加开放的市场中公平竞争，增强了对外投资和合作的信心，提升了企业对外的风险承担水平。基于此，本文从理论与实证两个维度系统分析巡回法庭对企业风险承担水平的影响。

二、文献综述

当前，国内周期性、结构性矛盾和国际贸易摩擦等内外部因素使得经济环境的不确定性增强，对企业的风险承担水平构成了挑战，同时也对经济的长远发展提出了严峻考验（闫华红等，2022）。鉴于企业风险承担水平对企业和经济发展的重要性，众多学者围绕企业风险承担展开了研究，当前研究主要集中在分析企业风险承担的影响因素。首先，宏观经济水平会直接和间接地影响企业的风险承担意愿（Arif and Lee，2014）。在宏观经济繁荣的时期，经济增长预期高、资源约束较弱，企业表现出较强的风险承担水平（王菁华和茅宁，2015），在经济衰退和市场环境不景气的时期，企业普遍遭遇融资难题，使得管理层在作出投资决策时会更加保守和谨慎，表现出较低的风险承担水平（McLean and Zhao，2014）。其次，企业的风险承担水平也会受到外部制度环境的影响。有案例研究表明，产业政策如果释放出有偏差或错误的信号，可能会让管理者过度自信膨胀，进而对资源配置出现认知偏差，致使企业流动性风险失控（毕晓方等，2015）。祁敬宇等通过实证研究得出，通过信贷和预期引导两个传导渠道，紧缩的宏观审慎政策能够降低企业的风险承担水平（祁敬宇等，2023）。此外，还有学者从货币政策和财政政策的角度来分析制度对企业风险承担水平的影响。货币政策通过调整金融的运作及企业的资产负债状况，改变企业管理层对风险的规避态度，进而对企业整体的风险承担水平产生影响（李秉成等，2017；林朝颖等，2015）。财政政策则能够借助激励机制来调控企业研发经费的投入水平，并通过"挤出效应"及税收调整来影响企业的资金支付能力和企业风险承担水平（Mamuneas et al.，1996）。最后，内部因素对企业风险承担的影响也是不容忽视的（Mao and Zhang，2018）。部分学者研究了产权性质和结构对企业风险承担的影响，发现国有股权（Ho et al.，2020）、非国有股东治理（洪金明等，2023）、多个异质大股东的混合所有制（高磊和赵雨笛，2023）均提升了企业的风险承担水平，且国有企业控制权的转移在一定程度上减弱了企业的风险承担能力（张吉鹏等，2021）。管理者作为企业决策的核心制定者和实施者，其个人的风险倾向对企业风险也起着至关重要的影响作用（John et al.，2008），现有文献主要从高管个人特征（何瑛等，2019）、管理能力（何威风等，2016）、解雇风险（Chakraborty et al.，2020）、薪酬结构（张宏亮等，2024）和股权激励（李小荣和张瑞君，2014）等方面来分析管理者对企业风险承担的影响。

司法体系的完善程度，特别是其运行水平，对企业微观层面的发展以及市场宏观层面的整体运作均有着深远的影响（La Porta et al.，1998）。从微观角度分析，司法水平的提升会影响企业的行政诉讼胜诉率、法院案件审理能力和研发费用投入等，进而对企业债务融资（刘中华等，2023）、企业投资（赵仁杰和张家凯，2022）、企业创新（王海成和吕铁，2016）、企业社会责任脱耦（黄斯琪等，2024）等方面产生影响。从宏观角度分析，司法水平会对金融发展（陈刚和司光月，2017）、环境污染治理（范子英和赵仁杰，2019）、产业结构升级（袁淳等，2023）等方面产生影响。巡回法庭作为司法改革的"排头兵和试验田"，在审判机制和管理模式上不断进行新的探索和创新，对提升司法水平和效率发挥着至关重要的作用，因此设立和发展巡回法庭是十分必要的。自2015年巡回法庭设立以来，部分学者围绕巡回法庭展开了研究。在巡回法庭的概念上，有的学者认为巡回法庭的本质是司法领域央地关系调整，是强化中央司法功能的"去地方化"司法改革（秦汉，2017），有的学者则将巡回法庭看作对巡回区内司法水平的外生冲击（黄俊等，2021），认为巡回法庭在地方的常驻象征着中央司法权力向地方延伸，体现了中央对地方司法工作监督的加强（顾永忠，2015）。在对巡回法庭的概念有了基本认知以后，部分学者阐述了巡回法庭的特点（李小荣和张瑞君，2014）：第一，审级高。虽然巡回法庭并未设立为一个单独的审判层级，但它作为最高人民法院的派出机构，其作出的判决、裁决及决定，均享有与最高人民法院相同的法律效力，通过审判工作的重心下移，巡回法庭为下级法院提供了不可或缺的业务指导及监督职能，发挥着重要的作用（刘贵祥，2015）。第二，独立性强。巡回法庭在审理案件时，以其独特的组织体制和人员配置方式确保了其在审判工作中的独立地位，并享有高度的审判自主权（王海成和吕铁，2016）。第三，便捷性强。巡回法庭在辖区内均设有审判场所，方便当事人就近诉讼，减少了当事人的时间和经济成本（方乐，2017）。巡回法庭所具备的特征在实践中取得了显著的成效，巡回法庭的设立有效破除了司法地方保护主义，使得司法质量得到了显著提升（陈刚和司光月等，2017），并对企业的异地投资产生促进作用（宋小宁等，2023）。法官的跨地域交流也对司法效率产生了促进作用，与此同时，市场分割的状况已有显著减轻，为经济的持续性增长创造了有利条件（陈刚和李树，2013），法院院长的异地交流也能够提升对上市公司违规行为的执法力度与效率（曹春方等，2017）。

综上所述，目前众多学者已经针对企业风险承担和巡回法庭展开了丰富的研究，关于企业风险承担的研究主要集中在企业承担水平的影响因素上，而有关巡回法庭的研究则更多地关注其对微观市场主体以及宏观经济发展的影响。企业作为微观市场最重要的主体，是经济增长的主要驱动力，而企业风险承担直接关系到企业的生存、发展和竞争力。巡回法庭对企业的营商环境、资源配置等有着重要的影响。然而，目前很少有文献系统地研究巡回法庭对企业风险承担的影响，因此，本文采用双重差分模型实证考察了巡回法庭对企业风险承担的影响及其机制，为推进司法体制改革深入发展及优化巡回法庭制度提供了有力的证据支撑。

本文可能具备的研究贡献主要体现在以下几个方面：第一，本研究在"法与金融"这一研究领域内，进行了富有创新性的探索，首次从企业风险承担的视角出发，系统而深入地分析了巡回法庭设立与企业风险承担水平之间的内在联系。通过严谨的研究方法，本文得出：司法水平的提升对于增强企业的风险承担水平具有显著的正向作用。这一发现不仅为企业风险承担的影响因素提供了新的经验证据，同时也进一步丰富了"法与金融"领域的研究文献，为未来的研究开辟了新的方向。第二，研究进一步丰富了企业风险承担水平领域的相关文献。企业风险水平是衡量企业能否保持稳健运营与创新能力的关键指标。在学术界，诸多研究已从税收、地方债务等多个维度深入探讨了影响企业风险承担水平的各种因素。然而，对于司法水平如何具体作用于企业风险承担水平这一问题，现有的文献却鲜有涉猎。本文基于巡回法庭的设立，研究巡回法庭对企业风险承担水平的影响，丰富了该方面的文献。第三，从政策层面的意义来讲，本文立足企业风险承担水平这一独特视角，深入探究了设立巡回法庭这一重要司法改革措施的积极影响，为我国司法改革实践的有效性提供了坚实的理论根据和有力的实证依据。

三、理论分析与研究假设

企业风险承担水平是企业基于其内外部条件，能够承受和应对不确定性带来的负面影响而不偏离其正常经营轨道或导致破产倒闭的水平。企业风险承担水平直接关系到企业的生存和发展。在一个充满变数的商业环境中，企业能否准确识别潜在风险、合理评估其影响并采取有效措施进行管理，是决定其能否持续增长和保持竞争力的关键。在对企业风险承担的众多影响因素中，法律环境作为影响企业经营的外部因素之一，其稳定性和可预测性对企业的风险承担有重要影响。巡回法庭作为司法体系的一部分，其设立旨在通过深入基层、就地解决纠纷，来提高我国的司法效率和公正性。巡回法庭判决的一致性和效率可能会对企业的风险承担水平产生重要影响。

从破除地方保护主义方面来分析：在巡回法庭设立之前，由于地方法院与地方政府之间紧密相关,地方政府往往又和地方企业有着密切的利益关系,因此,在进行企业利益纠纷的相关案件审理时,常存在地方保护主义的现象,导致司法的公正性受到干扰。巡回法庭作为最高人民法院派出的常设审判机构,在机构构建、人员配置及财务支撑等多个维度,构筑了一套完全独立于地方法院体系的制度框架,用以确保司法裁判的严格公正与中立性。相较地方法庭,巡回法庭的运营经费由中央财政统一拨付,其人员配置则由最高人民法院负责统一遴选与招募,并实施周期为两年的轮岗制度。这些举措在确保巡回法庭运行成本的可控性与合理性的同时,有效规避了在巡回区域内形成利益交换的现象,使得巡回法庭能够更加独立自主地依法审理各类案件,尤其是能够确保所有市场主体的合法权益获得无差别的法律保护,这对于营造一个公开透明、预期稳定的法治化营商环境起到了积极的推动作用,同时也确保了巡回法庭"去地方化"的实现。再者,各巡回法庭均致力于改善审判权运作的外部条件和内部环境,推行内外人员影响案件处理情况的记录与问责机制,以保障审判权能够以公正且可预见的方式得到运用。在实际操作中,各巡回法庭构建了案件干预全程留痕的制度框架,并辅以一系列相应的程序保障措施,以确保该制度能够得到有效执行与落实。从成效来看,自巡回法庭设立之后,阻碍案件公正审理的实质性违法干预现象已极为罕见。这表明,相较于地方法院,巡回法庭在消除关系网、人情因素及地域偏见等负面干扰因素以保障司法公正方面更有优势。这一优势能够增强当事人对司法公平正义的信心与期待,进而促使各类市场主体均能受到平等且无差别的法律保护。有效破除地方保护主义壁垒,能够显著提升企业间的契约执行效率,进一步推动交易活动的顺利达成,全面优化企业的投资发展环境,有效缓解其面临的融资约束难题,进而激励企业加大投资力度,最终促使企业的风险承担水平得到显著提升。

从优化司法资源配置方面分析:在巡回法庭设立之前,我国部分地区长期面临司法需求保障不均衡、不充分的状况。如有些地方法院存在案件量大而审判人员不足的问题,凸显出案多人少的尖锐矛盾,有些地方的司法服务水平则存在明显的短板和不足。这种不均衡、不充分的状态往往导致民众对司法服务产生不满情绪,同时也给基层的司法工作者带来了沉重的压力和负担。巡回法庭的成立使得最高人民法院的优质办案力量下沉到地方,宛如构建了一条自上而下的司法资源"再分配"路径,将原本集中于最高司法层级的高端人力与物力资源调配至各地,并带动相关地方政府加大对司法资源的投入力度,显著优化了相关地区的司法供给结构,有效增加和优化了司法服务供给。对于企业而言,其经营活动通常不局限于地方,往往涉及跨行政区域的经营,然而,一些跨行政区的重大案件可能需要花费大量的时间和资源来进行审理,而且案件审判结果还会受地方化保护的影响有失公平,而巡回法庭通过设立分院的形式,将最高人民法院的审判职能延伸至更广泛的地域,可以直接受理并审理这些跨行政区域的相关案件,减轻了最高人民法院的负担的同时加快了案件的审理进程。为企业提供了便利的诉讼条件和便捷高效的司法服务。此外,巡回法庭深入企业、园区等基层单位,开展普法宣传、法律咨询和矛盾纠纷调解等工作,有效地提升了企业的法律素养和风险意识,增强了企业内部的合规性和风险管理能力。巡回法庭的法官们通过以案释法、答疑解惑等方式,帮助企业梳理和排查潜在的风险点,指导企业如何规避风险、健康发展。这种面对面的法律服务,不仅增强了企业的法律意识(毕晓方等,2015),而且提高了企业在面对法律风险时的应对能力。

巡回法庭作为最高人民法院派遣的组成部分,具有高级别的审判权、高度的独立性以及深厚的专业性,通过破除地方保护主义、优化司法资源配置,促进了企业风险承担水平的提升。由此,提出本文的基本假设:

H1:企业所在地被巡回法庭覆盖后,企业风险承担水平显著提升。

四、研究设计

(一) 模型设计

为了检验本文的假设,本文建立了如下的 DID 模型:

$$\text{Risk}_{it} = \alpha_0 + \alpha_1 \text{Court}_{it} + \alpha_2 \sum \text{Controls}_{it} + \sum i.\text{Firm} + \sum i.\text{Year} + \varepsilon_{it} \tag{1}$$

式(1)中,Risk 是本文的被解释变量,表示企业在当年的企业风险承担水平,Court 是一个用于标识企业是否处于巡回法庭覆盖范围内的虚拟变量。具体而言,若某企业所在的省份恰好属于巡回法庭的覆盖地域,并且在该法庭开始运作或其后的时间段内,则该指标被设定为 1,反之则为 0。Controls 为本文的控制变量组;Firm 表示公司固定效应,Year 表示年份固定效应;ε_{it} 表示随机扰动项。

(二) 变量说明

1. 被解释变量

本文参照现有文献(余明桂等,2013;John et al.,2008),使用盈余波动性来衡量企业风险承担水平(Risk)作为被解释变量,即经行业平均水平调整的各企业在观测时段的 ROA 的标准差。鉴于我国上市公司高管普遍实行三年任期制，本研究将每三年界定为一个观测周期（T期至T+2期），并据此滚动测算经行业标准化处理后的未来三期调整后的ROA（Adj_ROA）。具体计算方式如下：

$$Risk_{it} = \sqrt{\frac{1}{T-1}\sum_{i=1}^{T}(Adj\_ROA_{it} - \frac{1}{T}\sum_{i=1}^{T}Adj\_ROA_{it})^2} \mid T=3 \quad (2)$$

$$其中，Adj\_ROA_{it} = EBIT_{il} \mid ASSET_{it} - \left(\frac{1}{X}\right)\sum_{k=1}^{x}EBIT_{il}/ASSET_{it} \quad (3)$$

式（2）用于计算观测时段内上市公司已调整ROA的样本标准差，式（3）采用各行业的ROA平均值对上市公司的ROA进行调整。在式（2）和式（3）中，EBIT为息税折旧摊销前利润，ASSET为公司年末总资产，ROA为公司资产收益率，其等于EBIT与ASSET的比值。i代表在观测时段内的年度；x代表该行业中企业的总数量；i代表企业；k代表该行业的第k家企业，T为计算企业盈利波动性的观测时间段。

2. 解释变量

本文将我国最高人民法院设立巡回法庭视为一项近似自然实验。若企业总部所处省份处于巡回法庭的管辖范围内，则归入实验组，并赋予组间虚拟变量值为1，否则归入对照组，组间虚拟变量赋值为0；同时，将受巡回法庭管辖后的时段标记为时间虚拟变量值为1，之前的时段则为0。最终，以组间虚拟变量与时间虚拟变量的乘积项来表征巡回法庭的设立（Court）。

3. 控制变量

在本文的研究过程中，为了更加全面和准确地分析，我们特别控制了一系列关键的变量。具体如下：企业规模（Size），通过计算企业总资产的自然对数来进行度量的；流动资产比率（Lr），用企业流动资产占其总流动负债的比例来加以表示的；现金流量（Cflow），用企业经营活动所产生的现金流量净额与总资产之间的比值表示；账面市值比（Btm）用公司市值与每股净资产的比率来衡量；流动负债比率（Clr）用企业流动负债合计与总负债的比值表示。

（三）数据来源

根据最高人民法院的部署，第一巡回法庭及第二巡回法庭于2015年1月设立，随后至2016年底，其余巡回法庭也陆续设立。为了科学地构建实验组与对照组，本研究精心挑选了处于第一巡回法庭及第二巡回法庭管辖范围内的上市公司，将其作为实验组的研究对象。在此基础上，我们采用了倾向得分匹配（PSM）方法，构建了一个与实验组相对应的对照组样本集合，以确保研究的准确性和可靠性。在具体操作上，依据上市公司的地理位置信息，我们进行了详细的划分与界定。具体而言，将2015年时被巡回法庭覆盖的七个省份内的企业明确界定为实验组，这些企业因处于巡回法庭的直接影响范围内，其经营行为、法律环境等方面可能受到较为显著的影响。同时，为了构建对照组，我们将总部设于这些省份之外的企业初步视为对照组，这些公司虽然不在巡回法庭的直接管辖下，但在其他经济、社会等方面可能与实验组企业存在相似性。然而，为了确保对照组与实验组之间的可比性，我们进一步利用倾向得分匹配（PSM）方法，从初步对照组中筛选出与实验组样本特征高度相似，仅在是否处于巡回法庭设立地区这一点上存在差异的企业，以形成最终的对照组，从而为后续的研究分析奠定坚实的基础。在企业相关数据上，本文选取2000~2020年A股上市公司为研究样本，上市公司数据来源于CSMAR数据库和CNRDS数据库。值得注意的是，为了减少极端值对分析结果的潜在影响，增强分析结果的稳健性和可靠性，文本对连续变量进行了缩尾处理，以避免极端值导致的偏差。同时，我们删除了含有缺失值的样本，以确保数据的完整性。主要变量的描述性统计如表1所示。

表1 主要变量描述性统计

变量类别	变量名称	变量符号	观测数	均值	标准差	最小值	最大值
被解释变量	企业风险承担水平	Risk	22 689	12.613	82.202	0.137	809.056
解释变量	巡回法庭的设立	Court	22 689	0.249	0.433	0	1
控制变量	企业规模	Size	22 689	22.115	1.321	19.009	28.636
	流动资产比例	Lr	22 688	0.547	0.208	0.011	0.997
	现金流量	Cflow	22 688	0.055	0.074	-0.565	0.563
	账面市值比	Btm	22 416	0.669	0.234	0.032	1.430
	流动负债比率	Clr	22 688	0.825	0.184	0.042	1.285

五、实 证 分 析

（一）基本回归分析

表2展示了关于巡回法庭对企业风险承担水平影响的基准回归结果分析。具体而言，表2的第（1）列呈现的是仅纳入企业固定效应和年份固定效应，而未加入任何控制变量的回归结果，可见Court回归系数为7.408，在5%显著水平上为正。第（2）列则是在第（1）列的基础上，进一步纳入了相关的

控制变量,以便更全面地考察巡回法庭设立的影响,Court 系数为 7.553,在 5% 显著水平上为正。通过对比这两列的回归结果,我们可以清晰地看到,无论是否考虑了这些控制变量的影响,Court 的系数均在 5% 显著水平上为正。这一结果有力地说明了巡回法庭的设立确实有助于改善企业的风险承担水平,从而初步验证了本文所提出的基本假设。

表2　　　　　　　　　　　　　基准回归结果

变量	(1)	(2)
	Risk	Risk
Court	7.408** (3.712)	7.553** (3.552)
Size		-11.169*** (2.826)
Lr		26.796** (10.532)
Cflow		45.301*** (9.547)
Btm		18.581** (9.014)
Clr		-18.739*** (6.961)
常数项	10.809*** (0.967)	243.762*** (60.765)
企业固定效应	YES	YES
年份固定效应	YES	YES
观测值	22 624	22 351
R^2	0.152	0.157

注:*、**和***分别表示10%、5%和1%的显著性水平,括号内的数值为变量的标准误差值。

(二) 稳健性检验

1. 平行趋势检验

在准自然实验框架下,多时点双重差分模型有效性的核心假设是:政策实施前,对照组与实验组应维持相似的时间趋势。具体而言,即巡回法庭设立之前，实验组与对照组企业的风险承担水平应不存在显著区别。鉴于此，本文先将 Court 划分为若干以巡回法庭设立当年为参照系的时序虚拟变量：pre5、pre4、pre3、pre2、pre1，current 和 post1、post2、post3、post4，分别表示第一和第二巡回法庭设立前 5 年（即 2010~2014 年），设立当年（即 2015 年）和设立后 4 年（即 2017~2020 年）。若某一样本的年份恰好为 2010 年，并且该样本被明确划分为实验组，则将这一特定变量 pre5 赋予值为 1 的标识。若 pre5 的系数在统计上呈现显著性，这就意味着在 2010 年这一时间点上，实验组与对照组之间的企业风险承担水平存在着显著的差异，这直接表明平行趋势的假设在该情境下是不成立的。同样的逻辑和构造方法也适用于其他相关变量的设定。图 1 结果表明，平行趋势检验是通过的。

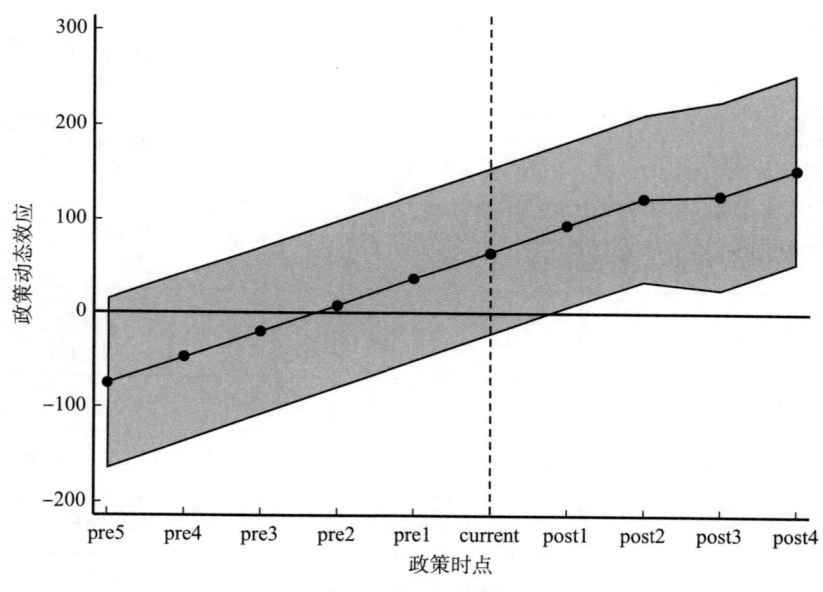

图 1　平行趋势检验

2. PSM – DID 检验

为了尽可能减少样本的选择性偏误，本文采用了倾向匹配得分（PSM）的方式对样本进行筛选。选择企业的年龄、应付职工薪酬、托宾 Q 值和收益留存率作为匹配变量，利用非放回的邻近匹配法筛选得到企业样本 17 140 个。图 2 展示了匹配操作前后倾向得分的核密度分布情况。经过检验，可以确认在匹配操作完成后，实验组与对照组中绝大多数控制变量并未表现出明显的差异性。

表 3 报告了基于 PSM – DID 方法的巡回法庭对企业风险承担水平影响的回归结果。估计结果显示，第（1）列的结果是未加控制变量的回归结果，

巡回法庭对企业风险承担水平的影响系数在10%显著性水平上为正，第（2）列则是进一步加入了控制变量的回归结果，回归系数为8.166且在5%显著性水平上为正。这说明本文的回归并不存在样本选择偏误这一内生性问题，巡回法庭能显著影响企业风险承担水平，结论保持稳健。

表3 基于PSM-DID方法的巡回法庭对企业风险承担水平的回归结果

变量	（1） Risk	（2） Risk
Court	8.046* (4.268)	8.166** (3.993)
Size		-13.401*** (4.582)
Lr		37.079*** (13.839)
Cflow		46.639*** (12.804)
Btm		24.173* (12.998)
Clr		-23.609*** (9.042)
常数项	11.761*** (0.950)	290.912*** (98.428)
企业固定效应	YES	YES
年份固定效应	YES	YES
观测值	12 445	12 445
R^2	0.127	0.133

注：*、**和***分别表示10%、5%和1%的显著性水平，括号内的数值为变量的标准误差值。

3. 反事实估计

本文通过改变巡回法庭的设立时间及改变巡回法庭的设立时间和实验组来进行反事实检验。假设分别将巡回法庭设立的时间整体提前10年和设立时间提前10年且变更实验组，如果巡回法庭的虚拟变量始终在相同水平上显著为正，说明企业风险承担水平很可能还受到其他政策的叠加影响或随机因素的干扰；相反，如果巡回法庭的虚拟变量的系数不再显著，则表明巡回法庭确实对企业风险承担水平产生明显作用,回归估计结果可信。具体回归结果如表4所示。由表中的第(1)列和第(2)列可知,不论是变更政策实施时间还是同时变更政策实施时间和实验组,巡回法庭虚拟变量的系数均不再显著,进一步检验了结果的稳健性。

表4 反事实检验结果

变量	(1) 变更时间	(2) 变更时间和实验组
Court	-2.601 (6.136)	0.590 (4.327)
Size	-11.204*** (2.807)	-11.167*** (2.797)
Lr	26.999** (10.738)	26.937** (10.715)
Cflow	45.358*** (9.600)	45.418*** (9.664)
Btm	18.331** (9.004)	18.350** (9.011)
Clr	18.331** (9.004)	-18.768*** (6.948)
常数项	248.320*** (60.239)	245.446*** (60.862)
企业固定效应	YES	YES
年份固定效应	YES	YES
观测值	22 351	22 351
R^2	0.156	0.156

注:*、**和***分别表示10%、5%和1%的显著性水平,括号内的数值为变量的标准误差值。

4. 安慰剂检验

为了有效排除在政策实施期间,可能存在的其他诸多因素对企业风险承担水平产生的潜在干扰,本文进行安慰剂检验,其核心在于采用了虚构的巡回法庭设立年份作为检验的基础。在具体实施的过程中,我们采用了随机的方式生成了虚拟的巡回法庭设立时间点,并以此为基础构建了一个新的Court变量。这一新构建的变量,实质上是一个基于随机性的伪政策变量,因此会生成一个错误的估计系数,从而确保它不会对被解释变量产生任何实质性的影响。为了确保检验结果的可靠性和稳健性,我们进行了 500 次的随机抽样,图 2 直观地展示了这些随机抽样处理后的估计系数分布情况。通过观察和分析,我们可以清晰地发现,这些基于随机设立时间的估计系数大多集中在 0 值附近,并且相应的 p 值也普遍超过了 0.1 的显著性水平,这完全符合我们进行安慰剂检验的预期目标。这一结果进一步强化了我们的研究结论,即设立巡回法庭对于改善企业风险承担水平具有显著的正向影响。

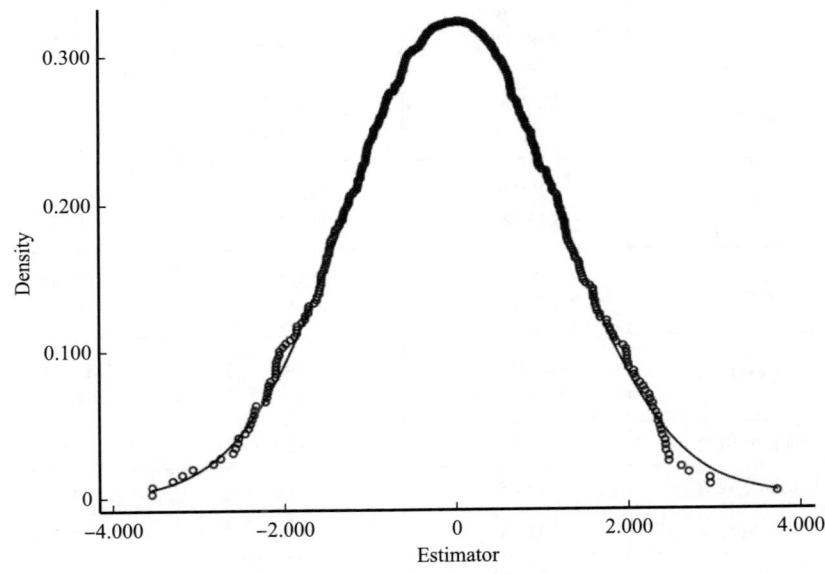

图 2 安慰剂检验结果

5. 其他稳健性检验

(1) 替换因变量。为了稳健性考虑,本文参照已有文献(Faccio et al., 2011;黄亮雄等,2021)的典型做法,以总资产收益率的未来三期滚动极差作为稳健性检验指标。其中,总资产收益率 = 息税前收益/总资产。回归结果如表 3 的第(1)列所示,可见 Court 的估计系数为 13.076,在 5% 水平上显著为正,与基准回归结果保持一致,进一步检验了结果的稳健性。

(2) 滞后 1~2 期。由于宏观政策的实施对微观企业的影响往往具有滞后性,本文采用滞后的企业风险承担水平数据进行回归,结果如表 5 第(2)和第(3)列所示,第(2)列为滞后一期的回归结果,Courtx 系数为 8.367,在 5% 的水平上显著为正。第(3)列滞后两期的回归结果,Court 系数为 9.741,也在 5% 水平上显著,可见滞后一期和滞后两期的结果与基准回归结果保持一致,均在 5% 水平上显著,这进一步验证了回归结果的稳健性。

表5　　其他稳健性检验回归结果

变量	(1) 替换因变量	(2) 滞后一期	(3) 滞后两期
Court	13.076 ** (6.176)	8.367 ** (4.160)	9.741 ** (4.887)
Size	-19.381 *** (4.906)	-11.723 *** (2.954)	-9.088 *** (2.936)
Lr	46.276 ** (18.329)	23.793 ** (11.508)	18.177 (11.781)
Cflow	78.336 *** (16.546)	48.915 *** (14.311)	37.471 ** (15.572)
Btm	32.179 ** (15.641)	16.361 * (9.564)	-3.751 (9.612)
Clr	-32.353 *** (12.085)	-13.245 * (7.605)	-14.908 ** (7.008)
常数项	423.454 *** (105.497)	256.348 *** (62.909)	218.019 *** (62.968)
企业固定效应	YES	YES	YES
年份固定效应	YES	YES	YES
观测值	22 351	20 091	17 949
R^2	0.157	0.163	0.175

注：*、** 和 *** 分别表示10%、5%和1%的显著性水平，括号内的数值为变量的标准误差值。

（三）异质性分析

1. 企业规模的异质性分析

表6中的第（1）和第（2）列分别展示了总资产规模达到或超过、小于中位数的企业样本，在巡回法庭设立对其风险承担水平影响中的异质性检验结果。分析发现，在大规模企业样本中，巡回法庭的设立显著提升了其风险承担水平，且这一效应在统计上达到10%显著性上水平。然而，在小规模企业样本中，并未观察到这一显著的正面效应。分析其原因，可能存在以下两点：第一，规模较大的企业通常拥有更多的资源和更强的能力来应对法律风险和挑战。这些企业可能拥有专门的法务部门或法律顾问，能够更有效地利用巡回法庭提供的法律服务和保障。相比之下，中小企业由于资源有限，难

以建立专门的法务团队或聘请专业的法律顾问,因此在应对法律风险时可能显得力不从心。第二,规模较大的企业通常具有更强的风险承受能力。由于企业规模较大,其业务多元化和财务稳健性可能更高,因此能够更好地抵御法律风险带来的冲击。而中小企业由于规模较小,业务单一,财务稳定性较差,因此在面临法律风险时可能更容易受到冲击和影响。

2. 所有权的异质性分析

表6的第(3)和第(4)列展示了企业所有权性质的异质性检验结果。第(3)、第(4)列分别为国有企业和非国有企业的回归结果。第(3)列国有企业的回归结果中,回归系数为9.117且在1%水平上显著为正,但在第(2)列非国有企业的回归结果中,回归系数为3.531且不显著。这一结果表明,国有企业中巡回法庭的设立对提升企业风险承担水平具有显著效应,在非国有企业中是不显著的。这可能主要归因于:国有企业在法律环境中的地位较高,拥有更完善的风险管理体系,且更易获得巡回法庭的优质服务;而非国有企业可能因规模、资源有限,在法律风险管理和利用法律资源方面相对较弱。此外,国有企业的经营策略通常更稳健,而非国有企业可能因市场竞争压力而采取更激进的经营策略,从而巡回法庭设立对国有企业的风险承担水平影响更显著。

表6　　　　　　　　　企业层面异质性检验回归结果

变量	(1) 总资产≥中位数	(2) 总资产<中位数	(3) 国有企业	(4) 非国有企业
Court	9.279* (4.677)	1.747 (2.392)	9.117** (3.497)	3.531 (4.619)
Size	-14.937** (5.570)	-10.611 (5.936)	-15.721** (5.286)	-6.386*** (2.217)
Lr	46.815* (19.057)	1.489 (4.234)	31.387* (15.681)	26.603* (12.253)
Cflow	57.366** (18.346)	32.504* (13.110)	68.685*** (16.311)	18.352 (9.915)
Btm	2.581 (13.567)	30.335* (14.200)	28.744 (16.516)	9.111 (7.058)
Clr	-8.370*** (11.040)	-18.579* (8.451)	-24.472* (9.793)	-9.977 (8.301)
常数项	328.299*** (126.423)	233.873 (125.211)	345.094** (112.074)	134.151** (45.346)

续表

变量	(1) 总资产≥中位数	(2) 总资产<中位数	(3) 国有企业	(4) 非国有企业
企业固定效应	YES	YES	YES	YES
年份固定效应	YES	YES	YES	YES
观测值	11 104	11 071	11 784	10 479
R^2	0.156	0.217	0.200	0.124

注：*、** 和 *** 分别表示10%、5%和1%的显著性水平，括号内的数值为变量的标准误差值。

3. 分行业的异质性检验分析

表7第（1）～第（3）列的回归结果中，分别展示了巡回法庭对劳动密集型行业、技术密集型行业、资本密集型行业的回归结果。结果显示，巡回法庭对劳动密集型行业的影响是显著的，Court系数为12.420，在1%水平上显著为正。而巡回法庭对技术密集型行业和资源密集型行业的影响则不显著。分析原因主要是：对于劳动密集型的行业，因员工众多、业务量大，对法治环境敏感且法律纠纷频发。巡回法庭通过提高司法公正性、效率，减少地方干预，加强法律宣传，快速解决纠纷，为劳动密集型企业创造了更公平的法治营商环境，有效降低了企业因员工纠纷和法律诉讼带来的风险，从而显著提高了其风险承担水平。

表7　　分行业异质性检验回归结果

变量	(1) 劳动密集型	(2) 技术密集型	(3) 资源密集型
Court	12.420 *** (3.952)	7.741 (7.704)	-0.593 (1.1758)
Size	-21.128 *** (7.096)	-10.307 ** (4.7710)	-1.290 (0.9736)
Lr	56.582 *** (19.4604)	13.108 (20.3013)	-4.830 (3.0019)
Cflow	69.295 *** (22.2997)	73.423 *** (18.2867)	-8.230 * (4.3067)
Btm	-18.685 (12.4763)	41.979 *** (12.1776)	8.581 (8.2814)

续表

变量	(1) 劳动密集型	(2) 技术密集型	(3) 资源密集型
Clr	-33.872** (14.0512)	-38.197*** (10.8506)	7.721* (4.4131)
常数项	492.230*** (154.1617)	235.702** (109.7118)	25.320 (19.0226)
企业固定效应	YES	YES	YES
年份固定效应	YES	YES	YES
观测值	7 568	6 146	8 609
R^2	0.289	0.299	0.232

注：*、**和***分别表示10%、5%和1%的显著性水平，括号内的数值为变量的标准误差值。

4. 分地区的异质性检验分析

巡回法庭设有固定地址，如第一巡回法庭设在广东省深圳市、第二巡回法庭设在辽宁省沈阳市，第三巡回法庭设在江苏省南京市等，为了探究巡回法庭的设立对企业风险承担的影响是否受企业区位条件的影响，本文将样本企业所在地划分为东部、中部、西部三个区域，然后分别进行回归。由表8可知，巡回法庭的设立对东部企业的企业风险承担水平在10%的置信区间是显著为正的，对中西部企业的影响则不显著。巡回法庭对企业风险承担水平的影响在东部省份显著，而在中西部省份不显著，原因可能主要在于：东部省份经济发达，企业数量多且规模大，法治环境相对较好，企业法务团队和风险管理机制更完善，能有效利用巡回法庭提供的法律服务和保障，降低风险承担水平。相比之下，中西部省份经济发展相对滞后，法治环境建设有待加强，企业类型和结构相对单一，风险管理能力较弱，因此巡回法庭在这些地区的影响相对较小。

表8　　　　　　　　分地区的异质性检验回归结果

变量	(1) 东部地区	(2) 中部地区	(3) 西部地区
Court	8.328* (4.380)	2.475 (2.853)	11.809 (10.159)
Size	-12.136*** (3.709)	-11.262 (6.819)	-7.991 (5.764)

续表

变量	(1) 东部地区	(2) 中部地区	(3) 西部地区
Lr	17.563 (13.433)	65.384*** (21.281)	34.510 (28.485)
Cflow	43.773*** (10.302)	81.524** (37.048)	23.390 (23.699)
Btm	22.542** (10.916)	2.206 (24.880)	22.244 (21.296)
Clr	-15.810* (8.440)	-33.913** (13.874)	-17.878 (22.208)
常数项	265.647*** (78.951)	246.647 (150.644)	167.283 (114.445)
企业固定效应	YES	YES	YES
年份固定效应	YES	YES	YES
观测值	15 372	3 868	3 107
R^2	0.242	0.237	0.241

注：*、**和***分别表示10%、5%和1%的显著性水平，括号内的数值为变量的标准误差值。

六、研究结论与政策启示

在党的十八大之后，巡回法庭制度成为司法体系中的一项关键性改革措施。此次改革不仅是法院管理机制优化的一大步，也涉及了司法领域内中央与地方关系的重新调配。本文以国家设立巡回法庭为背景，基于2000～2020年A股上市公司面板数据深入探讨巡回法庭对企业风险承担水平的影响。主要研究结论如下：第一，巡回法庭对企业风险承担水平提升具有显著促进作用。第二，巡回法庭对企业风险承担水平的促进作用主要体现在规模较大的企业、国有企业、劳动密集型行业及东部地区企业中。

根据研究结果，可以得出几点政策启示：

第一，深化司法体制改革，特别是强化巡回法庭的作用，对于提升企业风险承担水平具有深远影响。巡回法庭作为司法体系的重要组成部分，其设立旨在提高司法公正性和效率，减少地区司法差异，确保法律在全国范围内得到统一实施。当前，巡回法庭在部分地区的设立已经取得了显著成效，如企业成长性得到显著提升等，但其覆盖范围有待进一步扩大，正如文中所提到的，目前巡回法庭覆盖范围最广的是我国的东部地区，为了使巡回法庭能够更有效地服务更多企业和地区，就必须先加强巡回法庭制度的推广，通过提高司法资源的利用效率，我们可以确保更多企业能够享受到公正、高效的司法服务。巡回法庭的推广体现为巡回法庭数量的增加，政策的实施需要保质保量，这就要求不断提升巡回法庭审判质量。巡回法庭在审理案件时，应该秉持公正、公平、公开的原则，确保每一个案件都能得到妥善处理。这就需要加强法官培训，提高法官的专业素养和审判能力。同时，我们需要优化审判流程，减少不必要的环节和程序，以提高审判效率。巡回法庭的设立尽力做到了"去地方化"，但并不意味着与地方完全相割裂，巡回法庭应加强与地方政府、行业协会等机构的合作与交流，共同推动法治化营商环境的建设。通过建立健全协调机制，形成工作合力，我们可以共同解决企业在生产经营中遇到的法律问题，为企业提供更加优质的司法服务和保障，从而提升企业的风险承担水平。

第二，优化营商环境，降低企业法律风险，是提升企业竞争力和风险承担水平的关键一环。在当前的商业环境中，企业面临着诸多法律风险，如合同纠纷、知识产权侵权、劳动纠纷等，这些风险不仅可能给企业带来经济损失，还可能影响企业的声誉和长期发展。优化营商环境，降低企业法律风险，首先，需要加强法治宣传和教育。通过举办法律知识讲座、提供法律咨询等方式，可以提高企业和公众的法律意识，增强法治观念。同时，还需要加强法律法规的制定和完善，确保法律体系的科学性和有效性，为企业提供更加明确的法律指导和保障。其次，政府应该加强对企业的法律支持和帮助。通过建立法律援助机构、提供法律咨询和代理服务等方式，我们可以帮助企业解决法律难题，降低企业的法律成本。最后，增强司法公正和透明度也是优化营商环境的重要一环。通过加强司法监督、提高审判质量和效率等方式，确保司法公正和权威性，为企业提供一个公平、公正、透明的法律环境。这不仅可以降低企业的法律风险，还可以增强企业的信心和安全感，促进企业的健康发展。

参考文献

1. 毕晓方、张俊民、李海英：《产业政策、管理者过度自信与企业流动性风险》，载于《会计研究》2015年第3期。

2. 曹春方、陈露兰、张婷婷：《"法律的名义"：司法独立性提升与公司违规》，载于《金融研究》2017年第5期。

3. 陈刚、李树：《司法独立与市场分割——以法官异地交流为实验的研究》，载于《经济研究》2013年第9期。

4. 陈刚、司光月：《司法独立与金融发展——来自中国的经验证据》，载于《南开经济研究》2017年第3期。

5. 范子英、赵仁杰：《法治强化能够促进污染治理吗？——来自环保法庭设立的证据》，载于《经济研究》2019年第3期。

6. 方乐：《最高人民法院巡回法庭的制度功能》，载于《法学家》2017年第3期。

7. 高磊、赵雨笛：《多个异质大股东的混合所有制与企业创新——基于风险承担与融资约束的中介作用》，载于《管理评论》2023年第11期。

8. 顾永忠：《最高人民法院设立巡回法庭之我见》，载于《法律科学（西北政法大学学报）》2015年第2期。

9. 何威风、刘巍、黄凯莉：《管理者能力与企业风险承担》，载于《中国软科学》2016年第5期。

10. 何瑛、于文蕾、杨棉之：《CEO复合型职业经历、企业风险承担与企业价值》，载于《中国工业经济》2019年第9期。

11. 洪金明、刘晗、王宁：《非国有股东治理与企业风险承担水平——来自国有企业混合所有制改革的经验证据》，载于《审计与经济研究》2023年第2期。

12. 胡云腾：《为什么要设立巡回法庭？》，载于《求是》2015年第12期。

13. 黄俊、陈信元、赵宇等：《司法改善与企业投资——基于我国巡回法庭设立的经验研究》，载于《经济学（季刊）》2021年第5期。

14. 黄亮雄、马明辉、王贤彬：《经济增长目标影响了企业风险承担吗？——基于市场和政府双重视角的考察》，载于《财经研究》2021年第1期。

15. 黄斯琪、麦勇、晏景瑞：《司法质量提升能改善企业社会责任脱耦吗？——基于巡回法庭设立的准自然实验》，载于《外国经济与管理》2024年第1期。

16. 李秉成、肖翰、阮佩婷：《企业风险承担研究的文献回顾与展望》，载于《统计与决策》2017年第13期。

17. 李小荣、张瑞君：《股权激励影响风险承担：代理成本还是风险规避？》，载于《会计研究》2014年第1期。

18. 林朝颖、黄志刚、杨广青等：《基于企业微观的货币政策风险承担渠道理论研究》，载于《国际金融研究》2015年第6期。

19. 刘贵祥：《巡回法庭改革的理念与实践》，载于《法律适用》2015年第7期。

20. 刘中华、王心悦、曹瑜强：《司法改善与企业债务融资——基于巡回法庭设立准自然实验的经验证据》，载于《财会月刊》2023年第3期。

21. 陆蓉、徐龙炳、叶茜茜等：《中国民营企业韧性测度与影响因素研究》，载于《经济管理》2021 年第 8 期。

22. 潘琰、胡海全：《企业风险承受能力应当如何评价？——指标体系构建与评价方法的探讨》，载于《福州大学学报（哲学社会科学版）》2013 年第 1 期。

23. 祁敬宇、杨小洋、蒋佳伶等：《宏观审慎政策对企业风险承担的影响研究》，载于《金融论坛》2023 年第 10 期。

24. 秦汉：《宪法视域下巡回法庭的"去地方化"功能》，载于《政治与法律》2017 年第 3 期。

25. 宋小宁、曹慧娟、马光荣：《国家巡回法庭与资本跨区流动：央地司法关系视角》，载于《经济学（季刊）》2023 年第 5 期。

26. 王海成、吕铁：《知识产权司法保护与企业创新——基于广东省知识产权案件"三审合一"的准自然试验》，载于《管理世界》2016 年第 10 期。

27. 王菁华、茅宁：《企业风险承担研究述评及展望》，载于《外国经济与管理》2015 年第 12 期。

28. 闫华红、李晓艳、刘静：《税收征管数字化升级对企业风险承担水平的影响研究》，载于《财政研究》2022 年第 9 期。

29. 余明桂、李文贵、潘红波：《管理者过度自信与企业风险承担》，载于《金融研究》2013 年第 1 期。

30. 袁淳、耿春晓、从阒匀等：《地区司法水平与产业结构升级——来自巡回法庭设立的证据》，载于《经济研究》2023 年第 9 期。

31. 张宏亮、李成蹊、王靖宇：《高管薪酬结构与企业创新——基于高管风险承担视角》，载于《北京工商大学学报（社会科学版）》2024 年第 2 期。

32. 张吉鹏、衣长军、李凝：《国有企业控制权转移对企业风险承担的影响》，载于《财贸经济》2021 年第 8 期。

33. 赵仁杰、张家凯：《地方司法体制改革与企业投资——来自地方法院人财物省级统管的证据》，载于《经济学（季刊）》2022 年第 2 期。

34. Arif S., Lee CMC., 2014, "Aggregate Investment and Investor Sentiment", *Review of Financial Studies*, Vol. 27, No. 11, November, pp. 3241 – 3279.

35. Chakraborty A., Sheikh S., Subramanian N., 2007, "Termination Risk and Managerial Risk Taking", *Journal of Corporate Finance*, Vol. 13, No. 1, January, pp. 241 – 279.

36. Faccio M., Marchica M., Mura R., 2011, "Large Shareholder Diversification and Corporate Risk – Taking", *Review of Financial Studies*, Vol. 24, No. 11, August, pp. 3601 – 3641.

37. Ho T., Phung D. N., Nguyen Y. N., 2021, "State ownership and corporate risk-taking: Empirical evidence in Vietnam", *Australian economic papers*, Vol. 60, No. 3, November, pp. 466 – 481.

38. John K., Litov L., and Yeung B., 2008, "Corporate governance and risk-taking", *The journal of finance*, Vol. 63, No. 4, July, pp. 1679 – 1728.

39. Porta, R. L., Lopez – de – Silanes, F., Shleifer, A., & Vishny, R. W., 1998, "Law and Finance", *Journal of Political Economy*, Vol. 106, No. 6, November, pp. 1113 – 1155.

40. Li J., Tang Y. I., 2010, "CEO hubris and firm risk taking in China: The moderating role of managerial discretion", *Academy of Management Journal*, Vol. 53, No. 1, November, pp. 45 – 68.

41. Mamuneas T. P., Nadiri M. I., 1996, "Public R&D policies and cost behavior of the US manufacturing industries", *Journal of Public Economics*, Vol. 63, No. 1, December, pp. 57 – 81.

42. Mao C. X., Zhang C., 2018, "Managerial Risk – Taking Incentive and Firm Innovation: Evidence from FAS 123R", *Journal of Financial & Quantitative Analysis*, Vol. 53, No. 2, March, pp. 867 – 898.

43. McLean R. D., Zhao M. X, 2014, "The business cycle, investor sentiment, and costly external finance", *The Journal of Finance*, Vol. 69, No. 3, August, pp. 1377 – 1409.

Research on the Impact of the Circuit Court System on Enterprise Risk-taking

ZENG Peng ZENG Wanjun LI Hongtao

(Guangxi Minzu University, 530006)

[**Abstract**] The constraints of judicial localization on the independent exercise of the power of adjudication and the resulting weakening of judicial credibility have always been important governance propositions in the process of building a country under the rule of law. In order to promote judicial justice, prevent judicial localization, and ensure that people's courts independently exercise their power of adjudication, the Supreme People's Court has established local circuit courts since 2015. This study takes China's A – share listed companies from 2000 to 2020 as the research sample, and uses the establishment of circuit courts as a quasi-natural experiment to empirically test the impact of the establishment of circuit courts on the level of corporate risk-taking. The research results show that the establishment of circuit courts can significantly improve the level of corporate risk-taking, and this conclusion still holds after a series of robustness tests. Further heterogeneity analysis also finds that the promoting effect of the establishment of circuit courts on the level of corporate risk-taking is more significant in large-scale enterprises, state-owned enterprises, labor-intensive industries, and the eastern region. The research results indicate that the improvement of the regional judicial level can effectively enhance the level of corporate risk-taking, providing a powerful empirical basis for further deepening the judicial system reform and improving and perfecting the circuit court system.

[**Key Words**] Circuit Courts Judicial Quality Corporate Risk – Taking Levels

JEL Classifications: K40 P48 L53

环境司法强化能否遏制上市公司漂绿行为?*

——基于环境资源审判庭设立的准自然实验

▶ 毛 杰 陈 慧 颜千卉**◀

【摘　要】 环境资源审判庭的设立是以司法审判工作现代化保障中国式现代化的重要举措之一。然而，各级环境资源审判庭的设立是否遏制了上市公司漂绿行为呢？对此尚缺乏深入且系统的研究。本文以2014～2021年中国A股上市公司为样本，构建PSM-DID模型，实证研究了环境司法强化对上市公司漂绿行为的影响。实证检验结果表明，环境资源审判庭的设立显著减少了当地上市公司的漂绿行为，尤其是更为显著地减少了法治化水平较高地区的上市公司、非国有上市公司、漠视社会责任的上市公司的漂绿行为。本文进而通过机制分析发现，环境资源审判庭的设立通过改善公司内部ESG治理、强化公司外部监督压力、提高公司信息透明度三种机制来抑制上市公司的漂绿行为。本文的研究结论，不仅从上市公司漂绿的新视角评估了环境资源审判庭设立的政策效果，还为有关部门推动环境法治进程、以高质量司法服务保障经济绿色发展提供了理论依据和决策参考。

【关键词】 环境司法　环境资源审判庭　漂绿　ESG治理　PSM-DID模型

中图分类号：F062.2；F272；F205；D926.2　　文献标识码：A

---

* 本文入选了第二十二届中国法经济学论坛。作者感谢论坛参与者和点评专家的修改意见。
** 毛杰，上海大学经济学院副教授、复旦大学金融研究中心助理研究员；地址：（200444）上海市宝山区南陈路333号；E-mail: jiemao@shu.edu.cn。陈慧（通讯作者），上海大学经济学院硕士研究生；E-mail: getch123@163.com。颜千卉，复旦大学经济学院博士研究生、复旦大学金融研究中心博士研究生；地址：（200433）上海市杨浦区国权路600号；E-mail: qhyan21@m.fudan.edu.cn。

一、引　言

公司是环境治理体系的重要主体,是协调经济发展与生态环境保护的关键因素(李维安等,2019)。作为公司向利益相关者公开生态保护责任履行情况的重要方式(朱炜等,2019),公司的环境信息披露是政府、投资者以及社会公众了解公司履行环境责任的主要途径。为了提高上市公司环境表现的透明度,也为了便于政府与公众监督,国家先后颁布了《环境信息公开办法(试行)》《环境信息依法披露制度改革方案》《企业环境信息依法披露管理办法》等一系列规范性文件,来规范上市公司的环境信息披露。习近平总书记在中央全面深化改革委员会第十七次会议上强调,"环境信息依法披露是重要的企业环境管理制度,是生态文明制度体系的基础性内容。健全监督机制,加强法治化建设,形成企业自律、管理有效、监督严格、支撑有力的环境信息强制性披露制度"[①]。

然而,很多公司采取印象管理策略,在披露形式和披露内容上大搞形式主义,而在披露实质上避重就轻。这种选择性披露对自身有利的环境信息,而有意掩饰负面的环境信息,即对环境责任的象征性而非实质性响应的机会主义行为通常被称为漂绿(黄溶冰等,2019)。上市公司的漂绿行为不仅妨碍了国家绿色发展战略的实现,还阻滞了公司将绿色责任承担纳入高质量发展的路径,更大大降低了公司环境信息公开的质量。

漂绿行为也引发了学界的广泛关注和深入研究。既有文献对漂绿行为的研究多集中在探讨动机和影响因素方面。第一类既有文献从外部驱动因素的视角考察了政府规制和社会监督对上市公司漂绿行为的影响,如政府规章制度(Delmas and Burbano,2011;黄溶冰和储芳,2023)、政府监管压力(Lyon and Maxwell,2011;Zhang,2023)、非政府环境组织压力(Kim and Lyon,2015;Marquis et al.,2016)、媒体和行业协会压力(孙自愿等,2023;Testa et al.,2018)、消费者绿色需求(Delmas and Burbano,2011)、投资者监督(沈弋等,2023)等是影响上市公司漂绿的外部因素。第二类文献从内部驱动因素的视角分别考察了企业特征、组织能力和业绩表现对漂绿的影响,譬如,就企业特征而言,规模较大(Delmas and Burbano,2011)、国际化程度高(Marquis et al.,2016)、成长型企业(Kim and Lyon,2015)为了满足利益相关者的特殊需求而会更倾向于漂绿;就组织能力而言,内部沟通效率越低(Delmas and Burbano,2011)、道德激励机制越不受重视(Delmas and

---

[①] 《坚定改革信心汇聚改革合力　推动新发展阶段改革取得更大突破》,载于《人民日报》2020年12月31日第1版。

Burbano，2011；Winbush et al.，1997）、决策者存在狭隘的决策框架、乐观偏见和跨期行为折扣（Delmas and Burbano，2011）的上市公司漂绿动机越大；就业绩表现而言，公司的财务状况压力越大（Zhang，2022）、环境绩效越差（Lyon and Maxwell，2011；Marquis et al.，2016）的上市公司更有可能实施漂绿。

为了以高质量司法服务保障社会经济绿色发展，2014年6月，最高人民法院设立环境资源审判庭（以下简称为"环资庭"），并在具备条件的高级人民法院和中级人民法院逐步调整设立专门的高级环资庭和中级环资庭，系统的环境资源审判专门化改革由此开始。随着环资庭的试点地域持续扩大，环资庭已经成为推进中国环境治理法治化的重要力量。环境司法改革这一代表性变化，能够在很大程度上影响上市公司在环境治理方面的行为决策。那么设立环资庭是否有利于遏制当地上市公司的漂绿行为？怎样的金融和法治环境才有利于这种政策作用的发挥？在大力推进社会主义生态文明建设，促进经济社会发展全面绿色转型的今天，研究清楚这些问题具有重要意义。

有鉴于此，本文基于环资庭逐步设立的准自然实验，以中国2014～2021年A股上市公司数据为样本，使用PSM-DID方法，考察和研究了环资庭设立对当地上市公司漂绿行为的影响。与既有文献相比较，本文大抵有三个方面的边际贡献：（1）对中国环资庭的讨论多集中在法学领域（于文轩，2017；张忠民，2016；张忠民，2023），实证检验环资庭的设立对当地上市公司行为决策影响的文献仍不多见，仅有少量文献（范子英和赵仁杰，2019；翟华云和刘亚伟，2019；高昊宇和温慧愉，2021；代昀昊等，2023）聚焦于生态法治对环境治理和企业融资行为的影响；而本文则考察和研究了环资庭的设立对当地上市公司漂绿行为的影响，由此从一个新的视角进一步评估了环资庭设立的政策效果，丰富了有关环资庭的研究文献，拓宽了法经济学的研究视野。（2）研究上市公司漂绿的既有文献，大多只是考察了对公司漂绿的直接影响（黄溶冰等，2019；孙自愿等，2023），而鲜有关注公司漂绿的影响机理与作用路径。本文从环境司法的视角提出了环资庭的设立这一宏观环境政策对于当地上市公司漂绿行为影响的宏观—微观压力传递机制，由此拓宽了对公司漂绿行为的研究视野。（3）本文还从新政治经济学的视角，构造了公众环境参与作为工具变量以解决环资庭的设立和当地上市公司漂绿行为之间的内生性问题，借以在考虑了内生性问题的前提下更为稳健地识别出环资庭的设立对当地上市公司漂绿行为的影响。本文的研究结论，不仅从上市公司漂绿行为的新视角评估了环资庭设立的政策效果，还为有关部门推动环境法治进程、以高质量司法服务保障社会经济绿色发展提供了理论依据和决策参考。

二、制度背景与理论假设

（一）制度背景

中国环保法庭设立始于2007年。是年，贵州省贵阳市中级人民法院设立环境保护审判庭，所辖的清镇市人民法院同时设立生态保护法庭。两庭试点环境公益诉讼，得到了最高人民法院的高度重视和认可。2014年，最高人民法院成立了一个独立的环资庭，由此按下了环境司法强化的"快进键"。在最高人民法院的推动下，截至2021年底，地方各级人民法院设置环资庭总数为648个[①]。作为推进环境司法专门化建设的重要平台，环资庭对于提升地方环境司法质量和美丽中国的建设发挥着重要作用（于文轩，2017），是提高环境司法效率和实现经济增长与环境保护之间"和解"的有效途径（Carnwath，2014；Yuan et al.，2023；Edwards，2013；Qi et al.，2023）。

在设立专门的环境资源审判庭之前，中国的环境司法实践面临着两个难以克服的问题：第一，环境案件需要兼顾公共和私人利益，往往同时涉及民事、刑事和行政三个方面，传统的三类案件分类方式大大降低了审判效率；第二，高质量的环境案件审判需要一定程度环境相关的专业知识，环境与法律的交叉认识是普通法官所不具备的。因此，环境案件的复杂性决定了专门环境司法审判机构的出现，而环资庭的设立恰好解决了以上问题，有效推动了裁判尺度的统一、审判资源的优化配置及专业法官团队的建设，为提升环境资源司法的效能与水平奠定了坚实基础。首先，将涉及环境资源的民事案件、行政案件、刑事案件，乃至执行案件统一归口一个审判庭审理的"三合一"或者"四合一"工作模式（张忠民，2016），统一了环境案件的司法裁判尺度，也提高了环境案件审理效率。其次，集中管辖环境案件可以节约司法成本，优化审判资源，以应对不断增多的环境纠纷案件，同时有效避免了复杂环境案件的受害者不确定向哪种（民事、行政和刑事）法庭提起诉讼的情况（Zhang et al.，2019）。此外，培养和选拔具有专业背景的人担任法官，可以提高案件取证、裁定的准确性，同时聘请环境专家担任陪审员，汇集形成一批专业化程度高、适应归口审理模式需求的法官队伍，保障了环境司法的实质正义（张忠民等，2022）。最后，各级人民法院可以与其他部门联合出台行政执法与司法协调联动制度（张忠民，2023）。建立司法部门和行政

[①] 援引自最高人民法院发布的《中国环境资源审判（2021）》。

部门之间的协调联动机制,加强了环境案件判决的执行有效性,在一定程度上提升了环境司法的地位和功能。

环资庭实现了环境司法专门化改革、环境司法专业化发展、环境司法能动联动机制等司法范式创新,为社会经济全面绿色转型提供了公正、高效的司法服务和保障(张忠民等,2022)。

(二)理论分析与研究假设

环境资源审判庭的设立有力提高了地方环境资源司法的保护效能与专业水平,降低了上市公司通过漂绿投机的可能性,提高了上市公司漂绿的成本和风险。首先,环资庭凭借其专业化的审判团队和集中管辖环境资源案件的机制,有助于提高环境司法效率(范子英和赵仁杰,2019)。环资庭通过施行严厉的司法裁决与处罚措施,对环境违法行为形成了强有力的震慑,这意味着上市公司一旦产生违规行为将会面临重大的环境诉讼风险和罚款,罚款带来的现金流出会使得公司短期收益会遭受严重损失(Jung et al.,2018)。因此,环资庭的震慑作用迫使上市公司不得不慎重对待环境治理的承诺,减少漂绿行为的发生。其次,地方人民法院设立环资庭,其裁决和公开审理不免会受到政府、媒体、社会公众的更多关注。与此同时,外部利益相关者可以更好地借助司法武器对上市公司漂绿等违规行为进行有效监督。上市公司面临的外部环境监督压力变大,其通过虚假信息披露以谋求不当利益的可能性会被削弱(Testa et al.,2018)。漂绿行为被识别,上市公司将面临更大的声誉损失,这将"倒逼"上市公司减少违规等行为。最后,漂绿的同构效应进一步放大了上述两种效果。环资庭设立带来司法效率提升,保证了案件审理的公正,进而有助于抑制同地区整体的漂绿行为。当地区其他公司漂绿问题得到改善时,个体公司即使面临地区其他公司的压力也会顺应潮流,逐渐减少漂绿行为,以保持自身在市场中的竞争力(黄溶冰等,2020)。综上所述,本文提出了下述实证假说。

H1:环境资源审判庭的设立能够显著减少当地上市公司漂绿行为。

设立环境资源审判庭对当地上市公司漂绿行为的影响会通过加强公司外部监督的机制来实现。根据制度经济学的基本原理,漂绿被视作一种机会主义行为,而其重要诱因在于外部监督的缺失。在缺乏外部监督压力的情况下,上市公司可能会偏离其既定的可持续发展目标,对公司环境政策作出夸大承诺,从而发生漂绿行为(Ramus et al.,2005)。相反,倘若媒体报道(孙自愿等,2023;杨林等,2024)和第三方鉴证(黄溶冰和储芳,2023)等利益相关者发挥其外部监督的职能,则会有效抑制上市公司漂绿行为。

环资庭作为司法机构,对强化公司外部监督产生了重要影响。通过建立司法和行政部门之间的协调机制，环资庭加强了环境法律法规的执行力度，提高了对上市公司环境违法行为的打击力度（Zhang et al.，2019）。这一举措会引起更多环境公益组织、媒体等非政府组织的关注，他们可能会积极参与环境问题的监督和调查，进而对公司环境行为进行评价和曝光（Huang et al.，2022）。同时这些非政府组织通常具有一定的舆论影响力，能够通过舆论监督和舆论压力推动公司改善环境绩效，缓解上市公司面临的外部监督压力。此外，由于环资庭的设立使当地上市公司的利益相关者可以更好地借助司法武器发挥外部监督职能，这也可能引发金融机构、投资者等市场主体的关注。这些机构和投资者越来越关注上市公司的环境、社会和治理（ESG）问题，并将这些因素纳入投资决策的考量范畴。环资庭的设立意味着对当地上市公司环境责任的法律约束力得到加强，从而降低了上市公司因环境违法行为而面临的投资风险。因此，金融机构和投资者可能会更加关注公司环境绩效，并通过投资决策来影响公司的环境行为，从而加剧了上市公司面临的外部监督压力。随着外部环境监督力度的增强，上市公司通过虚假信息披露以谋求不当利益的可能性降低（Testa et al.，2018）。由此可见，环资庭的设立通过强化公司外部利益相关者的监督，提高了逃避环境责任的成本，压缩了上市公司漂绿空间。综上所述，本文提出了下述实证假说。

H2a：环境资源审判庭的设立会通过强化公司外部监督的机制来减少当地上市公司漂绿行为。

设立环境资源审判庭对当地上市公司漂绿行为的影响会通过加强公司内部ESG治理的机制来实现。上市公司漂绿的实质是管理者通过选择性披露对公司有利的环境信息，而有意掩饰负面的环境信息的机会主义行为（黄溶冰等，2019）。根据高阶团队理论，企业的绿色行为与高管特征紧密相关，拥有不同背景特征的管理者会影响到企业相关决策。德尔马斯和布尔巴诺（Delmas and Burbano，2011）指出，存在正面预期偏差、过度重视短期利益、独断专行的管理者更容易实施漂绿。从这个意义上来看，将ESG纳入公司发展战略，形成对管理者短视主义约束限制的内部治理是抑制上市公司漂绿的有效应对措施（黄斯琪等，2024）。

环资庭的设立有助于加强公司内部ESG治理。一方面，环资庭的设立提升了覆盖区域司法执行效率和公信力，增强了管理者由于公司社会责任缺失等问题被查处后的心理压力（黄斯琪等，2024）。另一方面，环境司法专门化更好保障了外部利益相关者对公司进行监督的合法权益，上市公司漂绿所面临的诉讼风险增加。在这种环境下，公司将更加重视加强ESG治理，并督促管理者更加谨慎地向社会披露公司信息，以降低可能面临的法律风险。上市公司在公司内部设立ESG治理委员会是提高信息披露及鉴证质量的有效治理措施。ESG委员会是公司治理结构中的重要组成部分，负责履行战略决策和监督职能，审议并监督 ESG 相关事项，优化董事会决策体系（陈伟雄和郝涵宇，2024）。ESG 委员会的成立，在一定程度上能驱使管理者更加注重公司可持续发展价值，作出有益于公司长期价值提升的决策行为，以更加积极务实的态度披露环境信息，从而使上市公司漂绿问题得以改善。由此可见，设立环资庭带来司法质量的提升，通过加强公司 ESG 内部治理，抑制管理者短视行为，促使管理者更加关注长期利益，进而减少漂绿行为。综上所述，本文提出了下述实证假说。

H2b：环境资源审判庭的设立会通过加强公司内部 ESG 治理的机制来减少当地上市公司漂绿行为。

设立环境资源审判庭对当地上市公司漂绿行为的影响会通过提升公司信息透明度的机制来实现。根据信息不对称理论，信息优势方可能会利用这种优势来谋取私利。在信息不对称的情况下，上市公司可能倾向于采取漂绿行为。然而，公司信息透明度提高有利于及时揭露相关败德或违法行为，并通过监管机制予以惩处和遏制（曾爱民，2021）。吴等（Wu et al., 2020）也发现信息透明度对消费者识别企业漂绿行为的影响，指出在不同信息透明度条件下，企业实施漂绿行为的程度可能有所差异。而黄溶冰等（2019）则明确指出提高信息透明度，有助于减少上市公司漂绿行为。

环资庭的设立有助于提升公司信息透明度。首先，环资庭的设立通过建立司法和行政部门之间的协调机制，提高了环境法律法规的执行力度，对于没有依法按时、如实披露环境信息的公司，将会受到严格的处罚。在面对审判庭的监督和法律制裁时，上市公司不得不依法如实披露环境信息，提高上市公司信息透明度，尽可能地避免因环境问题而受到处罚。其次，环资庭通过审理环境案件揭示上市公司的环境行为，增加了上市公司环境信息的透明度。审判庭的公正裁决和法律制裁可以有效减少信息不对称，使得外部监督者能够更好地了解上市公司的真实环境表现。此外，环资庭的设立也使得地方公司产生内源修正效应，更有动力主动提升信息透明度。在信息透明度较高的情况下，公司的环境数据、治理措施以及环境绩效等方面的信息更加容易被社会和利益相关者获得，这种公开透明的做法有助于上市公司建立起良好的社会形象和品牌声誉，降低可能面临的负面舆论和法律风险。信息透明度的提升，使得媒体、投资者等外部监督者能够更准确地评估上市公司的环境绩效，从而强化了对上市公司漂绿行为的监督有效性，进一步遏制了上市公司漂绿行为。因此，环资庭的设立旨在促进公司信息透明度的提升，提高信息披露的质量和可信度，并抑制上市公司漂绿行为。综上所述，本文提出了下述实证假说。

H2c：环境资源审判庭的设立会通过提升公司信息透明度的机制来减少当地上市公司漂绿行为。

三、实证研究设计

(一) 模型构建和变量说明

自最高人民法院成立环资庭以来,地方各级人民法院陆续成立环境资源审判庭。高级、中级环资庭的设立在全国渐进式展开①,为本文的研究创建了良好的准自然实验环境。本文参考毛杰(2017)、毛杰等(2024),建立了双重差分模型,以实证检验环资庭的设立对上市公司漂绿行为的影响。

$$\text{Greenwash}_{i,j,t+1} = \alpha_j + \beta \times \text{Courts}_{i,j,t} + \gamma X_{i,j,t} + \eta_t + \varepsilon_{i,j,t} \tag{1}$$

式(1)中,下标 $i = 1, 2, \cdots$ 表示上市公司,下标 $j = 1, 2, \cdots$ 表示上市公司所属行业,下标 $t = 1, 2, \cdots$ 表示时间,$X_{i,j,t}$ 表示控制变量,α_j 表示不同上市公司的行业固定效应,η_t 表示时间固定效应,$\varepsilon_{i,j,t}$ 表示随机扰动项,β 和 γ 表示回归系数。回归系数 β 是本文的主要考察对象和研究重点。

模型的解释变量是公司所在地是否设立环资庭的虚拟变量 $\text{Courts}_{i,j,t}$。若上市公司所在地区高级人民法院或中级人民法院设立了环资庭,$\text{Courts}_{i,j,t}$ 取值为 1,否则取值为 0。

模型的被解释变量是上市公司下一期的漂绿程度 $\text{Greenwash}_{i,j,t+1}$。具体而言,本文根据俞等(Yu et al., 2020)、张(Zhang, 2022)、胡等(Hu et al., 2023),使用 ESG 披露评分和 ESG 绩效评分的解耦程度构建同行业相对漂绿指数(GWS),即公司在 ESG 披露评分中相对地位的标准化值与其在 ESG 绩效评分中相对地位的标准化值的差值,作为漂绿的测量值。

$$\text{GWS}_{i,j,t} = \left(\frac{\text{ESG}_{i,j,t}^{\text{dis}} - \overline{\text{ESG}^{\text{dis}}}}{\sigma_{\text{dis}}} \right) - \left(\frac{\text{ESG}_{i,j,t}^{\text{per}} - \overline{\text{ESG}^{\text{per}}}}{\sigma_{\text{per}}} \right) \tag{2}$$

式(2)中,将 ESG 披露得分的标准差 σ_{dis} 和 ESG 绩效得分的标准差 σ_{per} 进行归一化处理。$\overline{\text{ESG}^{\text{dis}}}$ 表示 ESG 披露得分的平均值,$\overline{\text{ESG}^{\text{per}}}$ 表示 ESG 绩效得分的平均值。

本文还使用上市公司漂绿的虚拟变量(DGW)作为公司的同行业相对漂绿指数(GWS)的稳健性检验。胡等(Hu et al., 2023)认为漂绿是指企业进行了过多的绿色宣传,但实际的环保绩效却不尽如人意。为了量化该种漂绿,分别衡量上市公司的口头绿色宣传和实际环境绩效。本文参考胡等(Hu et al., 2023),构建了一个与绿色或环境相关的术语集,包括"绿色""环

---

① 由于基层法院环资庭数量虽多但查证困难、影响力有限(范子英和赵仁杰,2019),故本研究选择以省高级人民法院环资庭和地级市中级人民法院环资庭作为研究对象。

境保护""低碳""环境"。如果在年度报告的"管理讨论与分析"部分中,与环境保护相关的词汇出现频率高于同期同行业公司的中位数,但是公司却在同年因环境问题受到处罚,则上市公司漂绿的虚拟变量取值为1,否则为0。综上所述,上市公司漂绿(DGW)的虚拟变量计算如下:

$$DGW_{i,t} = \begin{cases} 1 & \text{if } Oral_{i,t} = 1 \text{ and } Actual_{i,t} = 1 \\ 0 & \text{Otherwise} \end{cases} \quad (3)$$

式(3)中,$Oral_{i,t}$表示口头绿色宣传,若公司i的年度报告的"管理讨论与分析"部分中,与环保相关的词汇出现频率大于同年同行业公司的中位数,$Oral_{i,t}$取值为1,否则为0;$Actual_{i,t}$表示实际环境绩效,若公司i在当年受到环境处罚,$Actual_{i,t}$取值为1,否则为0。

模型的控制变量为:总资产规模的对数值(Size)、管理费用率(Mfee)、股东权益周转率(Eturnover)、综合收益增长率(Growth)、资产负债率(Lev)、公司现金流(Cash)、国有产权属性(SOE)、两职合一(Dual)、董事会规模(Board)、公司所在地级市生产总值(GDP)。控制变量的选择参考了翟华云和刘亚伟(2019)、黄溶冰等(2020)的研究。具体模型的变量定义如表1所示。

表1 主要变量定义

变量分类	变量名称	符号	变量定义
被解释变量	同行业相对漂绿指数	GWS	公司下期的漂绿水平,计算方法见正文
	漂绿的虚拟变量	DGW	公司下期的漂绿指标,计算方法见正文
解释变量	环资庭的设立	Courts	公司所在地设立环资庭当期及之后取1,否则为0
控制变量	总资产规模的对数值	Size	公司总资产取对数值
	管理费用率	Mfee	管理费用/营业收入
	股东权益周转率	Eturnover	营业收入/股东权益
	综合收益增长率	Growth	(综合收益总额本年本期金额-综合收益总额上年同期金额)/(综合收益总额上年同期金额)
	资产负债率	Lev	负债合计/资产总计
	公司现金流	Cash	现金及现金等价物净增加额-筹资活动产生的现金流量净额
	国有产权属性	SOE	国有上市公司取值为1,非国有上市公司取值为0
	两职合一	Dual	董事长与总经理是否为同一人,是取1,否取0

续表

变量分类	变量名称	符号	变量定义
控制变量	董事会规模	Board	董事会董事数量
	公司所在地级市生产总值	GDP	公司所在地级市生产总值

（二）数据来源与描述性统计

本文以 2014~2021 年中国 A 股上市公司为样本。计算漂绿程度的 ESG 披露评分及 ESG 绩效评分数据均来自彭博终端数据库，衡量上市公司口头绿色宣传的文本信息来自上市公司年报。环境资源审判庭的设立数据主要根据法制网和各地方高级、中级人民法院官网等的新闻报道手工整理得到，然后与最高人民法院发布的《中国环境资源审判》进行对照①。城市层面的数据和公司层面的数据来源于 CSMAR 和 CNRDS 数据库。本文还对连续型变量进行了缩尾处理，以消除异常值的影响。本文使用 STATA17.0 完成所有的数据处理操作。各变量的描述性统计如表 2 所示。

表 2　　　　　　　　　描述性统计

变量	Mean	SD	Median	p25	p75
Courts	0.688	0.464	1	0	1
GWS	0.358	0.710	0.341	-0.0599	0.768
DGW	0.191	0.393	0	0	0
Size	22.20	1.571	22.00	21.19	22.97
Lev	0.426	0.203	0.411	0.264	0.568
Cash	-1.556	112.9	0.0531	-1.722	1.417
Mfee	0.0904	0.0744	0.0718	0.0444	0.111
Growth	0.909	235.1	0.104	-0.234	0.441
Eturnover	1.547	10.86	0.966	0.574	1.585
SOE	0.322	0.467	0	0	1
Dual	0.307	0.461	0	0	1
Board	8.466	1.772	9	7	9
GDP	1.440	1.194	1.075	0.404	2.361

① 由于江苏省高院实行环境资源审判"9+1"机制，以江苏的主要流域、区域等生态功能区或生态系统为单位设立跨行政区划的环境资源专门审判机构，这与其他省份环境审判机构设立机制有所区别，为保证结论的严谨性，本文将设立在江苏省的上市公司样本予以剔除。

（三）倾向得分匹配与平行趋势检验

上市公司所在地是否设立环资庭很可能存在系统性的差异。在这种"先天"的系统性差异的情况下，考察环资庭的设立对当地公司漂绿行为的影响很可能会导致实证检验结果的偏误。为了避免此类实证结果的偏误，本节在实证检验之前先以实证模型的十个控制变量为匹配依据，使用 Logit 模型逐一计算是否设立环资庭的倾向得分，再按照最邻近匹配法为所在地已设立环资庭的每家公司，寻找到与其倾向得分最接近的另一家公司（该公司所在地尚未设立环资庭）来进行配对，然后根据已经缩小了系统性差异的 PSM 样本来实证检验环资庭的设立对当地上市公司漂绿行为的影响，由此可缓解可能会产生的自选择问题，从而可减少由自选择问题可能引致的实证结果偏误。倾向得分匹配的平衡性检验结果如表 3 所示。

表 3　　　　　　　倾向得分匹配的平衡性检验结果

变量	匹配情况	所在地设立环资庭的公司样本	所在地未设立环资庭的公司样本	标准化偏差	标准化偏差的变化量
Size	匹配前	23.544	23.587	-3.0%	-201.1%
	匹配后	23.545	23.417	9.2%	
Lev	匹配前	0.451	0.460	-4.5%	63.2%
	匹配后	0.451	0.450	1.7%	
Cash	匹配前	2.238	4.028	-2.7%	-128.4%
	匹配后	2.230	-1.860	6.1%	
Mfee	匹配前	0.064	0.091	-37.4%	81.5%
	匹配后	0.063	0.068	-6.9%	
Growth	匹配前	0.242	54.964	-5.3%	99.0%
	匹配后	0.251	0.801	-0.1%	
Eturnover	匹配前	1.351	1.396	-3.8%	42.2%
	匹配后	1.355	1.329	2.2%	
SOE	匹配前	0.435	0.520	-17.0%	50.6%
	匹配后	0.435	0.394	8.4%	
Dual	匹配前	0.260	0.208	12.3%	6.8%
	匹配后	0.260	0.309	-11.5%	
Board	匹配前	8.771	8.853	-4.3%	-110.6%
	匹配后	8.773	8.600	9.1%	

续表

变量	匹配情况	所在地设立环资庭的公司样本	所在地未设立环资庭的公司样本	标准化偏差	标准化偏差的变化量
GDP	匹配前	1.568	1.628	−4.9%	−47.1%
	匹配后	1.567	1.479	7.2%	

如表3第6列所示,在倾向得分匹配之后,所在地设立环资庭的公司和所在地未设立环资庭的公司之间各个变量的标准化偏差大多显著减少,由此提示所在地设立了环资庭的公司和所在地未设立环资庭的公司在倾向得分匹配之后不存在显著的系统性差异。本节的平衡性检验结果表明:对所在地设立了环资庭的公司和所在地未设立环资庭的公司进行倾向得分匹配,有助于消除两者之间可能存在的系统性差异,由此可缓解可能会产生的自选择问题,从而可减少由自选择问题可能引致的实证结果偏误,提高实证检验结果的正确性。

图1展示了上市公司在所在地设立环资庭前后漂绿程度的平均差异。图中的圆圈表示所在地方设立了环资庭的公司与所在地未设立环资庭的公司两者的漂绿程度差值,横线表示其95%置信区间①。图1表明,相较于所在地未设立环资庭的公司,所在地设立环资庭的公司的漂绿程度在设立环资庭之后显著下降。后文的实证检验和稳健性检验旨在进一步强化和验证此初步的结论。

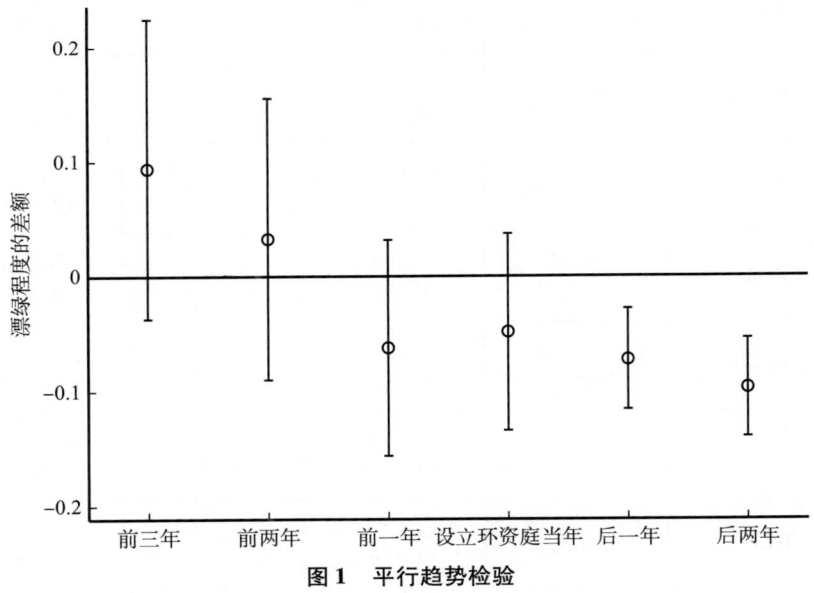

图1 平行趋势检验

---

① 为避免可能存在的多重共线性问题,本文删除了环资庭设立后第三年的虚拟变量。

四、实证结果分析

(一) 基准回归结果

本节使用倾向得分匹配后的所在地设立环资庭的公司和所在地未设立环资庭的公司样本,实证检验环资庭的设立 (Courts) 对上市公司漂绿 (GWS 和 DGW) 的影响。实证检验的聚类估计如表 4 所示。

表 4　环资庭的设立对当地上市公司漂绿行为的聚类估计结果

变量	(1) GWS	(2) GWS	(3) DGW	(4) DGW
Courts	-0.0472** (0.0192)	-0.0511*** (0.0190)	-0.0356*** (0.0106)	-0.0357*** (0.0081)
Size		-0.0164 (0.0399)		0.0593*** (0.0081)
Lev		-0.0662 (0.0870)		0.0860 (0.0587)
Cash		-0.0001* (0.0001)		-0.0001*** (0.0000)
Mfee		0.0716 (0.4125)		-0.1089 (0.0771)
Growth		-0.0000 (0.0003)		-0.0000 (0.0001)
Eturnover		0.0187 (0.0127)		0.0047 (0.0145)
SOE		-0.0946 (0.0659)		0.0573** (0.0239)
Dual		0.0702*** (0.0205)		0.0252** (0.0104)
Board		-0.0074 (0.0055)		-0.0107* (0.0061)

续表

变量	(1)	(2)	(3)	(4)
	GWS	GWS	DGW	DGW
年度固定效应	Yes	Yes	Yes	Yes
行业固定效应	Yes	Yes	Yes	Yes
N	2 833	2 833	953	953
Log likelihood	-2 436.4188	-2 426.5025	-92.5868	-73.5722

注：括号内的数值为估计系数的行业聚类标准误，*、**、***分别表示估计系数在10%、5%、1%水平上显著。

如表4的第（1）列所示，解释变量环资庭设立（Courts）的估计系数在5%水平上显著为负。此结果表明：相较于所在地未设立环资庭的公司，所在地设立了环资庭的上市公司的漂绿程度显著降低，由此支持了H1，即环资庭的设立显著减少当地上市公司的漂绿行为。在第（1）列的基础上，第（2）列还引入了10个控制变量，回归估计结果依然保持稳健，环资庭设立（Courts）的估计系数仍然在1%水平上显著为负，表明环资庭的设立的确能够有效减少当地上市公司的漂绿行为，再次验证了H1。表4第（2）列还提示：上市公司的漂绿行为，除了受到所在地环资庭设立（Courts）的显著影响之外，还与公司现金流水平（Cash）、董事长与总经理兼任（Dual）高度相关。

再如表4第（3）、第（4）列所示，在将上市公司漂绿的衡量指标替换为上市公司漂绿的虚拟变量（DGW）后，环资庭设立（Courts）的估计系数均在1%水平上显著为负，表明环资庭的设立的确能够显著减少当地上市公司漂绿行为，由此再次支持了H1。

（二）安慰剂检验

为了进一步克服时间趋势的可能干扰及控制未观测变量的混杂效应，本文还进行了安慰剂检验。具体而言，本文使用随机数种子虚构了公司所在地是否设立环资庭这一变量，并用这一变量替换式（1）中的环资庭设立（Courts）重新回归。重复这一过程500次，所有500个回归系数的概率分布如图2所示。

从图2可以看出，随机抽样的回归系数大致以零为均值、呈正态分布，表明本文所发现的环资庭的设立显著减少了当地上市公司漂绿行为，并非受时间趋势的潜在影响和其他不可观察因素的混淆效应所致。

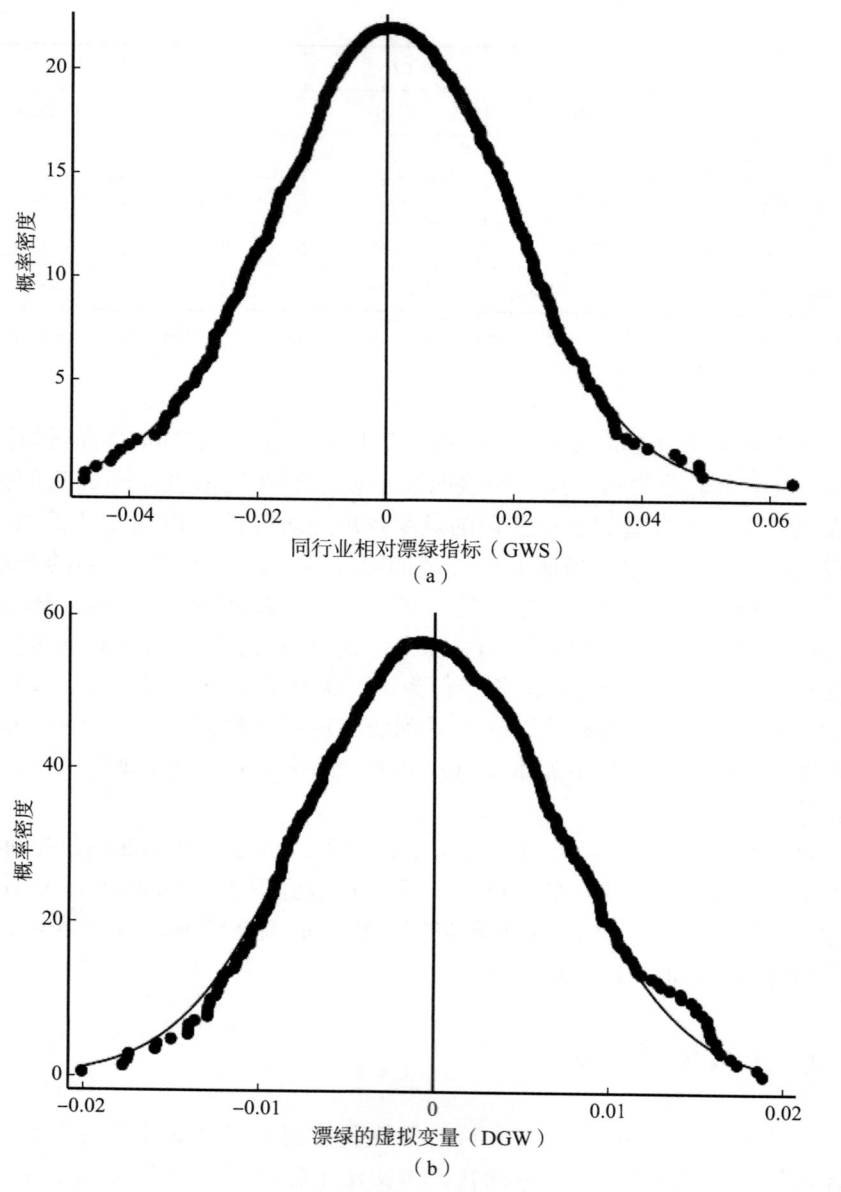

图2 安慰剂检验结果

(三) 稳健性检验

为了增强本文结论的稳健性,本节将环资庭的设立分为中级环资庭设立(MCourts)和高级环资庭设立(SCourts),按环资庭级别来分别检验环资庭设立对当地上市公司漂绿行为(GWS和DGW)的影响。稳健性检验的聚类估计如表5所示。

表 5　　　　　　　　分环资庭级别的稳健性检验的聚类估计结果

变量	(1) GWS	(2) GWS	(3) DGW	(4) DGW
MCourts	-0.0772** (0.0318)		-0.0135*** (0.0043)	
SCourts		-0.0291* (0.0172)		-0.0519*** (0.0112)
其他控制变量	Yes	Yes	Yes	Yes
年度固定效应	Yes	Yes	Yes	Yes
行业固定效应	Yes	Yes	Yes	Yes
N	2 866	2 866	967	967
Log likelihood	-2 424.265	-2 427.1659	-74.492698	-72.487269

注：括号内的数值为估计系数的行业聚类标准误，*、**、*** 分别表示估计系数在10%、5%、1%水平上显著。

如表5的第（1）、第（3）列所示，解释变量中级环资庭的设立（MCourts）的估计系数分别在5%和1%水平上显著为负。此结果表明：相较于所在地未设立中级环资庭的公司，所在地设立了中级环资庭的上市公司的漂绿程度显著降低，即中级环资庭的设立显著减少了当地上市公司的漂绿行为。再如表5的第（2）、第（4）列所示，解释变量高级环资庭的设立（SCourts）的估计系数分别在10%和1%水平上显著为负。此结果表明：相较于所在地未设立高级环资庭的上市公司，所在地设立了高级环资庭的上市公司的漂绿程度显著降低，即高级环资庭的设立显著减少当地上市公司的漂绿行为。以上结果表明环资庭的设立的确能够显著减少当地上市公司漂绿行为，再度验证了H1，进一步增强本文结论的稳健性。

（四）影响机制分析

本文参考江艇（2022），进一步探讨了环资庭的设立对当地上市公司漂绿行为的影响机制。本文先参考于忠泊等（2011）、薛南枝等（2023），使用机构投资者持股比例来衡量公司的外部监督力度（ExSuper），借以识别出环资庭的设立对当地上市公司漂绿行为的外部监督机制。本文继而使用公司是否设立ESG委员会的虚拟变量（ESGCommittee），借以识别出环资庭的设立对当地上市公司漂绿行为的内部ESG治理机制。本文最后参考辛清泉等（2014）、陈艳利等（2024），使用以沪深证券交易所披露的上市公司透明度评分（A为优秀、B为良好、C为及格、D为不及格），将上市公司透明度等级从低到高分别赋值为 1 至 4（李春涛等，2017），来衡量公司信息透明度（Trans），借以识别出环资庭的设立对当地上市公司漂绿行为的公司信息透明度机制。外部监督机制、内部 ESG 治理机制、公司信息透明度机制三种影响机制的检验结果如表 6 所示。

表 6 影响机制检验的聚类估计结果

变量	（1）ExSuper	（2）ESGCommittee	（3）Trans
Courts	0.8843 *** (0.3353)	0.0013 * (0.0008)	0.0424 * (0.0225)
其他控制变量	Yes	Yes	Yes
年度固定效应	Yes	Yes	Yes
行业固定效应	Yes	Yes	Yes
N	2 646	2 866	2 345
Log likelihood	−10 012.866	4 398.1982	−1 827.7169

注：括号内的数值为估计系数的行业聚类标准误，*、**、*** 分别表示估计系数在 10%、5%、1% 水平上显著。

如表 6 的第（1）列所示，在控制了其他因素的情况下，环资庭设立（Courts）的估计系数在 1% 水平上显著为正，这意味着环资庭的设立会显著加强辖区内上市公司的外部监督。因此，所在地环资庭的设立确实会通过强化公司外部监督的机制来减少上市公司漂绿行为，由此验证了 H2a。

再如表 6 的第（2）列所示，在控制了其他因素的情况下，环资庭设立（Courts）的估计系数在 10% 水平上显著为正，这意味着环资庭的设立会显著加强辖区内上市公司的内部 ESG 治理。因此，所在地环资庭的设立确实会通过加强公司内部 ESG 治理的机制来减少上市公司漂绿行为，由此验证了 H2b。

再如表 6 的第（3）列所示，在控制了其他因素的情况下，环资庭设立（Courts）的估计系数在 10% 水平上显著为正，意味着环资庭的设立会显著提升辖区内上市公司的信息透明度。因此，所在地环资庭的设立确实会通过提升公司信息透明度的机制来减少上市公司漂绿行为，由此验证了 H2c。

（五）内生性问题

本文通过物色和选用合适的工具变量来进行内生性问题的稳健性检验，因为上市公司所在地设立环资庭与上市公司漂绿行为之间可能会存在两种不同类型的内生性问题：（1）可能会存在遗漏变量这类内生性问题，因为上市公司的漂绿行为除了会受到环境司法强化的影响之外，还会受到市场环境、社会预期等诸多不可观测因素的影响和制约，但本文难以控制这些因素对上市公司漂绿行为的影响，从而会遗漏变量而导致内生性问题；（2）可能存在互为因果这类内生性问题，因为环资庭设立往往是因为地方环境纠纷多，而传统的审判机制不足以适应过多的环保纠纷事件。上市公司漂绿频发的地区往往更容易产生环保纠纷问题。因此设立环资庭的地方公司更可能存在漂绿问题，而较少发生上市公司漂绿的地方更可能不设立环资庭，是否设立环资庭便可能在一定程度上与上市公司的漂绿水平互为因果，从而导致内生性问题。

针对上述的内生性问题，本文选用公众环境参与（PEP）来作为环资庭的设立（Courts）的工具变量，再次检验环资庭的设立对上市公司漂绿行为的影响。公众环境参与宜作本文工具变量的原因有二：（1）公众环境参与是普通民众参与环境保护和公共环境事务处理的行为（曹海林和赖慧苏，2021），这些普通民众的行为很难直接影响到企业决策，因而具有一定的外生性；（2）公众环境参与与是否设立环资庭具有高度的相关性，因为公众环境参与程度高的地区更加重视环境治理（Buntaine et al., 2024），更有可能促成环资庭的设立。鉴于此，公众环境参与显然满足了工具变量的外生性和相关性要求，因此它适合用作本文的工具变量。

本文选取了上一年度的公众环境参与作为工具变量。随着智能手机的普及、无线网络的便捷接入，公众表达建议和意见的难度大为降低，网络平台更有助于公众参与（张国兴等，2023）。本文使用关键词为"环境污染"和"雾霾"的百度资讯指数之和来衡量各地公众环境参与（吴力波等，2022；Buntaine et al., 2024）。百度资讯指数是通过将网民的阅读、评论、转发、点赞、不喜欢等行为的数量进行指数化处理获得的，反映网民对资讯内容关注的趋势变化。本文据此构建了工具变量公众环境参与（PEP），使用两阶段方法来重新考察环资庭的设立对上市公司漂绿行为的影响。内生性问题的稳健性检验结果如表7所示。

表7　内生性问题的稳健性检验结果

变量	(1) 第一阶段 Courts	(2) 第二阶段 GWS	(3) 第一阶段 Courts	(4) 第二阶段 DGW
PEC	0.0410*** (0.0041)		0.0554*** (0.0066)	

续表

变量	(1) 第一阶段 Courts	(2) 第二阶段 GWS	(3) 第一阶段 Courts	(4) 第二阶段 DGW
Courts_hat		-0.6733*** (0.1961)		-0.0962*** (0.0113)
其他控制变量	Yes	Yes	Yes	Yes
年度固定效应	Yes	Yes	Yes	Yes
行业固定效应	Yes	Yes	Yes	Yes
N	2 020		708	
弱工具 Wald 检验	201.440		146.684	

注：括号内的数值为估计系数的行业聚类标准误，*、**、*** 分别表示估计系数在 10%、5%、1% 水平上显著。

如表 7 第（1）、第（3）列模型第一阶段的检验结果所示：在控制了其他因素的情况下，公众环境参与（PEP）的估计系数均在 1% 水平上显著为正，表明公众环境参与（PEP）与是否设立环资庭（Courts）显著正相关，公众环境参与程度高的地区更加重视环境治理，更会促成环资庭的设立；同时，弱工具变量 Wald 检验统计量分别为 201.440 和 146.684，远高于经验临界值 10，表明公众环境参与（PEP）确为有效的工具变量。

再如表 7 第（2）、第（4）列模型第二阶段的检验结果所示：在考虑了可能会存在内生性问题的前提下，环资庭的设立（Courts）的两个估计系数至少在 1% 水平上显著为负，意味着环资庭的设立的确减少了当地上市公司漂绿行为，由此再度验证了 H1。

综上所述，在考虑了可能会存在内生性问题的前提下，本文以公众环境参与为工具变量，再次考察了环资庭的设立对当地上市公司漂绿行为的影响。此内生性问题的稳健性检验结果与前文的检验结论基本一致，即环资庭的设立减少了当地上市公司漂绿行为，由此再次验证了本文实证结论的稳健性。

五、异质性分析

（一）区分地方法治化水平的异质性分析

地方法治化水平对环境司法的有效性具有重大影响（Bao et al.，2021）。

受经济发展水平、社会文化等诸多因素影响,中国各省份之间的制度环境存在差异,因此司法体系的执行效率也有所不同。地区法律制度越完善,执法与监管越到位,惩罚机制越严格,司法强化可能更有助于约束公司印象管理,进而减轻上市公司漂绿。因此,本文参考黄溶冰和储芳(2023)、翟华云和刘昀伟(2019)、代昀昊等(2023),以《中国分省份市场化指数报告》中"市场中介组织的发育和法律制度环境"这一指标来衡量地区间法治化水平的差异,将总样本按全国中位数划分为高法治化水平地区和低法治化水平地区,检验环资庭的设立对上市公司漂绿行为的异质性影响。区分地方法治化水平的异质性检验结果如表8所示。

表8　区分地方法治化水平的异质性检验结果

变量	(1) GWS 高法治化水平地区	(2) GWS 低法治化水平地区	(3) DGW 高法治化水平地区	(4) DGW 低法治化水平地区
Courts	−0.0596** (0.0232)	0.0378 (0.0965)	−0.0398** (0.0158)	0.1004 (0.1383)
其他控制变量	Yes	Yes	Yes	Yes
年度固定效应	Yes	Yes	Yes	Yes
行业固定效应	Yes	Yes	Yes	Yes
N	2 426	440	823	144
Log likelihood	−2 056.3906	−350.8006	−24.8997	−28.4858

注:括号内的数值为估计系数的行业聚类标准误,*、**、***分别表示估计系数在10%、5%、1%水平上显著。

如表8第(1)、第(3)列所示,在控制了其他因素的情况下,环资庭设立(Courts)的估计系数都显著为负,这表明在高法治化水平地区设立环资庭能够显著减少当地上市公司漂绿行为;再如表8第(2)、第(4)列所示,环资庭设立(Courts)的估计系数并不显著,这表明在低法治化水平地区设立环资庭对当地上市公司漂绿行为的影响并不显著。综上所述,相较于在法治化水平低的地区,在法治化水平高的地区设立环资庭更能显著地减少当地上市公司漂绿行为。

(二)区分上市公司产权性质的异质性分析

相较于非国有上市公司,国有上市公司受政府监管更严格,其披露的环境信息备受政府及其他利益相关方的密切关注,故国有上市公司漂绿的可能性更小（吴秋生和任晓姝，2023）。而且国有上市公司更注重企业社会责任，不需要承担"故作姿态""避重就轻"的增量风险。所以，环资庭的设立对当地国有上市公司的漂绿约束力较弱。而非国有上市公司抵御风险能力更弱，在环境案件败诉后关停倒闭违约的风险更大（高昊宇和温慧愉，2021），环境违法成本更高。所以，环资庭的设立对当地非国有上市公司漂绿的抑制可能更强。鉴于此，本文在区分国有上市公司和非国有上市公司的基础上，实证检验环资庭的设立对当地上市公司漂绿行为的异质性影响。区分上市公司产权性质的异质性检验结果如表9所示。

表9　区分上市公司产权性质的异质性检验结果

变量	(1) GWS 国有上市公司	(2) GWS 非国有上市公司	(3) DGW 国有上市公司	(4) DGW 非国有上市公司
Courts	-0.0158 (0.0509)	-0.0882*** (0.0250)	0.0447 (0.0306)	-0.1209*** (0.0439)
其他控制变量	Yes	Yes	Yes	Yes
年度固定效应	Yes	Yes	Yes	Yes
行业固定效应	Yes	Yes	Yes	Yes
N	1 314	1 552	488	479
Log likelihood	-1 064.6446	-1 320.3915	-77.5026	30.7696

注：括号内的数值为估计系数的行业聚类标准误，*、**、***分别表示估计系数在10%、5%、1%水平上显著。

如表9第（1）、第（3）列所示，在控制了其他因素的情况下，环资庭设立（Courts）的估计系数都显著为负，这表明环资庭的设立有效减少了当地非国有上市公司的漂绿行为；再如表9第（2）、第（4）列所示，环资庭设立（Courts）的估计系数并不显著，这表明环资庭的设立对当地国有上市公司的漂绿行为的影响并不显著。综上所述，相较于国有上市公司，环资庭的设立更加显著地减少了当地非国有上市公司的漂绿行为。

（三）区分上市公司是否重视社会责任的异质性分析

重视社会责任建设的上市公司往往会有更好的环境表现，而高质量环境表现的上市公司会更倾向于披露高质量环境信息（Clarkson et al.，2008），不需要冒着较大的诉讼风险去漂绿。然而，不重视企业社会责任建设的上市公司在面对政府规制、利益相关者监督等压力时，往往更有动机采取印象管理策略,通过漂绿美化公司形象。马奥尼等(Mahoney et al., 2013)指出自愿披露企业社会责任建设的公司通常具有更高的企业社会责任绩效得分,即企业社会责任信息主要由具有良好社会和环境绩效的公司进行披露,以便利益相关者意识到他们的良好的环境表现。鉴于此,本文根据上市公司是否披露社会责任制度建设及改善措施,在区分重视社会责任建设的公司和不重视社会责任建设的公司基础之上,实证检验环资庭的设立对当地上市公司漂绿行为的异质性影响。区分上市公司是否重视社会责任建设的异质性检验结果如表10所示。

表10 区分上市公司是否重视社会责任建设的异质性检验结果

变量	(1) GWS 重视社会责任建设的公司	(2) GWS 不重视社会责任建设的公司	(3) DGW 重视社会责任建设的公司	(4) DGW 不重视社会责任建设的公司
Courts	-0.1193 (0.1035)	-0.0356*** (0.0085)	0.0105 (0.0239)	-0.0656*** (0.0166)
其他控制变量	Yes	Yes	Yes	Yes
年度固定效应	Yes	Yes	Yes	Yes
行业固定效应	Yes	Yes	Yes	Yes
N	545	2 319	261	706
Log likelihood	-487.2561	-1 992.7408	-14.2834	-93.2234

注:括号内的数值为估计系数的行业聚类标准误,*、**、***分别表示估计系数在10%、5%、1%水平上显著。

如表10第(1)、第(3)列所示,在控制了其他因素的情况下,环资庭设立(Courts)的估计系数都显著为负,这表明环资庭的设立有效减少了当地不重视社会责任建设的上市公司的漂绿行为的影响;再如表10第(2)、第(4)列所示,环资庭设立(Courts)的估计系数并不显著,这表明环资庭的设立对当地重视社会责任建设的上市公司的漂绿行为的影响并不显著。综上所述,相较于重视社会责任建设的公司,环资庭的设立显著减少了当地不重视社会责任建设的上市公司的漂绿行为。

六、结论与政策启示

本文以2014~2021年中国A股上市公司为样本,实证研究了环境资源审判庭对上市公司漂绿行为的影响。实证检验结果表明：环境资源审判庭的设立显著减少了当地上市公司漂绿行为。本文继而分别对地区法治化水平高低、公司的产权性质、公司是否重视社会责任建设进行了分类，进而发现：相较于低法治水平地区的公司，环境资源审判庭显著减少了高法治水平地区上市公司的漂绿行为；相较于国有上市公司，环境资源审判庭显著减少了非国有上市公司的漂绿行为；相较于重视社会责任建设的上市公司，环境资源审判庭更显著地减少了漠视社会责任建设的上市公司的漂绿行为。本文还通过影响机制检验进一步发现：环境资源审判庭通过强化公司外部监督、加强公司内部 ESG 治理、提升公司信息透明度这三种影响机制助推上市公司漂绿治理，减少公司漂绿行为。

  本文的研究结论，不仅从上市公司漂绿的新视角评估了环境资源审判庭设立的政策效果，还对实践层面如何更有效地利用环境司法手段促进企业绿色转型、实现环境保护与经济发展的双赢目标提供了重要指导意义。基于上述研究结论，本文提出四点政策建议：（1）应当稳步实行以环境资源审判庭为代表的环境司法专门化改革，继续推进和完善各地区层面的生态法治建设，切实提升地区司法效率，为促进资本市场绿色高质量发展提供良好的法治环境；（2）应当持续关注上市公司漂绿问题，深入推进上市公司社会责任法治化建设，健全公司信息披露规范，积极引入信息披露的第三方评估鉴证机制，提高上市公司信息披露质量；（3）应当继续加强公司内部治理，将 ESG 可持续发展战略嵌入公司内部治理体系，由此驱动管理者将社会责任理念融入战略决策之中，减少漂绿等机会主义行为。（4）应当强化投资者、媒体和新闻机构、非政府组织等外部利益相关者的监督强度，构建内外部协同的双重治理机制，压缩上市公司实施漂绿的空间，促进实现全方位、多主体、高效协同的绿色治理体系。

参考文献

  1. 曹海林、赖慧苏：《公众环境参与：类型、研究议题及展望》，载于《中国人口·资源与环境》2021 年第 7 期。

  2. 陈伟雄、郝涵宇：《ESG 表现与企业"走出去"：路径机制与实证考察》，载于《世界经济研究》2024 年第 3 期。

  3. 陈艳利、刘亚、蒋琪：《中国式融资融券制度能够抑制研发操纵吗？——基于"准自然实验"的经验证据》，载于《审计与经济研究》2024 年第 2 期。

  4. 代昀昊、童心楚、王砾等：《法治强化能够促进企业绿色创新吗？》，载于《金融研究》2023 年第 2 期。

  5. 范子英、赵仁杰：《法治强化能够促进污染治理吗？——来自环保法庭设立的证据》，载于《经济研究》2019 年第 3 期。

6. 高昊宇、温慧愉：《生态法治对债券融资成本的影响——基于我国环保法庭设立的准自然实验》，载于《金融研究》2021 年第 12 期。

7. 黄溶冰、储芳：《中央环保督察、绩效考核压力与企业"漂绿"》，载于《中国地质大学学报（社会科学版）》2023 年第 1 期。

8. 黄溶冰、陈伟、王凯慧：《外部融资需求、印象管理与企业漂绿》，载于《经济社会体制比较》2019 年第 3 期。

9. 黄溶冰、谢晓君、周卉芬：《企业漂绿的"同构"行为》，载于《中国人口·资源与环境》2020 年第 11 期。

10. 黄斯琪、麦勇、晏景瑞：《司法质量提升能改善企业社会责任脱耦吗？——基于巡回法庭设立的准自然实验》，载于《外国经济与管理》2024 年第 1 期。

11. 江艇：《因果推断经验研究中的中介效应与调节效应》，载于《中国工业经济》2022 年第 5 期。

12. 李春涛、刘贝贝、周鹏：《卖空与信息披露：融券准自然实验的证据》，载于《金融研究》2017 年第 9 期。

13. 李维安、张耀伟、郑敏娜等：《中国上市公司绿色治理及其评价研究》，载于《管理世界》2019 年第 5 期。

14. 毛杰：《指数 ETF 期权上市对标的指数成份股市场质量的影响——来自上证 50ETF 期权上市的经验证据》，载于《证券市场导报》2017 年第 3 期。

15. 毛杰、吴舍秋、许宇鹏：《注册制改革对 IPO 公司"业绩变脸"的影响：一个准自然实验》，载于《外国经济与管理》2024 年第 6 期。

16. 沈弋、钱明、吕明晗等：《中小股东监督与漂绿治理——基于词向量模型的文本分析》，载于《中国人口·资源与环境》2023 年第 8 期。

17. 孙自愿、汪玮、孙孟欣等：《媒体报道对企业"漂绿"的影响——高管特征与内部监督的中介作用》，载于《北京理工大学学报（社会科学版）》2023 年第 1 期。

18. 吴力波、杨眉敏、孙可哿：《公众环境关注度对企业和政府环境治理的影响》，载于《中国人口·资源与环境》2022 年第 2 期。

19. 吴秋生、任晓姝：《绿色信贷政策与企业"漂绿"行为治理——基于国家金融学框架下的实证研究》，载于《金融经济学研究》2023 年第 1 期。

20. 薛南枝、吴超鹏：《社会责任信息强制披露的自主创新效应——基于"卡脖子"技术突破的视角》，载于《会计研究》2023 年第 10 期。

21. 辛清泉、孔东民、郝颖：《公司透明度与股价波动性》，载于《金融研究》2014 年第 10 期。

22. 杨林、崔玉虎、孙溪遥：《制度约束视域下绿色基金持股提升了企业环境信息披露质量吗？——以 A 股上市制造业企业为样本》，载于《制度经济学研究》2024 年第 3 期。

23. 于文轩：《环境司法专门化视阈下环境法庭之检视与完善》，载于《中国人口·资源与环境》2017 年第 8 期。

24. 于忠泊、田高良、齐保垒等：《媒体关注的公司治理机制——基于盈余管理视角的考察》，载于《管理世界》2011 年第 9 期。

25. 曾爱民、吴伟、吴育辉：《中小股东积极主义对债券持有人财富的溢出影响——基于网络投票数据的实证研究》，载于《金融研究》2021 年第 12 期。

26. 张国兴、林伟纯、Bin SU：《中央生态环境保护督察何以生效？——基于弱排名激励视角的实证分析》，载于《中国人口·资源与环境》2023 年第 5 期。

27. 翟华云、刘亚伟：《环境司法专门化促进了企业环境治理吗？——来自专门环境法庭设置的准自然实验》，载于《中国人口·资源与环境》2019 年第 6 期。

28. 朱炜、孙雨兴、汤倩：《实质性披露还是选择性披露：企业环境表现对环境信息披露质量的影响》，载于《会计研究》2019 年第 3 期。

29. 张忠民：《环境司法专门化发展的实证检视：以环境审判机构和环境审判机制为中心》，载于《中国法学》2016 年第 6 期。

30. 张忠民：《中国环境司法的能动协同现象与形成发展逻辑》，载于《中国法学》2023 年第 5 期。

31. 张忠民、王雅琪、冀鹏飞：《"双碳"目标的法治回应论纲——以环境司法为中心》，载于《中国人口·资源与环境》2022 年第 4 期。

32. Bao, Q., Shao, M., Yang, D., 2021, "Environmental Regulation, Local Legislation and Pollution Control in China", *Environment and Development Economics*, Vol. 26, No. 4, pp. 321 – 339.

33. Buntaine, M. T., Greenstone, M., He, G., Liu, M., Wang, S., Zhang, B., 2024, "Does the Squeaky Wheel Get more Grease? The Direct and Indirect Effects of Citizen Participation on Environmental Governance in China", *American Economic Review*, Vol. 114, No. 3, pp. 815 – 850.

34. Carnwath, L., 2014, "Judges and the Common Laws of the Environment—at Home and Abroad", *Journal of Environmental Law*, Vol. 26, No. 2, pp. 177 – 187.

35. Clarkson, P. M., Li, Y., Richardson, G. D., Vasvari, F. P., 2008, "Revisiting the Relation between Environmental Performance and Environmental Disclosure: An Empirical Analysis", *Accounting, Organizations and Society*,

Vol. 33, No. 4 – 5, pp. 303 – 327.

36. Delmas, M. A., Burbano, V. C., 2011, "The Drivers of Greenwashing", *California Management Review*, Vol. 54, No. 1, pp. 64 – 87.

37. Edwards, V., 2013, "A Review of the Court of Justice's Case Law in Relation to Waste and Environmental Impact Assessment: 1992 – 2011", *Journal of Environmental Law*, Vol. 25, No. 3, pp. 515 – 530.

38. Hu, X., Hua, R., Liu, Q., Wang, C., 2023, "The Green Fog: Environmental Rating Disagreement and Corporate Greenwashing", *Pacific – Basin Finance Journal*, Vol. 78, pp. 101952.

39. Huang, X., Liu, W., Cao, Z., 2022, "Environmental Courts and Foreign Direct Investments: Evidence from China", *Environmental Science and Pollution Research*, Vol. 29, pp. 1 – 13.

40. Jung, J., Herbohn, K., Clarkson, P., 2018, "Carbon Risk, Carbon Risk Awareness and the Cost of Debt Financing", *Journal of Business Ethics*, Vol. 150, pp. 1151 – 1171.

41. Kim, E. H., Lyon, T. P., 2015, "Greenwash vs. Brownwash: Exaggeration and Undue Modesty in Corporate Sustainability Disclosure", *Organization Science*, Vol. 26, No. 3, pp. 705 – 723.

42. Lyon, T. P., Maxwell, J. W., 2011, "Greenwash: Corporate Environmental Disclosure Under Threat of Audit", *Journal of Economics & Management Strategy*, Vol. 20, No. 1, pp. 3 – 41.

43. Mahoney, L. S., Thorne, L., Cecil, L., LaGore, W., 2013, "A Research Note on Standalone Corporate Social Responsibility Reports: Signaling or Greenwashing?", *Critical Perspectives on Accounting*, Vol. 24, No. 4/5, pp. 350 – 359.

44. Marquis, C., Toffel, M. W., Zhou, Y., 2016, "Scrutiny, Norms, and Selective Disclosure: A Global Study of Greenwashing", *Organization Science*, Vol. 27, No. 2, pp. 483 – 504.

45. Qi, X., Wu, Z., Xu, J., Shan, B., 2023, "Environmental Justice and Green Innovation: A Quasi – Natural Experiment Based on the Establishment of Environmental Courts in China", *Ecological Economics*, Vol. 205, pp. 107700.

46. Ramus, C. A., Montiel, I., 2005, "When Are Corporate Environmental Policies a Form of Greenwashing?", *Business & Society*, Vol. 44, No. 4, pp. 377 – 414.

47. Testa, F., Miroshnychenko, I., Barontini, R., Frey, M., 2018,

"Does It Pay to Be a Greenwasher or a Brownwasher?", *Business Strategy and the Environment*, Vol. 27, No. 7, pp. 1104 – 1116.

48. Wimbush, J. C., Shepard, J. M., Markham, S. E., 1997, "An Empirical Examination of the Relationship between Ethical Climate and Ethical Behavior from Multiple Levels of Analysis", *Journal of Business Ethics*, Vol. 16, pp. 1705 – 1716.

49. Wu, Y., Zhang, K., Xie, J., 2020, "Bad Greenwashing, Good Greenwashing: Corporate Social Responsibility and Information Transparency", *Management Science*, Vol. 66, No. 7, pp. 3095 – 3112.

50. Yu, E. P. Y., Van Luu, B., Chen, C. H., 2020, "Greenwashing in Environmental, Social and Governance Disclosures", *Research in International Business and Finance*, Vol. 52, p. 101192.

51. Yuan, H., Zou, L., Feng, Y., 2023, "How to Achieve Emission Reduction without Hindering Economic Growth? The Role of Judicial Quality", *Ecological Economics*, Vol. 209, p. 107839.

52. Zhang, D., 2022, "Green Financial System Regulation Shock and Greenwashing Behaviors: Evidence from Chinese Firms", *Energy Economics*, Vol. 111, p. 106064.

53. Zhang, D., 2023, "Can Environmental Monitoring Power Transition Curb Corporate Greenwashing Behavior?", *Journal of Economic Behavior & Organization*, Vol. 212, pp. 199 – 218.

54. Zhang, D., 2022, "Are Firms Motivated to Greenwash by Financial Constraints? Evidence from Global Firms' Data", *Journal of International Financial Management & Accounting*, Vol. 33, No. 3, pp. 459 – 479.

55. Zhang, G., 2023, "Regulatory-driven Corporate Greenwashing: Evidence from 'Low-carbon City' Pilot Policy in China", *Pacific – Basin Finance Journal*, Vol. 78, p. 101951.

56. Zhang, Q., Yu, Z., Kong, D., 2019, "The Real Effect of Legal Institutions: Environmental Courts and Firm Environmental Protection Expenditure", *Journal of Environmental Economics and Management*, Vol. 98, p. 102254.

Judicial Interventions and Corporate Greenwashing
—A Quasi-Natural Experiment based on the Establishment of the Environmental Courts in China

MAO Jie

(School of Economics, Shanghai University, 200444;
Financial Research Center, Fudan University, 200433)

CHEN Hui

(School of Economics, Shanghai University, 200444)

YAN Qianhui

(School of Economics, Fudan University, 200433;
Financial Research Center, Fudan University, 200433)

[Abstract] This study empirically investigates the impact of the establishment of environmental courts on greenwashing behavior among Chinese A – share listed companies from 2014 to 2021 using a PSM – DID model. The results indicate that the establishment of environmental courts significantly reduces greenwashing behavior among local listed companies. This reduction is particularly notable in regions with higher levels of legal development, among non-state-owned companies, and among companies that do not emphasize social responsibility. Mechanism analysis reveals that environmental courts curb greenwashing through three key mechanisms: strengthening external supervision, enhancing internal ESG governance, and improving corporate information transparency. The study underscores the importance of steady implementation of environmental judicial reforms, ongoing attention to corporate greenwashing, strengthening internal governance with ESG strategies, and enhancing supervision by external stakeholders to form a comprehensive and efficient green governance system. This research not only evaluates the policy effects from a new perspective but also provides a theoretical basis and decision-making reference for relevant departments to promote environmental rule of law and ensure green economic development through high-quality judicial services.

[**Key Words**] Environmental Justice   Environmental Courts   Greenwashing   ESG Governance   PSM – DID Model

JEL Classifications：Q50   G38   M14

城市群空间功能分工与企业创新活力：理论分析与实证检验

王 特 张荣杰*

【摘　要】优化城市群空间功能分工对于促进区域协调发展和创新增长具有重要意义。基于A股上市公司的数据，从产业空间布局的视角考察了城市群空间功能分工对企业创新的影响。研究发现，城市群空间功能分工水平提升显著促进了企业创新，并且该结论在一系列稳健性检验后依然成立。机制分析显示，城市群的空间功能分工通过强化知识溢出、激发市场竞争活力以及降低企业交易成本三个关键渠道促进企业创新。进一步地，异质性分析表明，这一促进效应在中心城市、国家级城市群、市场分割程度较低的城市群中更为显著，对于规模较小、数字化水平较高及创新强度较弱的企业影响更大。此外，拓展讨论表明，城市群空间功能分工还显著提升了国家级城市群的企业创新质量。因此，提升城市群空间功能分工水平，构建起优势互补、合理有序的区域经济布局体系，有助于促进微观企业高质量发展，为创新驱动发展战略赋能增效。

【关键词】城市群　空间功能分工　企业创新

中图分类号：**F124.4；F272.5**　文献标识码：**A**

一、引　言

当前，中国区域经济发展格局已经步入由中心城市支点带动向城市群群

---

* 王特，山东大学经济研究院博士研究生；地址：(250100) 山东省济南市山大南路27号山东大学中心校区经济研究院；E-mail: xdwangte1996@163.com。张荣杰（通讯作者），山东大学经济研究院博士研究生；地址：(250100) 山东省济南市山大南路27号山东大学中心校区经济研究院；E-mail: zhangrongjie975@163.com。

带融合转型的新阶段。党的二十大报告明确提出，要"以城市群、都市圈为依托构建大中小城市协调发展格局"①，凸显了城市群在区域协调发展中的引领作用。此外，《中华人民共和国国民经济和社会发展第十四个五年规划和2035年远景目标纲要》也强调要"分类引导大中小城市发展方向和建设重点，形成疏密有致、分工协作、功能完善的城镇化空间格局"。由此可见，构建优势互补、合理有序的城市群空间功能分工格局，已成为培育城市群竞争优势、推动城市群一体化发展的关键。国内外的发展经验表明，各类要素和经济活动在城市群集聚是经济社会发展的长期趋势（Moreno - Monroy et al.，2021；蔡庆丰等，2023）。就中国而言，2020年超过90%的规模以上工业企业和授权专利集中在十九个城市群②。在此背景下，深入研究城市群空间功能分工对企业创新的影响及其作用机制，不仅在理论层面有助于理解城市群产业分工协作的科学内涵，同时能够为城市群产业的空间规划和布局提供具体思路，故而具有重要的理论意义和明确的政策启示。

  城市群空间功能分工是指城市群的中心城市和外围城市根据各自比较优势和要素禀赋明确功能定位，在产品价值链的不同环节进行专业化发展的产业空间分工体系。在成熟的城市群中，中心城市逐渐以生产性服务业为主，而外围城市则凭借生产要素的价格优势专门承接和发展制造业（Gervais et al.，2021）。自20世纪70年代以来，许多发达国家的城市群经历了由产品分工向功能分工的演变。藤田昌久和田渊隆俊（Fujita and Tabuchi，1997）最先关注到城市群空间功能分工的现象，研究发现许多公司将总部和研发部门设立在东京都市圈的核心区，而将生产和制造业部门设立在外围区域。随后，来自德国、美国、加拿大等国家的就业数据也发现了相似的现象（Bade et al.，2003；Brunelle，2013；Duranton and Puga，2005；Gervais et al.，2021）。近年来，伴随我国城市群发展规划的相继出台和城市群一体化水平的不断提升，城市群的空间功能分工速度明显加快，空间功能分工水平提升具有怎样的经济影响也引起了学术界的广泛关注。现有文献分别从宏观和微观的角度研究了城市群空间功能分工对区域协调发展（赵勇和齐讴歌，2015）、资源配置效率（兰秀娟等，2022）和城市环境质量（Zhang et al.，2024；Zhang et al.，2023）的影响。此外，张等（Zhang et al.，2023）从大城市存在的负外部性角度切入，发现以生产性服务功能为主的中心城市能够吸引高技能人才迁移和提高生产率，进而缓解中心城市的"负外部性"问题。

  近年来，产业空间布局对企业创新的影响已成为学术界广泛关注的议题。

---

① 习近平：《高举中国特色社会主义伟大旗帜　为全面建设社会主义现代化国家而团结奋斗》，人民出版社2022年版。

② 该比例计算所需的专利授权数据来自CNRDS数据库，规模以上工业企业数据来自2021年中国城市统计年鉴。

根据马歇尔外部性（Marshall Externalities）和雅各布斯外部性（Jacobs Externalities）理论，同类产业集聚和多样化产业集聚均有助于促进知识交流和技术创新（Marshall，1890；Jacobs，1969），主要原因在于产业集群有助于产生更大规模的"技术知识池"（Baptista and Swann，1998）。彭向和蒋传海（2011）利用中国的工业数据实证检验了马歇尔外部性和雅各布斯（Jacobs）外部性对创新的影响，发现雅各布斯外部性的创新效应相对较强。陈露和刘修岩（2024）进一步考察了跨产业地理共聚现象对企业创新的影响，发现产业多样化集聚能够通过知识溢出效应提升企业创新绩效。然而，尽管产业集聚对创新的作用已有较多研究，但现有文献在很大程度上忽视了产业空间功能分工的影响，这一领域仍有待深入探讨。特别是陈旭等（2024）从价值链分工的视角证实了城市价值链功能分工能够通过促进区域产业链协同、稳定供应链和拓展贸易网络来促进企业创新，并且具有正向知识溢出作用。

总的来看，现有文献主要集中于城市群空间功能分工对城市发展和企业经营的影响。尽管陈旭等（2024）关注了城市价值链功能分工的企业创新效应，但其研究更多聚焦省内城市间的功能分工，对于城市群层面的功能分工及其对企业创新的影响机制讨论相对不足。在高度信息化和区域分割日益弱化的背景下，企业的投资和选址决策开始突破省份边界（焦敬娟等，2021），经济活动在超越城市和省份维度的更大区域范围内不断进行整合与重构，以城市群为载体、以功能分工为依托的产业空间新格局渐趋形成。因此，本文尝试从产业空间布局视角考察城市群空间功能分工对企业创新的影响及作用机制。

首先，本文对19个城市群的空间功能分工水平进行测算，并实证检验了城市群空间功能分工对企业创新的影响。研究发现，城市群空间功能分工水平每增加1个标准差，企业的发明专利授权数量提升约3.02%。其背后的机制在于城市群空间功能分工通过强化知识溢出效应、激发市场竞争活力和降低企业交易成本，提升企业创新水平。拓展分析表明，城市群功能分工主要改善了国家级城市群的企业创新质量，有效抑制了"专利泡沫"现象的出现，对于区域型城市群的企业创新质量影响不显著。

本文的边际贡献主要体现在以下两个方面：第一，从产业空间布局的视角出发，考察城市群空间功能分工对企业创新的影响，丰富了关于城市群空间功能分工经济效应和企业创新影响因素的相关文献。目前，已有研究主要聚焦于城市群空间功能分工对区域经济增长、资源配置效率以及环境质量改善的影响（Zhang et al.，2024；兰秀娟等，2022；赵勇和齐讴歌，2015；Zhang et al.，2023），也有文献发现产业集聚可以促进知识共享和技术创新（彭向和蒋传海，2011；陈露和刘修岩，2024）。然而，关于城市群空间功能分工以及如何促进企业创新的探讨较少。因此，本文不仅拓展了城市群空间功能分工经济效应和企业创新影响因素的研究，也为进一步推进"创新驱动发展战略"提供了新的视角。第二，本文从知识溢出、市场竞争和交易成本三个维度阐明了城市群空间功能分工影响企业创新的作用机制。目前，相关研究已经初步讨论了城市群空间功能分工能够促进企业间的互动合作以及技术知识的交流与传播（兰秀娟等，2022；齐讴歌等，2018），但这一推论缺乏数据支撑。为此，本文利用A股上市公司的专利引用数据度量了城市间以及城市内的知识溢出强度，并实证检验了城市群空间功能分工对知识溢出的影响。此外，本文还发现，城市群空间功能分工能够通过增强市场竞争和降低交易成本，进一步促进企业创新，从而对现有文献进行了有益补充。

本文的其余内容安排如下：第二部分对相关文献进行梳理，并详细阐述城市群空间功能分工影响企业创新的具体机制；第三部分介绍实证策略、变量选取以及数据来源；第四部分汇报基准回归和系列稳健性检验结果；第五部分进行作用机制检验；第六部分从城市和企业两个层面对城市群空间功能分工的异质性创新效应进行讨论，并进一步研究城市群空间功能分工对企业创新质量的影响；第七部分总结全文并提出政策建议。

二、理论分析与研究假说

城市经济学经典理论认为，城市经济的集聚效应主要通过共享、匹配和学习效应来推动企业创新与发展（Duranton and Puga，2004）。然而，随着城市化进程加速，交通拥堵和环境污染等"城市病"问题日益突出，人口和产业集聚以及市场需求扩张也推高了生产要素价格（孟美侠等，2019）。在这个背景下，规模经济的"向心力"与市场拥挤效应的"离心力"相互作用，影响了产业转移和企业区位选择（孙晓华等，2018）。随着交通和通信技术的进步，许多经济体都经历了从部门分工向功能分工的转变（Duranton and Puga，2005）。在早期阶段，因交通和通信网络不完善，企业往往将各部门集中于邻近区域以降低沟通与运输成本（Brunelle，2013；Michaels et al.，2019），并围绕中间品和成品进行空间分工（张若雪，2009）。随着技术进步和通信及运输成本不断下降，劳动力等要素价格对企业空间区位选择的影响越发明显（孙晓华等，2018）。尽管中心城市拥有丰富的人力资本和完善的金融服务，但高昂的要素价格促使企业将管理和研发等部门布局在中心城市，而将生产和制造部门迁往成本更低的外围城市，形成"中心—外围"的功能分工格局（Duranton and Puga，2005）。

城市群空间功能分工的结果是生产性服务业部门在中心城市集聚，制造业部门在外围城市集聚，围绕价值链条形成相互依托、相互补充的产业空间布局。因此，城市群空间功能分工可以在一定程度上促进企业的合理集聚和城市间的信息交流与要素流动，从而促进企业创新，由此提出如下假说：

H1：城市群空间功能分工对企业创新具有正向影响。

首先，城市群空间功能分工可以通过强化知识溢出效应来促进企业创新。研究表明，知识溢出效应不仅受到地理距离的影响（刘修岩等，2022），也与行业距离密切相关（李丽华等，2010）。一般而言，两个企业之间的行业距离越近，知识通用和业务关联程度越高，知识溢出效应越强。第一，城市群空间功能分工导致城市群的中心城市以生产性服务业为主，而外围城市则以制造业为主。因此，对于生产性服务业和制造业而言，处于相近部门的企业拥有相似的技术类型和供需市场，彼此之间更容易吸收和消化对方企业的研发知识和信息，这会增强企业间的知识溢出效应（李丽华等，2010），从而促进企业创新。第二，产业的空间集聚缩短了企业间的地理距离，城市内的企业彼此可以共享要素市场，并且通过交流和学习获得最新的市场信息和前沿技术，促进各类新知识和新思想在企业间迅速传播，进而诱发新技术的产生（Sultan and Pieter Van Dijk，2017）。第三，中心城市和外围城市围绕自身优势打造的分工模式使得不同城市的产业部门建立起垂直关联关系，并通过投入产出关系形成完整的产业链（兰秀娟等，2022）。在相同产业链上的不同企业能够通过频繁的人员往来和业务合作促进信息、经验和知识的共享与交流，这种合作模式会强化企业间的知识溢出，进而对企业创新产生积极影响。基于上述分析，本文提出如下假说：

H2：城市群空间功能分工通过强化知识溢出促进企业创新。

其次，城市群空间功能分工可以通过提高市场竞争强度来促进企业创新。市场竞争对企业创新的影响主要体现在"熊彼特效应"和"逃离竞争效应"两个方面（张杰等，2014）。前者认为市场竞争会削弱企业的预期收益，从而抑制创新（Schumpeter，1942）。后者则强调在激烈的市场竞争中，企业更倾向于通过创新来获取竞争优势（Arrow，1962）。因此，市场竞争与企业创新之间的关系并不一致。

例如，奥特尔等（Autor et al.，2020）利用美国企业微观数据揭示市场竞争对企业创新的负向影响，主要因竞争导致盈利能力下降和研发支出减少。相对而言，彭德和沃特（Peneder and Woerter.，2014）研究发现市场竞争与企业创新之间存在倒"U"形关系：在较弱的竞争环境下，竞争激励研发，但随着竞争加剧，研发活动受到抑制。近年来关于中国的研究表明市场竞争对企业创新具有促进作用。张杰等（2014）和黎文靖与郑曼妮（2018）以中国加入WTO为背景考察进口竞争对企业创新的影响，发现其通过"逃离竞争效应"激励企业创新。在城市群空间功能分工模式下，企业面临中心城市日益上涨的要素成本，倾向于分散布局，中心城市和外围城市分别成为生产性服务业和制造业的集聚区。此类集聚会引发激烈竞争，促使企业增加研发投入以巩固竞争优势，进而提升专利数量和创新能力（张杰等，2014）。同时，产业空间集聚可以带来规模经济，增强城市的创业活力（韩峰等，2024）。新企业的出现会推动低效率企业退出市场，增加竞争压力，进一步激励企业创新（王永进和冯笑，2018）。因此，本文提出以下假说：

H3：城市群空间功能分工通过激发市场竞争活力促进企业创新。

最后，城市群空间功能分工通过降低企业交易成本来促进企业创新。交易成本理论认为不确定性、机会主义以及信息不对称是产生交易成本的主要原因（Williamson，1975），而高昂的交易成本会通过降低企业决策效率和挤占研发资源投入来阻碍企业创新。具体而言，外部市场的不可预期性和信息不对称增加了创新的风险，企业不得不对研发投资采取谨慎态度，甚至会推迟研发活动或者缩减研发投资（William and Wang，2022），而研发决策的滞后可能会导致企业错过最佳创新时机；另外，企业创新具有高风险、高投入和不稳定的特点，需要长期稳定的资金投入，过高的运营成本会强化对创新环节的资金约束，从而对企业创新产生不利影响（陶云清等，2024）。城市群空间功能分工有助于加快信息传递速度和降低信息搜寻成本，从而提高企业的决策效率并缓解研发资金约束，进而推动企业创新。一方面，随着城市群空间功能分工的深化和相近产业部门在特定区域的不断集聚，企业之间的地理阻碍被打破，企业可以更快速地收集和获取其他企业的相关信息，及时了解市场动态，降低企业研发的风险和不确定性（吴敏等，2021）；另一方面，企业的空间临近会降低企业搜寻信息的成本，企业可以将更多资金和精力投入研发环节，从而促进企业创新。通过上述理论分析，本文提出如下假说：

H4：城市群空间功能分工通过降低企业交易成本促进企业创新。

三、研究设计

（一）计量模型

本文构建了一个双向固定效应模型，以识别城市群空间功能分工对企业创新的影响。同时，考虑到城市群空间功能分工对企业创新可能产生的滞后影响，对被解释变量进行滞后一期处理。回归模型的具体设定方式如下：

$$\text{invent}_{i,m,t+1} = \alpha_0 + \alpha_1 \text{groupdivision}_{j,t} + \sum_x \alpha_x X_{m,t} + \sum_y \alpha_y Y_{i,t} + \mu_i + \theta_t + \varepsilon_{i,t+1} \tag{1}$$

式（1）中，i 和 t 分别代表企业和年份，j 和 m 则分别代表城市群和城市。因此，被解释变量 $invent_{i,m,t+1}$ 表示城市 m 的企业 i 在 t+1 年的创新能力。解释变量 $groupdivision_{j,t}$ 表示该企业所在城市群 j 在 t 年的功能分工水平。系数 α_1 表示城市群空间功能分工对企业创新的影响效应，前文的理论分析说明城市群空间功能分工的深化有助于提升企业创新水平，因此本文预期 α_1 的估计结果显著为正。同时，为了控制城市特征和企业特征等遗漏变量对企业创新的影响，本文分别控制了一系列城市层面变量（$X_{m,t}$）和企业层面变量（$Y_{i,t}$）。其中，城市层面变量包括经济发展水平、产业结构、财政支出占比、固定资产投资和人口密度；企业层面变量包括企业规模、总资产净利润率、资产负债率、流动比率和固定资产比例。此外，在模型中纳入了企业固定效应（μ_i）和年份固定效应（θ_t），以控制不随时间变化的企业特征和随时间变化的一般宏观经济因素影响。$\varepsilon_{i,t+1}$ 为随机扰动项。最后，将标准误聚类到企业层面，以避免企业观测值可能存在的相关性影响估计结果的准确性。

（二）变量说明

1. 企业创新

本文采用企业发明专利授权数量加 1 的自然对数来衡量企业的创新水平。具体原因如下：首先，相较于实用新型专利和外观设计专利，发明专利具有更高的技术含量，申请和认定的难度更大，因此更能客观反映企业的实质性创新能力（曹希广等，2022）。其次，企业在提交发明专利申请后，国家知识产权局会对其技术方案、实用性和新颖性进行严格审查，只有符合要求的专利才会在申请人支付授权费用后获得专利授权和发明证书。据统计，2023 年国内发明专利的授权率为 53.82%，明显低于实用新型专利（68.19%）和外观设计专利（78.16%）的授权率[①]。因此相较于发明专利申请数量，发明专利授权数量更能反映企业的真实创新能力。基于上述考虑，本文选取发明专利授权量衡量企业创新水平，并使用发明专利申请数量进行稳健性检验。

2. 城市群空间功能分工水平

城市群功能分工主要表现为中心城市和外围城市分别成为管理、研发与生产部门的集聚中心。参考相关研究的做法（Duranton and Puga.，2004；赵勇和白永秀，2012），采用下列公式测算各城市群的功能分工水平：

$$FD_h(t) = \frac{\sum_{m=1}^{M} L_{hcm}(t) / \sum_{n=1}^{N} L_{hcn}(t)}{\sum_{m=1}^{M} L_{hdm}(t) / \sum_{n=1}^{N} L_{hdn}(t)} \quad (2)$$

式（2）中，t 表示年份，h 表示城市群，c 表示中心城市，d 表示外围城

[①] 资料来源：国家知识产权局网站（https://www.cnipa.gov.cn/）。

市，m 表示生产性服务业的相关产业，n 表示制造业的相关产业。具体而言，$FD_h(t)$ 表示在时期 t 城市群 h 的空间功能分工水平，$\sum_{m=1}^{M} L_{hcm}(t)$ 表示在时期 t 城市群 h 的中心城市 c 所有生产性服务业部门的就业人员总数；$\sum_{n=1}^{N} L_{hcn}(t)$ 表示在时期 t 城市群 h 的中心城市 c 所有制造业部门的就业人员总数；$\sum_{m=1}^{M} L_{hdm}(t)$ 表示在时期 t 城市群 h 外围城市 d 的所有生产性服务业部门的就业人员总数；$\sum_{n=1}^{N} L_{hdn}(t)$ 表示在时期 t 城市群 h 的外围城市 d 所有制造业部门的就业人员总数。因此，$FD_h(t)$ 越大，城市群 h 在 t 年的空间功能分工水平越高，这意味着更多的生产性服务业部门在中心城市集中，而制造业部门则趋于分布在外围城市。沿袭赵勇和白永秀（2012）的做法，根据《2017 年国民经济行业分类》对生产性服务业和制造业部门进行划分①。其中，生产性服务业主要包括交通运输、仓储及邮政业，信息传输、计算机服务和软件业，金融业，房地产业，租赁和商务服务业，科学研究、技术服务和地质勘查业等六类；制造业则主要包括制造业，采矿业，电力、燃气及水的生产和供应业，建筑业等四类。

3. 控制变量

借鉴相关研究（陈熠辉等，2022；黎文靖和郑曼妮，2016），本文对影响企业创新水平的城市特征因素和企业特征因素进行了控制。具体包括以下变量：（1）经济发展水平，用城市人均 GDP 的自然对数来表示；（2）产业结构，用第二产业产值占城市 GDP 的比重来表示；（3）财政支出占比，用城市一般预算财政支出占城市 GDP 的比重来表示；（4）固定资产投资，用全社会固定资产投资的自然对数来表示；（5）人口密度，用每平方公里的常住人口数来表示；（6）企业规模，用企业资产总额的自然对数来表示；（7）总资产净利润率，用企业净利润总额与企业资产平均总额的比率来表示；（8）资产负债率，用企业负债总额占企业总资产的比重来表示；（9）流动比率，用企业流动资产和企业流动负债的比值来表示；（10）固定资产比例，用企业固定资产净额占企业总资产的比重来表示。

（三）数据来源

本文的研究对象是中国沪深 A 股上市公司，时间跨度为 2004～2018 年。企业专利数据来源于中国研究数据服务平台（CNRDS），财务数据主要来自

---

① 资料来源：国家统计局网站（https://www.stats.gov.cn/）。

国泰安数据库（CSMAR），并通过CNRDS数据库进行缺失数据补充。城市经济数据主要来自《中国城市统计年鉴》和《中国区域经济统计年鉴》，对于缺失数据，通过查阅城市年度统计公报或采用插值法进行补充。为确保数据的准确性和稳健性，对企业数据进行了如下预处理：（1）剔除ST、*ST和金融类上市公司；（2）剔除资产负债率小于0和大于1的样本；（3）剔除数据存在缺失的企业样本。为了避免异常值对估计结果的干扰，本文对所有财务数据在1%的水平进行了缩尾处理（Winsorize）。经过上述处理，最终得到28 816个企业—年度观测值。表1描述了变量的描述性统计结果。

表1 变量描述性统计

变量	观测值	均值	最小值	最大值
企业创新水平	28 816	0.683	0.000	8.037
城市群分工水平	28 816	2.765	0.704	10.331
经济发展水平	28 816	10.829	7.994	12.817
产业结构	28 816	0.446	0.183	0.910
财政支出占比	28 816	0.143	0.040	0.675
固定资产投资	28 816	18.364	13.954	20.314
人口密度	28 816	0.134	0.002	0.640
企业规模	28 816	21.865	19.122	25.950
总资产净利润率	28 816	0.036	−0.358	0.207
资产负债率	28 816	0.082	0.000	0.489
流动比率	28 816	2.349	0.215	16.923
固定资产比例	28 816	0.238	0.002	0.735

四、实证结果与分析

（一）基准回归结果

表2汇报了城市群空间功能分工对企业创新的回归结果。其中，第（1）列仅纳入了核心解释变量，第（2）和第（3）列分别加入了城市特征变量和企业特征变量。结果表明，在加入所有控制变量后，核心解释变量的估计系数有所上升，但始终在1%水平上显著为正，说明随着城市群空间功能分工的深化，企业的创新水平明显提高。为阐明回归结果的经济学含义，在此以

第（3）列为例进行解释说明。其核心解释变量的估计系数为0.0398，表明城市群空间功能分工水平每增加1个单位标准差，企业的发明授权专利数量提升约3.02%（≈0.0398×1.144/1.058）。从控制变量的估计系数来看，城市工业化和固定资产投资对企业创新产出的影响显著为正，可能的原因在于工业化水平提升意味着城市已经趋于形成完整的产业体系，各企业能够围绕产业链开展深度合作，从而正向影响企业创新产出。此外，城市投资的增加为企业提供了充足的研发资金，有利于企业增加创新。在企业特征方面，企业规模的扩大和固定资产比例的增加也对创新产生了积极影响。这可能是因为规模较大、资产较多的企业在应对研发创新活动中的不确定性时具备更强的能力，从而增加了研发投入和创新产出（虞义华等，2018）。相对而言，资产负债率和流动比率则对企业创新水平的提升产生了抑制作用，表明过多的非流动负债和流动资产可能会挤占创新投资，进而对企业创新造成负面影响，这一发现与现有研究结论相一致（陈熠辉等，2022）。总体而言，表2估计结果表明深化城市群空间功能分工对企业创新存在显著的正向影响，验证了H1。

表2 城市群空间功能分工与企业创新

变量	(1)	(2)	(3)
分工指数	0.0251* (0.0137)	0.0396*** (0.0144)	0.0398*** (0.0143)
经济发展水平		-0.1132** (0.0449)	-0.0995** (0.0441)
产业结构		0.4024** (0.2014)	0.3619* (0.2020)
财政支出占比		-0.0525 (0.3223)	-0.0813 (0.3197)
固定资产投资		0.0823** (0.0357)	0.0753** (0.0357)
人口密度		-0.1722 (0.1517)	-0.1518 (0.1527)
企业规模			0.0988*** (0.0147)
总资产净利润率			-0.3928*** (0.0735)
资产负债率			-0.2756*** (0.0811)

续表

变量	(1)	(2)	(3)
流动比率			-0.0120***
			(0.0030)
固定资产比例			0.3072***
			(0.0606)
年份固定效应	Yes	Yes	Yes
企业固定效应	Yes	Yes	Yes
观测值	28 816	28 816	28 816
R^2	0.1026	0.1039	0.1150

注：括号内为聚类在企业层面的稳健标准误，*、**和***分别代表10%、5%和1%显著性水平。

（二）稳健性检验

虽然基准回归结果证实了城市群空间功能分工对企业创新的正向影响，但可能存在其他因素干扰估计结果，有鉴于此，本部分从多个维度进行了稳健性检验。

1. 更换解释变量

在基准回归中，我们使用上市公司的发明专利授权数量作为企业创新水平的代理指标。也有研究认为专利授权相比专利申请存在更多的不确定性，而且获得专利授权面临较长的审批周期（Cornaggia et al.，2015），因此专利申请的时间与企业创新产出的实际时间更加吻合。参考黎文靖和郑曼妮（2016）的做法，重新选取上市公司的发明专利申请数加1取自然对数作为企业创新水平的代理变量，并进行滞后一期处理，最后代入式（1）重新进行回归。如表3第（1）列所示，可以发现，新的估计系数与基准回归结果相比有所增加，但依然在5%水平上显著为正。此外，考虑到除发明专利外，企业所拥有的专利类型还包括实用新型专利和外观设计专利两类，所以在此进一步检验了城市群空间功能分工对其他两类专利的影响，具体结果见第（2）列。城市群空间功能分工对企业的策略性创新行为并没有产生显著的影响，这也从侧面证明城市群空间功能分工主要通过增加企业的实质性专利产出，而非策略性专利产出来提升企业的创新水平。

2. 对被解释变量进行多期滞后处理

基准回归部分对上市公司的发明专利授权数进行了滞后一期处理，考虑到部分发明专利的研发周期较长，本部分进一步考察了城市群空间功能分工对后续两期和三期企业创新的影响。表3第（3）和第（4）列回归结果表明，在对被解释变量进行滞后多期处理之后，核心解释变量的估计系数值有所减小，但依然显著,这说明了城市群空间功能分工对企业创新的正向影响是稳健的。

3. 剔除直辖市样本

与普通城市相比,直辖市拥有更高的行政等级,容易获得更多的资源和政策倾斜(Cao et al.,2021),这可能会导致位于直辖市的企业拥有更强的创新能力,如果将这部分企业纳入样本进行回归分析,可能会低估城市群空间功能分工的创新效应。故在此剔除注册地在直辖市的企业样本,从而排除行政因素对回归结果所产生的干扰,结果如表3第(5)列所示。可以看出在剔除直辖市企业样本之后,核心解释变量的回归系数依然在1%水平上显著为正,但系数值相比基准回归结果有所增加,这说明行政力量的确会影响城市群空间功能分工的创新效应,同时也说明了基准回归结果的稳健性。

4. 控制高维固定效应

传统的双向固定效应模型仅引入了时间固定效应和个体固定效应,这种方法假设同一年份的某个外生冲击会对所有个体产生同质性的影响。但是在现实中,同一时间不可观测因素的冲击可能是多维的,即同一冲击对不同个体的影响可能不同。针对这种情况,白(Bai,2009)提出可以在传统的双向固定效应模型中加入个体与时间的交互效应,以控制共同因素对不同个体的异质性影响。因此,表3第(6)列在式(1)的基础上加入了行业和年份的交互固定效应,以控制行业层面随时间变化的不可观测因素。估计结果表明城市群空间功能分工依然促进了企业创新。

表3 稳健性检验

变量	(1) 专利申请数量	(2) 策略性创新	(3) 滞后两期	(4) 滞后三期	(5) 剔除直辖市样本	(6) 控制年份与行业交互固定效应
分工指数	0.0421** (0.0176)	0.0148 (0.0194)	0.0364*** (0.0141)	0.0256* (0.0144)	0.0539*** (0.0162)	0.0285** (0.0142)
城市控制变量	Yes	Yes	Yes	Yes	Yes	Yes
企业控制变量	Yes	Yes	Yes	Yes	Yes	Yes
年份固定效应	Yes	Yes	Yes	Yes	Yes	Yes
企业固定效应	Yes	Yes	Yes	Yes	Yes	Yes
年份×行业固定效应	No	No	No	No	No	Yes
观测值	28 816	28 816	25 704	22 716	22 758	28 816
R^2	0.0993	0.0604	0.1040	0.0921	0.1253	0.2071

注:括号内为聚类在企业层面的稳健标准误,*、**和***分别代表10%、5%和1%显著性水平。

5. 更换回归模型

发明专利授权数量具有离散且非负的特征,需要采用泊松回归来解决被解释变量为非零计数的问题。泊松回归要求被解释变量的条件均值与条件方差相等,当二者不等时,则应采用负二项回归(戴天仕和赵琦,2024)。根据表1描述性统计可知,被解释变量均值为0.683,方差为1.12。因此,我们继续采用负二项回归进行稳健性检验,回归结果见表4第(1)和第(2)列。结果显示,泊松回归结果和负二项回归结果的估计系数与基准回归结果相似,且都在5%水平上显著,这排除了被解释变量的非零计数特征对估计结果可能产生的干扰。

表4 更换回归模型

变量	(1) 泊松回归	(2) 负二项回归
分工指数	0.0405** (0.0179)	0.0410** (0.0179)
城市控制变量	Yes	Yes
企业控制变量	Yes	Yes
年份固定效应	Yes	Yes
行业固定效应	Yes	Yes
观测值	28 816	28 816

注:括号内为聚类在企业层面的稳健标准误,*、**和***分别代表10%、5%和1%显著性水平。

五、机制检验

(一)知识溢出效应

知识溢出效应是影响企业创新产出的重要来源(蔡庆丰等,2023)。城市群空间功能分工促进了相似产业部门的空间集聚,缩短了企业间的技术距离和地理距离,促进了信息和知识的传播与交流;另外,生产性服务业和制造业在价值链上的紧密联系有助于城市群内的不同城市构建协调、互补的空间分工格局,使得企业间的知识溢出效应可以突破地理障碍,促进整个城市群的企业创新(兰秀娟等,2022)。沿袭李磊等(2022)的做法,采用企业独立授权发明专利和联合授权发明专利的自然对数分别衡量企业的独立和协作创新水平,随后分别检验了城市群空间功能分工对二者的影响,回归结果如表5第（1）和第（2）列所示。结果表明，城市群空间功能分工对企业的独立创新和协作创新能力都产生了显著的正向影响。随后，分别以联合授权发明专利和独立授权发明专利比值的对数值与联合授权发明专利和全部授权发明专利的比值作为被解释变量，对城市群空间功能分工的协作创新效应进行检验。观察表5第（3）和第（4）列结果可知，核心解释变量的估计系数显著为正，这意味着城市群空间功能分工在提升企业独立研发和合作研发能力的同时，增加了合作研发的比重，从而显著提升了企业的协作创新水平。

表5　城市群空间功能分工与企业协同创新

变量	（1）独立授权	（2）联合授权	（3）比值Ⅰ	（4）比值Ⅱ
分工指数	0.0323** (0.0139)	0.0135* (0.0078)	0.0086* (0.0046)	0.0041* (0.0023)
城市控制变量	Yes	Yes	Yes	Yes
企业控制变量	Yes	Yes	Yes	Yes
年份固定效应	Yes	Yes	Yes	Yes
企业固定效应	Yes	Yes	Yes	Yes
观测值	28 816	28 816	25 585	25 585
R^2	0.0875	0.0501	0.0232	0.0241

注：括号内为聚类在企业层面的稳健标准误，*、** 和 *** 分别代表10%、5%和1%显著性水平。

前文从宏观视角验证了城市群空间功能分工能够通过促进企业间研发合作来提升企业的创新水平，本部分利用上市公司的发明和实用新型专利的被引用数据[①]，从更微观的视角考察城市群空间功能分工对不同城市和企业知识交流和专利引用的影响。专利引用数据的处理过程如下：（1）CNRDS数据库提供了上市公司被引用专利和引用专利的匹配数据，以该数据库提供的专利号为标准，对上市公司的专利明细数据和专利引用数据进行匹配，从而获得上市公司—专利的一对一匹配数据；（2）剔除引用专利申请日期早于被引用专利申请日期的样本；（3）剔除上市公司自引样本；（4）根据上市公司代码对专利引用数据和公司注册地址以及城市群数据进行匹配；（5）基于城市—年份层面进行加总，并剔除了省直辖县（市）和西藏自治区的城市对样本。最终，共获得21 762个城市样本。

---

① 本文的基准回归部分选取发明专利授权数量作为被解释变量，然而许多授权发明专利同时引用了发明专利和实用新型专利，为了避免数据缺失对回归结果产生干扰，机制检验部分所使用的授权专利同时涵盖了发明专利和实用新型专利。

表6第（1）列汇报了基于全部样本的估计结果。容易看出，核心解释变量的估计系数在1%水平上显著为正，表明城市群功能分工显著促进了城市间的专利引用和知识溢出，从而有助于提升企业的创新产出。第（2）列继续加入专利引用双方"是否同城市"以及"是否同城市群"的虚拟变量。可以发现，在控制了这两项因素之后，核心解释变量的估计系数依然显著为正。最后，为了区分城市群空间功能分工对企业创新的影响主要来自城市间的知识溢出效应，还是城市内不同企业间的知识溢出效应，第（3）和第（4）列分别将样本限定在"同城市群但不同城市的城市对"和"同城市的城市对"。不难发现，在同城市群中，城市群空间功能分工能够显著增加城市间的专利引用数量，对同城市内的专利引用虽然也产生了正向影响，但并不显著。这意味着城市群空间功能分工主要促进了同城市群内不同城市上市公司之间的知识溢出和专利交流，对于同城市内部企业间的知识溢出并未产生显著影响。以上结果充分说明，随着城市群空间功能分工不断深化，城市之间、特别是同城市群但不同城市之间的知识共享和信息交流日益密切，有助于充分发挥城市间的知识溢出效应并鼓励企业积极参与合作研发，促进企业创新能力提升，从而验证了H2。

表6　城市空间功能分工对同群城市的知识溢出效应

变量	（1）	（2）	（3）	（4）
分工指数	0.0821*** (0.0151)	0.0864*** (0.0151)	0.1034* (0.0575)	0.0622 (0.1526)
是否同城市		0.7002*** (0.1286)		
是否同城市群		0.1573*** (0.0371)		
城市固定效应Ⅰ	Yes	Yes	Yes	Yes
城市固定效应Ⅱ	Yes	Yes	Yes	Yes
年份固定效应	Yes	Yes	Yes	Yes
观测值	21 762	21 762	2 562	384
R^2	0.4138	0.4296	0.5673	0.8675

注：括号内为聚类在企业层面的稳健标准误，*、**和***分别代表10%、5%和1%显著性水平。

（二）激发市场竞争活力

生产性服务业和制造业在中心城市和外围城市的空间分工，对企业而言则意味着相近产业部门在邻近区域的集聚（Duranton and Puga, 2005）。随着产业数量的增加特别是相关企业的不断进入，企业将面临严峻的市场竞争压力。因此，企业需要通过持续研发创新来巩固竞争优势，避免在激烈的竞争中被淘汰（Arrow, 1962）。基于这一逻辑，本文认为城市群空间功能分工能够通过强化市场竞争来激励企业增加创新投入，促进企业研发创新。为验证这一推断，借鉴现有文献的做法（曾国安等，2023；唐要家等，2022），采用赫芬达尔指数和市场集中度指数作为市场竞争强度的代理变量，具体测算公式如下：

$$\text{赫芬达尔指数：} HHI_{izt} = \sum_{j}^{n} (y_{izjt}/y_{izt})^2 \quad (3)$$

其中，HHI_{izt} 表示城市 i 行业 z 第 t 年的赫芬达尔指数，y_{izjt} 表示城市 i 行业 z 企业 j 第 t 年的资产规模（主营业务收入），y_{izt} 表示城市 i 行业 z 第 t 年的资产规模（主营业务收入）。HHI_{izt} 数值越小说明行业竞争强度越高，HHI1 和 HHI2 分别为使用企业资产规模和主营业务收入计算的赫芬达尔指数。

$$\text{市场集中度指数：} CR_{izt} = \sum_{j}^{n=1,4} y_{izjt}/y_{izt} \quad (4)$$

其中，CR_{izt} 表示城市 i 行业 z 第 t 年的市场集中度指数，y_{izjt} 表示城市 i 行业 z 企业 j 第 t 年的资产规模，y_{izt} 表示城市 i 行业 z 第 t 年的资产规模。CR_{izt} 数值越小说明行业竞争强度越高，CR1 和 CR4 分别为使用行业中最大的 1 家企业和 4 家企业的资产规模总和计算的行业集中度指数。

表 7 汇报了城市群空间功能分工影响市场竞争强度的机制检验结果。可以看到，无论以赫芬达尔指数还是市场集中度指数作为被解释变量，核心解释变量的估计系数都在 1% 水平上显著为负，这说明城市群空间功能分工降低了市场集中度，激发了市场竞争活力，并对企业创新能力提升产生了正向影响[1]。原因在于，激烈的市场竞争导致低效率企业不断退出市场，激励在位企业积极扩大研发投入以巩固和增强企业竞争优势，从而促进了企业创新产出增加，H3 得到证实。

表 7　　　　　　　　城市群空间功能分工与市场竞争活力

变量	(1)	(2)	(3)	(4)
	HHI1	HHI2	CR1	CR4
分工指数	-0.0292 *** (0.0037)	-0.0258 *** (0.0037)	-0.0207 *** (0.0033)	-0.0093 *** (0.0010)
城市控制变量	Yes	Yes	Yes	Yes

---

[1] 本文也使用上市公司主营业务收入计算行业集中度指数，并将其作为市场竞争程度的代理变量进行回归，结论一致。

续表

变量	(1)	(2)	(3)	(4)
	HHI1	HHI2	CR1	CR4
企业控制变量	Yes	Yes	Yes	Yes
年份固定效应	Yes	Yes	Yes	Yes
企业固定效应	Yes	Yes	Yes	Yes
观测值	28 816	28 816	28 816	28 816
R^2	0.1200	0.1282	0.0997	0.1448

注：括号内为聚类在企业层面的稳健标准误，*、**和***分别代表10%、5%和1%显著性水平。

（三）降低企业交易成本

理论分析结果表明，城市群空间功能分工所引致的企业空间集聚会增加"面对面"交流的机会，企业可以花费更少的精力和资源来收集和处理海量的市场信息，从而降低企业的交易成本。而交易成本的减少不仅会缓解研发资金约束，而且会提高企业的运作效率并促使企业及时作出创新决策（William and Wang，2022）。因此，城市群空间功能分工能够通过降低交易成本来促进企业创新。鉴于交易成本数据的不可得性，参考王永进和冯笑（2018）的研究，使用销售费用、财务费用和管理费用之和与企业利润总额的比重来衡量企业的交易成本，该指标能够反映企业利润中用于经营和管理的成本大小。由表8的回归结果可知，城市群空间功能分工的深化显著降低了企业的交易成本，有利于企业更好地开展研发创新活动，进而增加创新产出，H4得到证实。

表8　城市群空间功能分工对企业交易成本的影响

变量	(1)
分工指数	-1.3753** (0.5915)
城市控制变量	Yes
企业控制变量	Yes
年份固定效应	Yes
企业固定效应	Yes
观测值	28 517
R^2	0.0012

注：括号内为聚类在企业层面的稳健标准误，*、**和***分别代表10%、5%和1%显著性水平。

六、异质性分析与拓展讨论

（一）异质性分析

1. 中心城市与外围城市差异

中心城市是引领城市群经济发展和技术创新的主要引擎，拥有完善的交通基础设施、发达的金融市场和丰富的要素供给，这些优势能够对企业创新产生积极影响（蔡庆丰等，2023；吉赟和杨青，2020），所以城市群空间功能分工的创新效应在中心城市可能会更加明显。为验证这一猜想，本部分根据各城市群的发展规划对中心城市和外围城市进行界定。表9第（1）和第（2）列展示了基于中心城市和外围城市的分组回归结果。研究发现，城市群空间功能分工的估计系数在中心城市样本中显著为正，但在外围城市中并不显著。这意味着相较于外围城市，城市群空间功能分工对企业创新的促进作用在中心城市更强，进一步印证了前文的推论。此外，随着城市群空间功能分工不断深化，中心城市生产性服务业的企业规模和比重扩大，而外围城市则以制造业为主。所以这一发现也强调了城市群内不同功能分工对企业创新的异质性影响，提示政策制定者在推动城市群发展时，应考虑中心城市与外围城市之间的差异，优化资源配置，以提升整体创新能力。

表9　　城市层面异质性影响

变量	(1)	(2)	(3)	(4)	(5)	(6)
	中心 vs 外围城市		城市群等级差异		市场分割强度差异	
	中心城市	外围城市	国家级	区域型	弱分割城市	强分割城市
分工指数	0.0526*** (0.0197)	0.0309 (0.0248)	0.0796*** (0.0197)	0.0369 (0.0240)	0.0579*** (0.0162)	0.0200 (0.0185)
城市控制变量	Yes	Yes	Yes	Yes	Yes	Yes
企业控制变量	Yes	Yes	Yes	Yes	Yes	Yes
年份固定效应	Yes	Yes	Yes	Yes	Yes	Yes
企业固定效应	Yes	Yes	Yes	Yes	Yes	Yes
观测值	17 249	11 567	23 392	5 424	16 012	12 804
R^2	0.1092	0.1377	0.1112	0.1507	0.1112	0.1217

注：括号内为聚类在企业层面的稳健标准误，*、** 和 *** 分别代表10%、5%和1%显著性水平。

2. 城市群等级的异质性影响

研究表明，国家级城市群与区域型城市群的功能定位和审批流程存在明显区别（孙久文等，2021）。相较于区域型城市群，国家级城市群通常是区域经济发展的核心载体，具有跨省级行政区的特征。因此，国家级城市群的发展规划往往需要中央政府进行协调和审批。为了检验不同等级城市群空间功能分工对企业创新的异质性影响，借鉴柳剑平等（2023）的做法，将国务院批复的长三角城市群等11个城市群界定为国家级城市群，将山东半岛城市群等8个省域内城市群界定为区域型城市群，并据此进行分组回归。具体结果见表9的第（3）和第（4）列。回归结果显示，在国家级城市群中，合理的空间功能分工显著提升了企业的创新水平；然而，在区域型城市群中，空间功能分工对企业创新的促进作用并不显著。可能的原因在于，国家级城市群不仅在经济发展水平上具有优势，还能够在获取政策支持方面享有相对优越的条件。更为重要的是，国家级城市群借助中央层面的协调力量，能够有效打破省际的市场分割，促进产业在更大范围内进行合理布局。这激励了企业开展长周期的创新活动，从而强化了城市群空间功能分工对企业创新的促进效应。

3. 地区市场分割程度的重要作用

地方政府在"促增长、稳就业"的压力下，往往采取保护政策扶持本地企业发展并抑制外地企业进入当地市场，导致地区间市场分割现象广泛存在。已有研究表明，市场分割不仅会抑制生产要素在地区间的合理配置，降低资源的配置效率（余泳泽等，2022），还会引发重复建设和产业同构化等问题，阻碍城市间合理有序的产业分工体系的形成（周黎安，2004）。张若雪（2009）研究发现，地区间行政壁垒弱化可以降低中心城市向外转移制造部门的成本，从而促进经济圈的功能分工。因此在市场分割严重的城市群，中心城市和外围城市进行产业转移和功能分工的难度和成本更高，城市群空间功能分工对企业创新的促进作用更弱。为验证这一推论，参考余泳泽等（2022）的研究，采用相对价格法测算了各城市的市场分割指数，并据此将样本划分为"弱分割城市"和"强分割城市"两个子样本进行分组回归。估计结果如表9第（5）和第（6）列所示。在弱分割城市样本中，城市群空间功能分工的估计系数显著为正，但在强分割城市样本中估计系数不显著。上述结果表明，随着城市群内市场分割的加剧，城市间形成合理互补的产业分工体系的难度增大，进而削弱了城市群空间功能分工对企业创新的积极效应。

4. 企业规模的重要作用

陈熠辉等（2022）的研究表明，企业规模与企业创新能力之间存在密切关联。与规模较大的企业相比，小规模企业的经营业务单一且集中，对上下游企业的依赖程度更高。因此，随着城市群空间功能分工的深化，小规模企业能够更好地融入市场分工体系，从而有助于提升其创新能力。为探讨企业规模对城市群空间功能分工创新效应的影响，参考相关研究（胡增玺和马述忠，2023），根据上市公司资产总额的中位数将全部样本划分为高低两组。当企业资产总额大于或等于中位数时，则视为大规模企业；反之，则视为小规模企业。表10第（1）和第（2）列展示了基于企业规模的分组回归结果。容易看出，在企业规模较小的样本中，城市群空间功能分工的估计系数显著为正，而在大规模企业样本中，估计系数不显著。这表明，城市群空间功能分工对小规模企业创新能力的促进效应更强。

表10　企业层面异质性特征的影响

变量	(1)	(2)	(3)	(4)	(5)	(6)
	企业规模差异		企业数字化水平差异		创新强度差异	
	规模较大	规模较小	高数字化	低数字化	高创新强度	低创新强度
分工指数	0.0326 (0.0230)	0.0484*** (0.0154)	0.0293* (0.0173)	0.0338 (0.0371)	0.0323 (0.0285)	0.0393*** (0.0145)
城市控制变量	Yes	Yes	Yes	Yes	Yes	Yes
企业控制变量	Yes	Yes	Yes	Yes	Yes	Yes
年份固定效应	Yes	Yes	Yes	Yes	Yes	Yes
企业固定效应	Yes	Yes	Yes	Yes	Yes	Yes
观测值	14 408	14 408	19 033	6 354	12 854	13 485
R^2	0.1369	0.0818	0.0904	0.0283	0.2046	0.0699

注：括号内为聚类在企业层面的稳健标准误，*、**和***分别代表10%、5%和1%显著性水平。

5. 企业数字化水平的重要作用

信息化技术的发展是影响城市群空间功能分工演变速度的重要因素（Duranton and Puga，2005）。具体而言，数字化技术的发展和应用意味着企业可以迅速收集和处理海量的外部信息，缓解信息不对称对企业经营活动的影响，同时降低企业的外部交易成本（袁淳等，2021）。更为关键的是，数字化转型简化了企业的运作流程，降低了部门间的沟通成本，打破了地理距离对企业区位选择的限制，使企业能够充分利用各城市的比较优势，对部门布局进行合理调整，从而提升城市群空间功能分工水平。因此，本文预期企业的数字化水平越高，越能够充分利用空间功能分工带来的信息优势，城市群空间功能分工对企业创新的促进作用也越强。为验证这一推断，借鉴吴非等（2021）的做法，将各上市公司年报中有关"数字化转型"的词频作为企业数字化水平的代理变量，并根据中位数将样本划分为高数字化水平组和低数字化水平组。表 10 第（3）和第（4）列汇报了分组回归结果。可以发现，在高数字化水平组中，城市群空间功能分工的估计系数显著为正，而在低数字化水平组中不显著。这表明，对于数字化转型程度较高的企业，城市群空间功能分工对创新产出的正向影响更加显著。

6. 创新强度的重要作用

城市群空间功能分工对企业创新的影响大小，还取决于企业创新强度的高低，不同创新强度的企业对于城市群空间功能分工的反应可能也会存在差异（吉赟和杨青，2020）。高创新强度企业通常具备较强的自主创新能力，即便所在城市群的功能分工尚处于初级阶段，这类企业也能够凭借丰富的资金、人才和技术储备开展创新活动。相比之下，低创新强度企业由于技术储备不足，长期面临融资约束和人才匮乏，城市群空间功能分工则为其提供了知识溢出效应，并增加了创新资金的供给，从而有助于提升其创新能力。基于以上分析，本文认为城市群空间功能分工能够增加低创新强度企业的创新产出，但对高创新强度企业的影响较弱。根据国家知识产权局发布的专利密集型产业目录的划定标准，使用 2010～2014 年发明专利授权数据计算各产业大类的发明专利数量。若某企业所属产业的发明专利授权量高于全部产业大类的平均水平，则该企业被视为高创新强度企业；反之，则为低创新强度企业[①]。基于此，表 10 第（5）和第（6）列考察了城市群空间功能分工对不同创新强度企业的异质性影响。回归结果显示，与高创新强度企业相比，城市群空间功能分工的估计系数在低创新强度企业中更为显著，这说明企业的技术水平越低，城市群空间功能分工对企业创新的提升作用越强。

（二）拓展讨论：城市群空间功能分工对企业创新质量的影响

基准回归结果表明，城市群空间功能分工的深化能够显著提升企业的专利数量。然而，部分企业为了获得更多的创新补贴和优惠政策，可能会倾向于增加专利数量，从而导致专利质量下降，并引发"专利泡沫"现象（曹虹剑等，2022）。为了考察城市群空间功能分工的创新效应除了"量"的增加外，是否进一步促进"质"的提升，在此参考既有文献的做法（曹春方和张超，2020），采用专利被引次数作为企业创新质量的代理变量，实证检验了城市群空间功能分工对企业创新质量的影响。具体而言，整体创新质量使用企

---

① 2016 年，国家知识产权局根据发明专利密集度、发明专利规模和政策引导性划定了专利密集型产业目录，不过该目录的行业代码与 CSMAR 数据库中的 2012 年行业代码无法进行精确匹配。其中，发明专利规模指 5 年期间产业发明专利授权量之和，当某产业大类发明专利规模高于全部产业大类的平均水平则将其界定为专利密集型产业。据此，本文选取中间年份区间（2010～2014 年）的发明专利授权量对专利密集型企业进行界定。

业下一年度申请专利的总被引次数加1的自然对数表示，平均创新质量则通过企业下一年度申请专利的平均被引次数加1的自然对数来衡量。表11汇报了相关回归结果。不难看出，城市群空间功能分工显著促进了企业创新质量提升，不过这种促进作用主要来自国家级城市群，区域型城市群空间功能分工的深化对区域内企业创新质量的影响并不显著。这一结果充分说明，生产性服务业和制造业在中心城市和外围城市的分工布局对于国家级城市群企业创新数量和质量的提升都会产生显著的正向影响，缓解了企业创新过程中的"专利泡沫"现象。可能的原因在于，国家级城市群促进了跨省市场的深度融合，使资本、技术等生产要素能够在更广泛的区域内自由流动。区域内企业不仅面临更为激烈的市场竞争，还能充分利用更大规模的技术市场进行研发创新，从而为开展长周期、高风险且高质量的创新活动创造了有利条件。

表11 城市群空间功能分工对企业创新质量的影响

变量	（1）	（2）	（3）	（4）	（5）	（6）
	整体创新质量			平均创新质量		
	全样本	国家级	区域型	全样本	国家级	区域型
分工指数	0.0732*** (0.0269)	0.1056*** (0.0330)	0.0052 (0.0643)	0.0048 (0.0064)	0.0134* (0.0076)	−0.0157 (0.0219)
城市控制变量	Yes	Yes	Yes	Yes	Yes	Yes
企业控制变量	Yes	Yes	Yes	Yes	Yes	Yes
年份固定效应	Yes	Yes	Yes	Yes	Yes	Yes
企业固定效应	Yes	Yes	Yes	Yes	Yes	Yes
观测值	18 338	15 028	3 310	18 338	15 028	3 310
R^2	0.5902	0.5995	0.5724	0.1586	0.1645	0.1401

注：括号内为聚类在企业层面的稳健标准误，*、**和***分别代表10%、5%和1%显著性水平。

七、结论及政策启示

伴随经济进入高质量发展阶段，城市群已经成为实施区域协调发展战略和推动国内大循环的重要载体。在此背景下，通过对城市群内部城市和产业体系进行重构，以激发企业创新行为和拓展创新边界，对充分挖掘城市群的大市场优势和提高发展质量具有重要意义。为此，本文利用A股上市公司的数据，从产业空间布局的视角实证检验了城市群空间功能分工对企业创新的影响。研究发现，城市群空间功能分工能够显著提高企业的创新水平，在经过一系列稳健性检验后,该结论依然成立。机制检验表明,城市群空间功能分工主要通过强化知识溢出效应、激发市场竞争活力和降低企业交易成本来促进企业创新。此外,异质性分析揭示了城市群空间功能分工的创新效应在不同城市类型和企业类型之间存在差异。具体而言,在中心城市、国家级城市群以及市场分割较弱的城市群中,空间功能分工对企业创新的促进作用更为显著。企业层面上,小规模企业、数字化水平较高的企业以及创新强度较弱的企业在此机制下受益更大。进一步研究发现,城市群空间功能分工显著改善了国家级城市群内企业的创新质量,实现了企业创新"量"与"质"的同步提升。

基于上述结论,本文得出以下政策启示:第一,城市群整体规划应根据要素禀赋明确各城市的功能定位,构建优势互补、错位发展的城市群空间功能分工格局,避免因定位重合而引发的过度竞争与重复建设。具体而言,中心城市应有序疏解其非中心职能,将中低端生产制造业向外围城市进行转移,重点发展金融服务和技术研发等生产性服务业,强化现代服务经济在城市经济结构中的主导作用;而外围城市应利用其低要素成本的优势优化招商引资政策,并完善产业配套建设,依托现有的特色优势产业积极承接来自中心城市的产业转移。第二,推动基础设施互联互通,畅通城市群内的要素和信息流通。异质性分析结果表明,市场分割和企业数字化转型会影响城市群空间功能分工的创新效应。因此,应建设以中心城市为核心、联通外围城市的综合交通运输网络和高速信息共享网络,适度延伸中心城市的轨道交通线路,加强城际骨干网建设,并搭建城市群信息服务平台,促进人员往来和数据共享。同时,各城市应该在遵循城市群整体规划的基础上,有序废除造成市场分割的各种行政和法律规定,促进人才和资金的跨区域流动。第三,拓展城市群产业分工和协作模式。对于区位条件较好的外围城市,应该加快工业园区建设和承接产业转移示范区建设,依托工业园区和承接产业转移示范区促进制造业的集群化发展。

参考文献

1. 蔡庆丰、王仕捷、刘昊等:《城市群人口集聚促进域内企业创新吗》,载于《中国工业经济》2023年第3期。

2. 曹春方、张超:《产权权利束分割与国企创新——基于中央企业分红权激励改革的证据》,载于《管理世界》2020年第9期。

3. 曹希广、邓敏、刘乃全:《通往创新之路:国家创新型城市建设能否促进中国企业创新》,载于《世界经济》2022年第6期。

4. 曹虹剑、张帅、欧阳峣等:《创新政策与"专精特新"中小企业创新质量》,载于《中国工业经济》2022年第11期。

5. 陈露、刘修岩：《产业空间共聚、知识溢出与创新绩效——兼议区域产业多样化集群建设路径》，载于《经济研究》2024年第4期。

6. 陈旭、纪展鹏、邢孝兵：《城市价值链功能分工与企业创新：来自企业专利的证据》，载于《世界经济》2024年第3期。

7. 陈熠辉、蔡庆丰、林海涵：《政府推动型城市化会提升域内企业的创新活动吗？——基于"撤县设区"的实证发现与政策思考》，载于《经济学（季刊）》2022年第2期。

8. 戴天仕、赵琦：《新三板分层制度与企业创新——基于"柠檬市场"治理机制的视角》，载于《数量经济技术经济研究》2024年第3期。

9. 胡增玺、马述忠：《市场一体化对企业数字创新的影响——兼论数字创新衡量方法》，载于《经济研究》2023年第6期。

10. 吉赟、杨青：《高铁开通能否促进企业创新：基于准自然实验的研究》，载于《世界经济》2020年第2期。

11. 黎文靖、郑曼妮：《实质性创新还是策略性创新？——宏观产业政策对微观企业创新的影响》，载于《经济研究》2016年第4期。

12. 李磊、刘常青、韩民春：《信息化建设能够提升企业创新能力吗？——来自"两化融合试验区"的证据》，载于《经济学（季刊）》2022年第3期。

13. 刘修岩、王峤、吴嘉贤：《城市快速轨道交通发展与企业创新》，载于《世界经济》2022年第7期。

14. 王永进、冯笑：《行政审批制度改革与企业创新》，载于《中国工业经济》2018年第2期。

15. 虞义华、赵奇锋、鞠晓生：《发明家高管与企业创新》，载于《中国工业经济》2018年第3期。

16. 曾国安、苏诗琴、彭爽：《企业杠杆行为与技术创新》，载于《中国工业经济》2023年第8期。

17. 韩峰、毛欣、黄敏：《国内大市场优势提升城市创业活力研究》，载于《财经论丛（浙江财经学院学报）》2024年第2期。

18. 焦敬娟、张齐林、吴宇勇等：《中国异地投资网络结构演化及影响因素研究》，载于《地理科学进展》2021年第8期。

19. 兰秀娟、张卫国、裴璇：《城市群空间功能分工、企业全要素生产率与资源错配》，载于《统计与决策》年2022第21期。

20. 李丽华、韩伯棠、宋琦：《基于企业视角的知识溢出效应分析》，载于《工业技术经济》2010年第8期。

21. 黎文靖、郑曼妮：《何去何从：贸易保护还是开放竞争？——来自微观企业创新的证据》，载于《财经研究》2018年第3期。

22. 柳剑平、胡泊、魏子璇：《通向绿色之路：国家级城市群建设对城市绿色发展的影响》，载于《产业经济研究》2023年第4期。

23. 孟美侠、李培鑫、艾春荣等：《城市工资溢价：群聚、禀赋和集聚经济效应——基于近邻匹配法的估计》，载于《经济学（季刊）》2019年第2期。

24. 彭向、蒋传海：《产业集聚、知识溢出与地区创新——基于中国工业行业的实证检验》，载于《经济学（季刊）》2011年第3期。

25. 齐讴歌、赵勇、白永秀：《城市群功能分工、技术进步差异与全要素生产率分化——基于中国城市群面板数据的实证分析》，载于《宁夏社会科学》2018年第5期。

26. 孙久文、易淑昶、傅娟：《提升我国城市群和中心城市承载力与资源配置能力研究》，载于《天津社会科学》2021年第2期。

27. 孙晓华、郭旭、王昀：《产业转移、要素集聚与地区经济发展》，载于《管理世界》2018年第5期。

28. 唐要家、王钰、唐春晖：《数字经济、市场结构与创新绩效》，载于《中国工业经济》2022年第10期。

29. 陶云清、黄卓、孔东民：《信息基础设施建设与企业创新》，载于《世界经济文汇》2024年第1期。

30. 吴非、胡慧芷、林慧妍等：《企业数字化转型与资本市场表现——来自股票流动性的经验证据》，载于《管理世界》2021年第7期。

31. 吴敏、刘冲、黄玖立：《开发区政策的技术创新效应——来自专利数据的证据》，载于《经济学（季刊）》2021年第5期。

32. 余泳泽、胡山、杨飞：《国内大循环的障碍：区域市场分割的效率损失》，载于《中国工业经济》2022年第12期。

33. 袁淳、肖土盛、耿春晓等：《数字化转型与企业分工：专业化还是纵向一体化》，载于《中国工业经济》2021年第9期。

34. 张杰、郑文平、翟福昕：《竞争如何影响创新：中国情景的新检验》，载于《中国工业经济》2014年第11期。

35. 张若雪：《从产品分工走向功能分工：经济圈分工形式演变与长期增长》，载于《南方经济》2009年第9期。

36. 赵勇、白永秀：《中国城市群功能分工测度与分析》，载于《中国工业经济》2012年第11期。

37. 赵勇、齐讴歌：《空间功能分工有助于缩小地区收入差距吗？——基于2003年~2011年中国城市群面板数据的实证分析》，载于《城市与环境研究》2015年第1期。

38. 周黎安：《晋升博弈中政府官员的激励与合作——兼论我国地方保护主义和重复建设问题长期存在的原因》，载于《经济研究》2004年第6期。

39. Arrow, K., 1962, Economic Welfare and the Allocation of Resources for Invention, The rate and direction of inventive activity: Economic and social factors, Princeton University Press, New York, pp. 609 – 626.

40. Autor, D., Dorn, D., Hanson, G. H., Pisano, G. and Shu, P., 2020, Foreign Competition and Domestic Innovation: Evidence From Us Patents, *American Economic Review: Insights*, Vol. 2, No. 3, pp. 357 – 374.

41. Bade, F., Laaser, C. and Soltwedel, R., 2003, Urban Specialization in the Internet Age: Empirical Findings for Germany, *Processed, Kiel Institute for World Economics*.

42. Bai, J., 2009, Panel Data Models with Interactive Fixed Effects, *Econometrica*, Vol. 77, No. 4, pp. 1229 – 1279.

43. Baptista, R. and Swann, P., 1998, Do Firms in Clusters Innovate More, *Research Policy*, Vol. 27, No. 5, pp. 525 – 540.

44. Brunelle, C., 2013, The Growing Economic Specialization of Cities: Disentangling Industrial and Functional Dimensions in the Canadian Urban System, 1971 – 2006, *Growth and Change*, Vol. 44, No. 3, pp. 443 – 473.

45. Cao, X., Deng, M. and Li, H., 2021, How Does E – Commerce City Pilot Improve Green Total Factor Productivity? Evidence From 230 Cities in China, *Journal of Environmental Management*, Vol. 289, p. 112520.

46. Cornaggia, J., Mao, Y., Tian, X. and Wolfe, B., 2015, Does Banking Competition Affect Innovation?, *Journal of Financial Economics*, Vol. 115, No. 1, pp. 189 – 209.

47. Duranton, G. and Puga, D., 2004, Micro – Foundations of Urban Agglomeration Economies, Handbook of Regional and Urban Economics, No. 4, pp. 2063 – 2117.

48. Duranton, G. and Puga, D., 2005, From Sectoral to Functional Urban Specialisation, *Journal of Urban Economics*, Vol. 57, No. 2, pp. 343 – 370.

49. Fujita, M. and Tabuchi, T., 1997, Regional Growth in Postwar Japan, *Regional Science and Urban Economics*, Vol. 27, No. 6, pp. 643 – 670.

50. Gervais, A., Markusen, J. R. and Venables, A. J., 2021, "Urbanization Specialisation: From Sectoral to Functional", *NBER*, No. 1.

51. Jacobs, J., 1969, The Economy of Cities, New York: Random House.

52. Marshall, A., 1890, Principles of Economics, Macmillan Publishers Limited.

53. Michaels, G., Rauch, F. and Redding, S. J., 2019, Task Specialization in U. S. Cities From 1880 to 2000, *Journal of the European Economic Associa-*

tion, Vol. 17, No. 3, pp. 754 – 798.

54. Moreno – Monroy, A. I., Schiavina, M. and Veneri, P., 2021, Metropolitan Areas in the World. Delineation and Population Trends, *Journal of Urban Economics*, Vol. 125, p. 103242.

55. Peneder, M. and Woerter, M., 2014, Competition, R&D and Innovation: Testing the Inverted – U in a Simultaneous System, *Journal of Evolutionary Economics*, Vol. 24, No. 3, pp. 653 – 687.

56. Schumpeter, J. A., 1942, Capitalism, Socialism and Democracy, Harper and Brothers.

57. Sultan, S. S. and Pieter Van Dijk, M., 2017, Palestinian Clusters: From Agglomeration to Innovation, *European Scientific Journal (Kocani)*, Vol. 13, No. 13, p. 323.

58. William, M. and Fengrong W, 2022, Economic Policy Uncertainty and Industry Innovation: Cross Country Evidence, *The Quarterly Review of Economics and Finance*, Vol. 84, pp. 208 – 228.

59. Williamson, O. E., 1975, Markets and Hierarchies: Analysis and Antitrust Implications, Free Press.

60. Zhang, M., Chen, F., Liu, L. and Zhou, D., 2023, How Does Functional Division within Urban Agglomeration Affect Co (2) Emissions? An Empirical Study, *Environ Sci Pollut Res Int*.

61. Zhang, S., Ding, J., Zheng, H. and Wang, H., 2023, Does Spatial Functional Division in Urban Agglomerations Reduce Negative Externalities in Large Cities? Evidence From Urban Agglomerations in China, *Heliyon*, Vol. 9, No. 10, e20419.

62. Zhang, S., Miao, X., Zheng, H., Chen, W. and Wang, H., 2024, Spatial Functional Division in Urban Agglomerations and Carbon Emission Intensity: New Evidence From 19 Urban Agglomerations in China, *Energy*, Vol. 300, p. 131541.

Spatial Division in Urban Agglomerations and Corporate Innovation: Theoretical Analysis and Empirical Evidence

WANG Te ZHANG Rongjie

(Center for Economic Research, Shandong University, 250100)

[**Abstract**] Optimizing the spatial functional division of urban agglomerations is crucial for promoting coordinated regional development and innovation. This study examines the impact of spatial functional division in urban agglomerations on corporate innovation, using data from A-share listed companies. The findings show that higher levels of spatial functional division significantly enhance corporate innovation, a conclusion that remains robust across various tests. Mechanism analysis reveals that this effect operates through knowledge spillovers, increased market competition, and reduced transaction costs. Heterogeneity analysis further demonstrates that the effect is more pronounced in central cities, national urban agglomerations, and regions with lower market segmentation. Smaller, highly digitized firms, and those with weaker innovation capacities benefit more. Additionally, the spatial division significantly improves innovation quality in national-level agglomerations. Enhancing spatial functional division promotes high-quality development in firms and boosts the effectiveness of innovation-driven strategies.

[**Key Words**] Urban agglomeration Spatial functional division Corporate innovation

JEL Classifications: L22 O32 R12

消费者需求视角下食品安全监管效率研究

张 帅[*]

【摘　要】 人们过多地把中国现阶段普遍存在的食品安全问题归因于政府监管不力,也对通过政府加强对供给方的监管以解决食品安全问题寄予很高期望。本文从食品消费者需求侧的角度探究食品安全监管的效率,认为:中国现阶段食品安全问题普遍存在的根本原因在于消费者对食品安全的现实需求较低,导致劣质食品总是存在生存空间,从而影响食品安全监管的效率。正是因为消费者对食品安全的现实需求较低,消费者难以配合政府的监管,加大了监管难度或降低监管效率;当消费者对食品安全的现实需求低到某一程度时,政府就会落入监管陷阱——不管政府监管力度如何加强,市场上总会存在生产劣质低价食品的企业。

【关键词】 食品安全　消费者群体　政府监管陷阱

中图分类号：**F203**　　文献标识码：**A**

一、引　言

本文的研究范畴属于食品安全问题,食品安全是保障人类健康和公共卫生的重要课题。随着我国社会主义市场经济不断发展,食品安全逐渐成为备受关注的焦点,人们开始从关注"吃饱"转变为关注"吃好"。2021年,世界银行最新专项报告称,虽然现阶段许多国家努力保持农业安全运行,市场上依然能提供能消费得起且有营养的食品,但是毋庸置疑的是新冠疫情暴发后食品安全问题更加重要。党的二十大报告提出了"强化食品药品安全监

---

[*] 张帅,经济学博士,潍坊学院经济管理学院讲师；地址：(261061) 山东省潍坊市高新区东风东街5147号；E-mail：452623283@qq.com。

管"的战略部署,明确了"增强忧患意识、坚持底线思维、主动防范化解风险"等重要要求,作出了"推进健康中国建设""树立大食物观"的决策部署。新冠疫情使得食品短缺更严重,食品保障和分配难题重重,因此后疫情时代的食品安全重建意义重大。"吃饱"和"吃好"都是最基本的"民生"问题,现阶段的食品安全问题必须引起高度重视,理论研究要深入、客观,制度、政策和对策才可能有助于问题的解决,尽可能地提高食品质量。现在,社会上多数人根据自己的观察和理解,认为:之所以劣质食品泛滥,是因为食品生产者或供给者比较普遍地缺德,而供给者普遍缺德的原因在于政府监管不力,因而既责怪政府又寄希望于政府加强监管、解决问题。这样的推理看起来很符合逻辑和现实,一些研究者也是如此认为的。

针对中国现阶段的食品安全问题,根本问题是:政府加强监管就能遏制劣质食品的生产和销售吗?劣质食品泛滥的根本原因到底是什么,是政府监管不力还是监管失灵?已有研究主要从监管食品供给方入手,其中暗含一个假设:消费者总是配合政府监管,无条件地要购买安全的食品。现实中,消费者的购买行为并非如此,食品安全需求侧并不都能配合政府监管。现阶段的中国仍然是一个大的发展中国家,人口众多、多数消费者收入不高、对食品的需求量巨大仍然是基本国情,众多消费者对食品安全的现实需求,不像想象的那样高。所以,我们认为,在分析食品安全问题时,一定要把食品需求方纳入到分析框架中。食品安全问题作为一个经济问题,最终脱离不了供需矛盾,治理过程中的政策制定不能仅致力于对供给方的规范和约束,研究和参考需求方对安全食品的现实需求对揭示食品安全问题的本质大有裨益。

二、从食品需求方研究食品安全问题的综述

食品安全问题是世界各国共同面临的公共管理难题之一,全球范围内的消费者都面临着不同程度的食品安全风险问题(张红凤等,2019)。国内外学者从多个方面对这一问题进行研究,主要包括食品安全与经济发展研究(Grace,2015;王守伟等,2016;张红凤等,2019)、食品安全与企业供给行为研究(龚强,2015;张明华,2017)、食品安全与消费者需求研究(Yu et al.,2014;秦明等,2015;王建华等,2021;古川等,2021)、食品安全的社会共治研究(周开国,2016;谢康,2017)等。基于本文的研究出发点,现从食品安全与食品需求方研究方面对相关文献进行梳理和总结。

(一)食品安全支付意愿(WTP)的研究

WTP 是指消费者对于食品中安全程度的改善所愿意支付的资金,它代表

了消费者对食品安全的需求状况（刘军弟等，2009）。随着消费者对食品安全的关注，国内外学者对 WTP 进行了大量的研究和探索，这些研究涉及的研究对象、选取样本以及研究方法不同，研究结果也是百花齐放，国内外现有的研究极大地丰富了食品安全需求的相关理论。关于 WTP 的相关文献从研究内容上主要分为两类：一类是研究消费者 WTP 的估算及影响因素的文献；另一类是研究消费者 WTP 差异性的文献。

在研究消费者对安全食品价值评价（WTP 估算）的文献中，假想价值评估法（CVM）被广泛运用。国内的大量学者也运用这一方法对不同地区消费者的支付意愿进行研究，并进一步探讨了消费者支付意愿的影响因素（吴林海等，2010；罗丞，2010；Yu et al.，2014）。研究表明，消费者对安全食品有一定的支付意愿，但不同消费者的支付意愿存在结构性差异；消费者支付意愿的影响因素主要包括社会经济因素（如教育、收入等）和心理因素（如消费者的态度、风险感知、标签信任等）。

不同国家和地区的消费者 WTP 存在显著的差异，针对该问题，学者们进行了一系列的跨国家和地区的比较研究。泰特（Tait，2016）和托格尔森（Thogersen，2018）研究了跨国间消费者支付意愿的差异性。盖迪科格鲁（Gedikoğlu，2021）、秦明等（2015）等研究了一个国家内部地区间（大城市和小城市、城乡）的消费者支付意愿的差异性。研究表明，大城市和小城市的食品支付意愿存在显著的区域差异，大城市的绿色食品支付意愿显著高于小城市。此外，研究还发现，相对于居住在农村和郊区的消费者，城市消费者对安全食品表现出更高的支付意愿。

还有少数研究涉及消费者对不同食品种类的支付意愿差异研究。尹世久等（2008）发现，不同种类有机食品的支付意愿存在一定差别，果蔬类农产品的支付意愿较高，其他如粮食、肉类、水产品等支付意愿略低。靳明和赵昶（2008）人们愿意为安全蔬菜支付最高的价格溢价，其次是豆制品、乳制品、鱼制品、谷物、水果和肉类。但是相关文献的研究对象仅仅局限于几种具体食品种类，并没有对这些存在支付意愿差异的食品进行特征分析。

（二）消费者信任影响安全食品需求的研究

食品在质量属性上的优势一般不能被消费者直接观察和感触到，消费者在购买乃至消费后都无法鉴别其质量情况（Lim et al.，2013），当人们缺乏对风险的认识和控制时，必须运用信任来应对和解决风险（Chen W，2013）。大量研究（Zheng et al.，2021；Khachatryan，2021）发现消费者的标签信任对其购买行为和支付意愿有显著的影响。王建华等（2021）发现人际信任、制度信任均能正向影响消费者的购买意愿。但是随着知名企业的食品安全事件频频发生，消费者对标签的信任度越来越低。国内外学者进一步研究了影响消费者标签信任的因素。已有的研究（Ngo et al., 2020；Gorton et al., 2021；尹世久等，2017；古川等，2020，2021）发现，政府参与程度、消费者的制度信任、认证知识、食品安全意识等因素会不同程度地影响消费者的标签信任。应用消费者信任影响消费者购买行为这一作用机制，可以通过分析消费者的信任差异来解释消费者对安全食品的偏好差异。但是已有文献没有分析消费者对不同品类食品的信任差异，也就没有从这一角度解释消费者对食品安全的品类差异性。

（三）消费者参与社会共治的研究

当前的食品安全监管模式正在从单一的政府监管向多主体参与的社会共治转变。所谓社会共治是指政府和社会各主体（包括企业、消费者、媒体、非政府组织等）协同治理食品安全。消费者作为食品的需求方，应当在社会共治体系中发挥重要的作用。现有文献对消费者参与社会共治的研究主要集中于增强消费者群体的法制地位（吴元元等，2016）、监督能力（谢康等，2017）以及获取信息的能力（唐光灿等，2018；朱哲毅等，2023）。已有消费者参与社会共治的研究并没有涉及消费者食品安全需求对监管效率的影响，在提供消费者参与社会共治的路径时也没有结合消费者需求侧来分析。

通过对国内外文献的梳理分析发现：（1）现有文献对消费者食品安全需求的研究主要集中于通过估算WTP反映消费者对食品安全的偏好，并进一步研究WTP的影响因素。对WTP的差异研究主要集中于地区差异，对食品品类间的WTP差异研究不深入，而且研究对象比较单一，没有从WTP差异性方面对食品进行消费特征分析和分类。（2）现有文献对消费者信任的研究主要集中在标签信任对消费者支付意愿的正向影响以及研究标签信任的影响因素方面。对消费者信任并没有做进一步的差异分析，仅仅是提出了一种解释消费者安全需求差异的路径。（3）现有文献中关于消费者参与社会共治的建议主要集中在推动消费者运动、提高消费者法治地位、解决食品供需双方的信息不对称等方面。一方面研究消费者需求侧的现有文献尚未进一步分析消费者食品安全需求差异对监管效率的影响；另一方面现有研究消费者参与社会共治的文献并未将消费者食品安全需求侧的研究成果纳入监管对策的研究体系中。

本文认为，消费者与企业之间关于食品质量信息的不对称的确是导致食品市场上企业用劣质高价的食品欺诈消费者的重要原因。但是，食品市场上除了存在高价劣质的食品，还存在大量劣质低价的食品，要解释这类食品安全问题，就不能单纯考虑信息不对称，因为消费者在知道有高价高质食品时，对同类食品的低价或超低价,不可能不知道或不怀疑其质量的低下,但是仍然会购买,这就体现了消费者对食品安全的现实需求不是无限高的。所以,本文构建了纳入食品需求方的分析框架,重在解释这一问题:在政府的强力监管制度之下,是什么原因导致了生产低价劣质食品的企业大量存在并且有利可图。本文试图从消费者对食品安全的现实需求这一角度解释这一问题,并进一步研究政府监管对食品安全需求侧的监管效率。

三、基于消费者对食品安全现实需求的理论模型

(一) 食品供给方的假设

假设在食品市场上的某种食品是生存必需品(如大米、食用油、猪肉等),市场上生产该种食品的企业(包括众多的农户)有两类:一类是数量为 n、实力雄厚、品牌知名度高的企业,我们称之为 A 类企业;另一类是数量无限的、可以很低的成本进入市场的企业,我们称之为 B 类企业。

假设市场上该种食品仅存在两种质量等级:一种是安全食品,不含有对人体有害元素或有害元素不超标,用 H 表示;另一种是劣质食品,含有超过(科学界定的)安全标准、对人体有害的元素(有些在食用后短时间内不一定显现不出来),用 L 表示。假设生产安全食品所要求的各种成本投入较高,而生产劣质食品所要求的各种成本投入较少。因此,只有 A 类企业才有能力生产 H 类食品。假设安全食品的单位生产成本为 c_2,劣质食品的单位生产成本为 c_1,满足 $c_1 \ll c_2$。为了简化问题,假设市场上该种食品的价格只有两种,分别为 P_1 和 P_2,满足 $P_1 \ll P_2$。对价格与成本之间的关系,我们假设 $c_1 \ll c_2 < P_1 \ll P_2$。这样,安全食品既能按照 P_2 定价,又能按照 P_1 定价;因为本文不重点讨论供求方之间信息不对称的问题,在这里假设不存在欺诈消费者的情况,即劣质低价(当然,实际上常常有欺诈,即劣质高价,这类食品,低收入者一般不会购买,所以这里的假定不影响后面的分析),所以劣质食品只有一种价格,即 P_1。

假设所有 A 类企业都是同质的,为了简化运算,可以把所有的 A 类企业看作是一个整体 M,那么,从理论逻辑上,M 的行动策略有三种:(H, P_1)、(H, P_2)、(L, P_1);同样地,假设所有 B 类企业都是同质的,把它们看作一个整体 N,N 的行动策略只有一种:(L, P_1)。

M 的生产能力受其投入的成本限制,因此假设 M 生产 H 类食品的最大产量为 Q_H,M 生产 L 类食品的最大产量为 Q_L。而 N 的生产能力不受任何限制。

(二) 食品需求方的假设

假设整个经济中的消费者总体为 X，各个消费者完全独立地决定其自身的购买行为。假设 $\forall Y$，$Y \geq P_1$，这个假设保证了所有的消费者都能买得起低价食品。消费者用于消费该种食品的可支配收入水平 Y 的概率分布描述如表 1 所示。在总体 X 中仅能够买得起价格为 P_1 的这种食品的消费者所占的比例为 x，这部分消费者为低收入消费群体；在总体 X 中有比例为 $(1-x-y)$ 的消费者的收入水平足够高（$Y > F$），这部分消费者为高收入消费群体；在总体 X 中有比例为 y 的消费者的收入水平处于中间位置，这部分消费者属于中等收入消费群体。

表1　　消费者的收入概率分布

Y	$P_1 \leq Y < P_2$	$P_2 \leq Y < F$	$Y > F$
概率	x	y	$1-x-y$

假设消费者只知道价格为 P_2 的食品一定是安全食品，而对价格为 P_1 的食品的真实质量水平不了解。如果消费者对食品是否安全非常在意而不太关心食品是否便宜时，这类消费者就更倾向于购买价格为 P_2 的食品；相反地，如果消费者对食品的价格非常在意而不太关心食品是否安全时，这类消费者更倾向于购买价格为 P_1 的食品。可以得到以下推论：如果消费者对食品安全的现实需求越高，那么他们更有可能购买价格为 P_2 的食品；如果消费者对食品安全的现实需求越低，那么他们更有可能购买价格为 P_1 的食品。

基于上述推论，本文利用"消费者购买价格为 P_2 的食品的概率"这一指标来描述消费者对食品安全的现实需求。

本文研究两个影响消费者对食品安全需求的因素：消费者群体大小、消费者的收入水平。用 $\alpha_i(X, Y_i)$ 来表示消费者 i 对食品安全的现实需求，满足 $\forall i = 1, 2, 3, \cdots, X$，$\alpha_i(X, Y_i) \in [0, 1]$，它是消费者总体 X 以及单个消费者用于消费该种食品的可支配收入 Y（相当于消费者的收入水平）的函数。

当消费者总体 X 不变时，假设不同收入的消费者对食品安全的现实需求为：低收入消费群体只能买得起价格为 P_1 的食品，因此这部分消费者对价格为 P_2 的食品的购买力为 0，因此他们对食品安全的现实需求为 0；假设高收入消费群体的收入足够高，这部分消费者相对于食品的价格更在意食品的质量，因此他们一定会购买价格为 P_2 的食品，所以高收入消费群体对食品安全的现实需求为 1；中等收入消费群体虽然能够买得起价格为 P_2 的食品，但是这部分消费者的收入没有足够高，因而他们有时可能更加在意食品是否便宜，而有时可能更加在意食品是否安全，也就是，这部分消费者有时候心理上会认为食用几次价格为 P_1 的食品可能不会对身体健康造成危害，甚至可能认为这类食品是安全的，所以中等收入消费群体中各个消费者购买价格为 P_2 的食品的概率在 0~1。综上所述，当消费者总体 X 一定时，不同收入消费群体对食品安全的现实需求为：

$$\alpha_i(X, Y_i) = \begin{cases} 0 & P_1 \leq Y_i < P_2 \\ (0, 1) & P_2 \leq Y_i < F \\ 1 & Y_i \geq F \end{cases} \quad (1)$$

由于 Y 是离散型数据，所以 $\alpha(X, Y)$ 是离散型随机变量。当 $P_2 \leq Y < F$ 时，总共有 $y \times X$ 个中等收入消费者的可支配收入水平，记作 Y_1，Y_2，Y_3，…，$Y_{y \times X}$。每一个可支配收入水平都有一个概率值与之对应，分别为 $\alpha_1(X, Y_1)$，$\alpha_2(X, Y_2)$，$\alpha_3(X, Y_3)$，…，$\alpha_{y \times X}(X, Y_{y \times X})$，中等收入消费群体对食品安全的现实需求的平均值为：

$$E(\alpha(X, Y)) = \frac{\alpha_1(X, Y_1) + \alpha_2(X, Y_2) + \cdots + \alpha_{y \times X}(X, Y_{y \times X})}{y \times X} \quad (2)$$

它表示中等收入消费群体购买价格为 P_2 的食品的平均概率。整个消费者群体对该种食品安全的现实需求的平均水平为：$E(\partial(X, Y)) \times y + (1 - x - y)$。整个消费者群体中购买价格为 P_2 的食品的消费者数量为 $E(\alpha(X, Y)) \times y \times X + (1 - x - y) \times X$；其中，低收入消费群体中购买价格为 P_2 的食品的消费者数量为 0；中等收入消费群体中购买价格为 P_2 的食品的消费者数量为 $E(\alpha(X, Y)) \times y \times X$；高收入消费者群体中购买价格为 P_2 的食品的消费者数量为 $(1 - x - y) \times X$。因此，购买价格为 P_1 的食品的消费者数量为 $x \times X + y \times X - E(\alpha(X, Y)) \times y \times X$。

（三）食品监管方的假设

政府对食品安全的监管力度，大体有三个维度的指标：检查的频率、抽查的比例、检测的技术，三个指标都能独立刻画监管力度，检查频率高、抽查比例大、检测技术也高，当然监管力度大。本文只是要说明消费者的行为对监管有效性的影响，所以不需要具体描述政府的监管力度。所以，本文选择政府抽查比例作为衡量监管力度的指标。

假定每一期监管者对市场上销售价格为 P_1 的食品进行抽样检查，抽样的比例即监管力度为 γ。假定政府法律规定，一旦监管者检测出企业生产劣质食品，那么监管者将勒令该企业退出市场。假设 A 类企业的初始投资金额很大，而 B 类企业的初始投资金额非常小，甚至可以忽略，所以设定单个 A 类企业退出市场的沉没成本为 H，而 B 类企业退出市场的沉没成本相对于其获利而言，非常小，趋于零。假设 A 类企业的破产沉没成本 H 不随企业存续期的增大而减小，因为假设 A 类企业都是希望在市场中一直生存下去。

（四）模型分析

首先，本文分别分析了 A 类企业群体 M 在不同生产和定价策略下的利润水平，结果如引理 1。

引理 1：

1. M 选择策略（H，P_2）

购买价格为 P_2 的食品的消费者数量为 $E(\alpha(X, Y)) \times y \times X + (1 - x - y) \times X$，而 M 生产 H 类食品的最大产量为 Q_H。所以，M 的利润可以表示为：

$$\pi_M^1 = \text{Min}[Q_H, E(\alpha(X, Y)) \times y \times X + (1 - x - y) \times X] \times (P_2 - c_2) \quad (3)$$

2. M 选择策略（H，P_1）

购买价格为 P_1 的食品的消费者数量为 $x \times X + y \times X - E(\alpha(X, Y)) \times y \times X$，而 M 生产 H 类食品的最大产量是 Q_H。所以，M 的利润可以表示为：

$$\pi_M^2 = \text{Min}[Q_H, x \times X + y \times X - E(\alpha(X, Y)) \times y \times X] \times (P_1 - c_2) \quad (4)$$

3. M 选择策略（L，P_1）

购买价格为 P_1 的食品的消费者数量为 $x \times X + y \times X - E(\alpha(X, Y)) \times y \times X$，而 M 生产 L 类食品的最大产量是 Q_L。但是，当 M 选择生产 L 类食品时，就要面临被政府监管者查处的风险。所以，M 的利润可以表示为：

$$\pi_M^3 = \text{Min}[Q_L, x \times X + y \times X - E(\alpha(X, Y)) \times y \times X] \times (P_1 - c_1) - \gamma \times n \times H \quad (5)$$

其次，本文分析当 B 类企业群体 N 观察到 M 的策略选择时，N 决定是否进入食品市场。本文求解了在 M 的三种策略下 N 选择进入市场的利润水平，结果如引理 2。

引理 2：

1. M 选择策略（H，P_2）时

购买价格为 P_1 的食品的消费者得不到 M 的食品供给，因此，N 进入市场后满足所有购买价格为 P_1 的食品的消费者的需求，数量为 $x \times X + y \times X - E(\alpha(X, Y)) \times y \times X$。由于，N 退出市场的成本趋于零，因此政府监管对其无效。所以，N 的利润为：

$$\pi_N^1 = [x \times X + y \times X - E(\alpha(X, Y)) \times y \times X] \times (P_1 - c_1) \quad (6)$$

2. M 选择策略（H，P_1）时

购买价格为 P_1 的食品的消费者首先由 M 生产的食品满足，如果 M 生产的食品不足以满足需求，那么剩余部分由 N 满足，因此，N 的销售量可以表

示为 $\text{Max}[0, x \times X + y \times X - E(\alpha(X, Y)) \times y \times X - Q_H]$。所以，N 的利润为：

$$\pi_N^2 = \text{Max}[0, x \times X + y \times X - E(\alpha(X, Y)) \times y \times X - Q_H] \times (P_1 - c_1) \quad (7)$$

3. M 选择策略（L, P_1）时

N 的销售量可以为 $\text{Max}[0, x \times X + y \times X - E(\alpha(X, Y)) \times y \times X - Q_L]$，N 的利润为：

$$\pi_N^2 = \text{Max}[0, x \times X + y \times X - E(\alpha(X, Y)) \times y \times X - Q_L] \times (P_1 - c_1) \quad (8)$$

由上述引理可以得到下面的命题 1。

命题 1：

当 M 选择策略（H, P_2）时，N 选择进入市场；当 M 选择策略（H, P_1）且当 $Q_H < x \times X + y \times X - E(\alpha(X, Y)) \times y \times X$ 时，N 选择进入市场；当 M 选择策略（H, P_1）且当 $Q_H \geq x \times X + y \times X - E(\alpha(X, Y)) \times y \times X$ 时，N 选择不进入市场；当 M 选择策略（L, P_1）且 $Q_L < x \times X + y \times X - E(\alpha(X, Y)) \times y \times X$ 时，N 选择进入市场；当 M 选择策略（L, P_1）且 $Q_L \geq x \times X + y \times X - E(\alpha(X, Y)) \times y \times X$ 时，N 选择不进入市场。

命题 1 解释了消费者对食品安全的现实需求对食品供给的影响，当满足一定条件时，生产劣质食品的企业会进入市场生产销售劣质食品，并且此时劣质食品是存在生存空间的，有一部分消费者愿意购买劣质食品。

（五）需求方食品安全现实需求对监管效率的影响

本文定义政府对食品安全的"最优监管力度"和"最大监管力度"。从一般的经济学原理出发，政府对产品安全的最优监管力度是监管的边际成本等于产品质量的边际提高。但是，考虑到食品与人身的关系，从基本人权意义上，政府监管的原则应该是：只要加强监管力度还对提高安全度有作用，即只要边际作用大于零，政府的监管就是有意义的，政府就应该作为。所以，政府对食品安全的最优监管力度应该是"最大监管力度"用 γ^* 表示，是指当政府的监管力度达到这个水平时，新增加的政府监管力度没有带来任何食品质量的提高。由于政府监管只对 M 的行动有影响，因此最大监管力度只是使 M 生产 H 类食品的最大的监管力度。

政府的最大监管力度为：

$$\gamma^* = \arg\{\pi_M^3 = \text{Max}[\pi_M^1, \pi_M^2]\} \quad (9)$$

由命题 1 可知当 M 生产 H 类食品的最大产量 Q_H 大于购买价格为 P_1 的食品的消费者的数量（$x \times X + y \times X - E(\alpha(X, Y)) \times y \times X$），而且满足 M 选择策略（H, P_1）而不是（H, P_2）（即 $\pi_M^2 > \pi_M^1$）时，N 不进入市场。

命题 2：

在政府的监管力度达到最大水平 γ^* 的情况下，当整个消费者群体对食品

安全的现实需求的平均水平（$E(\partial(X, Y)) \times y + (1 - x - y)$）处在某区间内时，M 选择策略（H，$P_1$），而且 N 不进入市场。具体区间范围计算结果如下：

$Q_H > x \times X + y \times X - E(\alpha(X, Y)) \times y \times X$、$Q_H > E(\alpha(X, Y)) \times y \times X + (1 - x - y) \times X$、$\pi_M^2 > \pi_M^1$ 时，区间范围是 $\left(\dfrac{X - Q_H}{X}, \ \text{Min} \left[\dfrac{Q_H}{X}, \ \dfrac{P_1 - c_2}{P_1 + P_2 - 2c_2} \right] \right)$（注：需要满足的条件有 $\dfrac{P_1 - c_2}{P_1 + P_2 - 2c_2} > \dfrac{X - Q_H}{X}$ 且 $\dfrac{Q_H}{X} > \dfrac{X - Q_H}{X}$）。

$Q_H > x \times X + y \times X - E(\alpha(X, Y)) \times y \times X$、$Q_H < E(\alpha(X, Y)) \times y \times X + (1 - x - y) \times X$、$\pi_M^2 > \pi_M^1$ 时，区间范围是 $\left(\text{Max} \left[\dfrac{X - Q_H}{X}, \ \dfrac{Q_H}{X} \right], \ 1 - \dfrac{Q_H \times (P_2 - c_2)}{X \times (P_1 - c_2)} \right)$（注：需满足的条件有 $1 - \dfrac{Q_H \times (P_2 - c_2)}{X(P_1 - c_2)} > \dfrac{X - Q_H}{X}$ 且 $1 - \dfrac{Q_H \times (P_2 - c_2)}{X \times (P_1 - c_2)} > \dfrac{Q_H}{X}$）。

命题 3：

在政府的监管力度达到最大水平 γ^* 的情况下，如果整个消费者群体对食品安全的现实需求的平均水平（$E(\partial(X, Y)) \times y + (1 - x - y)$）低于 $\dfrac{X - Q_H}{X}$ 这一点时，不论 M 选择何种策略，购买价格为 P_1 的食品的消费者都得不到足够的供给，所以 N 在该食品市场上肯定存在生存空间。

当合格食品供应量或供应潜力一定（或者可供生产合格食物的资源）、消费者收入水平一定、政府监管达到最大力度时，消费者群体 X 越大，$\dfrac{X - Q_H}{X}$ 越大，而 $E(\partial(X, Y)) \times y + (1 - x - y)$ 越小，这就使得 $E(\partial(X, Y)) \times y + (1 - x - y)$ 越容易满足小于 $\dfrac{X - Q_H}{X}$ 的条件，此时，政府监管越容易陷入陷阱；当合格食品供应量或供应潜力一定、消费者群体大小一定、政府监管达到最大力度时，消费者群体收入水平越低，$E(\partial(X, Y)) \times y + (1 - x - y)$ 越小，同样也使得政府监管更容易陷入陷阱；当合格食品供应量或潜在供应能力一定、政府监管达到最大力度时，消费者群体大甚至超大和低收入者群体大甚至超大并存时，$E(\partial(X, Y)) \times y + (1 - x - y)$ 小于 $\dfrac{X - Q_H}{X}$ 的条件非常容易满足，此时 M 不能选择（H，P_1）这一策略，因为现实中 N 企业以极低成本生产（L，P_1）食品，M 不可能依靠薄利多销把 N 挤出市场。至此，基于食品需求方对食品安全的现实需求，本文解释了为什么食品市场上劣质低价食品屡禁不止，而且政府对食品安全的监管制度失灵的原因。

四、结论与政策启示

本文重视从食品需求方角度分析食品安全问题,提出了"食品安全的现实需求"这一概念,分析和解释了:到底是什么原因导致了生产低价劣质食品的企业大量存在并且有利可图。我们的分析发现:在合格食品可行供给量或供给潜力一定前提下,"消费者群体的大小"和"消费者收入状况"决定食品安全的现实需求。消费者群体越大,对食品安全度的有效需求越低,消费者群体收入越低,对食品安全度的有效需求越低,如果这两个因素叠加,食品安全的现实需求更低。对食品安全的现实需求低的消费者,其购买行为会改变食品生产者的最优策略选择。由于一些消费者愿意或只能购买劣质食品,使得劣质低价的食品总是有市场,生产者总是有利润甚至有很高的利润,于是就会吸引更多的劣质企业进入食品市场;特别是,众多低收入消费者会"不配合政府的监管"。因为,如果政府监管力度真的使劣质食品100%绝迹,这些消费者会买不到食品。这使得政府监管陷入尴尬,降低了监管效率。众多的劣质食品生产者和销售者会使政府监管成本高昂,边际成本提高得很快。即使政府不惜代价不断加强监管,也会因为消费者对食品安全的现实需求低到某个点时,监管的边际作用等于零,即政府监管落入陷阱。这就能够解释"信息不对称"所不能解释的现象——食品市场上除了存在高价劣质的食品,还存在大量劣质低价的食品,消费者在知道有高价高质食品时,对同类食品的低价或超低价,不可能不知道或不怀疑其质量的低下,但是仍然会购买,这是不能用信息不对称去解释的。

中国现阶段的基本国情就是:消费者群体巨大而且有一个庞大的低收入者群体。这二者叠加的双重效应使得我国消费者对食品安全的现实需求较低,对高价的安全食品没有足够购买能力,而消费者群体生存的刚性需求使得低成本低价格的劣质食品契合了相当一部分消费者的现实需求。这部分消费者总量还很大,他们一方面也不赞同甚至痛恨劣质食品,另一方面在实际购买食品时,往往倾向于购买劣质低价食品,客观上不配合政府监管却为众多生产劣质食品的企业提供了市场和利润。政府监管大幅度提高,而且比较容易落入监管陷阱。所以,我们认为,现阶段中国普遍存在的食品安全问题,根源在于消费者对食品安全的现实需求低,这使得无论政府怎样加强监管,都有大量劣质食品存在。

参考文献

1. 陈默、韩飞、王一琴等:《食品质量认证标签的消费者偏好异质性研究：随机n价拍卖实验的证据》，载于《宏观质量研究》2018年第4期。

2. 古川、易钰杰：《获取披露信息能提高食品信任水平吗——基于湖南省长沙市生鲜品信息公示的调查数据》，载于《农业技术经济》2020年第1期。

3. 龚强、雷丽衡、袁燕：《政策性负担、规制俘获与食品安全》，载于《经济研究》2015年第8期。

4. 李新春、陈斌：《企业群体性败德行为与管制失效——对产品质量安全与监管的制度分析》，载于《经济研究》2013年第10期。

5. 李玉峰、刘敏、平瑛：《食品安全事件后消费者购买意向波动研究：基于恐惧管理双重防御的视角》，载于《管理评论》2015年第6期。

6. 王常伟、顾海英：《消费者食品安全感知、监管满意度与支付意愿》，载于《华南农业大学学报（社会科学版）》2013年第2期。

7. 王彩霞：《政府监管失灵、公众预期调整与低信任陷阱——基于乳品行业质量监管的实证分析》，载于《宏观经济研究》2011年第2期。

8. 吴林海、徐玲玲、王晓莉：《影响消费者对可追溯食品额外价格支付意愿与支付水平的主要因素——基于Logistic、Interval Censored的回归分析》，载于《中国农村经济》2010年第4期。

9. 谢康、肖静华、赖金天等：《食品安全"监管困局"、信号扭曲与制度安排》，载于《管理科学学报》2017年第2期。

10. 尹世久、吴林海、陈默：《基于支付意愿的有机食品需求分析》，载于《农业技术经济》2008年第5期。

11. 张红凤、姜琪、吕杰：《经济增长与食品安全——食品安全库兹涅茨曲线假说检验与政策启示》，载于《经济研究》2019年第11期。

12. Alchian, Armen A., 1950, "Uncertainty, Evolution, and Economic Theory", *Journal of Political Economy*, Vol. 58, No. 3, June, pp. 211 – 221.

13. Gedikoğlu, H., Gedikoğlu, A., 2021, "Consumers' Awareness of and Willingness to Pay for HACCP – Certified Lettuce in the United States: Regional Differences", *Food Control*, Vol. 130, p. 108263.

14. Gorton, M., Tocco, B., Yeh, C., Hartmann, M., 2021, "What Determines Consumers' Use of Eco – Labels? Taking a Close Look at Label Trust", *Ecological Economics*, Vol. 189, No. 1, p. 107173.

15. Grace, D., 2015, "Food Safety in Low and Middle Income Countries", *International Journal of Environmental Research and Public Health*, Vol. 12, No. 9, pp. 10490 – 10507.

16. Liu, R., Gao, Z., Ma, H., 2019, "Consumers' Valuation for Food Traceability in China: Does Trust Matter?", *Food Policy*, Vol. 88, p. 101768.

17. Ortega, D., Wang, H., Olynk, N., Wu, L., Bai, J., 2012, "Chinese Consumers' Demand for Food Safety Attributes: A Push for Government and Industry Regulation", *American Journal of Agricultural Economics*, Vol. 94, No. 2, pp. 489 – 495.

18. Shimokawa, S., Hu, D., Li, D., Cheng, H., 2021, "The Urban – Rural Gap in the Demand for Food Safety in China: The Role of Food Label Knowledge", *Agricultural Economics*, Vol. 52, No. 2, pp. 175 – 193.

19. Wu, X., Hu, B., Xiong, J., 2020, "Understanding Heterogeneous Consumer Preferences in Chinese Milk Markets: A Latent Class Approach", *Journal of Agricultural Economics*, Vol. 71, No. 1, pp. 184 – 198.

20. Zheng, G., Akter, N., Masukujjaman, M., 2021, "Organic Foods Purchase Behavior among Generation Y of Bangladesh: The Moderation Effect of Trust and Price Consciousness", *Foods*, Vol. 10, No. 10, p. 2278.

Research on the Efficiency of Food Safety Regulation from the Perspective of Consumer Demand

ZHANG Shuai

(School of Economics and Management, Weifang University, 261061)

[**Abstract**] The prevalent food safety issues in China today are often attributed to inadequate government regulation, with high expectations placed on stricter governmental oversight of suppliers to address these problems. However, this paper examines the efficiency of food safety regulation from the perspective of consumer demand. It posits that the root cause of widespread food safety issues in China lies in the relatively low effective demand for food safety among consumers. This insufficient demand creates a market environment where substandard food products persist, thereby constraining the efficiency of regulatory efforts. When consumers exhibit low effective demand for food safety, their lack of engagement reduces their ability to align with regulatory initiatives, thereby increasing enforcement costs and diminishing regulatory efficiency. Furthermore, when consumer demand for food safety falls below a critical threshold, the government risks entering a regulatory trap—where, regardless of the intensity of regulatory interventions, the market perpetually accommodates firms producing low-cost, substandard food products.

[**Key Words**] Food Safety   Consumer Groups   Government Regulatory Trap

JEL Classifications: Q18   D12   L51

以本土问题为导向构建有中国特色法经济学理论体系
——第二十二届法经济学论坛（2024）会议综述

李增刚*

第二十二届法经济学论坛于2024年9月28~29日在浙江省嘉兴市成功举办。本届论坛由浙江大学经济学院和山东大学经济研究院共同主办，嘉兴大学经济学院和中国共同富裕研究院承办，《制度经济学研究》编辑部协办，经济研究杂志社作为学术支持单位。来自清华大学、复旦大学、浙江大学、山东大学、中山大学、中国政法大学等国内著名高校、科研院所以及地方法院、检察院等实务部门的100多位专家学者参加论坛。论坛分为开幕式、主题报告、平行论坛和闭幕式等环节。

开幕式由嘉兴大学经济学院院长、中国共同富裕研究院执行院长文雁兵教授主持。浙江省社科联主席盛世豪研究员、嘉兴大学党委书记沈希教授、浙江大学文科资深教授史晋川分别在开幕式上致辞。盛世豪研究员在致辞中以党的二十届三中全会中提出的"一个根本保证、两个重要保障"引出了法治建设对中国式现代化建设的重要性，强调了法经济学对法治建设的重要意义，对法经济学论坛和参会代表提出了期望。沈希教授在致辞中对参会代表表示欢迎并介绍了嘉兴大学以及嘉兴大学人文社会科学和经济学科的发展情况。史晋川教授回顾并阐述了他与山东大学经济研究院黄少安教授于2002年共同发起法经济学论坛的宗旨，是为了更深度系统地探索构建具有中国特色的法经济学，为高水平社会主义市场经济体制的构建和完善提供强有力的理论支撑，并介绍了本届法经济学论坛的征稿、选稿、收稿和筹备情况。本届论坛共收到150余篇投稿，经过同行专家两轮匿名审稿和评分，筛选出53篇论文参会。

论坛举行了三个阶段的主题报告。第一阶段，美国康奈尔大学Clarke讲席教授张永健、清华大学社会科学学院于晓红副教授、复旦大学经济学院王

---

* 李增刚，山东大学经济研究院教授、博士生导师；地址：（250100）山东省济南市山大南路27号山东大学经济研究院；E-mail：casslzg@126.com。

永钦教授分别作了题为"Why Legal Origins are Irrelevant to Economic Development and Fail as an Instrumental Variable""Nexus of Law, Finance and Politics: Local Government Debt and Illegal Public Fundraising in China"和"法治、金融与创新:抵押品结构的视角"的主题报告。张永健认为,法系渊源与法律制度不同,相关性不大,法律渊源与经济发展不相关,不能采用法律渊源作为工具变量讨论法律与经济发展的关系。于晓红认为,以城投债为代表的地方政府债务与非法金融诈骗之间存在高度相关关系,地方官员中的金融背景对此起到显著的抑制作用。王永钦认为,中国现阶段已经进入以创新推动经济高质量发展的阶段,而创新需要法治和金融的共同驱动。嘉兴大学中国共同富裕研究院常务副院长顾骅珊教授主持了该阶段报告。

第二阶段,浙江大学经济学院的柯荣住教授、山东大学经济研究院郑捷教授和嘉兴大学经济学院卓乘风副研究员分别作了题为"社会网络、社会结构与契约实施""垄断、共享还是转让?——数据挖掘、数据交易与数据确权"和"中国制度型开放的演进趋势与作用评估:基于语料与文本大数据的定量分析"的主题报告。柯荣住教授认为,市场经济是契约经济,契约的实施既需要法律保障,也需要信任等非正式制度的保障。郑捷教授认为,数据作为一种生产要素具有重要作用,数据被挖掘出来之后是垄断还是共享、转让对社会福利是不同的。卓乘风副研究员采用语料和文本挖掘测度了中国省级制度型开放的水平,并检验了对经济高质量发展的作用。《制度经济学研究》编辑部主任、山东大学经济研究院李增刚教授主持了该阶段报告。

第三阶段,主题报告在29日上午举行。上海财经大学反垄断与竞争经济学研究中心执行主任巨恒教授、中国政法大学商学院许恒教授和嘉兴大学中国共同富裕研究院副院长、文法学院欧阳仁根教授分别作了题为"反垄断案件的经济学分析""反垄断的法学与经济学交叉融合分析"和"共同富裕的法治保障与实践进展"的主题报告。巨恒教授指出了经济学在反垄断实践中的重要性,特别是在垄断的判定以及垄断与福利因果判定中尤为重要。许恒教授认为在反垄断领域特别是数字经济、平台经济反垄断案件中,需要从加强学科认同感、个案合作调查、学科间对话和复合型人才培养四个角度加强法学和经济学的交叉融合。欧阳仁根教授阐述了共同富裕的丰富内涵,认为实现共同富裕需要加强制度建设和法治建设,并介绍了浙江省为促进共同富裕进行的法治建设情况。浙江大学区域协调发展研究中心副主任董雪兵教授主持了该阶段报告。

一、法经济学的基本理论及其应用

对法经济学基本理论的研究主要是在实际应用中进行发展。一是在司法实践中应用或发展法经济学的基本理论;二是采用法经济学的基本理论分析具体问题;三是采用经济学的工具研究法学领域的问题。

在司法实践中应用和发展法经济学的基本理论。清华大学法学院的严君啸从法教义学角度对证据证明的法经济学理论进行了分析,认为英美法经济学利用纯概率推理模型、省略模型、内生成本信号传递模型(ECS)以及关联私人信息模型刻画证据证明,为中国特色证据法经济学基础理论的建立提供丰富素材;但是从法教义学角度分析,各种数学/经济模型需要在民事证据法体系中找到合适的位置才能发挥作用;民事证据理论分为举证责任论、证据调查论和证据评价论,除纯概率推理模型与证据评价论较为契合外,其余模型难以适用于中国法研究;从法教义学框架中诞生的证据攻防模型,更能恰当反映我国诉讼当事人间的策略互动;用证据攻防模型模拟庭审中的举证和防御策略,分析不同情况下当事人的策略选择和可能达到的子博弈完美纳什均衡,可以发现举证的胜负与举证策略密切相关,且充分的诉前调解和证据成本的透明化,可以优化法庭上的证据攻防过程,减轻法官负担,提升司法效率。安徽大学法学院的孔令勇等认为,检察机关对检察权的合理运用将对涉案企业高质效合规整改产生重要影响;根据检察机关在涉案企业合规中协商性程度的不同,可以将检察权能划分为合规考察同意、配套团队组建和处理结果决定三个方面;检察机关对涉案企业合规实现帕累托最优的追求可通过行为改变矩阵达成;根据意识、意愿的水平差异,教育、激励等手段促使涉案企业与检察机关在合规协商中达成利益合意,但检察机关通过检察权的行使仍能把控涉案企业合规的流程。内蒙古自治区乌兰察布市人民检察院的余卫钊和马艳丽认为,在疑案办理过程中,"排除合理怀疑"所暴露出来的语义表达模糊、欠缺可操作性等弊端不断被诟病,并与证明标准日益精准化趋势之间的冲突愈演愈烈;在我国构建"排除合理怀疑"证明标准不适宜由经济学理论进行指引,引入差异化的理论更易解决实践中的证明标准问题。

采用法经济学的基本理论分析具体问题。浙江大学经济学院的丁旭研究了知假买假行为对惩罚性赔偿司法实践中发挥的作用,研究发现,法院在食品案件和非食品案件中对知假买假行为的态度存在显著差异,食品案件中知假买假者索赔惩罚性赔偿的概率显著高于非食品案件中知假买假者索赔的概率,甚至在非食品案件中,法官会因为原告知假买假者的身份而拒绝判处惩罚性赔偿。华南理工大学法学院的王睿研究了差额补足协议,认为"差额补足"最初是描述在责任清算和款项结算中的"差额的数额"的客观状态,后来市场主体根据商事实践需求进一步赋予了更为丰富的内涵。目前,现行司法解释难以准确识别差额补足的担保性质。单独评价差额补足的法律性质,应当认定为具有担保功能的非典型保证,通过与基础法律关系的联结,会形成一种新型的金融投资关系,对差额补足的法律性质判定应以联结后的法律构造作为整体进行判断,针对权利义务设置和风险利益分配认定其法律性质及确定法律适用规则,在意思自治与金融秩序维护之间取得平衡。南昌大学法学院的姜川认为违约金进入破产清算后存在"失灵现象",在破产债权定位中对违约金双重属性进行准确表达是解决违约金失灵问题的关键;一方面应通过经济效率及规范分析,明确违约金作为破产债权并非必然损害其他债权人的利益,解决违约金作为破产债权的定位争议;另一方面是通过解构违约金的双重属性,按照分段式清偿的方式将补偿性违约金参照损害赔偿进行清偿,惩罚性违约金作为劣后债权予以受偿,解决违约金作为破产债权如何清偿的问题,实现公平清理债权债务理念。中国海洋大学法学院的马凯旋采用法经济学理论研究了消费券套现行为,认为从损失大小、套现者的赔付能力、案件破获率三个指标来看,套现行为的社会危害性不大;即便存在一定程度的社会危害,也应由事故预防成本、保险成本更低的政府作为承担责任的主体;以诈骗罪论处会使执法成本激增,同时引发选择性执法、政府寻租等负面后果;对消费券套现行为的规制需要遵循市场规律;允许消费券在私人之间流通,以及允许消费券以一定比率直接由政府兑现,再辅之较低威慑力的民事诉讼、行政处罚,既可以实现促进消费的政策目标,又能有效控制套现行为的规模。

采用现代经济学的分析工具研究法学领域的问题。成都大学法学院的米传振研究了专家审稿制度对中国法学研究水平的实际影响,在控制了论文数量、篇幅、出版周期、是否 CSSCI 来源期刊、办刊单位级别、办刊历史以及有无线上投稿系统后,对期刊总被引次数、影响因子等被解释变量回归后发现,声明实行专家审稿制度对期刊学术影响力的提升作用在统计上并不显著,专家审稿制度没有发挥出应有的提升期刊学术质量的作用;与期刊声明实行专家审稿相比,期刊实际实施专家审稿制能够明显提升法学期刊质量。

二、知识产权保护、创新与经济发展

法律制度对创新具有重要影响。一是法律制度和司法实践对创新的影响;二是知识产权保护对创新的影响;三是版权保护对产业发展的影响。

法律制度和司法实践对创新的影响。中国政法大学商学院的黄立君和蔡雨颖研究了中国版"拜杜法案"对高校科技成果转化的影响及内在机理,结果表明:中国版"拜杜法案"的实施显著提升了高校科技成果转化成交合同金额和合同数量,该政策主要是通过调节研发资源、产学合作正向促进高校科技成果转化;但是高校科技研发仍然存在经费不足、市场与政策的不稳定以及区域资源不均衡等问题,应加大对高校科研资金的投入力度,持续推动完善科技成果转化的政策环境,鼓励校企间知识分享和资源互补、高校和研究院所间跨学科交流和资源共享,提高高校科技成果转化价值。山东师范大学经济学院的宁静波等使用《破产法》的出台作为准自然实验,探讨了破产制度对企业家精神的影响,结果表明:破产制度对企业家创业精神具有显著的激励作用,这种作用是通过竞争激励和资源激励实现的;这种激励作用在法律制度环境较差的地区和金融市场化程度更高的地区更显著;知识产权保护力度的加大对破产制度的激励作用存在反向影响。中国政法大学商学院的黄立君和张国栋研究了企业诉讼对企业创新的影响,发现不同的企业涉诉类型会对企业创新决策产生不同效果:当涉及合同、准合同纠纷等合同类诉讼时,会对企业创新投入产生抑制作用;当涉及知识产权、专利竞争等侵权类诉讼时,企业创新投入不降反增;不同性质企业在遭受不同诉讼类型时呈现异质性,民营企业涉诉对创新的影响显著高于国有企业。

知识产权保护对创新的影响。南开大学经济学院的吴翟等对知识产权保护能否通过"技术引进"效应推动企业创新进行了实证检验,结果表明:知识产权国际保护存在"技术引进"效应,既有助于吸引外商直接投资,也能够推动企业扩大资本品进口的数量与种类,有助于企业提升创新绩效;知识产权国际保护所引致的创新,一定程度上能够最终被"消化吸收"形成新产品,实现技术赶超。

版权保护对文化产业发展的影响。南开大学法学院的顾嘉锡研究了版权保护对文化产业发展的影响,结果表明:版权保护与文化产业发展之间存在倒 U 型关系;在版权资源丰富地区,版权保护对文化产业发展几乎总是带来正向影响,且版权资源越丰富,版权保护对文化产业的边际促进作用就越强;在版权资源稀缺地区,版权保护与文化产业发展的关系变为正 U 型。山东大学经济学院的杨锡和乔岳分析了传统经济和数字经济下二次创作对社会总福利的影响,比较了无版权保护和有版权保护两种政策下二次创作视频和原创视频定价的变化、原创视频公司的利润变化、二次创作视频公司的利润变化以及对消费者福利、社会总福利的影响。结果表明:在传统经济中,即不存在交叉网络效应的情况时,二创视频降低了原创视频公司的定价和利润,但是改善了消费者福利和社会总福利;在数字经济中,因为存在交叉网络外部效应,两家公司开展差异化竞争,版权保护政策的实施将提升原创视频公司的定价和利润,随着两家公司的差异化减小,同质化竞争逐渐变得激烈的情况下,版权保护政策的实施反而会降低原创视频公司的定价和利润;实施版权保护监管政策改善了消费者福利,但对社会总福利的影响呈现先增加后减少的趋势。

三、劳动者权益保护制度及其经济影响

对劳动者权益保护的相关研究有三个方向：一是对劳动者权益保护影响因素的研究；二是劳动者权益保护所产生的社会经济影响；三是对劳动者权益保护相关制度的法经济学分析。

劳动者权益保护的影响因素研究。厦门大学经济学院的潘越等研究了司法独立性对劳动者权益保护的影响，结果表明：行政诉讼跨区划管辖改革显著提升了员工权益受保护力度；这是因为司法独立性改革提高了地方劳动保障监察部门因执法不力而被诉和败诉的概率，促使其更加积极地行使监察权力以保障劳动者权益；当劳动保障监察部门缺乏执法激励的地区、劳动者维权意识更强、议价能力更弱或企业保护劳动者权益意识较差时，行政诉讼跨区划管辖的改革效果更为明显。山东大学商学院的孟祥旭研究了共建"一带一路"对中国"一带一路"建设参与企业员工权益保障的影响。研究发现：共建"一带一路"显著提升了"一带一路"建设参与企业员工的权益保障水平；该影响在国有企业、中等规模企业、劳动密集型企业、东部地区企业中更为显著；国内国际双重舆论压力、国内优惠政策支持是其中重要的作用机制；企业党组织的引导和获取人才动机对这一影响具有显著的正向促进作用。

劳动者权益保护的社会经济影响。辽宁省社会科学院经济研究所的王典等研究了劳动保护与外资结构优化之间的关系，结果表明，《劳动合同法》实施后，相对于资本密集型企业，劳动密集型企业的外资份额显著降低，这是因为劳动保护加强对劳动密集型企业劳动生产率和雇佣灵活度存在抑制作用；在市场化水平高的地区、低技术行业和低市场占有率企业，劳动保护对外资结构的优化作用更为显著。暨南大学经济学院的苏晴研究了父代延迟退休对子代劳动参与率的影响，结果表明，父代延迟退休对子代劳动参与率会产生显著的抑制作用；异质性分析表明，乡村地区的抑制作用大于城镇，母亲延迟退休的抑制作用大于父亲。

对劳动者权益保护相关制度的法经济学研究。南开大学法学院的张宇轩从法经济学的角度研究了个人健康信息合理使用的问题，认为个人健康信息合理使用源于交易费用过高所引发的"市场失灵"，其属于"卡—梅框架"中的"责任规则"，实现"卡尔多—希克斯效率"是其满足合理性的基本要求；在判定思路上，可融合比例原则与"成本—收益分析"；合理性判定应分为要素识别和具体审查两步，应先对成本和收益进行识别，然后再完成四步审查流程：启动情形审查需考量是否存在知情同意失灵；目的正当审查需考察主体合理期待；行为限度审查可以从替代程度和影响程度两个方面入手，

而结果均衡审查则可以通过对比收益和实际受损成本来完成判定。山西财经大学法学院的孙淑云认为，职工基本医疗保险个人账户在促进传统医疗保障制度向社会医疗保险制度"转型"方面发挥了一定的积极作用。然而，该账户存在计划经济体制的负荷性，违背基本医疗保险的社会共同责任原则、现收现付财务运行规则，这是其根本缺陷；改革的思路是：回归基本医疗保险法理，着眼于职工基本医疗保险制度的结构性优化，对个人账户制度进行体系化改革，将个人账户基金全部纳入统筹基金，打破个人账户与统筹账户割裂异质的运行机制，重塑统筹共济保障机制，重构参保人的权利义务内容，牵引基本医疗保险法制秩序尽快定型和完善。

四、公司法、公司治理与证券执法

2023年我国新修订的《公司法》对完善公司治理至关重要。学者们既关注了新《公司法》中具体制度存在的问题并提出了完善的建议，也有学者实证检验了证券执法等的后果。

对新《公司法》中具体制度的研究。中国人民大学法学院的林清升研究了新《公司法》中的股东失权制度，认为当前我国股东失权制度的法律后果条款较为简单，存在失权股东的责任承担不够明确、失权股权的处理规则较为模糊的问题；我国应当进一步明确失权股东的责任承担，失权股东应当对公司、其他股东承担责任，但失权股东不应当就其丧失部分的股权对公司债务人承担责任；我国还应当进一步细化失权股权的处理规则，应当确立依法转让的优先级地位，明确失权股权在过渡期的权利主体为公司，制定如股东失权预登记规则等配套变更登记规范。山东大学法学院的黄庆余基于新《公司法》允许公司自主设立监事会的背景，研究了如何提高监事会监督有效性的问题，为了促使监事会发挥监督作用，改变传统监事会监督乏力的困境，现有监事会制度应做相应的调整；要赋予监事相应的监督实权，除了应赋予监事撤换董事的权力、监事对董事违反公司章程和法律的经营管理行为的处罚权而非只是建议权以及业务同意权外，还要能对董事会的经营管理行为形成约束，出于监督效率的考虑，还应明确监事的调查权是独任制，让监事尽可能收集信息，约束董事违法和违反公司章程的经营管理行为。

对证券市场执法及其影响的研究。西南财经大学法学院的朱凤和戴治勇研究了证券市场监管的选择性执法现象，结果表明：上市公司的慈善捐赠行为能显著降低其被证券监管机构稽查的概率、次数和深度；对于稽查发现的违规行为，慈善捐赠不能显著降低企业面临的处罚严厉程度；异质性分析表明，非国有企业的慈善捐赠行为对政府稽查活动的影响更大。中央财经大学法学院的陈广锐研究了民事责任对证券虚假陈述行为的威慑效应，结果发现，民事责任能够对证券虚假陈述行为产生威慑效应，这种威慑效应主要存在于非国有企业、金融企业、投资者保护水平低和司法独立的企业当中；地方法治环境对威慑效应具有强化作用。上海大学法学院的毛杰等研究了环境司法强化对上市公司漂绿行为的影响，结果表明，环境资源审判庭的设立显著减少了当地上市公司的漂绿行为，尤其是更为显著地减少了法治化水平较高地区的上市公司、非国有上市公司、漠视社会责任建设的上市公司的漂绿行为；机制分析发现，环境资源审判庭的设立通过改善公司内部ESG治理、强化公司外部监督压力、提高公司信息透明度三种机制来抑制上市公司的漂绿行为。中南财经政法大学文澜学院的李程等研究了司法独立对公司非税负担的影响，司法独立改革对非法征收非税收入起到了威慑作用，显著降低了私营企业的罚款和没收支出，投资有所增加。山西财经大学法学院的张春耕和郗伟明考察了碳信息披露法制强化对于企业碳信息披露以及言行合一行为的影响，结果表明：碳信息披露法制的强化不仅提升了企业的碳信息披露指数，而且促进了企业碳信息披露的言行合一；这是通过聚光灯效应和惩戒效应实现的；碳信息披露法制对于企业碳减排言行合一的影响随着司法效率和绿色信贷发展而减弱。

还有学者研究了美国《公司法》的变化。香港大学法学院的黄志成采用网络分析技术研究了美国破产重组中运营和分销从分拆到捆绑的转变，研究发现，在2005年之前，只有性质相似的章节经常被共同引用，位于同一个族群内；2005年以后，操作性章节开始频繁地与分布性章节共同被引用，表明它们合并到分配族群。

五、数字经济、平台经济及其反垄断和治理

数字经济、平台经济快速发展。数字经济、平台经济中出现的新现象、新问题，是研究的热点。学者们关注的问题包括：一是数据产权、信息产权等的界定、保护；二是平台经济中的垄断与反垄断问题；三是人工智能时代的侵权问题。

围绕数据财产的产权界定和保护问题，上海交通大学凯原法学院的冉高苒认为，数据财产既不是完全的公物，也不是完全的私有财产，而是处在动态变化中的公私混合体；数据财产具有不确定性，其价值创造源自社会多元主体间的流通利用，因此数据财产的制度安排应致力于多元利益相关者之间的数据价值协同，形成规范高效的数据资源流通利用秩序；针对形态与价值多变的数据财产，实现数据与数据上利益的抽象分离与利益重构，为多元的

利益相关者配置与其价值贡献和正当利益相匹配的权利义务规范；要不断探索构建多元的数据获取机制，降低社会主体数据资源获取的成本，以实现数据要素的社会化流通利用，促进数据价值的最大化实现。华东政法大学的于弋涵依据"数据动态分类"理论，根据特定使用目的所关联的利益进行动态分类，构建了两类数据访问权：基于生产关系的访问权和基于公共利益的访问权。基于生产关系的访问权旨在促进数据资源的公平分配，当数据使用目的与数据共同生成者利益相关时，可根据其贡献共享数据价值；基于公共利益的访问权旨在实现数据的社会化利用，允许非数据生成者在数据使用目的符合公共利益时访问和使用数据。嘉兴大学文法学院的路遥和经济学院的文雁兵研究了中国的商业数据保护制度，认为以"科技向善"为目标的商业数据保护交织于道德伦理与法律制度之中，需要通过法经济学这一学科交叉的视角，运用经济学分析工具、法律伦理制度来重新审视商业数据保护的法律规范；中国商业数据保护制度提供了从交易成本降低、市场结构调整到创新与投资促进的理论框架，旨在通过维护竞争优势、客户信任及市场秩序来促进商业数据保护创新与合规发展。同时，中国现行商业数据保护法律规范需要更好地实现商业数据保护的经济效率和社会发展双重目标。石家庄铁道大学经法学院的李利军等针对个人信息网络保护制度存在的问题提出可以通过责任法定和责任约定两种路径予以完善。责任法定主要借助科斯定理和最优威慑水平两个理论来划分法律责任，关注不同主体利益变动的影响；责任约定以已有平台规则为分析对象，注重建立共同责任，监督平台合理划分平台和经营者的责任，既要防止平台滥用垄断地位苛责经营者，也要防止经营者"搭便车"。

围绕数字平台的操纵行为及其规制问题，许多学者进行了深入研究。上海交通大学的黄丽认为，数字平台的隐蔽操纵行为普遍存在，具有隐蔽性、操控性和群体性特点难以识别和治理；通过对隐蔽操纵行为的范畴比较和体系定位、对用户有限理性及平台主体责任的考察，可以确定隐蔽操纵行为规制的边界；隐蔽操纵行为的规制方式应该从权力路径逐渐走向合规路径。华东政法大学的聂心宇认为，平台的公私融合属性使得其可以轻易利用单方制定的用户服务合作协议等平台规则以及对算法等技术工具的控制，组织、协调内部经营者达成并实施轴辐类算法共谋，进而诱发算法共谋内的权力失衡；平台轴辐类算法共谋的反垄断规制应立足共谋行为结构与条文目的，从市场支配地位滥用和垄断协议的角度，重新审视轴辐类算法共谋的规制路径；采用合理分析原则，权衡算法共谋的反竞争影响与其带来的效率和创新效应；对居于弱话语权的经营者的主观共谋应从经营者的积极行为中推导得出；在责任配置上应由事后归责向事前、事中责任转型，以提升算法透明度和平台规则的公正性。同济大学法学院的程雪军认为，金融科技平台在特定市场中通过经营者集中排除限制市场竞争，形成了市场垄断，为促进金融科技平台市场的公平有序发展，我国可以引入平台经营者集中的多样申报标准，完善平台相关市场界定的方法，拓展平台竞争效果评估的路径。安徽大学法学院的寿晓明认为，在数字经济发展中，数据经营者通过消费者信息实施的垄断行为不仅损害了市场竞争和科技创新，同样也会损害到消费者自身权益，极大损害了消费者剩余，降低了消费者福利；经营者市场竞争的限度应当是保护消费者信息权益；应当主动发挥消费者保护自身信息的主观能动性，建立反垄断激励机制，引导消费者主动作为；在经营者内部，实现经营者自我治理、自我监督，并发挥消费者、平台和平台内部经营者之间的互相影响力，实现反垄断的社会协同治理。中南财经政法大学的唐子晗和刘大洪认为，游戏发行平台通过游戏版权独家授权获得市场支配地位形成垄断，在产业层面和社会层面都产生了多种负外部性问题。无论是通过知识产权法还是反垄断法来规制版权滥用行为，都存在争议；需要针对电子竞技生态垄断的特点，从动态竞争的视域出发分析游戏创新和竞争者进入市场难度之间的耦合关系，以期对电子竞技生态系统进行有效的结构性规制，并提高司法实践中的规则适用性。中国地质大学（武汉）法学系的廖建求讨论了惩罚性赔偿制度在数据竞争中的适用性问题，认为惩罚性损害赔偿制度具有规制数据抓取行为负外部性的法律效能：有效降低社会福利减损，为私人民事诉讼提供足够激励，修复破坏的数据竞争秩序；但是，数据抓取的技术中立性要求惩罚性损害赔偿制度谨慎介入；数据市场创新需要一种有限适用的惩罚性损害赔偿制度；以商业模式为核心的数字经济可持续发展需要谦抑性的惩罚性损害赔偿制度；反不正当竞争法宜采用严格限制适用惩罚性赔偿制度的谨慎立场，可以从增强适用的可预见性、探索以社会为中心的模式及有效融合最优威慑与最佳惩罚三方面对惩罚性赔偿制度进行重塑。

有学者研究了人工智能时代的侵权责任问题。天津财经大学法学院的冯博等研究了智能汽车交通事故中的责任承担问题，认为传统的过错责任和无过错责任二元归责体系难以全面公正地应对复杂的事故情况；应当引入公平责任，建立过错责任、无过错责任和公平责任的三元归责体系，既尽可能地弥补智能汽车一方当事人所受损害，更好地保护消费者的合法权益，提升消费者福利；也能激励车企提高产品质量，促进技术创新，增强公众对智能驾驶技术的信任，提升市场竞争力以及企业长期利润，最终提升社会总福利。

还有学者针对反垄断执法中的一般理论问题进行了研究。天津财经大学法学院的冯博等运用反事实思维构建古诺模型，模拟未发生垄断行为的市场状态，探讨了反垄断违法所得的计算方法；通过对比反事实市场与现实垄断状态下市场，发现企业实施垄断行为都会产生违法所得，且违法所得与知识产权、自然垄断等情形所产生的超额利润无关；该分析方法为反垄断执法机构制定"应没尽没"的处罚方针提供了理论依据。天津市委党校的杨童依据垄断损害理论研究了我国首个反垄断后继诉讼典型案例,讨论了反垄断后继诉讼的实施困境、功能定位、判赔标准和举证责任等问题。

六、制度、文化与经济发展

一是关注具体制度及其经济后果;二是研究文化差异的经济影响;三是关注城市活力的经济影响。

对具体制度的经济后果进行了研究。浙江大学经济学院的陈佳慧和史晋川研究了民航业运价市场化改革对服务质量的影响,结果表明,运价市场化改革显著提升了航空公司层面的服务质量,航班频次增加了约7%;主要原因在于市场化改革的票价上升效应,激励航空公司将航班供给转移至实行市场调节价的航线;航线市场集中度削弱了市场化改革对航班频次的正向影响;市场化改革对枢纽航空公司服务质量的提升效应更为显著,而对低成本航空公司的航班频次提升效应则相对较小。中央财经大学财税学院的管皓通过对财税政策文献的计量分析,研究了机器人产业税收优惠法治体系化路径,认为应该从税收优惠正当性和公平性的基础入手,厘清机器人时代的产业税收优惠的正当性基础与公平性来源,进而在税收法定原则的指导下对税收优惠政策法治体系作出初步探索,尝试构建我国针对促进机器人时代产业发展的综合性税收优惠立法体系。

对文化差异经济影响的研究。山东大学经济研究院的李增刚和姜凯等基于全球层面的数据研究了文化距离对国际直接投资的影响,结果表明,文化距离阻碍了经济体间的国际直接投资的流动,文化距离的阻碍作用在发达国家的对外直接投资中更为显著;权力距离差异、男性气概差异和放纵程度差异是抑制资本流动的三个主要因素;东道国对外开放度、人力资本水平和数字经济发展水平可以缓解文化距离对国际直接投资的抑制作用。

对城市活力经济影响的研究。山东财经大学统计与数学学院的董骥等研究了城市活力对城乡收入差距的影响,研究发现,城市活力对城乡收入差距具有显著的弥合作用,城市活力对城乡收入差距的影响存在空间溢出效应,且溢出效应伴随距离呈现先升后降的倒 U 趋势,样本期内城市活力的最优辐射距离为 500 千米;城市活力弥合城乡收入差距的辐射距离体现出"南方城市 > 北方城市""一线城市 > 非一线城市""市场规模较大城市 > 市场规模较小城市"的异质特征。山东财经大学统计与数学学院的董骥等还探究了城市活力的碳减排效应,结果表明,城市活力具有显著的碳减排效应;城市活力的碳减排效应在能源利用效率、绿色创新水平、产业结构升级、市场化水平存在门槛,呈现出非线性特征;我国各城市的碳减排效应稳步提升,呈现东部沿海地区显著领先内陆地区的地域特征。

在论坛闭幕式上,董雪兵教授宣布了优秀论文获奖名单,史晋川教授、文雁兵教授和李增刚教授分别为获奖嘉宾颁奖。史晋川作了总结发言,认为通过20多年的努力,法学和经济学在相互融合上取得了较大的进展,并对未来法经济学的研究主题进行了展望,对嘉兴大学、嘉兴大学经济学院和中国共同富裕研究院表示感谢,对各位代表积极参会并报告论文表示感谢。李增刚代表下届论坛第一主办单位作了发言,诚邀广大学者以文会友、积极参与,并介绍了《制度经济学研究》(集刊)的发展情况,邀请大家惠赐佳作,共同推动法经济学论坛和《制度经济学研究》的高质量发展。

法经济学论坛由山东大学经济研究院黄少安教授和浙江大学经济学院史晋川教授于2002年联合发起。按照约定,一年一度,一南一北,本届论坛由浙江大学主办。2003~2024年,论坛已经连续举办了二十二届,影响力越来越大,有力地推动了中国特色法经济学的理论研究和发展、推动了经济学和法学的跨学科研究和融合发展,为中国特色社会主义法治建设、高水平社会主义市场经济体制的构建和完善提供了强有力的理论支撑。

后　　记

《制度经济学研究》是中国社会科学引文索引（CSSCI）来源集刊、中国人文社会科学综合评价（AMI）核心集刊、"复印报刊资料重要转载来源期刊（2023年版）"，已经加入中国学术期刊网全文数据库（www.cnki.net）、中国台湾·华艺数位股份有限公司中文电子期刊服务数据库（www.ceps.com.tw），成为中国人民大学书报资料中心、《中国社会科学文摘》等转载来源刊物。为进一步规范《制度经济学研究》的稿件格式，要求所有来稿必须符合以下体例：

1. 除海外学者外，稿件一律使用中文。应将打印稿一式三份寄至：山东省济南市山大南路27号山东大学经济研究院（中心）《制度经济学研究》编辑部，邮编：250100；或者通过电子邮件发送至：zdjjxyj@126.com或者casslzg@126.com。

2. 稿件第一页应包含以下信息：（1）文章标题；（2）作者姓名、单位以及通信地址、电话和电子邮箱；（3）感谢语（如果有的话）。

3. 稿件的第二页应提供以下信息：（1）文章标题；（2）200字左右的文章摘要；（3）三个中文关键词；（4）中图分类号；（5）文献标识码；（6）文章的英文标题；（7）200字左右的英文摘要；（8）三个JEL（Journal of Economic Literature）分类号。（注："中图分类号"、"文献标识码"、"JEL分类号"可以直接从http://www.cer.sdu.edu.cn中"制度经济学"栏目中查询）。

4. 稿件一律用Microsoft Word软件编辑。文章正文的标题、表格、图、等式必须分别连续编号；注释一律采用脚注，不得采用尾注，并请采用自动格式，按页编号；大标题居中，用中文数字一、二、三等编号，字体为四号、加粗、宋体；小标题左对齐，用中文数字（一）、（二）、（三）等编号，字体为五号、加粗、宋体；正文字体采用五号、宋体；其他编号一律使用阿拉伯数字；正文行距为单倍行距，页边距采用自动格式（上下各为2.54厘米；左右各为3.17厘米）。

5. 正文中的外国人名、地名翻译成中文。在文章中第一次出现时，在中文译名后用括号标出外文，以后再出现时直接采用中文，参考文献除外。

6. 文章的参考文献必须一律放在结尾处，按照先中文文献、后英文文献根据作者姓名的汉语拼音（或英文字母）顺序排列。以下为参考体例：

［1］黄少安，《关于制度变迁的三个假说及其验证》，载于《中国社会科学》2000年第4期。

［2］张军，《"双轨制"经济学：中国的经济改革（1978—1992）》，上海三联书店、上海人民出版社1997年版。

［3］Alchian, Armen A., 1950, Uncertainty, Evolution, and Economic Theory, *Journal of Political Economy*, Vol. 58, No. 3, June, pp. 211 – 221.

［4］Tullock, Gordon, 1998, *On Voting*: *A Public Choice Approach*, Northampton, MA: Edward Elgar Publishing, Inc.

7. 译文须注明原文出处，是否取得原文作者授权（投稿时同时提供作者或原出版单位的授权许可）；译文可以不提供中英文摘要，参考文献不必译成中文。

8.《制度经济学研究》不采用已经发表过的学术成果；稿件一经发表，未经允许不得转载或在其他地方再次发表。所有稿件自发出后三个月若无回音，请自行处理，恕不退稿；作者也可以在稿件发出两个月之后，通过E-mail或电话询问审稿信息，联系电话：0531 – 88364050。

山东大学经济研究院